Karl Bleibtreu

Grössenwahn

Karl Bleibtreu

Grössenwahn

ISBN/EAN: 9783742894496

Hergestellt in Europa, USA, Kanada, Australien, Japan

Cover: Foto ©Thomas Meinert / pixelio.de

Manufactured and distributed by brebook publishing software (www.brebook.com)

Karl Bleibtreu

Grössenwahn

Größenwahn.

Pathologischer Roman

von

Karl Bleibtreu.

Zweite Auflage.

Erster Band.

Jena,
Hermann Costenoble.
Verlagsbuchhandlung.

Auch eine Vorrede.

Ich habe diesen Roman „pathologisch" genannt, ich hätte ihn auch „symbolisch" nennen können. Doch verschmähe ich es, mich über den inneren Gehalt desselben zu verbreiten. Die Ideen des Dichters sind keine blaßen Abstrakta des Philosophen, sie wollen sich selbst erklären wie lebende Wesen. Nur möchte ich vor einer Fußangel warnen: erst im letzten Schluß (Buch XIII, 3. Band) wird der wahre Sinn des Ganzen offenbar und man gewahrt vielleicht, daß man bis dahin in einem begreiflichen Irrthum schwebte. Diese Andeutung zu verstehen bleibt dem klugen Leser überlassen, nach Beendung der Gesammtlektüre.

Natürlich tragen sämmtliche Gestalten dieser freierfundenen Dichtung lediglich ein typisches Gepräge, fern jeder persönlichen Modell=Abschreibung, die ja heut gewöhnlich bei allen realistischen Romanen von angeblich Eingeweihten herausspintisirt zu werden pflegt. Aus realistischer Lebensabspiegelung entsteht eben eine Wahrheit, wahrer als die Handgreiflichkeit der Außenwelt.

Von der Umwälzung, welche die gesammte Denkweise der deutschen Geisteswelt innerlich umformte, ahnen unsere guten Leute und schlechten Musikanten nur wenig. Unter den zahlreichen Zuschriften, welche mich seit Jahren als Stimmen des eigentlichen Publikums ermuthigen, wähle ich eine Stelle aus einem jüngsthin empfangenen Briefe:

„Was die Propheten dem alttestamentlichen Ver=

*

heißungsvolk waren, das müssen uns unsre wahren Dichter sein. Wie es dort Lügenpropheten gab, giebt es auch bei uns Lügendichter. Alle Sensationsromanfabrikanten, alle sentimentalen Liederdrechsler, alle Verherrlicher der Sinnlichkeit d. h. der bloßen Erscheinungswelt, alle Blaustrümpfeleien mit ihrer übertünchten Alltagssittlichkeit — nenne ich Lügenpropheten. Nur wer im Ewigen webt und athmet, wem alle Erscheinungsformen nur Symbole sind, wer alles Sinnliche aufs Ewige bezieht und im Zeitlichen als solchem keinen Frieden findet, — nur dessen Weltauffassung ist eine dichterische. Eine ernste Kunst ist die Poesie, ernst und groß wie das Christenthum. Lang genug haben wir eine heidnisch=griechisch=antike Aesthetik und Poesie gehabt. Zeit ist's, daß wir endlich eine christlich=germanisch=moderne Dichtung bekommen. Der „Realismus" ist nicht eine Partei, eine Schule — was der wahre Realismus will, ist ewig. Es ist ein totaler Umschwung in unsern bisherigen Anschauungen, der sich hier vorbereitet. Die antike Aesthetik mit ihrem „schön" und „häßlich" ist nichts; auf den ewigen Gesichtspunkt, von dem aus man alles auffaßt, kommt es an."

Das Denken allein führt eben so wenig zum Ziel, wie das Dichten allein, sondern erst die Verschmelzung beider Kräfte. Wer unzusammenhängende Beobachtungen anhäuft, wird nie zur Stoffbeherrschung gelangen. Auch die Leidenschaften gehorchen gleichmäßigen Gesetzen.

———

Der Geist der Zukunft.

Ich ahne, daß in meiner Tiefe ruhen
Gedanken, wie die Welt sie nie geträumt.
Ich ahne, daß allmächtig überschäumt
Die Ueberkraft in meiner Seele Truhen.

Doch scheidet sich das Denken weit vom Thuen
Und meiner Pläne Heer die Walstatt räumt
Und Corps an Corps auf seiner Lobau säumt,
Bis es ins Marchfeld rückt auf Eisenschuhen.

Dann, wenn die Erde Nacht und Schweigen decken
Und Blitze zucken und die Donner grollen,
Dann stoß ich vor auf Wagrams Leichenacker.

Die Grüße meiner Feuerschlünde rollen,
Als wollten sie die Todten auferwecken.
„Wollt ihr denn ewig leben, feige Racker?"

Erstes Buch.

I.

"Ja, heut ist in Calais Probeschießen mit den neuen Sprenggeschossen und dem neuen Gewehr!" erläuterte der würdige Hafenoffizial, und indem er ein prüfendes Auge auf Graf Xaver warf, der seinem Gepäckträger soeben ein überflüssig hohes Trinkgeld reichte, fügte er dienstbeflissen hinzu: "Die englischen Herren Offiziere brauchen sich blos beim Herrn Colonel zu melden, dann können sie die Revue in der Nähe besehn."

"So?" brummte Krastinik, während sein gleichgültiger Blick über das vorbeidefilierende reitende Artillerieregiment hinglitt. "Ich bin aber keiner." Sein zweifelhaftes Englisch bürgte auch dafür. Der Beamte verbeugte sich. Sein Irrthum mochte für die oberflächliche Beobachtung eines Franzosen verzeihlich sein. Denn Graf Xaver Krastinik schien mit peinlicher Sorgfalt möglichst englisch gekleidet, von dem glänzenden breitkrämpigen Cylinder bis zu den hackenlosen knappanschließenden Schnürenschuhen. Aber die untersetzte breitschulterige Gestalt von kaum Mittelgröße, die sonnenverbrannte Hautfarbe, die tief-

liegenden scharfen Augen unter hervorstehendem Knochen=
bau der Stirn, der röthliche Vollbart und das braunrote
kurzgeschorene Haar, endlich die markirten Züge verriethen
einen sarmatischen Typus. Auch soldatische Haltung konnte
man unmöglich verkennen.

Die Sonne blinzelte grell auf die Bohlen der Holz=
brücke, welche zur Landungsstelle, wo der Dampfer via
Calais=Dover seine Opfer erwartet, hinlief. Ohnehin
verdrießlich, fühlte sich der Graf peinlich berührt, als ihm
der dort lauernde Beamte, ein stämmiger Kerl mit
riesigem Knebelbart, die gewöhnliche Frage zuschnarrte:
„Êtes vous Français?" Da der Ueberraschte nicht so=
gleich antwortete, fuhr der Inquisitor eindringlich in einem
Athem fort: „Are you English? Votre nom, monsieur?
Your name, sir?"

Geärgert über dies zudringliche Verhör, brummte
der Graf zwischen den Zähnen: „My name is the devil",
was dem höflichen Franzmann, der natürlich nach zwanzig=
jährigem Umgang mit Engländern die insularische Bar=
barensprache kaum rabebrechte, vollkommen genügend schien.
Der Graf jedoch, der noch einen fragenden Blick wahrzu=
nehmen glaubte, schwang sich sofort zur Höhe der Situation
empor, indem er trocken beifügte: „Et je suis Allemand."

Dies böse Wörtchen erwies sich als Zauberformel.
Augenblicklich ließ man ihn passiren, indem man wie vor
einem schädlichen Reptil auswich. „Allemand?! Ah!
Merci, monsieur!" Der Beamte versetzte ihm einen
unnachahmlichen Bückling höflicher Grobheit, wie nur
Franzosen diese widersprechende Mischung zu bereiten wissen,

indem er wüthend seinen Schnauzbart und hernach noch unbarmherziger seinen Henri=Quatre am Kinn zwirbelte. Krastinik lächelte höhnisch.

Die Ueberfahrt erfolgte mit frischer Brise, die See ging bewegt, ein Mousselin=Flor von Schaum kräuselte sich über ihren wogenden Busen, die Stöße kamen ruck= weise. Eine Ammensage behauptet, daß selbst englische Admiräle seekrank würden, sobald sie den Kanal passirten. So wunderte sich denn Graf Xaver, der weder die weit= hinschwingenden vollausgetragenen Wogen des Oceans noch das wilde Rütteln der skandinavischen Nordsee kannte, nicht wenig, daß er als Landratte gelassen betrachten durfte, wie die schwarzhäutigen und gallig=gallischen Physio= gnomieen allmählich nacheinander ins Grünliche schillerten.

Ein Chor barmherziger Schwestern saß allda, jede mit einem Napf in fromm gefalteten Händen, als beteten sie einen Rosenkranz. Alles spuckte und spoke durchein= ander. Man verschwand und ward nicht mehr gesehn. Baß erstaunte der Oesterreicher, als sogar die blondfleischigen oder blondbleichen Gesichter Albions sich zusehends verzerrten, um dem Neptun Weihrauchopfer zu bringen, während nur einige deutsche Wollhändler, wie massive Blöcke in der Brandung, unerschütterlich Stand hielten. Einer derselben belehrte Krastinik scharfsinnig darüber, daß insulare Lage und jeweilige Seefahrerei nichts gegen die Seekrankheit fruchte, für welche die englischen Mägen durch heiß ver= schlungenen Pudding und anhaltende Brandybegießung veranlagt seien. Erst als die gleichsam übereinander stehenden Segel der zahllosen, den Kanal passirenden

1*

Schiffe am Horizont unterducften und die runden Thürme von Dover emportauchten, fühlte Xaver die erste Beklemmung. Denn angesichts des Shakespeare-Cliffs und der andern Kreideriffe, die hier als Panzerbrünne die meerbeherrschende Brunhild Albion umgürten, entwickelten sich vor seinen Augen verschiedene innere Krämpfe — die Wellen brachen sich plötzlich mit besonderer Heftigkeit. Er erprobte jene schlimmste Spielart der Seekrankheit, die kurz vorm Landen anhebt und drum auf dem Lande noch tagelang fortdauert.

Wie schwach wurde ihm aber erst zu Muth, als ihm an der Landungstreppe die wie Befehle klingenden Fragen der wachthabenden Matrosen entgegensprudelten: „Charing Croß, Victoria Station, Ludgate Hille, Cannon Street?"

Nur mit Mühe begriff er den Sinn dieser Namen der vier Haupteisenbahnstationen der Metropolis. Die verwirrende Schnelligkeit der Aussprache glich sehr wenig der gemütlichen Conversation seines englischen Sprachlehrers in Wien. Mit rasender Hast in einen Waggon des Charingcroß-Zuges gedrängt, fühlte er sich alsbald, während die drei andern, am Strande dicht aneinander gepreßten, Züge zugleich losstarteten, wie mit Riesenhaken über Thal und Höhen hingerissen. War es doch der „Infernal Train", der „Höllenzug" der Chatam-Dover-Bahn!

Die unerträgliche Hitze, das Ueberhasten mit der „Halben" Bordeaux und dem halben Huhn in Calais, die Jähe und Fremdartigkeit der wechselnden Bilder, die Hatz der unablässig weiterrasenden Lokomotive wirkten zusammen. Krastinits röthlichbrauner Teint spielte ins

Purpurne hinüber. Auf seiner breiten braunen Stirn, von der die Schweißtropfen perlten, traten die Adern hervor. Er bekam Nasenbluten. Indem er sich abwechselnd die Nase und die Stirn trocknete, verschwamm ihm Alles in einer unbestimmten Beleuchtung. Wie durch einen Nebel hindurch, sah er die feinen Züge und die elegante Haltung der englischen Damen, die ihm einer ganz andern höheren Race als auf dem Continent anzugehören schienen, und die nach deutschen Begriffen auffallende schweigende Galanterie der Männer. Wie durch einen Nebel hindurch, hörte er Englisch und Französisch wie eine Sprache durcheinanderparliren. Zeigt sich doch die innere unzerstörbare Entente cordiale der zwei Westmacht-Völker und ihr kaltverächtliches sich Abschließen gegen alle andern Nationalitäten nirgends so deutlich, wie auf der Reiseroute Paris-London.

Ein Ruck weckte ihn aus seinen bewußtlosen Betrachtungen auf — stop! Charing Croß!

Nachdem er noch während des Gepäck-Wartens die unheimliche Spionage eines zweideutig aussehenden Männchens, offenbar Detectiv, ausgehalten hatte, der in ihm eine Aehnlichkeit mit irgend einem Industrieritter zu wittern schien, aber durch seine hülflose Miene inmitten des ungeheuren Wirrwarrs dieser Centralstation vom Gegenteil überzeugt wurde — gelang es ihm überraschend gut, mit Zöllnern, Gepäckträgern, Cabmen fertig zu werden. Wider alles Erwarten ging ihm sein notdürftiges Stuben-Englisch glatt von der Zunge und sein durch die Aufregung geschärftes Ohr verstand die rapide Sprechweise des Londoner Cockney's ganz wohl. Auch als er seine Empfehlungskarte an den Besitzer eines vornehmen Privathotels in Piccadilly abgab, ging ihm die Rede erträglich von Statten. Zu seinem Mißvergnügen bemerkte er nur, daß der Millionär vor seinem continentalen Grafentitel wenig Ehrfurcht zu empfinden schien und daß auch dieser Busineß-Mann gentlemanlike Formen entwickelte. Wie viele Märchen hatte Graf Xaver, der in der Jugend nie über die Güter seiner Familie in Ungarn und später als Offizier nie über die engere österreichische Heimat hinausgekommen war, auf dieser Reise berichtigen müssen! Schon auf dem Bahnhof in Verviers fielen ihm kolossale massige Wallonen und lange martialische Franzosen ins Auge. War das die angeblich schwächer gebaute und zierliche Romanische Race? In Nordfrankreich sahen die Leute fast germanischer aus und zeigten eine frischere Hautfarbe als die Briten. Und diese Letzteren, die man ihm als schlenkernde Hopfenstangen ohne Manieren geschildert hatte, entpuppten sich schon beim ersten Eindruck als Gentlemen von wahrhaft musterhaftem Benehmen und zuvorkommender Höflichkeit, wie man sie selten auf dem Continente findet.

Als er das breite Trottoir von Piccadilly behaglich hinunterschlenderte, um seinen ersten Abend auszunutzen, machte ein hinter ihm gehender Herr ihn mit höflichem Ernst darauf aufmerksam, daß seine Cravatte sich verschoben habe, nickte aber nur freundlich, als Krastinik dankend den Hut zog. Erst stutzte dieser — gewöhnte sich aber durch Beobachtung bald an den englischen Gruß des nicht-Hutziehens, statt dessen man den unentbehrlichen

Regenschirm, der selbst bei schönstem Wetter hier nie da=
heim bleibt, zur Hutkrempe erhebt. — Später auf dem
Oberdeck des ungeheuren blaugelben Omnibus, den er für
eine Strecke bestieg, bot sein Nebenmann ihm freiwillig
seine Lucifer=Matches an, als er Krastinik's Cigarrenbe=
dürfniß merkte. Der biedre Graf verliebte sich auf den ersten
Blick in die englische Nation. Allerdings, am Anfang,
als er zu Charing Croß ins Freie gelangte, war ihm
beklommen zu Muth gewesen, als das Brausen des Welt=
verkehrs immer höher anschwellend an sein Ohr schlug.
Da kreuzten sich mit gellem Pfiff die Themsedampfer;
ihr zischendes Schaufeln stimmte ein in das Poltern der
Omnibusse, mit riesigen Pecheronpferden davor auf Tra=
falgar Square. Ueber den Dächern schnaubte das Dampf=
roß hin mit flatternder Dunstmähne, unter der Erde
donnerten seine ehernen Hufe. Und wie von hohem
Riff, starrt Nelson von seiner Säule in den Menschen=
strudel hinab, der das schwache Einzelschiff mitleidlos
umherschleudert, wo Parliamentstreet ihren Strom von
Wagen und Fußgängern auf den Trafalgar Square
ergießt.

Auch hier im vornehmen Westend fehlte es ja nicht
an wirbelndem Drang. Wo Piccadilly mündet, bei Oxford
Circus konnte Krastinik bewundern, wie der weiße Police=
men nur mit der Beredsamkeit seiner Blicke und Hand=
bewegungen unauflösliche Wagenknäuel entwirrt. Aber
rückwärts schlendernd, empfing den Neuling die vornehme
Ruhe von Pall Mall. An der Terrasse, die zum St. James'=
Park hinabführt, sah er Müssiggänger vom feinsten „Ton"

gähnend und rauchend lehnen, unschlüssig, ob sie die Clubs mit ihrer Gegenwart beglücken oder im Criterion=Theater schneidige Klatschworte mit gleichgestimmten Seelen aus= tauschen sollten. Einige junge Fähnriche von der Garde in ihren enganliegenden Rothjacken, die Mützen aufs Ohr gestülpt wie studentische Cereviskappen, die Reitgerte unter den Arm gesteckt, Brust heraus, Kopf zurück, wandeln mit wehenden Schnurrbärten als triumphirende Ladies=Killer gen Regentstreet.

Wie die aristokratische Schönheit sich erst beim Kerzenlicht in voller Toilette zeigt, so strahlt London erst in der Nacht im Diadem seiner Gasflammen. Das ist die Zeit des Westend, wie der Mittag die Zeit der City. Und je trüber und rauher die Nacht, um so heller leuchten, um so wohnlicher winken Häuser und Läden. Die City wimmelt von Clerks und Ladendienern, die so= eben ihre methodische Arbeit mit dem Glockenschlag ge= schlossen haben.

Vor den Theatern bummeln Leute, die zum ersten Mal diese Tempel besuchen und mit höchster Aengstlichkeit sich ein Billet sichern wollen. Die Dining=Parlours sind zum Brechen voll, lustig knistert das Feuer im Kamin und der göttliche Duft solider Dinners verbreitet sich durch ganz Regentstreet und Piccadilly, zum Aerger müder und hungriger Wanderer. Ganz Soho und Seven Dials lehnt an den Hausthüren, unter stillem Genuß sogenannter Havannahs. Die Leute von Coventgarden vor der Italie= nischen Oper setzen jedem ein Textbuch auf die Brust. In den Vorstädten geht man nachbaren, „Biere" und

„Kuchen" wandeln durch Southwark. Die Policemen rücken in geschlossener Colonne, in ihre Nachtmäntel und ahnungsvolles Schweigen gehüllt, nach der City ab, um die leeren Shops zu bewachen. In Little Russel Street wird der erste betrunkene Kutscher aus seiner Inn hinausgeworfen. Die Kellner im Café Monico wissen nicht, wie sie diese Menschenmasse bedienen sollen; in den kleineren Cafés sitzt ein Kreis von Gentlemen comfortabel vorm Feuer und vierten Glase Sherry bei zugezogenen Fenstervorhängen. Cromwell-, Brompton-, Glosterroad scheinen durch Wagenmassen abgesperrt, bei Oxford Circus herrscht babylonische Sprachverwirrung und kein rother Omnibusconducteur versteht die Injurien seines blauen Rivalen. Ein schwüler Dunst von Parfüm, Cigarren und Champagner verbreitet sich über Haymarket: die nächtliche Lustbörse, mit bestimmtem Cours und nach Nationalitäten geordnet, wie die wirkliche Börse in Lombard-Street.

„Das Licht brennt blau, ist's nicht um Mitternacht?" citirte Krastinik vor sich hin. Ja, die Stunde der Geister und Gauner brach an, und ohne dem gedruckten Sirenengesange eines „wandelnden Mannes" zu folgen, der noch so spät die Annonce auf dem Rücken spazieren trug, daß in Cremorne Gardens zum unwiderruflich letzten Mal Fandango in türkischen Hosen getanzt werde, suchte der müde Fremdling sein Lager auf.

Schon früh am andern Morgen gürtete er seine Lenden, zu wandeln von Dan bis Verjaba. Piccadilly, das gestern Abend den koketten Putz seiner glänzenden Läden entfaltet hatte, athmete jetzt Frische und Lebendigkeit, wie eine junge Landpomeranze in ihrer ersten Season. Auf frisch begossenen Trottoirs zog eine Karawane von Landmädchen nach Conventgarden=Markt hinauf, Früchte und Blumen und Gemüse bringend. Der feuchte Duft des Green= und Hyde=Park reinigte die Luft, die noch nicht vom Straßenverkehr durchseucht. Milchhändler begannen ihr eintöniges Geschrei, Fleischerkarren rasselten gen Tottenham Court Road, Fischverkäufer marschirten von der Themseseite her heran. Die unvermeidlichen Stiefelputzer=Boys in rother Jacke postirten sich bereits an den Straßenecken, um jeden Vorübergehenden mit der Bürste und flehendem Penny=Blick anzufallen. Einige Straßenjungen gaben ihre Anerkennung der ausgestellten Eßwaaren so unzweideutig zu erkennen, wo Auster= und Pastetenhändler ein Straßenfrühstück feilboten, daß man ehrenrührige Strafen an ihnen vollziehen mußte. Durch den Marmorbogen des Hyde=Park, wo als Schildwach der eiserne Herzog Wellington auf eisernem Roß herniederstarrt, flutheten morgendliche Spaziergänger, Maiglöckchen im Knopfloch, den gelben Olivenstock als Gruß=Stange benutzend. Knallrothe Handschuhe mit breiten schwarzen Streifen schienen Mode — es fiel dem Oesterreicher schwer aufs Herz, daß er dieselben an seinem sonst tadellosen Anzug vermißte.

Welch endlose Schnur von Roß und Reisigen! Blaue Bänder, gleich Preußens loyalen Kornblumen, verkünden, daß man zu St. Sport von Epsom, dem Nationalheiligen, wallfahrte. Heut war Derbytag. Ganz England scheint solches Rennen nach einem geschäftsmäßig, Uhr in der Hand, erledigten Pensum Vergnügen.

Krastinik bummelte noch eine Zeitlang hin und her, über Knightsbridge nach Brompton hinein. Die vielen Fisch= und Fleischbuden legten soeben ihre Waaren aus. Dieselben verbreiteten jedoch einen solchen Blut= und Salzgeruch und die Verkäufergruppen brüllten mit ihren Stentorkehren den eleganten Spaziergänger so mißtönig an, indem sie mit ihren nervigen nackten Armen und blu= tigen Schürzen wenig appetitliche lebende Bilder stellten, — daß Xaver sich hülfeflehend nach einem Cab umsah, das langsam vorbeitrottete. Kaum hatte das immer wache Auge des Rosselenkers ihn erspäht, als auch der Peitschen= stiel sich senkrecht in die Lüfte erhob zum Zeichen der Ver= ständigung, worauf mit einem kräftigen „All right, Sir!" der hübsche rothgrünbemalte zweiräberige Hansom heran= schoß. „Das geht fixer, wie die faulen Fiaker und Droschken des Kontinents!" dachte der Oesterreicher; laut wies er den Cabman an, ihn nach „Bolton's Terrace" zu fahren. Es dauerte jedoch eine Weile, eh ihn der Mann verstand. Endlich rief er: „Ah, to Bolton's, I see", indem er „Boltons" wie „Baltons" aussprach. Noch blieben dem Fremden die Geheimnisse des Cockney=Slang verschlossen, wonach „paper" wie „piper" und „James" wie „Jimes" lautet. — Dieß war also Bolton's Terasse. Eine nette freundliche Straße mit kleinen Vorgärtchen, jedes Haus mit einer kurzen Treppe und zwei Säulen an der Thür versehen. Alles so glatt, reinlich, frisch, wie ein Sinnbild des englischen Comfort.

Als er vor einem der Häuser das Cab entließ und die Treppe hinanstieg, öffnete sich die Hausthür von selbst und ein alter Herr, groß, aber von etwas gebückter Haltung, trat ihm entgegen. Beide umarmten sich.

„My dear fellow", rief Lord Dorrington fröhlich, „das ist gut, daß Du da bist. Ich sah Dich vom Erdgeschoß aus, wo wir essen, der Kühle wegen. Komm nur gleich hinunter, Lady Dorrington wird sich sehr freuen." Er hatte dies alles Deutsch gesagt, unterbrach sich aber: „But English is better for you!" und unterzog sich von nun ab der Mühe, das Kauderwelsch des rabebrechenden Fremdlings zu verstehen und zu corrigiren.

Ein Blick in das edle Auge des altes Mannes genügte: Man erkannte sofort in ihm einen jener seltenen Menschen, denen stete Rücksichtnahme auf Andere, philanthropische Humanität, zur andern Natur geworden.

Ein Abglanz dieses Wohlwollens hatte sich sogar den un=englischen Zügen seiner Gattin eingeprägt, so völlig sie von dem vornehmen Race=Typus des Lords abstach. Obschon ihr Haar ergraut, schien die stattliche Matrone eine scharfe Beobachtung der Lebensverhältnisse bewahrt zu haben. Ganz Weltdame.

Sie begrüßte Xaver mit Wärme. Dieser küßte ihr ehrerbietig die Hand. „Darf ich mich nach Ihrem Befinden erkundigen, gnädige Tante?"

„Danke, lieber Cousin," erwiderte sie mit stark österreichischem Accent. „Ich lebe ja nun schon so lange in England, daß ich mich völlig acclimatisirte. Also willkommen hier! Ich sah Sie nicht, seit Sie so groß waren."

Sie bezeichnete eine Minimal=Höhe mit der Hand. „Was macht Ihr Bruder, der Majoratsherr?"

„Er sendet Lady Dorrington, geborene Gräfin Krastinik, seine verbindlichste Empfehlung. Uebrigens sehe ich ihn sehr selten. Wir haben verschiedene Neigungen. Er betreibt auf seinen Gütern in Ungarn den edeln Sport der Fuchsjagd. Ich schwitze in meiner Garnison als Kavallerieoffizier. Sie wissen, ich bin kürzlich übergetreten — war früher Ingenieurhauptmann, weil ich mich mit Leib und Seele für Kriegswissenschaft interessiere. Aber es ging halt nicht mehr; meine Familie meinte, ein Krastinik gehöre nur in die Kavallerie. Das allein sei ritterlich, ich dürfe doch nicht als bewaffneter Bücherwurm hinvegetieren. Auch reizte mich selbst der noble Pferde= Sport (ich bin ein wenig romantisch, gnädige Tante) — kurz, so wäre ich denn Rittmeister."

„Wie lange hast Du Urlaub?" fragte Dorrington.

„Auf unbestimmte Zeit. Ich muß mich einmal auslüften. Man verbauert ganz. Und da hab' ich denn London als Ziel meiner Reise gewählt, weil Ihr ja so gütig waret, mich wiederholt aufzufordern."

„Sie sind hier zu Haus, lieber Neffe!"

„Das versteht sich," rief der alte Lord. „Dein Vater, der General, war der Intimus meiner Jugend, als ich noch als Attaché bei der britischen Gesandtschaft in Wien stand. Ich betrachte Dich wie einen Sohn."

„Ja und deswegen," fiel die praktische Lady ein, „wollen wir uns auch mal ein wenig mit Ihrer Zukunft beschäftigen. Wie geht's Ihnen denn?"

„Schlecht und recht, wie ein armer jüngerer Sohn es verlangen kann." Xaver zuckte mit vielsagendem Lächeln die Achseln.

„Oho, so! Nun, um Ihre Verhältnisse aufzubessern, wäre ja doch das Bequemste eine reiche Heirath. Wie, mon cher, sollten Sie nicht daran gedacht haben, als Sie nach England gingen?"

Er machte eine abwehrende Bewegung. „O nein. So sehr dies wünschenswerth wäre, verkaufen mag ich mich nicht!"

Lady Dorrington hob mit komischem Erstaunen beide Hände empor. „Verkaufen! Welch' ein Wort! Sie sollen eben thun, wie tout le monde! Nur ruhig, Lieber, wir werden das schon in die Hand nehmen. Ueberlassen Sie das meinem Takt!"

Xaver küßte ihr verbindlich die Hand. „Wie soll ich Ihnen danken für das Interesse, gnädige Tante, das Sie mir entgegenbringen! Doch fürs erste . . übrigens wird das wohl auch kaum so leicht sein wie Sie denken."

„Das überlasse man mir! Ich denke doch, einem Grafen Krastinik stehen alle Pforten offen!" Und Lady Dorrington warf stolz das Haupt in den Nacken, als wäre sie der vereidigte und patentirte Anwalt für alle Generationen Derer von Krastinik. „Apropos, haben Sie viele ‚introductions' nach London mitgebracht?"

„Nicht eine. All solche Pläne lagen mir ja ohnehin fern. Ich will nur einen Monat hier zubringen, um mich zu erholen — das ist Alles. Ich gedenke gar nicht, mich wieder in die Gesellschaft einzupferchen. Und im Sommer obendrein, wo sonst in ganz Europa die Saison längst endet! Wie drollig verschieden hier alles doch ist!"

Lord Dorrington lachte leicht auf, die Lady lächelte.

„Nehmen Sie gleich einen Hinweis und guten Rath, lieber Xaver: Finden Sie nichts ‚drollig‘, was ihnen hier auffällt. Das wäre in England der gröbste Verstoß. Bedenken Sie, daß gerade den Engländern alles ‚drollig‘, vorkommt, was sie auf dem Continent sehen! Und jeder Brite nimmt stillschweigend an, daß man seine Sitten als etwas Superiores ehrt und anerkennt. — Nun, wir werden Sie schon in gute Gesellschaft bringen

„George, my dear," wandte sie sich an ihren Gatten, „Nächsten Sonnabend ist eine „Garten=Parthie" bei Egremonts. Sorgen wir dafür, daß unser Freund eine Einladung erhält, nicht?"

„Aha!" machte der Lord, indem er verschmitzt ein Auge zudrückte.

„Well. Das soll geschehn."

Der Graf verbeugte sich. Seine vornehme Reservirtheit verbot ihm, sich näher zu erkundigen, wer „Egremonts" seien. „Ich nehme das dankbar an. Heut Nachmittag will ich noch eine Karte bei unserem Botschafter abgeben; dann ist mein gesellschaftliches Tagewerk fürs erste gethan."

Man unterhielt sich eine Weile über allgemeine Gegenstände. Es zeigte sich, daß der schneidige Kavallerist neben der gebräuchlichen Theilnahme für Pferde und Wettrennen als begeisterter Amateur der Musik und besonders der schönen Litteratur seine freien Stunden widmete. Als er jedoch seiner Landsmännin ein Ungarisches Lied vorsingen wollte und sie eifrig dabei accompagnirte, schienen ihre beiderseitigen Sprachkenntnisse im Magyarischen nur mangelhaft entwickelt. Hatten sie doch ihr Lebenlang nur Deutsch gesprochen und auf ihren ungarischen Gütern selten verkehrt. Dies hinderte aber nicht, daß sie völlig darüber d'accord waren, die Deutschen seien eine maßlos arrogante und rohe Nation, welche gedemüthigt werden müsse.

„Die armen Franzosen!" seufzte Lady Dorrington wehmüthig. „Bismarck wollte Deutschland einen — und dafür mußten die Franzosen bluten. Und jetzt droht er schon wieder! Dies Deutschland will nie Frieden halten."

„Hm!" Der alte Lord runzelte die Stirn und schüttelte den Kopf. Sein englisches Gerechtigkeitsgefühl bäumte sich auf. Er vermied jedoch, mit seiner Frau, deren Bruder bei Königsgrätz als Divisionär gefallen war, über diesen Punkt zu rechten.

Lady Dorrington mußte sich verabschieden, um eine nothwendige Visite zu machen. Die beiden Männer plauderten bei einer Flasche Portwein und griechischen Cigaretten im Bibliothekzimmer weiter. Allerlei schnurrige und ernste Erinnerungen erwachten bei dem alten Herrn, aus der Zeit seines Aufenthalts in Wien, wo er als flotter Lebemann geglänzt hatte. Er erkundigte sich angelegentlich, ob die österreichischen Damen der großen Welt noch immer so naiv-liederlich seien. So gab er eine Anekdote zum besten, wie in einem gewissen Badeort die Damen am Fenster durch Operngucker zugesehen hätten, wie ihre Herren im See badeten. Dabei hatte die schöne

Gräfin Mizi..., die in dem Rufe stand, systematisch ihre Liebhaber zu wechseln, naiv ausgerufen: „O, dies Jahr nehme ich Dorrington!" Man mochte wohl glauben, daß er früher ein sehr schöner Mann gewesen sei — noch die Ruine wies darauf hin. Der gute alte Herr kicherte behaglich mit wohlwollender Theilname für die menschliche Schwäche. „Die Arme! Sie ist nun auch schon lange todt!"

Allein, er wußte auch ernstere Details aus seiner diplomatischen Carrière zu erzählen. Hatte er sogar Metternich noch gut gekannt, der ihm echten Johannisberger oftmals vorgesetzt hatte. Auf den ließ er nichts kommen. Beeinflussen die persönlichen Verbindungen doch stets das objektive Urteil auch bei urteilsfähigen Geistern.

Und Lord Dorrington war ein Urteilsfähiger. Seine diplomatischen Spielereien lagen lange hinter ihm. Jetzt hatte er sich der Wissenschaft gewidmet und der Litteratur In seinem Bibliothekzimmer hingen eine Reihe interessanter Zeichnungen und Portraits von berühmten Dichtern aus jener großen Epoche der englischen Litteratur zu Anfang des Jahrhunderts, die er in früher Jugend noch miterleben durfte und aus welcher er viele Autographen bewahrte. Als Xaver mit augenscheinlichem Eifer diese Sammlungen besichtigte, rief Dorrington, nachdem er ihn eine Zeitlang aufmerksam betrachtet hatte, plötzlich: „Et tu, Brute? Du bist ja auch ein Poet?"

Der k. k. Rittmeister ward dunkelroth. „Ich — ein Poet?" stammelte er. „Wie — kommen Sie darauf?"

„O! Ich lasse mich nicht beirren. Beichte mal: Bist Du nicht schon öfters mit dem Pegasus gestürzt?"

„Ich kann nicht leugnen .." machte Jener zögernd.

„Siehst Du wohl!"

„Aber wie .. errathen Sie das?"

„O ganz einfach. Ich bin nämlich ein ganz altmodischer alter Kerl und huldige immer noch fanatisch der Gall'schen Schädeltheorie, die jetzt ein überwundener Standpunkt sein soll. Ja ja, ich bin bekannt und gefürchtet ob meiner Manie, die Schädel zu untersuchen. Und doch hab' ich mich nie getäuscht. Habe Disraelis Schädel untersucht und Gladstones, und habe immer gesagt, daß trotz seiner Charakterfehler Disraeli noch die noblere Natur von den Beiden sei. Da haben wir ja jetzt seit lange die Bescheerung mit diesem Gladstone! Dieser eitle quack, dieser Charlatan und Doktrinär!" Er schimpfte noch eine Zeitlang auf den „Verräter", dessen Haltung in der Irischen Frage ihn als Briten der alten Schule entrüstete.

„Und .. und," warf Xaver hin, der sehr aufmerksam zuhörte. „Bei mir wollen Sie erkannt haben ..."

„Und ob! Hier der Winkel an den Schläfen über den Augen, der Schnitt der Augenbrauen .. laß mich mal Deinen Kopf untersuchen!"

Halb lachend, halb interessirt, gab Jener seine Zustimmung. Dorrington betastete seinen Hinterkopf genau, brummte eine Menge psychologisch=physiologisch=physiognomischer Lehrsätze durcheinander und constatirte aus einer Reihe phrenologischer Dokumente: „Zweifellos ein stark receptives, doch auch productives ästhetisches Organ vorhanden." Er verbreitete sich noch lange über diesen Punkt. Xaver war auffallend still geworden.

— — —

„Ein Dichter!" sang es in ihm, als er nach Hause schritt. „Ein Dichter!" schien das Echo seiner Tritte zu wiederholen, als er mit unbewußt leichterem und stärkerem Schritt wie ein Triumphator dahinwandelte. Hatte er doch stets geahnt, daß etwas Besonderes in ihm schlummere. Stets war er einsam seinen Pfad fürbaß gewandelt. Auf der Kriegsschule hänselte man ihn als sauertöpfisch; später beim Regiment galt er als ein Gentleman und als tüchtiger Offizier, streng im Dienst, aber im Offizier-Casino zählte er durchaus nicht zu den beliebten Mitgliedern. Die Damen fanden ihn interessant, aber etwas steif. Ein paar Verhältnisse mit Damen der Aristokratie (dem Theater und Ballet hielt er sich fern, schon seiner beengten Geld= verhältnisse wegen) hatte er gelöst, ohne dabei sein Herz beschwert zu finden. Immer suchte er etwas, was ihm seine Umgebung nicht bieten konnte „Ich habe manchmal auch meine ideal en Stunden," entgegnete er einmal bitter einem Componisten, der ihm vorgestellt wurde und der wie üblich von der Vereinsamung des Künstlers in der rohen Welt jammerte. — Ein Dichter! So mußte es sein.

Noch Abends beim Dinner im St. James Restaurant, wo er, das Parisian Dinner zu 5 Shilling verschmähend, für 3 Shilling ein opulentes Table d' hôte zu den Klängen einer Musikkapelle einnahm, grübelte er über dies

Thema weiter. Es beschäftigte ihn so, daß er erst am andern Tage dazu kam, beim Botschafter vorzusprechen. Dieser empfing ihn mit der Auszeichnung, die einem Krastinik gebührte (selbst wenn dieser halt nur ein jüngerer Sohn war) und stellte sich völlig zu seiner Disposition, wenn er ihm mit etwas dienen könne. „Wünschen Sie vielleicht bei Hofe vorgestellt zu sein, mein theurer Graf?"
„Excellenz verzeihen, wenn ich auf die hohe Ehre verzichte. Ich bin gleichsam auf der Durchreise in London .."
„Gleichsam incognito. Verstehe." Excellenz sagten das mit einer so eingefleischt wichtigen Amtsmiene, als ob hinter diesem „Verstehen" ein wichtiges diplomatisches Geheimniß stecke. „Aber in die Gesellschaft wünschen Sie doch wohl eingeführt zu werden?"

Auch dies lehnte Krastinik ab. Als der verwunderte Gesandte aber in ihn drang, wenigstens den Rout der herrschenden Saison=Schönheit mitzumachen, der demnächst stattfinde — er sehe die Herzogin noch heut Abend und verbürge sich für sofortige Einladung —, sagte er zu.

Sie plauderten noch einige Zeit über — Nichts, wie nur geborene Aristokraten dieses vornehme Tätteln in anmuthiger Ungezwungenheit verstehn.

Zum Abschied empfahl ihm der Vertreter der vierten Großmacht, doch ja das Kochbuch seines verehrten Kollegen, des deutschen Botschafters Graf Münster, zu studiren. Krastinik fühlte sich befriedigt, als er die Marmorstufen hinabschritt, daß er diese lästige Pflicht erfüllt hatte.

Seufzenden Herzens machte er sich sodann gen

Regentsstreet auf und verfügte sich zu Nicoll's, um einen Frack nach Londoner Schnitt mit Seidenaufschlägen zu erwerben, die man dort vorräthig findet für jedes erdenkliche Leibesmaß.

Mit dem stolzen Bewußtsein, daß der Prinz von Wales einen ähnlichen Frack mit seinem allerhöchsten Geschmack zu beehren geruht habe, wie wenigstens der Atelier-Maitre versicherte, kehrte er heim.

Düster philosophirte er über die Häßlichkeit dieses Kleidungsstücks, indem er sich im Spiegel musterte. Dabei ertappte er sich bei dem Gedanken, der ihm blitzschnell durchs Gehirn huschte: „Dichter sollten sich poetischer kleiden!"

II.

Egremonts waren Sonnabend „at home", wie ihn eine Karte belehrte, die fast zugleich mit der Einladungskarte der Herzogin, bei welcher er anstandsgemäß eine Karte abgeworfen hatte, bei ihm eintraf.

Ein Billet seiner Tante und Gönnerin belehrte ihn, wer Egremonts seien. Mr. Egremont ein vielfacher Millionär, der sich von seinem berühmten Verlagsgeschäft zurückgezogen und zur Ruhe gesetzt hatte. Die Töchter, Miß Alice und Miß Maud, seien reizend.

Xaver lächelte und „verstand" — so diplomatisch, wie der Herr Gesandte.

Es war eine „Garten-Parthie". Ein Theil der jungen Leute spielte Lawn-Tennis, der andre saß im

Kreise und übte sich im „Flirting". Man reichte nur Thee, Eis und Kuchen.

Miß Alice, welche leicht erröthete, als Lady Dorringtons Stimme hinter ihr mahnte: „Darf ich Ihnen meinen Neffen, den Grafen, vorstellen," verzog unmerklich den Mund, als sie desselben ansichtig wurde. Sie hatte ihn sich größer und schlanker gedacht, einen gräflichen Husaren aus der Pußta.

Miß Maud hingegen rief sofort mit der ihr eigenen, nur einer englischen Jungfrau anstehenden Kordialität: „Hocherfreut. Les amis de mes amis sont mes amis. Mein Ideal, Lord Dorrington, den ich anbete, ist Ihr Freund — also!" Dabei schüttelte sie ihm kräftig die Hand.

Sie war sehr groß und schlank. Ihr Teint wachsbleich, ihre schwarzen Augenbrauen über der Stirn zusammengewachsen. Wenn sie redete, enthüllten ihre Lippen eine Reihe blendender, scharfer, aber zu großer Zähne. Sie hatte etwas stark Emancipirtes, obschon eine gewisse redliche Tüchtigkeit sich in ihren großgeformten Zügen aussprach, und war hochgebildet mit einem Strich in's „Blaue". Wenigstens dachte Krastinik gleich an die etwaige Farbe ihrer Strümpfe.

Miß Alice war ebenfalls groß und leichtgebaut mit ziemlich platter, wenig gewölbter Brust. Ihre weiblich zarten Züge stachen merklich von denen ihrer Schwester ab und ihr rosiger Teint noch mehr. Ihr Kopf war klein und fein gemeißelt und das hinten à la Greque zusammengeknotete Haar hob die ovale runde Form des zarten Schädelbaues noch mehr hervor. In ihren ziemlich kleinen Augen, tiefblau, aber matt und glanzlos, lag ein zugleich kalt-kluger und schmachtender Ausdruck, der einem Psychologen vielleicht nicht ganz behagt hätte. Etwas Mißgestimmt-Spleeniges und Blasirtes gab sich in ihrer ruhigen überlegten Art so, als ob es sich um eine edle Schwermuth handele. Wenigstens fand dies Krastinik, der von ihrem ladylifen Wesen ein wenig bezaubert wurde.

Er schien überhaupt bezaubert. Denn er rabebrechte aus Leibeskräften drauf los und schnitt Complimente, die zwar dem Genius der englischen Sprache Trotz boten, aber nichtsdestoweniger oder gerade wegen ihres un-englischen Klanges von den Damen „charming" befunden wurden. Eine Freundin Miß Maud's nannte ihn „nice", eine Freundin Miß Alice's „lovely", nachdem er auf die Frage, was ihm in England am besten gefalle, die auf der Hand liegende Antwort gegeben: Die Ladies! Und sobald erst die Ladies Jemanden als „nice" und „lovely" gestempelt, ist er als „Löwe" anerkannt.

„Wenn Sie die Engländerinnen so sehr bewundern, sollten Sie eine heirathen," fügte Lady Dorrington insinuirend bei. Miß Maud horchte auf und ihr Blick nahm etwas Lauerndes an.

Bald darauf erschien auch der Herr des Hauses, welcher den Fremdling in ein emsiges Gespräch verwickelte.

„Ja, Sir, es war der Stolz meines Hauses," sagte Mr. Egremont, ein kurzer dicker Herr in weißer Weste, indem er zwei Finger vorn zwischen zwei Knopf-Oeffnungen besagter Weste steckte, und würdevoll das kahle Haupt wiegte, „— meines Hauses sage ich, Sir, daß bei mir die litterarischen Erzeugnisse der britischen Aristokratie veröffentlicht wurden. Man beehrte mich, Sir, mit allgemeinem Wohlwollen. Bei mir hat Ihre Gnaden die Herzogin Fitz=Doodle ihre „Ly= rischen Seufzer" ertönen lassen. Auch erschienen bei mir fast alle Keepsakes — rothseidener Einband mit Goldschnitt, sehr geschmackvoll —, in welchen sich die poetischen Seelen der britischen Aristokratie ein Rendezvous gaben. Ja, Sir, wir standen und stehen gleichsam in einer Familien= Verbindung zur ganzen Nobility und Gentry, wir sind und waren die Hoflieferanten der britischen Aristokratie für geistige Nahrung, you know. — Wir werden wohl übrigens selbst demnächst .. doch ich darf noch nichts sagen, bis Sache spruchreif .. kurz, ein Baronet=Titel wird demnächst von Ihrer Majestät der Königin verliehen werden .. hehe, hm! Ja, Mr. Count de Rasteinik, ich freue mich, Sie in diesem Lande begrüßen zu dürfen. „Das unverletzbare Eiland der Weisen und Freien," wie Sr. Lordschaft, Lord Byron, sehr treffend singen. Die britische Aristokratie, Sir, dieser Stützpfeiler unsrer gesegneten Constitution, gleicht jener Eiche der Freiheit .."

So schwatzte er ununterbrochen fort, bis Krastinik fast die Geduld riß. Auch suchte er vergeblich, das con= sequente Englisch=Aussprechen seines Namens zu corrigiren. „Count de Rasteinik" blieb er für den freien Briten, welcher dieses Titelwörtchen ohne Unterlaß im Munde zu= rechtknetschte, als ob ihm das Aussprechen eines continen= talen Adelsnamens eine geheime Wollust bereite.

Der hat ja Größenwahn! dachte der Graf, dessen vornehmes Gefühl dies aufgeblasene Parvenuthum bedenklich beleidigte.

Mr. Egremont, dessen Eitelkeit übrigens von Lady Dorrington als anerkennenswerthes Streben nach dem Höheren und löbliche Gesinnung patronisirt wurde, trug sodann in größerem Kreise mit vieler Pomphaftigkeit die architektonischen Absichten vor, welche er bei Erbauung eines Stammsitzes für seine kommende Adelsfamilie durchführen wollte. Dies Ahnenschloß gedachte er im Tudorstil auszubauen. Natürlich gemäß dem Stil der übrigen alten Mansions der „britischen Aristokratie". Er mißbrauchte dies Wort, als wolle er durchaus gegen das zweite Gebot freveln: Du sollst den Namen Deines Götzen nicht unnützlich führen.

„Und Sie, mein theurer Xaver?" wandte sich Lady Dorrington mit aufmunterndem Lächeln an ihren Neffen, „Sie bauen ja wohl an Ihrem Schloß? Der Neubau wird hoffentlich in großartigem Stile ausgeführt?"

„So großartig es unsre, wie Sie wissen, gnädige Tante, sehr beschränkten Verhältnisse erlauben," erwiderte Jener, nicht ohne Verlegenheit.

„O versteht sich! Ihre Verhältnisse sind so bescheiden!" rief sie lächelnd, obschon dabei leicht errötend. „Porphyrsäulen am Portiko, wie ich hoffe. — Und Ihr Marstall verlangt ja eine beträchtliche Renovirung. Der weitere Ausbau — eine Tasse Thee, liebe Maud? Danke." Diese, welche selbst als Wirthin ein Thee-Tablet umherreichte, sah, wie der Graf sich auf die Lippen biß und die Stirne runzelte. Und der schreckliche Verdacht stieg in ihr auf, der mögliche Freier möge gar wenig Geld besitzen. Demgemäß eine Art Glücksjäger, der wohl auf Erbinnen spekulirte. Durch einige schlaue Fragen, die sie that und die er arglos beantwortete, schien ihr dieser Verdacht Gewißheit zu werden. Ihr kam er überhaupt zu unbedeutend vor; sie beschloß daher, sich selbst möglichst aus dem Spiele zu halten. Mochte Alice thun, was sie wollte.

Nachher versuchte Xaver das edle Lawn-Tennis zu lernen, wobei die unreifen jungen Kälber — die Engländer werden erst mit 30 Jahren Männer — ihn gutmüthig unterwiesen, mit großherzigem Mitleid dem Continentalen seine Unerfahrenheit zu Gute haltend.

Die Damen umringten den „distinguished foreigner" und sein Radebrechen gefiel ihnen so wohl, daß er der Hahn im Korbe schien und einen freundlichen Eindruck zurückließ.

Lady Dorrington beglückwünschte ihn ernsthaft zu seinem „Succeß", wie sie es nannte, und ließ verschiedene Ziffern über die etwaige Mitgift der Egremonts fallen.

Xaver schwieg. Der alte Egremont mißfiel ihm sehr. Der leidet ja an Größenwahn! dachte er.

III.

Auch der Ball bei der Herzogin mußte überstanden werden. Die Gesellschaftsstunde nahte. Wappenkronengezierte Karossen, vollgepackt mit Fracks und Ballroben, rollten heran. Ihre Räder wurden übertönt vom Donnern der Messingklopfer, wenn die gallonirten gepuderten Footmen vom Hinterbrett absprangen, indem sie ihre weißen Seidenstrümpfe, sammtenen Kniehosen und Schnallenschuhe vor dem plebejischen Straßenschmutze sorglich hüteten. Der Portier öffnete unabläffig, und der Fremde erstaunte baß, auf den Teppichtreppen die Gäste lagern zu sehn nach guter Londoner Sitte, weil die engen Räume von der ungeheuren Zahl der Geladenen bald überfüllt. Eine hektische Röte schien auf jedem Gesicht zu fiebern, die Luft scheint fieberhaft erhitzt. London gleicht einer Schwindsüchtigen, die sich zu Tode tanzt. Die Ball=Menge, dichtineinandergedrückt, verschwamm in der Entfernung zu einer einzigen schwarzflimmerigen Masse, wie eine dicke Häufung von Steinkohlen.

Nachdem Krastinik die Herzogin begrüßt, welche am Eingang des Saales hundertmal gegen jeden Eintretenden den Fächer schwenkte und ein verbindliches Lächeln austauschte, fühlte er sich in den großen Drawing Room geschoben, wo zwei tanzende Paare im denkbar schleppendsten Tempo sich drehten und beide Wände entlang eine dichte Masse von Herrn und Damen sich staute. Das Ganze machte einen völlig physiognomielosen Eindruck. Mechanisch schien man Kravatte, Lorgnon, Kopfputz und Schleppe zurechtzurücken, die Conversation stockte gänzlich und nur ein halblautes Summen schwirrte durch den Saal.

Krastinik sah sich verzweifelt in seiner Nähe um. Da ihm das Schweigen unerträglich wurde, wandte er sich an einen zunächst Stehenden und stellte sich mit

einer Verbeugung vor: „My name is Count Krastinik."
Der Insulaner gefror förmlich zur Salzsäule. Anfangs schien er schlechterdings nicht zu begreifen, was dieser Mensch von ihm wolle. Dann suchte er seinen steifsten Bückling aus dem Lexikon der Anstandsformeln hervor und reckte, ohne weiter ein Wort zu verschwenden, seinen Giraffenhals nach entgegengesetzter Richtung.

Krastinik stutzte etwas, faßte sich jedoch und versuchte die gleiche Selbstvorstellung bei einem nächsten. Dieser starrte ihn feierlich an, räusperte sich verlegen und murmelte: „Oh indeed! Delighted, to be sure." Daß er nun selbst verpflichtet sei, seinen Namen zu nennen, schien ihm ganz unfaßlich.

Mit dem Mut der Verzweiflung, schoß der arglose Fremdling endlich auf einen Herrn in indischer Uniform, von dessen bronzirtem Teint sein strohgelber Schnurrbart pikant abstach, los. Der Herr hatte nach Pariser Sitte die Haare vorn in die Stirn geklebt und unter der Manchette ein silbernes Armband nach unten baumeln. Das mußte ein Mann sein, der viel umhergekommen und continentale Sitten kannte. So verbeugte sich denn Krastinik zum dritten Mal und schnarrte verbindlich: „My name is Count Krastinik," wobei er diesmal hinzufügte: „Captain in the Austrian service."

Der also jählings Ueberfallene schien doch ein wenig verblüfft, doch gewann er rasch seine Haltung und nickte mit gönnerhaftem Lächeln: „Höchst erfreut." Dann deutete er leicht auf sich und nannte sich: „Sir Thomas de Mowbray, vom Bombay Stabscorps."

Das Eis war gebrochen. Ohne daher die stieren, verwunderten, ja mißbilligenden Blicke der Umstehenden zu würdigen, verlautbarte sich der arme Ausländer nach einer Pause in seinem stammelnden Englisch: „'s ist sehr heiß." „Sehr heiß," bekräftigte Jener trocken, als ob er eine nicht unbedeutende neue Wahrheit entdecke. Und sämmtliche Umstehende reckten die Hälse und murmelten — einige bewegten, wie automatisch, lautlos die Lippen: „Sehr heiß."

Graf Xaver fand diese geistvolle Bemerkung doch eigentlich nicht abschließend. Er versuchte also noch etwas geistreicher zu werden. „Viele Schönheiten!" warf er hin mit der Miene eines Weltmannes, der sich ganz zu Hause fühlt.

„Very! — Well — rather" kam es zögernd aus dem Munde seines neuen Bekannten und Krastinik merkte, wie ein gradezu mißtrauischer Blick ihn streifte. „Was will der Mensch, wer ist er, wie hat er sich hervertirrt?" lag in diesem Blick. Allein, eine kurze prüfende Musterung schien ihn zu beruhigen, daß der seltsame Fremde in seiner Art ein Gentleman sei, und so setzte er denn die Unterhaltung fort.

Es war lehrreich zu beobachten, mit welcher souverainen Herablassung der hehre Brite diese exotische Pflanze behandelte. Nicht etwa, als ob er eine unartige Gleichgültigkeit und Geringschätzung affektirt hätte — im Gegentheil. Aber grade seine Liebenswürdigkeit, dies verächtliche Wohlwollen, mit welchem er auf die oberflächliche Conversation des mühsam radebrechenden Grafen einging, hatte etwas unsäglich Beleidigendes. Manchmal wandte er sich bei einer auffälligen Bemerkung des Fremden mit einem freundlichen und entschuldigenden Lächeln zu den neben ihm Stehenden um, als wolle er sagen: Das sind nun die sogenannten Continentalen. Da haben Sie ein Prachtexemplar des „Foreigners"! Haben Sie Nachsicht! Was kann man von Barbaren verlangen? — O diese „Ausländer"! Welche Verletzung der herkömmlichsten Sittlichkeit!

Endlich riß Krastinik die Geduld. Fortwährend sah er die Blicke der Umstehenden, Umsitzenden und Umschwitzenden mit ruhiger Würde auf sich gerichtet und er fühlte, daß sein Benehmen (er war allmählich wienerisch lebhaft geworden) mißliebig auffiel. Als er gar den steiſliebenswürdigen Sir Thomas de Mowbray aufforderte, ihn doch einer Lady vorzustellen, welche diesen mit huldvollem Neigen des Fächers begrüßt hatte, runzelte dieser leicht die Stirn und erstarrte in unnahbarer Respektabilität. Das war aber auch zu stark! — Krastinik preßte seinen Chapeau Claque an sich, absolvirte einen flüchtigen Handshake mit Sir Thomas, wand sich durch die Menge, empfing von der herzoglichen Wirthin am Ausgang dasselbe krampfhaft stereotype Lächeln (sie erkannte ihn offenbar gar nicht), warf unten im Parlour einen entsagenden Blick auf das fabelhaft kostbare, aber nur auf Damen berechnete süße Buffet und warf mit erleichtertem Aufathmen seinen Ueberzieher um. Dann schritt er den Portiko hinaus, wobei er einige auf der Treppe herumlungernde Gentlemen — die zu erstaunen schienen, als er höflich den Hut zum Abschied zog — hinter sich murmeln hörte: „Ein Ausländer!"

Krastniks cholerisches Temperament gerieth in gelinde Wuth. Als er in sein Hotel zu so später Stunde hineinfiel (alle Restaurationen waren ja längst geschlossen und nach sieben Uhr giebt's nirgends etwas Ordentliches mehr) laute er verdrießlich an einem Beefsteak und wasserbegossenen gequollenen Erbsen — wofür er nachher auf der Bill fünf Shilling berechnet fand.

IV.

Als er aber am andern Morgen seinem alten Freunde Dorrington im Oxford- und Cambridge Club, wo dieser ihn als Gast eingeführt, sein Abenteuer erzählte, brach dieser in ein herzliches Gelächter aus. „Ja, my boy, haben Sie denn keine Ahnung, was für einen ungeheuren Frevel wider englisches Decorum Sie begingen? Hier stellt man sich nie selber vor, sondern der Wirth, nachdem er den Wunsch beider Personen eingeholt, vermittelt das. Und die Dame grüßt stets zuerst — auch auf der Straße, merk' Dir das! —, um zu zeigen, wen sie überhaupt kennen will. Nun, wirst Dich schon daran gewöhnen. Gutes Ale dies, was?" Er wies auf das schäumende Gebräu, das der stattliche Clubdiener, dessen ganzes Vokabularium sich auf Yes, Sir! Please, Sir! zu beschränken schien, mit feierlicher Würde eingoß. „Wird nur hier gebraut. Ist das Haus-Ale dieses Clubs allein. Sogar der Wiener Bierkönig Dreher hat sich hier daran delektirt."

Als sie nachher, den prachtvollen Bibliothekraum durchschreitend, im Smoking=Room ihren Mokka schlürften und den Schachspielern zusahen — (die arbeiteten, ohne eine Silbe zu wechseln, nicht minder eifrig wie die professionellen Spieler in Simpsons Cigar Divan am Strand, wo Zuckertort, Steinitz und andere so oft mit Amateurs aus dem Schachclub in Arundelstreet gespielt) — schlug Dorrington dem Grafen vor, mit ihm einer Mrs. O'Donnogan eine Visite zu machen. „Irländerin. Schöne junge Wittwe. Reich, gute Parthie."

„Meinethalben. Das kann nichts schaden," nickte Jener. Sie machten also den „call". Xaver war in der That erstaunt über die weltgewandte Liebenswürdigkeit der reizenden Dame, die eine Meisterin des „Flirting" schien und alle Künste der Koketterie beherrschte. Sie besaß einigen Esprit und offenbar die elegante Salonbildung, welche die Engländerinnen auszeichnet, deren nervöser Halbbildungstrieb unersättlich nach allen geistigen Anregungen hascht — bei ihren unleugbar größeren intellectuellen Fähigkeiten, im Vergleich zu ihren continentalen Schwestern, ein ganz natürlicher Vorgang.

Uebrigens schien die pikante Dame ein wenig „frei", „französisch". Es streifte fast an die Grenze des guten Tons, wie sie immer und immer wieder mit ihrem Hündchen und ihrer Katze anmuthig liebelte. Sie hatte die Thiere abgerichtet, sie regelrecht zu küssen, was sie mit ihren appetitlichen Schnäuzchen denn auch so artig bewerkstelligten, daß den männlichen Zuschauern dabei das Wasser im Munde zusammenlief.

Uebrigens sprach Mrs. O'Donnogan ziemlich geläufig Deutsch, da sie natürlich in jedem Punkte à la mode bleiben wollte. Auch betrachtete sie den Oesterreichischen Hauptmann und Grafen mit aufmerksam neugierigen Augen, als Lord Dorrington etwas ironisch auf dessen verstohlenes Dichterthum anspielte.

„Ja, er ist ganz weg!" neckte der freundliche alte Herr, als er am Abend zum Dinner seiner Gattin ihren Neffen und dessen Abenteuer mitgebracht hatte. „Unsre Irische Freundin hat ihn captivirt. Sein kugelfestes Herz steht in Flammen."

„Ich kann nicht leugnen," bekannte Krastinik unbefangen lachend, „daß ich sie reizend finde. Dieses goldige Haar! Charming! O die süße englische Sprache! Sie allein drückt aus, —"

„Was Sie empfinden?" Lady Dorrington erhob sich nach englischer Sitte, um die Herrn bei der Weinkaraffe allein zu lassen und oben im Drawing Room den Thee zu bereiten. „Goldiges Haar? Man denke! Ja, bei 3000 Pfund Rente findet sich das Goldige von selbst. Eh bien, lieber George, sage unserm Freunde doch, was ich darüber denke. — Wissen Sie was, lieber Xaver? Zeigen Sie doch mal Ihre poetische Geschicklichkeit! Sie schildern so feurig die Hunde- und Katzen-Verliebtheit der schönen Frau. Machen Sie darüber einen Vers und —" flüsterte sie ihm halblaut ins Ohr, als er aufspringend ihr chevaleresk die Thüre öffnete, „schicken Sie ihr's."

„Aber, gnädige Tante!"

„Das heißt," fügte sie schelmisch drohend hinzu „daß Sie ja nie verrathen, ich hätte das empfohlen!"

„Madam,

Es ist stets gefährlich, wenn man einem Reimer den leisesten Wunsch ausspricht, seine Verse sehen zu wollen. So sind wir, nous autres rimeurs! Reicht man uns den Finger, nehmen wir die ganze Hand. Der arme Herzog Clarence verlangte ein Gläschen Malvasier und wurde in ein Faß gesteckt.

Sie sahen sich genöthigt, den Wunsch aussprechen zu müssen, daß eine Probe meiner Stümperei Ihren schönen Augen unterbreitet werde. Me voilà! Da marschiren schon acht Verszeilen heran, um Ihnen zu huldigen. So bekommen Sie einen bittern Vorgeschmack der Lieder, die Ihrer vielleicht noch harren. Seien Sie mir nicht allzuböse, wenn ich Ihre Geduld auf eine so harte Probe stelle. Lady Dorrington würde mich schön auszanken, wenn sie erführe, wie ich wegelagere. Unsereins stürzt sich eben auf jeden Leser, der Herzensgüte genug besitzt, um gereimte Ungereimtheit zu ertragen.

Aber ich sehe, daß meine Weitschweifigkeit sich sogar auf diesen Brief ausdehnt. So gestatten Sie mir denn die Versicherung, daß mein schlechtes Gedicht wenigstens den einen Vorzug besitzt, ebenso aufrichtig und wahr zu sein, als die Verehrung, mit der ich bin

Ihr ergebener Diener
Graf Xaver Krastinik."

Das beigelegte Impromptu lautete:

> Circe hat ein Thier einst verwandelt
> Männer, ihre Liebesglut zu kühlen.
> Minder graufam zwar haft du gehandelt,
> Läffeft Thiere menschlich für Dich fühlen.
> Doch wo Thiere selber lieben müssen,
> Laß uns, Graufame, ihr Glück nicht schauen.
> Daß es Thieren nur erlaubt zu küssen,
> Kann kein neidisch Mannesherz erbauen.

Es war sogar eine Ueberfetzung in denkbar unbehol=fenstem Englisch zugefügt:

> Circe changed men, who dared speak of love,
> To animals once with her magic staff.
> Less cruel indeed your witcheries prove,
> When your beauty's enchanting cup we quaff.

u. s. w.

„Geehrter Herr,

Ich bin morgen Mittag at home. Einige Freunde nehmen bei mir ihr Lunch. Vielleicht werden wir den Vorzug Ihrer Gegenwart haben? Sie sind freundlichst geladen.

Ihre ergebene

Ellinor O'Donnogan.

P. S. Dank für die hübschen Verse."

Das Lunch bei der Tochter Grün=Erins gewann einen etwas abenteuerlichen Anstrich durch die stark ge=

würzte Mischung der Gesellschafts-Pastete. Da war eine fettige süddeutsche Sängerin, die sich einen italienischen Namen zugelegt hatte.

Da war ein kleiner Franzose mit endlosem Henri-Quatre, der trotz eines halbjährigen Aufenthalts in London nur die Phrase „Fifteen years ago!" gelernt hatte und, als der Name „Bulwer" fiel, sofort von „Boulevard" zu plappern anfing.

Da war ein jugendlicher Plantagenbesitzer aus Cuba, der jedem Unglücklichen, mit dem er nur drei Worte gewechselt, die echtesten der echten Havannas meuchlings auf die Brust setzte — eine Magnaten-Großmuth, welche der davon Betroffene meist verfluchte, sobald er drei Züge des kostbaren Gewächses gekostet. Doch Don Rosetta's Etui ward niemals leer und füllte sich wie eine Cisterne aus unbekannten Tiefen.

Da war ein deutscher Maler, nicht ohne ein gewisses Sedan-Lächeln, das den Reserveoffizier verrieth, welcher nichtsdestoweniger aus seiner tiefen Verachtung gegen alles Deutsche kein Hehl machte.

Da war der unvermeidliche junge Musiker jüdisch-slavisch-deutscher Herkunft, wie er blaßwangig und schwarzlockig in den Londoner Drawing-Rooms schwarmgeistert.

„Er ist ein Bohemian," stellte ihn die patronisirende Wirthin mit zweideutigem Wortspiel dem Grafen vor. („Bohemian" bedeutet ja englisch sowohl „Böhme" als „Bohémien" in der Pariser Bedeutung des Wortes.) „Und Sie, Graf, Sie sind ja auch ein Böhme, nicht? Das sind wir ja drei Böhmen! Denn ich, ich bin eine

richtige Bohemienne, ich liebe die Freiheit, die Bohéme!"
Dabei rümpfte sie das aristokratische Adlernäschen und äugelte mit unbeschreiblichem Dünkel durch ihr Lorgnon, indem sie mit den drei Gardeoffizieren tändelte, die außer einem dicken Parlamentsmitglied den Rest der Gesellschaft bildeten.

Das Lunch verlief recht lebhaft. Die Schildkrötsuppe mochte selbst einem indischen Nabob schmecken und das Salmon-Steak einem Lordmajor der guten Stadt London. Auch für die Wittwe Cliquot schien die lebenslustige Wittwe von verständnißvoller Sympathie beseelt. Der Champagner schmeckte Krastinik besser, als im „Hotel Hungaria" beim Pester Wettrennen — weiter gingen seine vergleichenden Erinnerungen ja nicht, da ihm Paris noch ein Buch mit sieben Siegeln.

Gegen ihn war die schöne Wirthin ziemlich kühl und übte sich nur kräftig in allgemeinem „Flirting", in welcher edeln Wissenschaft sie Meisterin vom Stuhl zu sein schien. Es war, als wolle sie ihm andeuten, daß sie seine etwaigen Intentionen wohl verstehe, ihm aber keine Avancen machen wolle. Sie hübsch, vermögend, Wittwe, von guter Familie — er, ein continentaler Graf, aber vermuthlich wenig bemittelt, wenigstens nach englischen Begriffen. So leicht ging es mit der Brautschau nicht. Man mußte sich vorsehn.

Nicht sonderlich befriedigt, küßte Krastinik zum Abschied die Hand, was auf sie als nicht-englisch zwar etwas befremdlich, aber nicht unangenehm wirkte — (diese continentalen Sitten bewahren noch so etwas Romantisches!)

— erhielt aber die Erlaubniß, sie so oft als möglich, während er London mit seinem Aufenthalt beehre, zu besuchen. Dies mit vielsagendem Augenaufschlag.

Krastinik trieb sich Wochen lang im Londoner Vergnügungsleben umher. Er speiste viel im Criterion Restaurant, nahm seinen Abendpunsch im Café Monico, schlenderte in Canterbury Hall und Cremorne Gardens umher, besichtigte Foot=Ball Races im Windsor Park, bestand kleine Abenteuer im nächtlichen Haymarket, ließ sich im Krystallpalast von deutschem Orchester Händel'sche Oratorien vorblasen= und singen, schloß auch die vielen Museen und sonstigen Wissensanstalten und Sammlungen Londons nicht von seiner Aufmerksamkeit aus.

Zu Mrs. O'Donnogan kam er mittlerweile in ein freundschaftliches Verhältniß und schnitt ihr gewaltig die Cour. So las er ihr bald ein neues Impromptu vor, das er auf sie verfaßt.

> Ach, da ist schon Numero 70!
> Ach, vor ihrer Thüre bin ich!
> Sie, in die mein Herz verliebt sich,
> Ist so grausam und so minnig.
> Nennt sich selbst Bohemienne.
> Sagt, da Musiker und Grafen
> Sie als echte „Böhmen" kenne,
> Daß drei Böhmen hier sich trafen!

Bei Vorlesung dieser gutgemeinten Reime unterfing er sich jedoch, in aller Ehrfurcht ihr die Thatsache zu unterbreiten, daß der ‚Böhmer-Graf' in Wahrheit einem der ältesten Adelsgeschlechter Oesterreichs angehöre, welches manche felbherrliche Heerestrommel (von der man nur hört, wenn sie geschlagen wird) in den Geschichtsannalen zu den Seinen zähle. Uebrigens sei er kein Böhme, sondern ein ritterlicher Magyar.

Das wirkte denn doch erheblich auf die kleine Frau und dämpfte die beiläufige Geringschätzung, mit welcher man in England auf continentale Grafen herabzusehen pflegt.

V.

Man hatte eine Landparthie zu Wasser nach Richmond gemacht — Krastinik, Dorringtons, die O'Donnogan, Alice Egremont. Maud hatte sich entschuldigen lassen: sie räumte vorsichtig ihrer Schwester das Feld.

Die Sonne tauchte wie eine schwefelgelbe runde Glocke in die Themse und schien dann zu versinken, wie ein umgestürzter Goldkelch, der seinen gülbenen Strahlenwein langsam verrinnen läßt. Zwischen den schwarzgrünen Taxushecken von Richmond Park blitzte noch hier und da eine grellrothe Centifolie auf; die Fenster des Schlosses von Twikenham glänzten wie Rubinen.

Als man an Pope's Villa vorüber kam, rief Dorrington neckisch: „Nun, spring' ans Land, Dichter Xaver, wie Wilhelm der Eroberer, und küß' den Uferrasen!"

„Warum?" gab Xaver etwas erröthend zurück.

„Um die ganze englische Muttererde der Dichtung Dein Eigen zu nennen."

Mrs. O'Donnogan und Miß Alice lachten verstohlen.

Das Dichterthum des gräflichen Rittmeisters, welches durch Dorringtons wohlwollende Späße nun schon lange bekannt geworden, amüsirte sie.

Die lebhafte Irin hänselte ihn ein wenig. Bei Miß Alice aber mischte sich der Neugierde eine gewisse Verachtung. Wie vulgär! Wozu Verse schmieden! Damit macht man sich nur lächerlich und verräth eine selbstüber, hebende Einbildung. In deutschen Büchern (Alice cultivirte letzthin das Deutsche besonders eifrig, was ja auch ohnehin bei der englischen Gesellschaft in Mode kommt) fand sie dafür die Bezeichnung „Größenwahn".

Kein Zweifel, der gute Graf litt etwas an Größenwahn.

Nach dem Ausflug kam man in einer kleinen Villa in Chelsea am Themse-Embankment zusammen, welche Dorringtons gehörte, die sie aber nur selten bewohnten, und nahm dort auf dem Balkon den Thee ein. Alice hatte ihren Diener, die O'Donnogan ihren Wagen dorthin bestellt, um sie abzuholen.

Der Abend, der mit purpurnen Fittichen umherfächelte, übergoß alle Wiesen und Bäume mit verschwenderischer Pracht.

„Eine rothe Weihrauchkerze auf dem Tabernakel der Schöpfung!" Krastinik freute sich seiner Gleichnißfindigkeit, eitel wie ein Poet von zwei Semestern. Der wohlwollende Lord unterließ nicht, die Damen auf den Tiefsinn der Krastinikschen Phrase aufmerksam zu machen, worauf auch Milady eine gehörige Erläuterung hinzufügte. Die sogenannte Poesie sollte als Mitgift-Kupplerin herhalten.

Eine eigenthümlich schwermüthige Stimmung bemächtigte sich der kleinen Gesellschaft. Selbst Mrs. O'Donnogan blickte ernst vor sich nieder.

„Wenn man bedenkt, daß auf solchen Abend und auf jede Sonne die Nacht folgt!" sagte sie plötzlich.

„Ganz was ich eben dachte!" hauchte Miß Alice.

„Pah, wer weiß, ob die Nacht nicht der gesunde Schatten des Lichtes ist," warf Lord Dorrington hin. „So wie etwa der Tod den Schatten des Lebens bildet."

„Oder auch umgekehrt," seufzte die Lady halblaut.

„Sehr richtig, gnädige Tante," meinte Krastinik. „Vielleicht ist das Leben grade der leuchtende Schatten, den der Tod wirft. Denn der Tod ist ja doch das eigentliche Sein, zu dem Alles zurückkehrt. Unser Leben — mein Gott, was bedeutet denn das! Eine Art Traumbild zwischen Schlaf und Schlaf, ein kurzes Nachtwachen."

Niemand antwortete. Nach einer Pause hob der alte Lord an, mit leicht zitternder Stimme: „Ja, das sagst Du wohl so, lieber Xaver. Aber Du bist eigentlich noch zu jung, um recht zu fühlen, wie wahr das ist, was Du sagst. Blickt man so auf sein Leben zurück — well, wir säen und werden doch wohl nimmer ernten. Dies ewige Säen bekommt man satt. Da dreht man sich ewig im selbstumgrenzten Kreis gemeiner Freuden und gemeiner Leiden. Und diese ganze Erde, die so strahlend vor uns liegt — nichts als der Spielball einer unbekannten Gewalt, durch den Abgrund der Ewigkeit hingeschleudert."

Wieder antwortete Niemand. Nur Miß Egremont hob nach einer Weile ihre ernsthaften Augen zu dem greifen Sprecher auf und lispelte: „Aber das Jenseits, Mylord!" Dies Wort rief gleichsam eine automatische Geistesschwingung in der galanten Irländerin wach und sie schmollte betrübt: „Ach gehn Sie, Sie Skeptiker! So muß man nicht denken, so soll man nicht denken."

Dorrington zuckte ungeduldig die Achseln und starrte in die scheidende Sonne. Plötzlich sprach seine Gattin:

„Und das Alles ist noch nicht das Schlimmste. Aber auch wir Menschen verstehn ja einander nicht. Mir ist, als ob keine Seele der anderen lehren könnte, was ihr gelehrt ward, als ob kein Mensch den andern sähe wie er wirklich ist, als ob kein Herz dem andern Herzen ganz bekannt wäre."

Und die beiden alten Leute seufzten, verloren in allerlei Erinnerungen.

„Ja, man kann sich nie aussprechen," Miß Alice sah den Grafen mit ihrem ruhigem Lächeln an. „Der Gedanke ist so viel tiefer als die Sprache."

„Und das Gefühl so viel tiefer als der Gedanke," hauchte die Irin. „Meinen Sie nicht auch, Graf?"

Die Abendsonne umspielte die schmalen Aeste und über den Stamm selbst lief der röthliche Schimmer fort, so daß sein blasses Braun eine fast zimmetähnliche Färbung erhielt. Das sah gespenstig aus inmitten des goldig durchrispelten grünen Laubwerks, durch das der Lichtball schläfrig blinzelte. Wie das Schuppengewand einer Boa, schillerte die Themse in ihren Windungen. Dann hob sich ein frischer Luftzug im Osten, der die grünen Epheuranken, welche vom Gärtchen her den Balkon umspannen, spielend blähte.

„Ja, ich meine das auch," erwiderte Krastinik ernst auf die bedeutungsvolle Frage. „Ein schattenhafter Vorhang liegt gleichsam zwischen uns und der übrigen Welt. Und unser tiefstes Vertrauen kann den Vorhang nicht entfernen."

„So und doch streben wir alle nach Sympathie für einander?" warf Alice schüchtern ein. Krastinik hatte sich erhoben und blickte fest auf die Sprecherin nieder, ohne eine Antwort zu finden. Ueber das Antlitz des alten Lord glitt ein sanftes wohlwollendes Lächeln:

„Nun ja, wir sind wie Säulentrümmer eines zerstörten Tempels, der einst vereint war. Hoffen wir also, daß wir in unsern späten Nachkommen uns vielleicht einst wieder zusammenfügen werden. Aber wer weiß wo, wie und wann?"

Krastinik küßte seiner Tante die Hand und empfahl sich. — „Wir sind heut alle so fabelhaft geistreich gewesen," lachte die lustige Irin beim Abschiednehmen auf.

„Ich bin ganz melancholisch. — Trifft man Sie nächste Woche auf dem Ball beim Unterstaatssecretär, Herr Graf?" Sie hatte schon ihr Füßchen auf das Trittbrett ihres Wagens gestellt, der auf sie wartete. Miß Egremonts Diener holte sie gleichfalls pünktlich ab.

„Wohl kaum. Ich habe keine Einladung dazu."

„O! Soll ich — ich bin dort gut bekannt —"

„Zu gütig," wehrte Jener kühl ab. „Ich dürfte gar nicht darnach, mir jeden Abend die Beine in den Leib zu stehen — pardon! Ihre englischen Routs sind doch gar zu ungemüthlich."

Mrs. O'Donnogan grüßte etwas pikirt, und biß mit erzwungenen Lachen in den sauren Apfel des Refüs. Er hätte doch den Hochgenuß, sie dort zu finden, würdigen sollen! So sind die Männer.

Graf Xaver beschloß, den Weg nach Hause zu Fuß zurückzulegen, und schritt rüstig aus, indem er vor sich hinpfiff: „Ach, ich hab' — sie ja nur — auf die Schu −lter gekü −ßt."

Der Mond rollte durch das dunkelblaue Himmelsgewölbe und versilberte den jungfräulichen Schnee der Wolkengebirge. Die Sterne tauchten in verschiedenen Gruppen auf und Nebelschlangen stiegen von der Stromseite her wie aus geheimnißvollen Abgründen empor, als hätten sie sich nur vor dem Auge des Tages versteckt gehalten.

Indem er den balsamischen Hauch der Nacht in tiefen Zügen einsog, fühlte Krastinik den Nerv der Erinnerung zuckend berührt. Er fühlte sich über Meer und Land fortgerissen in die heimathlichen Karpathen, wo ihn so oft noch reinerer Nächte Odem erfrischt.

Er dachte an das Panorama der amphitheatralischen Waldberge, mit den röthlichen Felsblöcken und dem Ahorngebüsch, röther bemalt vom Abendroth; mit den gelben Rinnen, welche reißende Wasser zurückgelassen, auf den dunkelblauen schluchtzerrissnen Bergzinnen. Die Silberfäden der Bergbäche verweben sich zu einem Schleier mit den bläulichen Dunstwölkchen um des Berges Kuppe — gemahnend an den Schleier um Jehovas Haupt, so er mit Erdgeborenen auf seinem Sinai redet. O dort an rauhem Abend die Päſſe zu durchſtreifen, bis der Nachtfroſt, von der Aluta aufqualmend, die Mähne des Roſſes erſtarren macht!

Und nun, wie von inneren Ampeln erleuchtet, röthet ſich der Berge Dom. Schon hat der Sonnengott um die goldne Rüſtung ſein Purpurgewand geſchlungen und der Goldzaum der Sonnenroſſe, deren freurige Strahlenmähne den Himmel durchwogte und deren Nüſter die Mittagsgluth verſendete, iſt läſſig ſeiner Hand entfallen. Jetzt faltet er die Scharlachbanner ſeines goldfranſigen Zeltes ein und die Lichtpfeile, die er vom Bogen des Horizontes nach allen Richtungen verſendet, kehren von ſelbſt, wie des Indianers Wurfgeſchoß, in ſeine Hand zurück, die den Köcher der Dämmerung bereit hält. Jetzt erröthet die Braut ſeines Bogens, die lächende Erde, unter ſeinem flammenden Abſchiedskuß. Sein leuchtender Fuß gleitet, einen ſchmalen Lichtſtreifen hinfurchend, über den Kamm der Höhen, um jählings in den Schluchten zu verſchwinden, deren ſtrömedurſtigen Schlund das greiſe Berghaupt wie einen Pokal an den kalten Schneemund ſetzt. — —

Welch ein Gemälde!

Ueberm düſtern Buchenberg ſtarrt die ſchroffe Spitze des Schuller, wie von Geiſterhänden aus gefrorenem Schnee geballt. In hundertgrätiger Zerklüftung dehnt ſich der furchtbare Königsſtein. In der Mitte aber baut ſich in gewaltiger Herrlichkeit das Rieſengeſtein des Butſchetſch empor, über weiten Geviertraum seine steinernen Wurzeln breitend und zum ungeheuren Gebirgsstock sich thürmend in breiter Masse. Mit seinen tiefen Schneerinnen im dunkeln Gneis der Gebirgsschicht und mit der rundgewölbten Firn, scheint er ein Zauberdom mit silberner Kuppel und silbernen Säulenthoren, aus schwarzem Marmorrumpfe gefügt. In der weiteren Ferne aber zieht sich in erhabenem Umriß die Kette der Fogaraſcher Alpen, über denen erst rosig und glühendroth, dann schwefelgelb und violett die Sonne allmählich verglimmt.

Ja, dort oben in der Stille einsamer Berge fällt alles Kleinliche, Unfreie von der Seele ab, wie morsche Lumpen. Verjüngt und neugeboren, steht der Mensch dem All gegenüber. — Was sollte er hier, in dem Parfüm-Brodem des High Life? Eine reiche Parthie ergattern? Seine hochmüthig vornehme Natur empfand plötzlich einen Ekel an diesem ganzen nichtigen Treiben. Ein Dichter wollte er werden. Nun, das konnte ihm nur gelingen, wenn er sich rein badete von allem Wust und Schmutz des Alltäglichen — nicht hier, eingeklemmt im Pferch der Heerde. Wo hatten die großen englischen Dichter des Jahrhunderts, Scott und Byron, ihre Poesie gefunden? Droben auf den schottischen Haiden, wo Burns und Ossian erstanden. Dorthin zog es ihn wie mit magischer Gewalt. Ihm war, als ob ein Stern über seinem Haupte stehe, der ihn zu dem Betlehem der Dichtung geleiten wolle.

Als er die Treppe seiner Wohnung hinanstieg, hatte er bereits seinen Entschluß gefaßt. Solche plötzlichen unvorhergesehenen Entschließungen waren ihm von Jugend an eigenthümlich, fast ein Bedürfniß gewesen.

Schon am andern Morgen packte er, ging zu dem Tiket Office der Dampferlinie nach Granton=Leith, erfuhr, daß gerade diesen Abend ein Steamer abfahre, und löste ein Retourbillet mit vierwöchentlicher Gültigkeit. Dann schrieb er an Lord Dorrington, um seinen plötzlichen Aufbruch zu entschuldigen, und bat, ihn besonders den Damen empfehlen zu wollen. Leichten Herzens warf er sich endlich in ein Cab und gelangte rechtzeitig nach St. Katharine Docks zu seinem Schiff.

Das weiße Hospital von Greenwich und die grüne Marschfläche von Gravesend, die in der Ferne fast den Wasserspiegel gleich einer schwimmenden Seekrautinsel zu berühren scheint, wichen hinter ihm eher zurück, als er sich seines kühnen Scenenwechsels recht bewußt schien.

Zweites Buch.

Berlin!

Das Leben wogte vielgestaltig mit Ebbe und Fluth. Aber die Stadtbahn überbrückte und übertönte die Brandung mit ihren donnernden Flügen. Die Rauchwolken, bald senkrecht aufsteigend, bald sich kräuselnd, schienen vom elektrischen Licht der Plätze durchschimmert. Es war, als ob der Dämon des elektrotechnischen Dampf-Jahrhunderts mit lüsternem Fauchen die ihm geweihte Stätte fieberhafter Geld- und Genußgier als Schirmgeist umkreise; als ob die Schlachtmusik seiner ehernen Lokomotivräder aufmuntere zu rüstigem Fortwürgen im Daseinskrieg, der in der Reichsweltstadt seine entscheidende Hauptschlacht schlägt.

Von den unruhigen Athemzügen der Lokomotiven erschüttert, flackerten die Lichtreflexe der Gasflammen wie unstete Irrlichter über den schwarzen Tiefenflächen der Kanäle.

Ein eigenthümlicher silberiger Schein zittert kegelförmig über den Trottoirs oder über den Sandwegen der „Linden", wo elektrische Strahlencentren wirken. Wo ist das Gewimmel, wo der Lärm am ärgsten? Am Alexanderplatz, wo aus den Hallen und Bogengängen des Sedanpanorama-Restaurants es huscht und drängt? Am Potsdamerthor, wo die grünen, rothgrünen und gelben Lichter der Tramway-Wagen sich kreuzen? In der Passage, durch deren gelbe Steinmassen sich das elegante Bummelleben der Linden dem burschikosen oder geschäftlichen Treiben der Friedrichstraße entgegenwälzt?

Das weißgelb-röthlich schillernde Uhr-Auge des Rathhausthurms — stier und allsehend wie immer, als könne vor ihm das Verborgenste nicht in dunkle Schlupfwinkel sich bergen — blinkt einsam über die mählich entschlummernde Weltstadt hin. Nur die Wiener Cafés und wenige röthliche Laternen zweifelhafter Spelunken glitzern noch. Letztere erlöschen bald; alle Vorhänge Berlins werden geschlossen. Alles so still. Das Museum und das Schloß in majestätischen Schatten getaucht, von dem schwarzen faltigen Mantel der Nacht umwallt, dessen sternbestickter Hermelinsaum über den mondscheinhellen Lustgarten hinschleift. Die ganze breite Front — rechts von der Schloßbrücke, wo der Große Kurfürst in eherner Ruhe als Schutzgenius über Altberlin hinschaut, und links vom Dom über den Schloßplatz hin — eine schnurgerade Linie von Laternen. Sie laufen direkt am Palais des greisen Kaisers vorüber auf die Reiterstatue Friedrichs des Großen zu, als ob sie Rauch von Schlüter grüßen wollten. Sie pflanzen sich ununterbrochen fort bis zum Brandenburger

Thor, wo die Siegesgöttin droben Parade abzuhalten scheint über diese Licht-Garbisten, die steif und stramm zwischen den Menschen- und Wagenknäueln Spalier bilden. Sinnbilder des Preußenthums, so gut wie die Blücher, Scharnhorst und Yorks an der Hauptwache.

I.

Eduard Rother befand sich in einer räthselhaften Stimmung, als er von München abfuhr. Mehrere Monate lang war er dort stillvergnügt durch die Bierkneipen umhergebummelt, vom Hofbräu ins Löwenbräu, vom Achaz in die Scholastika, vom Orlando di Lasso in den Rathskeller. Seine Collegen von der edlen Malerzunft hatten wenig Weltschmerz an ihm bemerken können; nur ab und zu war ein Ausdruck mißvergnügter Unruhe über seine Züge gehuscht. Dann zuckte seine Lippe, seine Augen zwinkerten und er hob unbewußt die Hand nach der Schläfe, wie um etwas fortzuscheuchen, das ihn mit grauen Fledermausflügeln umflatterte. Auch wollten ihm Verschiedene angesehen haben, wenn ein Seufzer es unwillkürlich verrieth, daß er irgend eine unglückliche Liebe oder eine verrückte Leidenschaft mit sich herumschleppe. Denn Gewissensbisse konnte man doch kaum vermuthen.

Ein großer Genremaler erinnerte sich noch, daß Rother nervös und verlegen geworden sei, als man ihn gefragt habe, woher der famose Studienkopf stamme, den ein Illustrirtes Blatt kürzlich von ihm veröffentlichte; ob dies Prachtexemplar des weiblichen Kraftadels, „Motiv aus Karl Stielers Hochlandsliedern" einem lebenden Modell abgelauscht sei.

Einem andern Collegen, mit welchem er an den Ufern des Starnberger Sees entlang gepirscht und weiterhin zu einer Sennhütte emporgeklommen war, hatte er einmal, als sie so hoch über allem Thälerqualm im Angesicht der Felskuppen und der Abendröthe den Wein ihrer Feldflaschen schlürften, in weinerlicher Wehmuth zugerufen: „Sollte man nicht denken, daß hier Alles, Alles unter Einem bergtief versunken wäre, was an kleinlichen Begierden und dummen Sentimentalitäten uns in der ungesunden Hitze und Hetze der Großstädte gequält hat! Aber nein — da! Das quält mich noch hier!" Damit hielt er seinem erstaunten Freunde eine Photographie unter die Nase, welche eine weibliche Gestalt in einfachem dunkelm Gewande darstellte.

„Sakra! Ist die aber hübsch! Gratulire zu Deinem Geschmack!"

Da Rother aber in seiner gewöhnlichen süffisanten Manier jeder hübschen Larve die Cour geschnitten und den Schwerenöther gespielt hatte, so war Niemandem auch nur der Gedanke gekommen, daß diesen lebenseifrigen burschikosen Kunstjüngling bei seinen altbairischen Volksstudien zu seinem neuen Bilde „Die Sendlinger Schlacht" ein innerer Ahasver begleite, der ihn nimmer losließ und all seine Gedanken nur einem einzigen Drehpunkte zuschob.

Nur sein intimster Münchener Freund, der geniale

Landschaftsmaler Knorrer, war in einer vertrauten Stunde
dem Modellgeheimniß des weiblichen Studienkopfes nahegerückt. Und so hatte er ihm denn noch beim Abschied
auf dem Bahnhof nachgerufen: „Du! Daß Du mir
Deine Berliner Kaltblütigkeit behältst! Manchmal muß
man rücksichtslos gegen Andere sein — sei's diesmal gegen
Dich selbst! Willst? Daß Du mir Dein „Motiv" nicht
wieder aufsuchst! Ich rath's Dir! Such' ein andres
Modell! Schäme Dich! Ein solcher Kerl und dies ewige
Selbstgequäle! Laß fahren dahin! Sie war die erste
nicht — und Du bist nicht der erste." — —

Berlin! Das mächtige Räderwerk der heimathlichen
Weltstadt sauste und surrte wieder verwirrend um ihn
her. Das unverdauliche Kümmelbrot, mit Schmalz be-
schmiert und mit Schinken belegt, das er eilig als Frühstück hinunterschlang, in der Kutscherkneipe des Anhalter
Bahnhofs, die ihm am nächsten lag, weil seine Droschke
dort grade hielt — muthete ihn so heimathlich berlinisch
an! Billig und schlecht und nur märkischen Mägen ver-
daubar.

Kaum in seinem Atelier wieder eingebürgert — er
bewohnte eine behaglich eingerichtete Junggesellen-Wohnung
am Lützowplatz, wenn auch nur aus Atelier und Schlafzimmer bestehend, natürlich dritte Etage —, fühlte Rother
den dämonischen Zwang, unverzüglich seiner Schwäche
nachzugeben und erröthend den Spuren seiner Liebe zu
folgen. Ja, er mußte sich vor sich selber schämen, er
war sich seiner Thorheit bewußt, und doch!

Von Erfolgen begünstigt, in äußerlich befriedigenden

Verhältnissen, fühlte er sich rastlos von der rasenden
Leidenschaft verzehrt, die in ihm gährte und gegen die
er vergeblich anzukämpfen suchte. Er mußte sie wieder=
sehn. Ja, sie, das Modell seines neuen Bildes. O
dies neue Bild! Er musterte es nochmals. In München
auf der Reise war es vollendet. Halb scheu, halb entzückt
betrachtete er jetzt sein Werk, als er die Leinwand aus
der Verkappung enthülst und auf die Staffelei gestellt
hatte. Es stellte eine Baierische Bäuerin im halben Natur=
zustande vor; soeben hat sie ihr Mieder abgeworfen und
blickt schwerathmend zum halboffenen Fenster hinaus, als
ob sie etwas erwarte. Und sieh', dort ragt auch schon ein
männlicher Kopf über das Fensterbrett empor — gleich
wird ihr Liebster nächtlicherweile in ihre Arme fliegen.
Dieser männliche Kopf trug die Züge Rothers selbst. Die
Bäuerin aber, ein üppigschönes junges Weib mit klassischen
Zügen — — er verglich jene Photographie mit ihr, die
er stets auf dem Herzen mit sich trug: Ja, sie war er=
schreckend ähnlich!

Aus dem bairischen Hochland auf der Reise hatte er
an sie geschrieben und ihr versichert: Wenn die ganze
Welt sie verleumde und ihr 'was nachsage, er glaube
fest an sie. Darauf hatte sie ihm sofort in einem reizen=
den Brief geantwortet, auf welchen er ihr unverzüglich
nochmals geschrieben und ihr seine Münchener Adresse
angegeben.

Kaum dort angelangt, fand er bereits einen neuen
Brief von ihr vor. Sie hatte also ihren Maler nicht
vergessen, der sie zuerst als Modell aufgespürt, als sie,

eben nach Berlin gelangt, einige Wochen als Buffetière
eines Wiener Cafés fungirt hatte. Zuerst hatte sie diesen
neuen Beruf mit Eifer erfaßt. Freilich „saß" sie nur zu
Kopf und Händen. Gegen alle und jede „Aktstudien"
wehrte sie sich energisch. Und endlich erklärte sie, daß das
Modellstehen zwar einträglich, aber nicht anständig sei,
weil sie ewig von den Herrn Malern, ob jung ob alt,
mit zudringlichen Anträgen bestürmt werde. Da ziehe sie
es denn doch vor, wieder als Zahlkellnerin in einem
Wiener Café ihr Brot zu verdienen, wo sie vor derlei
sicher sei. Kurz vor Rothers Abreise hatte sie diesen
Vorsatz auch ausgeführt und in einem belebten Lokal
dieser Art in der Nähe des Alexanderplatzes ihre neue
Stelle angetreten, wo sich auch alsbald ihre auffallende
Schönheit als eine Zugkraft bewies. Rother, ihr plato-
nischer Anbeter — angeblich besaß sie keine andern —
war also mit der Wunde im Herzen abgedampft. Und
nun quälte ihn der Gedanke, was sie wohl von seinem
compromittirenden Bilde sagen werde, da sie doch niemals
Akt gestanden und ihr Körper von ihm gleichwohl mit
so realistischer Deutlichkeit gezeichnet schien, — so daß, was
bei ihm verliebte Inspiration, als Indiscretion aufgefaßt
werden konnte.

Sie hatte ihn nach München benachrichtigt, daß sie
nach Treptow den Sommer hinausgekommen sei, da ihr
Wirth dort eine Filiale für die dortigen Sommerfrischler
übernommen habe, wobei aber nur die Lieferung des
Kaffees u. s. w. ihm oblag, während der dortige Wirth
Garten und Lokal als Besitzer weiterführte. — —

Es vergingen keine achtundvierzig Stunden, daß nicht Rother plötzlich in dem alten Café wieder auftauchte. Der Wirth empfing ihn sehr höflich und fragte, ob „Herr Professor" wisse, daß Kathi in Treptow sei. Rother stellte sich unwissend, merkte aber, daß der Wirth recht wohl wußte, daß Kathi mit ihm corresponbirt hatte. Am andern Vormittag ging's also nach Treptow. Er suchte und fand das Lokal.

Als er eintrat — es ging durch einen offenen gallerieartigen Vorbau in den geräumigen Garten hinaus — und sich rasch umblickte, sah er Kathi in schwarzem Kleid mit einem Kellner an einem Tisch sitzen. Er blickte sie blitzschnell an — und über sie weg und schritt rasch in den Garten hinaus. Sie war feuerroth geworden und stierte ihn sprachlos an, als sei er eine Geister= erscheinung. Es war auch ein überraschender Ueberfall, wahrhaftig. — Er placirte sich an einem Tisch und be= fahl eine Zeitung, ohne nach ihr hinzuschielen. Sie ließ sich jedoch nicht blicken.

Endlich riß ihm die Geduld und er kritzelte ein paar Worte auf ein Blatt Papier, sie möge mal herauskommen. Der Kellner, dem er die Besorgung aufgetragen, sagte ihm, Frl. Kreußner sei in ihre Stube gegangen. Da dürfe er nicht hinein, wenn sie sich umziehe. Doch werde er ihr das Schreiben übergeben.

Rother überlegte etwas, dann empfahl er sich, nach= dem er noch rasch gespeist, mit dem Bemerken, er werde in ein paar Stunden wiederkommen, und pilgerte lange Zeit im nahen Park umher. Ihm war trotz alledem wohl zu Muth, da die Aufregung sein Blut schneller rollen ließ und er auf das Wiedersehen gespannt war. Alle Vögel zwitscherten von brünstiger Sehnsucht, der heiße duftige Sommernachmittag ließ alle Fibern seines Innern wollüstig erzittern. — —

„Ja, die ist soeben nach Berlin gefahren," meldete der Oberkellner trocken.

„Was?" Eduard wurde bleich vor Zorn.

„Nach dem Arzt, wie sie sagte. Sie ist krank. Den Zettel habe ich ihr aber gegeben."

Eduard verkannte nicht, daß sie bei ihrer Kränklichkeit, von der sie ja stets gemunkelt hatte — auch der Kellner versicherte ernsthaft, sie sei schon lange leidend und erst eben von Bettlägerigkeit aufgestanden — wohl des Arztes bedürfen mochte. Gleichwohl schien es doch auffallend, daß sie so gleichsam vor ihm davon rannte.

Er verlangte Schreibzeug und schrieb einen langen Brief, welchen er dann nicht dem Kellner, sondern dem Postkasten anvertraute. Dieser war sehr energisch und bestimmt gehalten: sie möge ihm sagen, was dies Benehmen zu bedeuten habe. Sie solle nun erklären, ob sie wirklich Interesse für ihn habe, wie man nach ihren Briefen vermuthen mußte. Und dergleichen mehr. Er erwarte von ihr binnen wenigen Tagen Antwort.

Eduard wartete. Aber die Antwort kam nicht. So entschloß er sich denn, nach vier Tagen nochmals dorthin zu schreiben. Er werde drei Tage darauf um zwölf Uhr am Eingang des Parkes auf sie warten. Wenn sie dann nicht komme, seien sie für immer geschieden.

In heftiger Aufregung erschien er zur festgesetzten Zeit an jenem Orte. Es war sengend heiß. In jeder Vorübergehenden glaubte er sie nahen zu sehn. Aber sie kam nicht. Endlich wähnte er, sie habe einen andern Eingang gewählt, und rannte im Parke hin und her. Er fand junge Backfische der Sommerwohnungs-Hautevolée, die sich in einen Leihbibliothekschmöker vertieften und auf den vorübereilenden eleganten Fremden schmachtende Blicke warfen.

Aber sie, die er suchte, fand er nicht. Es wurde spät und später. Endlich, nachdem er nochmals den halben Park von einem Eingang zum andern durchkreist, gab er es auf und eilte in den nächsten Biergarten. Dort schrieb er einen Zettel, worin er in barschem Tone anfragte, ob sie verhindert gewesen sei, und sandte den Kegeljungen damit in das Lokal. Nach einer Weile kam derselbe mit der Botschaft zurück: Die sei gar nicht mehr da!

Eduard war zu Muthe, als ob die Erde unter ihm einstürze. Nicht mehr da! So peinlich es ihm war, er mußte sich vergewissern, ging also selbst hinüber. Der Oberkellner, ihn mit zweifelhaften Blicken messend, bekräftigte trocken, daß „Kathi" seit vorigen Dienstag — also seit genau acht Tagen — „ausgerückt" sei und sich ihre Sachen habe nachschicken lassen.

Ein gewisses Mißtrauen sprach sich in Worten und Blicken aus und Eduard fühlte, daß man sein damaliges meteorgleiches Auftauchen mit Kathis Verschwinden in Verbindung setzte. Seine Blässe und Bestürzung trotz seiner scheinbaren Ruhe schien Jenen jedoch auf andre

Gedanken zu bringen, und es wurde ihm durch den herzugeeilten Koch sogar die Wohnung „Fräulein Kreutzners" angegeben: In der Gerichtsstraße. Dorthin hatte ein Dienstmann die Sachen abgeholt und ihre Wohnung verrathen; dorthin war auch ein Brief, der vor acht Tagen angelangt, befördert.

Eduard biß sich auf die Lippen, als der Mann ihn forschend ansah: Augenscheinlich war sein Brief gemeint.

Draußen auf der Pferdebahn erkundigte er sich, wie er am nächsten nach der Gerichtsstraße komme. Eine Stadtbahnstation lag in der Nähe und er fuhr denn dorthin.

Seltsame Gedanken quirlten durch sein Hirn. Was bedeutete das Alles? An demselben Tage, wo er erschien, verließ sie den Ort? Und zog sich ganz privat zurück? Was bedeutet das! Ist das Fliehen vor der Liebe? Instinktiv oder beabsichtigt? — Oder hatte vielleicht ein Andrer hierbei die Hand im Spiele?

Station Wedding. — Die Gerichtsstraße, bald erreicht, lag in der grauen Einförmigkeit ihrer Miethskasernen schläfrig da und dehnte sich ordentlich in der Mittagsgluth.

Es war erstickend heiß. In Schweiß gebadet, trat er unter den kalten Hofthorweg eines Hauses mit einer Reihe von Hintergebäuden. Es trug die angegebene Nummer. Einen Portier gab es nicht. Da er annahm, daß sie allein wohne, hoffte er ihren Namen an einer Thür zu finden, als er die engen schmutzigen Treppen hinaufstieg Doch täuschte er sich. Nur eine Thür, drei Treppen rechts, trug gar keine Namensaufschrift, und obschon er dreimal klingelte, öffnete Niemand Er irrte noch lange im Hofe umher, fragte bei drei verschiedenen Portiers und Vicewirthen, endlich bei dem Hauptwirth, der auf die Frage: ob hier ein Fräulein Kreußner wohne, eine kalt verneinende Antwort gab. Offenbar hinterließ er mit seinem eleganten Rock einen sonderbaren Eindruck bei den schmutzigen Kinderscharen auf Treppen und Höfen, die ihm verwundert nachgafften.

Die Hitze drückte auf sein Hirn. Asphalt= und Holzpflaster in der Friedrichstadt schienen zu schwitzen, selbst die Steine erweicht zu stöhnen. Was machen! Ah, da blieb nur eins: er fuhr direkt in das Wiener Café. Als er dort erschien und seinen Schoppen Pilsener bestellt hatte, fragte er den dortigen Kellner kurz, ohne weiteres Herumgerede: „Seit wann ist denn die Kathi nicht mehr hier?"

„O schon seit vorigen Dienstag nicht" grölte dieser. „Seit sie der Kerl da herausgenommen hat."

„Wer?" Eduard fühlte sein Blut erstarren.

„Ach, davon wissen Sie nichts? Nun, der Eberhart."

„Wer ist denn das? Was weiß denn ich davon?"

„Nun, der hier immer um Kathi herum war. Ach, Sie kennen ihn ja! So Einer mit Bart=Cotelettes, verstehn sie. Der war ja immer auch da, wenn Sie da waren."

„Jaja, ich erinnere mich," murmelte Eduard dumpf. „Also der!"

„Er war auch draußen in Treptow und hat sie da besucht. Na, nun hat sie ja, was sie wollte."

Plötzlich erschien der Wirth des Cafés, Herr Bam=

mer, elegant geschniegelt, wie gewöhnlich. Derselbe
schimpfte mit aller Kraft auf die pflichtvergessene „raffi=
nirte Person", die ihn höchst unangenehm hineingelegt.
Der ganze Hergang war folgender gewesen.
An jenem Dienstag vor acht Tagen war Kathi plötz=
lich erschienen und hatte erklärt, daß sie nie mehr nach
Treptow hinausgehe. Der Alte dort sei immer hinter
ihr her, und wenn sie der zu Frieden lasse, komme der
Junge. — Er, Bammer, habe das für faule Fische erklärt.
Nachdem sich dann daraus ein Zank entwickelt, sei sie
still geworden und habe sich für krank ausgegeben. Sie
müsse zu ihrem Arzte gehn. Dann sei sie um fünf Uhr
weggegangen und seitdem nicht wieder gekommen. Eine
nähere Nachforschung ergab jedoch, daß sie einen Dienst=
mann an Herrn Eberhart gesandt. Dieser Mann war
ein reicher Holzhändler, ließ sich aber consequent „Herr
Hauptmann" anreden, weil er zufällig in diesem Range
der Reserve angehörte. Ein boshafter Zufall hatte
gewollt, daß der Buchhalter Bammers in der Reichens=
berger Straße wohnte, und dieser hatte Kathi in aller
Frühe dort aus dem Hause Eberharts kommen sehn.

In wortlosem bleichem Grimm erhob sich Rother,
nachdem er erfolglos versucht den Gleichgültigen zu spielen,
und wanderte heim. Erdrückend schwül lastete sein Leben
auf ihm, öde und leer gähnte ihn ein Vacuum von Lange=
weile und Ekel an. Er hatte innerlich seine ganze Leiden=
schaft und sein ganzes Gefühl auf eine Karte gesetzt,
und diese mit einem einzigen Va=Banque verloren. Wo=
zu dies Leben! Die Befriedigung der Eitelkeit, die man

etwa „Ruhm" nennen könnte, dieser erbärmliche Erfolg, den der Künstler erstrebt, widerte ihn an. Die Natur, je mehr er sich in sie versenkte, blieb ihm immer mehr eine steinerne Maske. So klammerte er sich denn mit letzter Kraft an dies erotische Gefühl. Hier lag die geheime Truhe seines Innern, wo er all seine Schätze aufgespeichert. Und nun hatte ein Dieb ihm Alles über Nacht geraubt.

Nein, nicht ein Dieb. Was war der einzelne Mensch, der einzelne Fall! Was galt das ihm! Prüfte er seine Gefühle und sondirte seine Motive, so mußte er sich gestehen, daß er weder jenen großen Unbekannten haßte noch das Weib selber, sondern daß ihm wiederum wie von je das erstickende Bewußtsein mit neidischer Wuth die Brust beklemmte, wie ohnmächtig der arme Künstler mit seinem Anspruch auf Genuß der Welt gegenüberstehe.

Der nichtigste Geselle, der Lieutenant mit der glatten Taille und der Assessor mit dem Wirbelscheitel — von dem parfümduftenden Ladenschwengel und dem goldklimpernden Banquier ganz zu schweigen — spielt in der Welt eine bessere Figur, als der Künstler, der Federheld, der Musikus. Und gar erst beim Weibe! Beim Weibe? Ja gewiß giebt es weiblicher Wesen genug, die für das Romantische schwärmen, die sich von der Verehrung eines Musensohnes geblendet und geschmeichelt fühlen — aber das Praktische siegt im letzten Augenblick ja doch auch hier. Und wäre es auch nicht so, den Künstler zwingt ja nun einmal sein Kultus schöner Sinnlichkeit, das sinnlich Schöne zu begehren — selbst wenn es sich in Gestalt

einer Dirne darstellt. Und hier fühlte er sich durch ein
räthselhaft Zwingendes dämonisch an dies Mädchen ge=
kettet, das nicht nur seine Sinne, sondern auch sein Herz
bis zum letzten Blutstropfen erglühen ließ.

Jetzt war diese Rose also verwelkt und gebrochen,
der Wurm hatte sich in sie hineingebohrt. Alles war
aus. Eine tiefe Verzweiflung über die Nichtigkeit all
seines Strebens und Lebens verdunkelte ihm die klare
Vernunft. Sein Groll mußte sich in schmähenden groben
Worten Luft machen. Und so ließ er sich denn dazu
fortreißen, in einem Café Feder und Tinte fordernd,
folgenden Brief nach der Gerichtsstraße zu richten — denn
sie wohnte in der That dort, wie er erfuhr; er hatte nur
nicht den Namen der Wirthin, Frau Lämmers, gewußt.

„Liebe Kathi!

Mit Vergnügen habe ich erfahren, daß Sie eine
ganz gemeine Dirne geworden sind. Nun kann ich
ja machen, was ich will. Ich ersuche Sie aber, mir
unverzüglich meine Briefe zurückzustellen, deren ich mich
natürlich schäme; sonst werde ich mich an Ihren Aus=
hälter halten müssen. Wenn Sie übrigens mal zwanzig
Mark brauchen — die will ich schon für Sie daran
wenden."

Aber als er nach Hause in sein einsames Atelier
zurückgekehrt war, empfand er tief die Würdelosigkeit dieses
Benehmens und sandte einge kurze Zeilen, in edelem Ton
gehalten. Sie schlossen: „Es rächt sich Alles auf Erden."

Er war wie wahnsinnig. Indem seine Phantasie

sich geil und lüstern ausmalte, wie das prächtige Weib sich von jenem höheren Stallknecht ihre intimsten Bedürfnisse besorgen lasse, ergriff ihn selbst eine verzehrende Begier. Nachdem er in schlafloser Nacht seine gramvolle Leidenschaft hin- und hergewälzt, machte er sich am andern Morgen auf. Theils seine Leidenschaft theils seine Eitelkeit, die einen Eklat fürchtete, trieben ihn an, sie nicht loszulassen, sondern auf ihrer Spur zu bleiben. Diesmal benutzte er die Pferdebahn von der Weidendammer Brücke aus. Welch ein endloser Weg, die Chausseestraße und die endlose Müllerstraße entlang! Aber er fand richtig das Haus, und als er drei Treppen rechts im Vordergebäude klingelte — ihm zitterten die Kniee vor Erwartung, als er die schmutzig steile Treppe hinanstieg — öffnete ihm diesmal eine anständig aussehende Frau und bat ihn einzutreten, als er nach Fräulein Kreutzner fragte. Die Dame sei ausgegangen, um eine Stelle zu suchen. „Sind Sie nicht der Herr Agent, den sie erwartete?" Rother brummte etwas Ausweichendes vor sich hin und bat um Schreibzeug. Dann hinterließ er Kathi einen Brief, er werde um fünf Uhr bei ihr vorsprechen. Er beschwöre sie, auf ihn zu hören. Ihr Schicksal liege in ihrer Hand: dies sei sein letztes Wort.

Er fuhr direkt in das Café Bammer zurück und schlürfte mit unbefangenster Miene seinen Eierpunsch, während er aufmerksam horchte. Es erschien nämlich nunmehr eine Gestalt auf der Bildfläche, die von besonderer Wichtigkeit für den Fall sein konnte. Herr Wursteler, ein stets elegant gekleideter, schwarzhaariger und wohlaussehender Dreißiger, wohnte bei seinem Freunde Bammer. Beide waren Spießgesellen aus frühen Jugendtagen und hatten von einander Mancherlei zu verschweigen. Wursteler fröhnte einem kavaliermäßigen Müssiggang, obschon er sich unter dem vieldeutigen Namen „Agent" herumtrieb. Er besaß eine Gattin, welche ziemlich häßlich, aber anständig aussah und, wegen eines kleinen Batzen Geldes von dem flotten Schwerenöther geehelicht, nun an chronischer Eifersucht leiden mußte. Hinter Kathi war er immer anbetend hergeschlichen, wie Bammer einmal Rother lachend erzählte, und pflegte ihr zärtlich Morgens aufzulauern, wenn sie aus ihrer Stube ins Lokal hinunterkam, wofür er „a satrische Watschen" schon mehrmals geerntet hatte. — Nun ergab sich aber, daß jene neue Wirthin Kathis durch Wurstelers dieser empfohlen war und daß Wurstelers, wie jetzt herauskam und gestanden wurde, auf Kathis Kosten mit dieser die erste Nacht im Grand Hotel zugebracht hatten, ehe sie zu der Wirthin Frau Lämmers. die ihre Wohnung in der Gerichtsstraße eben erst gemiethet hatte, einzog. Ueber alles Weitere fehlte hingegen auch Wurstelers jede Nachricht; sie brach hier ab.

Auch tauchte jetzt die schwarze Emmy hinterm Buffettisch auf, wo einst Kathi gethront, ihre holde Rivalin. Man sagte ihr nach, daß sie Herrn Bammers stille Schäferstündchen theile und ihr Kammer-Riegel für ihn nicht schließe. Es war, wie sie Rother einmal geklagt hatte, die bekannte Verleumdung der Welt. Sie begrüßte ihn nunmehr mit einem vielsagenden meckernden Kichern — sie lachte immer gezwungen, wie mit dem Magen —, was Rother jedoch absichtlich nicht verstand. Er that natürlich, als ob ihn das sehr lebhafte Gespräch über Kathis Schandthaten nichts angehe. Betreffs des Getroffenwerdens in der Reichensbergerstraße hatte sie nämlich behauptet, in einem scharfen Brief an die Wurstelers, daß sie einfach ihre Wirthin, die ihre Schwester zum Görlitzer Bahnhof brachte, begleitet habe.

„Die Sache ist auch noch nicht aufgeklärt," bemerkte Wursteler mit Emphase, „dahinter steckt auch noch etwas. Sie hat da irgend ein Verhältniß."

„Ja," fiel Frau Wursteler ein, „er hat ihr letzthin mehrmals Briefe geschrieben. Er ist ja wohl in München." Rother horchte hochauf und bewegte sich unruhig hin und her.

„Ja, jetzt soll er aber wieder hier sein," machte Wursteler, indem er möglichst unbefangen aussah; Rother, der ihn beobachtete, vermochte durchaus keinen lauernden Seitenblick aufzufangen. „Neulich als sie von Treptow hereinkam, sagte sie so etwas im Allgemeinen: ‚Ich denke, er ist verreist und da ist er wieder hier!'

„So?" fragte Rother mit etwas heiserer Stimme; er spürte eine gewisse Trockenheit im Halse, als ob er sich in sengender Hitze durch Sandwüsten halb verschmachtet hinschleppe. „Hat sie denn nie gesagt, wer das ist?"

„Nein," fiel die schwarze Emmy geschwätzig plappernd ein. „Nur etwas war da, so'n Anzeichen. Sie hatte da so'ne Broche, mit einer Schlange drauf — die trug sie immer allein von all ihren Schmucksachen."

„Ja richtig." Frau Wursteler warf ihr einen be-

beutungsvollen Blick zu. „Sie sagte immer: ‚Jajaja, das ist ganz 'was anders. Das trag' ich, weil es mich an Jemand erinnert.'" Rother räusperte sich verlegen; Bammer aber, der sich eine Zeitlang entfernt hatte und jetzt hinzukommend die letzten Worte hörte, fuhr dazwischen: „Larifari! Das ist Alles nur Verstellung. He, wie, sie leugnet gar nicht, daß sie sich mit dem Eberhard getroffen hat?"

„Ne," sagte der Kellner, der damals Rother zuerst aufgeklärt hatte. „Traf vorgestern den Eberhart an der Weidendammer Brücke, wie er zu ihr hinausfuhr. Er hielt ein paar Rosen, die sie ihm geschenkt hatte."

Rother fühlte, wie eine dunkle Blutwelle ihm rothsiedend zum Hirne drang. Er biß sich auf die Lippen und schwieg. Die schwarze Emmy beobachtete ihn, die Andern empfahlen sich aus irgend einem Grunde. Wursteler aber ließ im Vorübergehen an Rother halblaut die Worte fallen: „Glauben Sie nur ja nicht Alles, was hier gered't wird." Damit entfernte er sich hastig. Rother versank in Nachdenken. Langsam glitten alle vergangenen Vorfälle vor ihm vorüber. Die Thatsache ihres Fliehens vor ihm in Treptow, dann wieder die Mittheilungen der Wurstelers — hier lag irgend ein Geheimniß vor. Er grübelte und grübelte — darüber wurde es halbfünf. In zitternder Hast und unbeschreiblicher Gemüthsverwirrung machte er sich auf den Weg.

„Nun?" fragte er in der Gerichtsstraße an der schon wohlbekannten Thür. Die Wirthin schüttelte den Kopf, sie sei immer noch nicht gekommen. Und so stieg er denn schweren Herzens wieder hinab. Er fühlte sich so müde, daß er beim zweiten Treppenabsatz sich athemschöpfend ans Geländer lehnte.

Da plötzlich knarrte die Treppe von einem emporklimmenden Schritt: Wie von einem elektrischen Schlag durchzuckt, fühlte Eduard: Sie war es! Sie, sein Traumbild in einsamen Nächten!

Ja, sie war es! Ihre prachtvolle Gestalt knapp von einem schwarzen einfachen Gewand umschlossen. Als sie ihn erblickte, blieb sie einen Augenblick, zusammenschreckend, stehn. Dann stieg sie etwas schwerfällig die Stufen bis zu ihm empor. Er wartete, bis sie neben ihm stand, auffallend bleich, mit einem finsteren harten Ausdruck der schönen Züge.

„Haben Sie mir nichts zu sagen?"

Sie gab keine Antwort und schritt an ihm vorbei, schweigend, mit erhobenem Haupte. Ihm war buchstäblich, als ob ihn ein schneidendes Schwert durchschnitte. Mark und Bein erzitterten ihm. Und mit zitternder Stimme fragte er nochmals, halb stammelnd und doch bemüht, einen sicheren Befehlton festzuhalten: „Nochmals, haben Sie mir nichts zu sagen? Es ist mein letztes Wort."

Aber ohne zu antworten stieg sie höher und höher, und ohne sich umzusehen, stieg er hinab, ohne ein weiteres Wort zu verlieren. In seinem Innern gährte und schäumte Unaussprechliches durcheinander. Er traf am Abend einige jüngere Künstler, die ihm bocirten, die Liebe sei etwas Unreifes, was unter die Füße getreten werden müsse. Doch mit finsterem Humor vertrat er dagegen die Ansicht, nur durch erotische Leidenschaft werde Außerordentliches zu Tage gefördert. Er selbst docirte dabei ebenso weise als erfahrener Mann, wie die andern Jünglinge mit der misogynischen Weisheitswürde. Aber eine Ahnung von der Lächerlichkeit all dieser reifen Theorieen dämmerte ihm heimlich.

Und siehe da, am andern Morgen erhielt er einen Brief, dessen Adresse-Handschrift ihn schon erbleichen machte:

„Daß ich Ihnen auf der Treppe keine Antwort gegeben, darf Sie wohl nicht wundern. Doch weil ich nicht herzlos sein kann, sende ich Ihnen diese wenigen Zeilen. Was ich diese Tage gelitten, weiß nur ein guter Gott, vor dem allein ich mich zu verantworten habe. Ich wünsche Ihnen nur, daß Sie solche Stunden nie kennen lernen, denn dann könnten Sie die einzig richtige Bedeutung des Wortes Verzweiflung fühlen. Vergessen werde ich die Beleidigungen nie und Gott gebe, daß Ihnen in diesem Falle nicht Ihre eigenen Worte zur Wahrheit werden (es rächt sich Alles auf Erden) und wenn sich nie in Ihrem Leben Jemand mehr über Sie lustig macht als ich es gethan, dann sind Sie der unbehelligste Mensch, den es überhaupt giebt. Nur bitte, lassen Sie mich aus dem Spiele, es sind dies die letzten Zeilen, die Sie von mir je bekommen, ich bin froh, wenn ich meine Ruhe habe."

Rother war es, als gingen ihm Dolchstiche durch und durch, da er diese einfachen Zeilen leidenschaftlicher Beredsamkeit durchlas. Ja, dachte er, ob die Heerde Dich verbannte, Einer blieb Dir, wundes Reh. Ich, ich allein erkannte dein besseres Ich und wenn Du zu bereuen hast, so wollen wir selbander die Reue tragen. Aller Schmutz in deiner Seele zerstiebt vor meines Geistes Hauch . . Dies Geheimniß deiner Seele soll kein Anderer verstehn.

Da erblühte ihm noch eine seltsame Ueberraschung. Sein Dienstmädchen meldete ihm Herrn Schneidemühl. Dieser Herr führte eine ebenso merkwürdige als fragwürdige Existenz. Seines Zeichens Bildhauer, ernährte er sich von Stukkaturarbeiten, die er fabrikmäßig betrieb, nebenbei aber nahm er mit Vorliebe die Börsen seiner guten Freunde in Anspruch. So ahnte denn Rother nichts Gutes, als sein Freund Schneidemühl ihn freudig „wieder zurück in Berlin" bewillkommete. Seine Erwartungen wurden aber übertroffen; denn, nachdem Schneidemühl seinen Schnurbart verlegen gestrichen, eröffnete er, daß Kathi gestern bei ihm gewesen sei und erschrecklich lamentirt habe. Es ergab sich, daß der geniale Bayer (er war ein Landsmann Kathis) wieder mal umsonst den heiligen Pumpus von Perusia, seinen Schutzpatron, um freigebige Huld ersucht hatte. Auch der würdige Caféwirth Bammer, den er täglich frequentirte, litt in dieser Beziehung an Schwerhörigkeit. Aber Eine war nicht taub geblieben: das war Kathi, die ihm schweren Herzens vierzig Mark geborgt hatte. Nun in ihrer Noth — sie wußte nicht wovon leben — forderte sie die Summe zurück und Schneidemühl fand keinen anderen Ausweg, als Rother darum zu ersuchen. Dieser, natürlich tief ergriffen von diesem neuen Beweis für Kathis edle Gesinnung und von Schneidemühls Schilderung, wie sie vor Schluchzen nicht habe reden können, sandte sofort die Summe per Post an ihre Adresse mit einigen Zeilen voll warmer Hingebung, worin er sich nochmals vertheidigte. — Ein unaufschiebbares Geschäft zwang ihn, am selben Abend nach Dresden zu reisen, wo er mit einem Kunsthändler ein Geschäft zu verhandeln hatte. Aber er wandelte dort wie im Traum umher. Als er rein zufällig in ein schlechtes Haus gerieth, war es ihm unmöglich, auch nur einen Augenblick dort zu verweilen; er empfahl sich den fidelen Genossen, die ihn dorthin gelockt, unter einem Vorwand. Ununterbrochen schwebte ihr Antlitz vor seinen Augen, bleich und in Thränen gebadet. Selbst die Venus von Milo hätte er in diesem Zustand nicht berührt, wenn sich die Göttin selbst ihm zu Füßen geworfen. Seine Venus saß in einem einsamen Kämmerlein im Wedding und weinte sich die Augen blind. Seine Reisetasche schnüren, auf die Bahn stürzen und um Mitternacht zurückdampfen, war ihm das Werk eines willenlosen Instinkts. — —

„Diesmal muß ich meinem Entschluß untreu werden, indem ich Ihnen wieder schreibe und wenn ich Sie nicht kennen würde und nicht wüßte, daß Sie wankelmüthiger sind als ein Schilfrohr, würde ich Ihnen sicher nicht mehr geschrieben haben. Vor allem meinen besten Dank für Ihre Freundlichkeit in Betreff des Herrn Schneidemühl. Böse bin ich Ihnen trotz Ihrer mir unvergeßlichen Beleidigung nicht mehr und verzeihen thue ich es Ihnen aus ganzen Herzen, ich müßte nicht menschlich fühlen können, wenn mir Ihre Zeilen gleichgültig wären, aber Jemandes Freund oder besser Meiner können Sie nicht sein, denn ich weiß genau, wenn heute Jemand zu Ihnen kommen würde und Ihnen sagte, ich hätte Dies oder Jenes gemacht, wären Sie zu neuen Beleidigungen fähig. Wenn ich Jemand gut bin, man könnte mir über die betreffende Person alles Menschenmögliche sagen, mein eigenes Fühlen und Denken steht mir immer höher, ich würde mir nie in dieser Beziehung eine Blöße geben, für das erste schon deshalb nicht, um Anderen nicht zu zeigen, daß man darunter leidet, und zweitens, schlecht gemacht ist bald Jemand, aber gut machen das geht ja sehr schwer, manchmal auch gar nicht. Trösten Sie sich über mein Schicksal es wird wohl wieder anders werden mit Gottes Hilfe. Herr Bammer hat mich zu schwer beleidigt, aber der ist auch kein Mensch. Gefühle giebt es bei ihm nicht und wenn, dann nur thierische. Ich war bei ihm, was Sie schon wissen, und da hat Er mir selbst gesagt, er hat beim Caffee Verluste gehabt, das heißt sie brauchten in Treptow nicht mehr soviel als wie ich dort war und Bammer mußte ihnen nun die Hälfte Bier abnehmen und da sagte Herr Bammer mit diesen Worten ich wollte mich rächen. Dies ist allerdings eine sehr edle Rache. Glauben Sie mir wohl Herr Rother wenn ich schlecht wäre, dann wäre ich es allerdings so, daß Bammer von seiner Person aus mir was sagen könnte. Denn Jemand Schlechten schont man nicht und Bammer ist nicht der Mann, der dann Rücksicht kennen würde. Aber fragen Sie ihn, ob Er mir was sagen kann, weil aber dies nicht der Fall war, mußte Er es auf solche Art thun. Doch genug davon. Alles rächt sich selbst. Ich wollte erst aus Berlin, nun aber thue ich es gerade nicht, weil es B. gerne haben möchte. Zu fürchten brauche ich mich nicht, aber wie schwer Er mir es macht in Berlin Stelle zu bekommen, mußte ich schon manchesmal empfinden. Aber ich trotze doch, endlich wird mir das Geschick doch wieder freundlicher sein, nach jedem Regen wirds wiederum schön. Also keine Feindschaft mehr zwischen uns Beiden! Leben Sie wohl. K. K."

So las er am Morgen bei seiner Rückkunft nach Berlin.

Dieser Brief mit dem Ausdruck echten weiblichen Stolzes, naiver Offenheit und rührender Einfalt trotz einer gewissen Klugheit, Würde und Originalität, die ihr auch in dem confusen und ungebildeten Stil mit den rhetorischen angelernten Wendungen darin noch eigen blieb, brachte Rother zum Entschluß — zu einem Entschluß, der lange genug in ihm herumrumort hatte.

Er schrieb ihr in festem ruhigem Ton, daß er nicht wankelmüthig sei und ihr einen äußersten Beweis davon geben wolle. Ein so makelloses Mädchen, wie sie sich mache, sei sie zwar auch nicht, obschon natürlich die Verleumdungen von ihm nicht mehr geglaubt würden. Jetzt aber wolle er ihr sagen, was er sagen müsse, da sonst sein ganzes Benehmen lächerlich sein würde. Er liebe sie, liebe nicht ihre Schönheit, sondern ihr ganzes eigenartiges Wesen. Auch möge sie nicht glauben, daß er sich aus ihr ein Ideal zurecht mache. Aber grade so, wie sie sei, sei sie nun einmal sein Ideal. In ihrer Art müsse er sie ein ganz geniales Weib nennen; denn des Mannes Genie stecke im Kopf, das des Weibes im Herzen. Nur sie könne ihn glücklich machen. Die Mängel ihrer Bildung würden sich schon ausgleichen; und wenn sie ihn liebe, würde ihr das ganz leicht fallen. Jedenfalls aber könne nur sie ihn verstehen, wie nur er ihr Wesen verstände, wo so viel Romantisch-Poetisches sich mit so viel praktischer Klugheit mische.

Kurz denn und rund heraus, er wolle sie heirathen, wenn sie noch etwas warten wolle. Er glaube fest an seinen Stern und er glaube an sie.

In drei Tagen wolle er sich ihre Antwort holen. Bis dahin sei er ihr aufrichtiger und getreuer E. R. —

Die Tage verstrichen ihm wirr und wüst in steter Erregung. Der Tag kam; leider hatte er am Abend eine Verabredung, zu welcher er sich einfinden mußte.

Er mußte die Stadtbahn benutzen, welche über Moabit im Kreise läuft. Wie öde und traurig erschien ihm die Natur, trotz ihres Juli-Grüns — die ersten Vorboten des Herbstes zeigten sich mitten im Sommer, eine tiefmelancholische Stimmung lag über die Hügel und Haiden der märkischen Sand-Umgegend Berlins ausgegossen. Mitten im Sonnenschein fröstelte ihn. Ein krankhaftes Gefühl durchzitterte seinen nervösen Organismus, als sei er ein Stück verrostetes Eisen, das man auf den Schutt werfen müsse. Jeder andre Gedanke, jedes andre erstrebenswerthe Ziel war völlig aus seinem Hirn wie weggebrannt. An der Schürze eines schönen Weibes hing ihm das All. Wie ein Traum im Traum, spann es sich um ihn her. Seine Sinne wirbelten; ihm schwindelte; seinen Magen und seine Eingeweide durchzog eine seltsame Beklemmung, wie nahende Seekrankheit beim Schwanken eines Schiffes. Denn so schien das Schiff des Lebens mit ihm zu schwanken.

Station Wedding!... Die Station, der lange Bretterzaun, der von ihr entlang führte, die Gerichts= straße mit ihrem holprigen Pflaster — alles das schien ihm, in der schwülen Beleuchtung des Sommerabends, in seltsame Lichtreflexe getaucht, wie ein wildfremdes sym= bolisches Etwas. Jeder Stein schien ihn mit lebendigen Augen altklug anzustarren, als besäße er den wahren Schlüssel zu dieser menschlichen Seelenpein; als stände er in geheimnißvoller Beziehung zu dem Schicksal dieser liebeskranken Menschenpflanze, die dem festen Boden ent= rissen, vom Wind entführt, ziellos, zwecklos, kraftlos, hin= zusiechen verdammt.

Ihm war, als ob er umsinken sollte; seine Kniee bebten, als er die schmutzige steile Treppe hinanstieg. Aber er klingelte gefaßten Muthes.

„Ist Fräulein Kreutzner zu Hause?"

„Gewiß," sagte die Wirthin höflich. „Bitte, treten Sie nur hier ein. Ich werde sie rufen; sie ist mal runter= gegangen."

Er saß am Fenster und starrte hinaus. Nach einiger Zeit öffnete sich lautlos die Thür und sie trat ein. Sie ging lang= sam bis in die Mitte des Zimmers, ohne die Augen aufzu= schlagen; beide standen sich einen Augenblick stumm gegenüber.

„Nun, was haben Sie mir zu antworten?" fragte er ruhig.

„Ja, Herr Rother," sagte sie zögernd. „Das geht nicht so schnell."

„Ja, bei mir muß aber Alles schnell gehn."

„Ja, ich .. aber bitte, bleiben Sie doch sitzen!" Er saß; sie stand. Ihr Gesicht war geröthet, ihr Ausdruck sehr ernst.

„Ist denn das wirklich Ihr Ernst? Ich habe nichts." Er sprang unwillig auf. „Wenn Sie mir so kommen! Daß Sie nichts haben, weiß ich doch selber."

„Aber Sie müssen mich doch ausHören!" sagte sie mit verlegenem Lächeln. „Nun, warten wir ein Jahr, und wenn Sie dann nicht anderen Sinns geworden sind — nun, dann können wir uns heirathen... Nun, was sagen Sie dazu?"

„Wozu?" fragte er absichtlich, als hätte er nicht recht hingehört.

„Zu dem, was ich gesagt habe."

„Ich bin's zufrieden." Beide sahen sich an.

„Nun .. aber Sie haben ja kein Feuer." Sie eilte rasch, ihm ein Zündholz für seine ausgegangene Cigarre zu reichen.

Beide schwiegen eine Zeitlang. Plötzlich entfuhr es ihr wie unwillkürlich:

„So hängt das Alles zusammen? Aber so was!" Sie lehnte sich über den Stuhl und sah nachdenklich vor sich nieder.

„Nun bitt' ich Sie aber," sagte er rasch, „was haben Sie Herrn Wursteler von mir gesagt?"

„Ich? Nichts, daß ich wüßte!"

„Nun, ich würde mir eher die Hand abreißen, eh ich das sonst erzählte. Sie haben gesagt, ich ... doch nein, sagen Sie, was meinten Sie denn damit, was Sie sagten, als Sie von draußen hereinkamen?"

„Was denn? Ich hab nur gefragt: War Rother schon hier?"

„Sie haben meinen Namen genannt?"

„Ja wohl."

„So so!" machte er enttäuscht. „Dann ist's 'was Anderes. Eigentlich hab ich nur daraufhin Ihnen das geschrieben, was ich schrieb. Dann freilich fällt das fort."

„Was fällt fort?"

„Nun, wenn das wahr war," Rother unterdrückte jede weitere Anspielung, „so wäre es nicht recht von Ihnen gewesen, mit dem Eberhart zusammen zu kommen. Und das thaten Sie doch?"

„Ja," sagte sie verlegen, mit ernstem Ausdruck.

„So haben Sie für den eine Neigung?"

„Nicht die Spur!" erwiderte sie halblachend. „Ich hab mir nur gedacht, er wäre unter all den Andern noch mit der Anständigste. Und darum schrieb ich an ihn."

„Gut, ich kann verstehn, daß Sie ihn einmal sahen. Aber das zweitemal, nachdem Sie meinen Brief erhielten, — das war gemein."

„Ja, ich hatte doch eigentlich keine Verpflichtung." Sie sah vor sich nieder.

„Gewiß nicht. Aber nach meinem Briefe mußten Sie wissen, wie es mit mir steht. Und daraufhin.. Zudem, warum sind Sie damals nicht nach Treptow hinausgekommen?"

„Ich fürchtete mich. Anfangs wollt ich durchaus gehn; aber dann dacht ich immer wieder, Sie spielten mit Bammer unter einer Decke zusammen."

„Ich! Wie konnten Sie so was denken!"

„Ja, ich glaubt' es eben."

„Na, das war hübsch, wie ich da draußen umhergestiefelt bin," lachte er. Sie lachte melodisch mit. Dann sagte sie aber ernst:

„Wie konnten Sie mir nur solch einen ordinären Brief schreiben!"

„Nu, war denn der so schlimm?"

„Ach so abscheulich!" Sie schlug die Hände über dem Kopf zusammen und schauderte ordentlich.

„So, wo ist er denn?"

„O ich habe ihn gleich verbrannt."

Eine kurze Pause trat ein.

„Ueberhaupt," sagte sie plötzlich, „auch Ihr letzter Brief.. daß Einer so was von mir denken kann, daß ich nach Männern angle und aufs Geheirathetwerden spekulire! Ich bin gar nicht heirathslustig, nein durchaus nicht. Noch vor ein paar Wochen war ein Agent bei mir, der mir das anbot. Ich sollt einen Kammerdiener heirathen mit 50,000 Thaler. Der hatte mein Bild gesehn und so... Aber ich hab's gleich abgeschlagen. Was soll ich denn mit so 'nem Alten!"

Ein eiferſüchtiger Groll ergriff Rother ſchon bei dieſem Gedanken. Alſo gab es wirklich ſolche!

"Wollen Sie mein letztes Bild ſehen?" fragte ſie und machte ihr Album auf. — Sie ſtand da, einen Champagnerkelch in der Hand, einen Herrn neben ſich, einen andern vor ihr am Boden knieend. Sie ſah zwar verlockend üppig und pikant aus mit dem ſinnlichen Ausdruck ihrer Züge, aber ſo gemein, daß Rother erſchrak.

"Putz!" ſagte er "das reine bayriſche Biermenſch! In die hätt ich mich nie verliebt." Und in der That war zwiſchen dieſem Bild und dem ernſten melancholiſchen Mädchen, das vor ihm ſtand, kaum eine Aehnlichkeit zu entdecken.

"Ja, das Bild darf nicht gezeigt werden. Die Herrn — es ſind ein paar Lieutenants — haben ihr Wort darauf geben müſſen; eher that ich's nicht. Bammer zwang mich dazu."

"So. Auch die andern Bilder da im Coſtüm ſind nicht ähnlich. Sieh, der öſterreichiſche Offizier da .. wer iſt das?"

Sie ſchwieg und lächelte verlegen.

"Aha, iſt das der große Unbekannte, der erſte Amoroſo?"

Nach einer Pauſe ſtieß ſie haſtig, aber mit augenſcheinlicher Gleichgültigkeit hervor:

"Ja, den hab ich einſt ſehr gern gehabt."

"Herr Gott, dies ſtupide Geſicht!" brummte er mürriſch und kopfſchüttelnd. "Halt, wer iſt dies Dämchen da gegenüber?" Sie antwortete nicht. "Ein intereſſanter Kopf!"

„Aber das bin ich ja!"

„Sie?" Er maß sie befremdet — keine Spur von Aehnlichkeit zwischen diesen leidenden schmachtenden Zügen und dem üppig blühenden Weibe vor ihm. „Da waren Sie wohl noch sehr jung."

„Ich bewahre, die Photographie ist aufgenommen, grad als ich nach Berlin kam. Ich sah sehr angegriffen aus."

„So, weshalb?" Sie gab keine Antwort. — Er ergriff Hut und Stock. „Ich muß fort zu einer Verabredung. Also gut, adieu. Wenn der Eberhart Sie besucht . . ."

„Mich? Hier? Niemals. Ich hab es ihm untersagt. Und jetzt schreib' ich ihm, daß er für mich eintreten soll gegen Bammer — nun, wir werden ja das Weitere sehn."

„Schon gut. Ich sehe, daß ich bei dem Allen nur eine lächerliche Rolle spiele. Ich hätte Ihnen nicht meinen Antrag gemacht, wenn nicht Wursteler mir gesagt hätte . . doch, wenn's auch nicht wahr ist: was ich schrieb, bleibt bestehen. Aber ebenso, was Sie von dem ‚Jahr warten' gesagt haben. — Geben Sie mir Feuer!"

Er hatte kurz, befehlend gesprochen. Sie eilte unterwürfig heran und brachte es ihm, wie eine zärtliche Sklavin.

„Also wann wollen wir uns wieder sprechen?"

„Ich werde Ihnen schreiben, weil jetzt natürlich in der ersten Zeit ich möglichst vermeiden muß, mit Jemand zusammenzukommen. Aber mit Ihnen darf ich natürlich jetzt eine Ausnahme machen."

„Mündliche Abmachung ist besser."

„Nein, es macht mir Vergnügen, Ihnen zu schreiben. Sie haben ja so viel geschrieben; da kann ich doch auch schreiben," sagte sie freundlich.

„Schön. Also adieu."

Er wandte sich elegant auf den Hacken um, nachdem er sich kalt verbeugt.

„Aber so geben Sie mir doch die Hand!" klagte sie vorwurfsvoll.

Er gab ihr nur die Fingerspitzen. Sie gab ihm bis zum Treppenabsatz das Geleit und sah ihm nach. — —

Mehrere Tage verstrichen, welche Rother in dem denkbar krankhaftesten Zustand verbrachte. Er konnte kaum einen klaren Gedanken fassen oder vielmehr, all seine Gedanken drehten sich unablässig um den Punkt des einen großen Dilemmas:

Wird sie über mein Bild in Wuth gerathen und mich compromittiren? Würden wir Beide wirklich es durchsetzen, als Paar der Welt zu trotzen?

Ich habe ihr gewissermaßen falsche Vorspiegelungen gemacht oder besser, die falschen Vorstellungen, die sie und alle Andern nähren, nicht zerstört. Sie hält mich für vermögend genug, um ihr ein comfortables Heim zu bieten. Glaubt doch auch die Welt, daß der Ruhm eines Künstlers seinen Einkünften entspreche, während grade hier meist das Verdienst und der Verdienst nicht im Einklange stehen. Rother erbte allerdings einst von einem alten Erbonkel etwas Vermögen, aber das stand noch in weiter Zukunft.

Den Rest jenes Abends, als er von ihr zurückkehrte, hatte er in großem Collegenkreis verbracht, wobei er am

Abend in einem Café verschiedene langerwartete Zeich=
nungen von sich in illustrirten Blättern, mit großen
Lobeserhebungen verbrämt, vorfand. Das wäre ihm früher
wichtig und werthvoll gewesen, jetzt ließ es ihn völlig
kalt. Die Sachen gewannen für ihn höchstens Werth,
wenn sie ihr Auge darauf warf, sodaß er bei ihr an
Ansehen wuchs. Wären sie nur etwas früher erschienen
— aber jetzt waren Zeichnungen und Ruhmposaunen für
ihn ohne alle Bedeutung. Als er an jenem Abend heim=
kehrte, fand er abschlägigen Bescheid betreffs einer akade=
mischen Lehrstelle, um die er sich beworben. Das allein
hätte ihn aufgeheitert: Er bedurfte eines festen Postens
und Einkommens, um ihretwillen. Seine Kunst mochte
darunter leiden, ja zum Teufel gehn, er selbst diese Bürde
als schwere Mühsal auf den freien Künstlernacken laden
— wenn sie nur glücklich, nur gerettet wurde! Er
wollte gern entbehren, wenn er ihr nur seidene Kleider
stiften konnte. Ein Kuß von ihr schien mit hundert Dor=
nenstichen nicht zu hoch bezahlt.

Nach ein paar Tagen erhielt er folgendes Billet:

„Herr Rother! Es thut mir leid daß ich Ihrem
Wunsche uns irgendwo zu sprechen nicht nachkommen
kann aus dem Grunde Sie würden sich nur selbst com=
promitiren. Denn Herr Bammer hat eine neue Gemein=
heit gegen mich ins Werk gesetzt. Diesen Morgen kam
ein — — Kriminalbeamter! und fragte nach mir.
Er zeigte mir einen anonymen Brief worin stand die
Polizei möchte ein wachsames Auge auf mich haben
ich wäre bis 1. Juli in dem Café in Stellung gewesen,

wäre ohne Grund fort und es sei zweifelhaft wovon ich lebe — — — — es sind einige Sachen in den Brief, die nur Vammer allein wissen kann, und ich kann schwören, daß es die Schrift seines Buchhalters war. Ich hatte per Zufall ein Stückchen Papier mit der Schrift des letztgenannten. Wir verglichen die Schrift und der Beamte war nun auch meiner Meinung: ich wußte wohl, daß es rachsüchtige Leute giebt, aber daß solche existiren, die nicht ruhen bis sie ihr Opfer vollends zu Grunde gerichtet haben, das glaubte ich nie und dies kann ja wohl noch geschehen. Was liegt mir an meinem Leben. Nahe daran war ich schon einmal. Heute bereue ich es daß ich so feig war.

Nun zur Sache: geweint hatte ich heute nicht, denn ich habe es allzu oft in letzter Zeit gethan, aber der Beamte mag wohl ohne Thränen mein tiefes Leid erkannt haben und hatte Mitleid mit mir. Er tröstete mich und meinte die Sache bleibt ganz still, ein Ehrenmann kann frei auftreten und braucht keine anonymen Briefe zu schreiben und übrigens traut er meinem ehrlichen Gesicht. Ich hatte ihm dann auch noch den deutlichsten Beweis wovon ich lebe gezeigt (es schmerzt mich zu sagen), einige Versatzscheine. Nun Herr Rother wissen Sie mein neuestes Erlebniß — und nun bitte ich Sie dringend überlassen Sie mich gegenwärtig meinem Schicksal. Wenn es Gottes Wille ist, werden wir uns wohl wiedersehen, hoffentlich in besserer Zeit. Kränken Sie sich meinetwegen nicht, ich habe viel zu ertragen gelernt. Nun seien sie einstweilen bestens gegrüßt von Kathi K."

Rother schrieb ihr auf diesen rührenden Klageruf unverzüglich, daß dies ja allen alleinstehenden Mädchen in Berlin passire, da die Polizei in dieser Beziehung unumschränkte Befugnisse hat. Sprechen müsse er sie in jedem Fall. Sie möchten sich also zufällig auf der Stadtbahn sprechen, im Coupé selbst, um jede Möglichkeit des Aufsehens zu vermeiden. In einem Nachsatz theilte er ihr mit, daß der Zahlkellner wieder allen Gästen erzählt habe, die „Schöne Kathi" mache mit dem reichen Mühlenfabrikanten Eberhart ihre Hochzeitreise. Neulich sei sie großspurig in einer Droschke I. Classe vorübergefahren. Was bedeute das? Nun „besser betrogen werden als betrügen!"

Sofort erhielt er folgende Epistel:

„Ihr Schreiben erhalten. Zürnen Sie mir nicht. Ich kann und will in meiner jetzigen Lage Niemand sehen. Klatsch ist genug schon. Ich will nicht noch mehr haben und übrigens habe ich mich jetzt an den betreffenden Herrn gewendet. Der wird mir schon Ruhe verschaffen. Möglicherweise wird auch Bammers Mund gestopft. Was das ausfahren betrifft, kann am besten meine Wirthin Auskunft geben. Denn ich gehe höchst selten ohne sie fort. Betreffs Stellung habe ich mich auch schon bemüht genug, jede Stunde ist mir die liebere, wo ich wieder zu thun habe, nun bitte ich Sie nochmals, sorgen Sie nicht um mich und vor allen Dingen lassen Sie sich nicht wieder in einen Klatsch verwickeln und glauben Sie an mir, ich werde Sie nie hintergehen.

Auch suchen Sie kein Wiedersehen. Ueberlassen wir dies
der Zeit.
  Mit freundlichem Gruß
    Kathi Kreutzner."

Er beruhigte sich damit. Freilich konnte er sich bei
psychologischer Beobachtung sagen, daß diese Zeilen zwar
die entschlossene Festigkeit des tapferen Mädchens athmeten,
aber die innige Gesinnung der früheren Briefe etwas er=
kältet zeigten. Doch nahm er dies Alles gelassen hin und
tröstete sich mit der Zukunft. Nachdem er auf's heftigste
gearbeitet fühlte er eines Tages das Bedürfniß, wieder in
dem Café Bammer aufzutauchen. Bammer selbst pflanzte
sich mit übertriebener Liebenswürdigkeit alsbald neben ihn
hin, und während der Künstler, scheinbar nur oberflächlich
hinhörend, ein Frühstück hinterschlang, begann Bammer
ihn nach allen Dimensionen über die Verlogenheit Kathis
zu unterrichten. Sie habe seinem Buchhalter einen so
saugemeinen Brief geschrieben, daß der alte Mann sich
schäme, ihn zu zeigen, so schmutzig sei der Inhalt gewesen.

„So was Unweibliches!" Bammer schüttelte mit
ernster Entrüstung das Haupt. Dann lenkte er auf das
alte Thema zurück.

Sie könne sich nicht weißbrennen. In der Gegend
sei gar kein Bahnhof und was habe sie in so früher
Morgenstunde dort zu suchen gehabt!

Rother meinte trocken, er glaube nicht daran. Aber
der Andere begann mit solcher Emphase weiter zu stochern,
daß Eduard die Gefühle eines auf den Rost Gelegten
durchkostete.

Wäre es möglich, daß er dennoch betrogen! Wie dieser nagende Zweifel ihn aus allen Himmeln stürzte! Er hatte sich stolz gefühlt, so lieben zu können. Das war der einzige Stolz, der ihm nicht eitel und nichtig erschien. Und dies Geheimniß seiner Seele sollte Niemand kennen. Nur sie Beide sollten von sich wissen, eng verbunden bleibend, heimlich versteckt vor der Welt. Und so hatte er sie dereinst zu sich emporheben wollen. Was das schwache Herz geschworen, sollte halten der starke Geist. Ihre Seele, die unverstandene, sollte die seinige verstehen lernen, bis beide Seelen nur ein einziges gemeinsames Geheimniß der Liebe bargen.

Und nun, all seine hochherzigen Absichten heroischer Selbstverleugnung vergeudet — an eine Schuldige, die ein falsches Spiel mit seinem Vertrauen trieb?

Er beschloß der Sache sofort auf den Grund zu gehn. Wirklich machte er sich sofort auf den Weg; traf er auch wahrscheinlich sie selber nicht bei so früher Tageszeit — es war drei Uhr —, so fand er doch sicher die Wirthin.

Er grübelte sich immer mehr in heftige Erregung hinein. Mit zorngerötheten Wangen und hastigen Schritten stürzte er den langen Bretterzaun entlang, der von der Stadtbahnstation zur Gerichtsstraße hinführt. Bald hatte er das breite, hohe Haus gefunden und klomm die steile Treppe hinan, auf welcher einige winselnde schmutzige Kinder sich balgten. Wird er sie zu Hause finden! Wirklich, der Zufall schien ihm günstig. Höflich bat ihn die Wirthin einzutreten.

„Aber ich weiß nicht, ob sie abkommen kann. Sie hilft mir beim Waschen und ist nicht angezogen."

„Sagen Sie ihr, ich hätte ihr etwas Wichtiges zu sagen."

„Nun gut, ich werde sie rufen."

Er verbeugte sich stumm und nahm am Fenster Platz, nachdem er mit einem kurzen Blick auf den Spiegel constatirt, wie blaß er aussah. Nach einiger Zeit trat sie ein mit heiterem Ausdruck und fröhlichem Lächeln. Sie hatte sich offenbar rasch umgezogen, trug ein elegantes Kleid, blau mit Rosablumen gemustert. „Guten Tag!" sagte sie freundlich, indem sie heftig erröthete.

„Guten Tag," erwiderte er trocken. Sie schrak auf und sah ihn an. „Ja," fuhr er unsicher fort, „es ist mir peinlich genug gewesen, hierherzukommen. Aber es muß sein. Ich wollte Sie bitten, mir zurückzugeben, was Sie schriftlich von mir haben."

Sie blickte ihn einen Augenblick sprachlos an. Dann brach sie los: „Ah, daher bläst der Wind! So war's gemeint. O ja, gut, hier, sofort, nehmen's Alles." Sie stürzte zu ihrem Koffer hin, riß ihn auf, kramte darin herum und häufte einen Brief auf den anderen. Ihre Stimme gewann dabei einen eigenartigen Reiz in der schmollenden Ironie des schmelzenden Tonfalles; der Zorn verlieh ihr eine verschönernde Würde des Ausdrucks.

Rother stutzte und schwankte in einer gewissen Bestürzung. „Mein Gott." rief er, „wenn man Sie hört! Was soll ich glauben! Der Buchhalter hat Sie doch damals frühmorgens gesehn . . und am Görlitzer Bahnhof hatten Sie doch gar nichts zu suchen."

„Ich habe doch meine Wirthin begleitet."

„Ach, wer das glaubt!"

„So? Natürlich!" Sie riß die Thür auf: „Frau Lämmers!"

„Nun?" machte diese, die in einer durch den Flur getrennten gegenüberliegenden Stube bei der Näh=maschine saß.

„Ach, kommen's doch mal einen Augenblick herein!" Die Wirthin erhob sich und erschien wirklich. Eine läng=liche, magere Person mit einem ziemlich unschönen be=brillten Gesicht, dessen Ausdruck aber sofort Vertrauen einflößte. Ihre Haltung entbehrte nicht einer gewissen gesetzten Würde. — „Bitte, Frau Lämmers, sagen's doch dem Herrn, ob ich nicht mit Ihnen an jenem Morgen ausging." Die Wirthin nickte ernsthaft und bestätigte es mit kurzen klaren Worten. Daß ihre Aussage ehrlich war, las man auf ihrem Gesicht.

„Wir danken Ihnen." Rother verbeugte sich höflich, worauf die Frau sich sogleich wieder diskret zurückzog. — „Aber aus dem Haus Eberharts hat man Sie doch so in der Frühe herauskommen sehn?"

„Aber ich bitte Sie, das war doch natürlich. Ich komme gerade vorbei an der Wohnung von dem und habe so viel von seinem Anwesen gehört. Da dacht ich: Ich will doch mal einen Blick hineinwerfen. Das Hofthor stand offen — — ich bin auch gleich wieder zurückge=kommen." All das klang allerdings wahrhaft. Sie ging hastig auf und ab und rief wie verzweifelt: „Nein nein, wie sind die Menschen doch schlecht! Sie wollen mich partout ins Unglück bringen, ob ich schuldig bin oder nicht. Sehen Sie nur diese Gemeinheit!" Sie riß eine Cassette auf und zeigte ihm mehrere anonyme Briefe, worin ihr zu ihrer bevorstehenden Niederkunft Glück gewünscht wurde. Das sei also die berühmte Tugend der Kathi!

„Aber der Schlimmste von Allen waren doch Sie!" fuhr Sie mit echt weiblicher Taktik fort, indem sie aus der Defensivstellung eiligst in die Offensive überging. „Herrgott, die Gemeinheit! Und das von Ihnen! O das that weh! Als ich Ihren Brief bekam, den abscheulichen, da glaubte ich, ich müßte vor Scham sterben. Meine Wirthin kann Ihnen sagen, ich habe den ganzen Tag in einem fort mich in Thränen gewälzt." (Kathi liebte solche rhetorisch schmückenden Redeblumen.) „Als ich Sie da auf der Treppe sah, war mir, als müßt' ich auf der Stelle sterben. Meine Füße trugen mich kaum hinauf und oben fiel ich ohnmächtig aufs Sopha. O, o!"

„Wo ist denn der garstige Brief?" fragte Rother verlegen.

„Das fragen's noch! Sofort verbrannt. — Ach, was ich gelitten habe! Ja, das vergeß ich nie!"

„Sei'n Sie doch nicht grausam," flüsterte er mit mildem Vorwurf. „Wie wir jetzt mit einander stehn und was ich nachher gethan habe . ."

„Ja, das war sehr schön von Ihnen," sagte sie eifrig, schüttelte aber mit echtweiblicher Halsstarrigkeit den Kopf. „Aber nein, vergessen kann ich das nicht."

„Nun, das werden Sie doch wohl müssen," sagte er in

halb humoristischem Ton. „Als meine Frau .." Beide schwiegen. Sie setzte sich ihm gegenüber und pöselte an einer Standuhr herum.

„Ja," schmollte sie halblaut, „gewiß, das war sehr brav und edel und schön, und ich werd Ihnen das auch nie vergessen. Aber .. aber das fühl ich: Aus der Sache zwischen uns wird doch nichts."

„Warum nicht?"

„I weiß nicht. Man hat so ein Vorgefühl."

„Närrchen!" sagte er freundlich und strich ihr über die Stirnlocken. Sie lachte wie ein Kind, sprang auf, zupfte ihn am Ohr und tanzte auf einmal in der Stube mit ihm herum. Dann warf Sie sich wieder auf den Stuhl und kicherte ausgelassen.

Als er sich nach dem Stand ihrer Kasse dringend erkundigte, versicherte sie mit Nachdruck, daß der Erlös aus dem Leihamt völlig für sie genüge und daß sie unter keinen Umständen Geld annähme. Uebrigens habe sie wahrscheinlich eine Stellung; ein Herr aus Hamburg sei dagewesen, der sie als Buffetdame in einem großartigen Café engagiren wolle.

„So, also weggehn von hier?" fuhr er auf.

„Ja," sagte sie ernst. „So schwer mir's wird, scheint mir das doch ganz gut .. auch für uns Beide," setzte sie nach einer Pause hinzu.

„Wieso?"

„Nun, durch die Trennung merkt man erst, ob es wirklich .. ob es das Richtige ist." Sie sah ihn fest an.

„Ich verstehe. Du hast recht." Er ging gedankenvoll

ein paar mal auf und ab und griff dann plötzlich zu Hut und Stock.

„Schon?" fragte sie, halb neckisch, halb mit aufrichtigem Bedauern.

„Nun und die Briefe? Die behalt ich, gelt?"

„Hm." Er hatte die Briefe schon vorher vor sich abgetheilt und steckte einen Theil davon ein. „Das kann hierbleiben. Aber da fehlen ja einige, z. B. der letzte da.."

„Die letzten hab ich alle verbrannt," sagte sie rasch. „Aber laß mir den einen aus München — mit dem Liedel dabei. Der war zu süß. Ja, Herr Rother, Ihr Schreiben versteh ich immer besser als Ihre Worte. Da ist auch nicht einer Ihrer Briefe, den ich nicht mindestens zehnmal gelesen hätte — ach, das reicht nicht."

„Hm," machte er mit sanftem Lächeln. „Und dann willst Du mir noch ableugnen, Kathi, daß Du für mich ein leiblich tiefes Interesse hast?"

Sie erröthete, verzog schmollend den Mund, blitzte ihn fast zärtlich mit ihren großen Augen an und stülpte ihm plötzlich den Hut auf: „Nu aber raus!" —

In diesem Augenblick steckte die Wirthin den Kopf durch die Thür und rief:

„Fräulein, wir müssen aber jetzt an die Arbeit!"

Er empfahl sich den Damen cordial und ging von dannen, froher als er gekommen. Es war verabredet worden, daß er Beide einmal in der Woche ins Theater führen solle. Kathi sträubte sich zwar bei den obwaltenden Umständen dagegen, überhaupt auszugehn — in ein benachbartes Garten-Etablissement am Weddingplatz, wo sie sich die beiden Male mit Eberhart eine Stunde getroffen, wollte sie begreiflicherweise nicht mehr gehn und kein andres anständiges Restaurant war in der Nähe. Doch mit Rother sollte natürlich eine Ausnahme gemacht werden.

Als der Liebeskranke, der sich, wie ein Verdächtiger zum Ort der That, zum Café Bammer immer wieder hingezogen fühlte, daselbst eines Nachmittags vorsprach, empfing ihn wieder eine neue Mordsgeschichte. Der Hamburger Wirth war dort aufgetaucht, hatte sich viel nach Kathi erkundigt und wurde in den lächerlichsten Farben geschildert. Auch schimpften einige frühere Anbeter Kathi's — darunter ein studentischer Jüngling von achtzehn Jahren der eines „Baron"=Titels genoß — gewaltig auf die verschlagene Jungfrau und malten ihre Falschheit in gräulichen Farben. Rother sagte kein Wort. Am andern Tage lud er verabredetermaßen die „Damen" zu einer Première am Belleallianc=Theater ein, erhielt aber die umgehende Antwort:

„Ihr Schreiben erhalten, doch leider kann ich Ihre freundliche Einladung für Freitag nicht annehmen, weil ich mit meinem zukünftigen Prinzipal, welcher Sonnabend abreist, noch was zu besprechen habe und behufs dessen Obiger Frau Lämmers und mich eingeladen hat zu einem Abschiedsschoppen. Es grüßt bestens Kathi K."

Dagegen war nun nichts zu sagen. Dennoch fühlte sich Rother bewogen, gleich am Sonnabend Abend das

Näheres über den neuaufgetauchten Herrn — „Kohlrausch" war sein werther Name — zu erfahren.

„Wer ist da?" fragte eine sanfte melodische Stimme mit süß girrendem Tone, — als ob sie etwas Liebes erwarte.

„Ich!" erwiderte er mit tiefer Stimme. — Er hörte einen unverständlichen Laut, dann öffnete sie und lud ihn ernsthaft ein, zu ihr hineinzutreten. Die Wirthin sei ausgegangen. Sie trug einen geblümten bunten Schlafrock.

„Ich dachte, Sie wären schon auf und davon?" sagte er kalten Tones.

„O nein, erst am fünfzehnten nächsten Monats."

„Und was treiben sie hier?"

„Ich lebe in Verzweiflung," erwiderte sie achselzuckend.

„Brauchen Sie Geld?"

„Nein, ich danke." —

Sie setzte sich ans Fenster, eine Näharbeit in Händen. Er schritt in der Stube auf und ab, sich ab und zu neben sie stellend. Sie plauderten wohl eine Stunde lang von allen möglichen Dingen, wobei er ihr viel von seinem Künstlerruhm vorprahlte. Sie hörte aufmerksam und schweigend zu, kluge Bemerkungen dazwischenflechtend. — In einer Pause der Unterhaltung bemerkte er, sie beobachtend, daß ihr Ausdruck umwölkt und finster schien. Er deutete darauf hin.

„Ach, ich habe mich wieder furchtbar ärgern müssen," gab sie zur Antwort. „Da war so'n Kerl — Einer von denen, die immer um mich herumgekrochen sind, — der hat meine Wohnung erfahren von dem Zahlkellner bei Bammer. Kommt der Mensch heut hier herauf und schwindelt meiner Wirthin vor, er sei Agent und wolle mir eine fette Stelle verschaffen. Kaum ist er bei mir, holt er ein Etui mit einem goldenen Armband hervor und will mir das umlegen. Quatscht von seiner Liebe und will mich gleich um die Mitte nehmen. Na, dem hab' ich heimgeleuchtet!" Sie lachte bitter in der Erinnerung „Was ist denn der?" fragte Rother stirnrunzelnd.

„Ach natürlich so Einer, der nichts zu thun hat, der von seinem Gelde lebt! — Ja, ebenso wie der Andre —" Sie brach ab.

„Welcher Andre?"

„Ich weiß nicht, ob ich Ihnen das sagen soll. Nun, doch! Da ist so'n ekelhafter reicher Jude, einer von der Maklerbörse — der verfolgt mich schon lange mit seinen Anträgen. Saß immer im Café am Buffet. Endlich hat er herausgebracht, wo ich stecke, und nun bestürmt er mich jeden Tag mit Briefen. Gestern hat er da geschrieben .." Sie zögerte, holte dann ein parfüm= duftendes Billet hervor und verlas eine reizende Schlan= genlockung zum Apfel der Erkenntniß, worin ihr goldene Berge versprochen, wenn sie sich von Herrn Mayer aus= halten lasse. Die eleganteste Wohnung stehe schon bereit zu ihrer Verfügung. „Ich will jeden Ihrer Wünsche er= füllen, denn ich bin ein reicher Mann!" schloß das inter= essante Schriftstück. „Geniren Sie sich nicht, liebes Kind, und kommen Sie in die Arme Ihres Sie brünstig liebenden Mayer." Kathi schwankte zwischen Lachen und Wuth, indem sie ausdrucksvoll die schwungvolle Werbung vortrug; die Flügel ihrer klassisch geschnittenen Nase bebten nervös.

„Nun und was hast Du ihm geantwortet?"

„O, ich sage Dir.. na, den Brief wird er nicht hinter den Spiegel stecken."

Es war so dunkel geworden, daß sie mittlerweile die Lampe anzünden mußte. „Ich hab' Durst," sagte sie „der Hunger vergeht mir vor Ärger. Ich laß mir von unten ein Seidel holen — willst auch eins haben? Ja, thu mir den Gefallen, kannst mal bei mir zu Gast sein."

So saßen sie gemüthlich noch eine halbe Stunde und stießen auf treue Kamerabschaft an. Aber während er auf sie einredete, versank sie in tiefe Gedanken. Grade so kam ihre außergewöhnliche Schönheit zur besten Geltung. Aber als er plötzlich sagte: „Wie edel und gut Du jetzt aussiehst!" da lachte sie auf und es war kein schönes Lachen. — Man verabredete sich am nächsten Freitag zu treffen. Er wollte absichtlich eine so lange Zeit verstreichen lassen bis zum nächsten Wiedersehn. Der Contrakt mit dem Hamburger Wirth war wirklich abgeschlossen; er lief nur bis zum 1. Januar: sie hatte ihm den Contrakt vorgelesen, ihm auch gleich die Hamburger Adresse auf= geschrieben. Am 1. September sollte sie die Stelle antreten. Es war ihm ja aus verschiedenen Gründen nur zu recht. Sein Bild konnte bis dahin die erste Oeffentlichkeit passirt haben, während sie fern blieb.

Als er nach Hause wanderte, fiel ihm wieder die Unnatürlichkeit des ganzen Verhältnisses centnerschwer aufs Herz. Nun, sie wollte es ja nicht anders; bei den Standalgerüchten gegen sie war ihre zeitweilige Entfernung von Berlin auch nöthig und für Rother selbst so angenehm;

auch die Probezeit für die gegenseitige Neigung schien vernunftgemäß. Und doch! Warum durfte er nicht offen sie an sein Herz drücken, der ganzen Erde trotzend! Konnte er denn überhaupt sofort heirathen? Was für verfahrene Verhältnisse, was für unheilschwangere Widersprüche!

Als er am Freitag dorthin fuhr, kaufte er unterwegs ein Rosenbouquet. Es war ihm doch immer etwas beklemmend, in diese, so ganz der westlichen Cultur entrückten Stadttheile den Zug nach dem Osten anzutreten. Um so unerfreulicher wirkte es natürlich, als die Wirthin ihm ein Billet Kathis einhändigte:

„Herr Rother, leider kann ich Sie heute nicht sprechen, weil ich Nachricht bekomme, betreffs einer Stelle welche ich während der drei Wochen wahrscheinlich noch annehme. Näheres nächstens. Mit Gruß

Kathi Kreutzner."

Eduard wunderte sich ein wenig, dachte sich aber nichts Arges dabei, und ließ seinen Rosenstrauß in ihrem Wasserglase stehn. Angenehm war es ihm natürlich nicht, den weiten Weg aus dem Vorstadtviertel zurückmachen zu müssen. Dabei gerieth er halb zufällig in die Nähe des Café Bammer und trank dort seine Mélange, indem er eine heitere zufriedene Miene zur Schau trug. Ziemlich spät erschien plötzlich der elegante Wirth und indem er „Herrn Professor" höflich grüßte, warf er lachend hin:

„Wollen Sie die Kathi sehn? Die sitzt im Sedan=Panorama mit dem Kerl da aus Hamburg zusammen."

„Ach was?" machte Jener gleichmüthig, aber er wurde bleich wie der Tod. Bammer fuhr fort:

„Ich schlendre da ganz zufällig hinein. Und wen find ich? Meine Kathi! Zärtlich umschlungen sitzt sie in einer Nische mit dem da zusammen. Sie erschrak mörderlich, als sie mich sah; wollte sich noch ihr Haar in die Stirne streichen, um sich unkenntlich zu machen. Aber ich lachte laut auf und ging an Beiden vorbei."

„Nu, was wird da sein!" Rother ermannte sich zu vertrauensvoller Selbstüberwindung. „Das ist ja wohl ihr neuer Prinzipal. Dahinter braucht noch nichts Schlimmes zu stecken."

„Ach natürlich! Herrgott, und wie verwüstet sie aussah!" Der Wirth lachte laut auf und das Gespräch über Kathi gerieth wieder ins gewöhnliche Fahrwasser. — Ihm war, als ob der Sommerabend eisigen Tod verhauche, als ob öde Finsternisse langsam herniederwuchteten.

Der so unerwartet Getäuschte schlief die Nacht nicht. Grade durch den Zweifel der Untreue erregt, waren all seine Sinne aufgestachelt und des schönen Weibes Besitz schwebte ihm in brennenden Farben vor. So faßte er denn den Entschluß, der Sache auf den Grund zu gehen und sofort am andern Morgen sie zu überführen. Er eilte dorthin. Frau Lämmers war nicht wenig erstaunt, ihn so unerwartet erscheinen zu sehn. Doch klärte er sie bald auf. Sie gab zu, daß Kathi spät nach Hause gekommen sei.

„Ja, sie hat wieder eine furchtbare Dummheit gemacht," warf Rother stirnrunzelnd hin. Sie war noch nicht aufgestanden. Als die Wirthin klopfte und ihr ankündigte, Rother wolle sie um jeden Preis sprechen, — verrieth ihre antwortende Stimme Aerger und Furcht. Nach kurzem Parlamentiren wurde ausgemacht, daß er in einer halben Stunde wiederkommen solle, bis sie sich angezogen habe.

Er verbrachte die Zwischenzeit in einem nebenan liegenden Budikerkeller. Die Leute dort, Arbeiter und kleine Handwerker beim Frühschoppen und Morgenimbiß, starrten ihn fragend und verwundert an, wie er einen „Bittern" nach dem Andern hinuntergoß. Er besah sich im Spiegel; wie bleich er war! Er fühlte Beklemmung im Herzen oder vielmehr in der Magenhöhle — man verwechselt ja so oft die innigsten Gefühle . . . „Was wollen Sie denn so früh?" fragte sie mit einer Stimme, in der zugleich Zorn und etwas wie Furcht sich mischten. Da er sie nur fest anschaute — sie hielt die Thür in der Hand —, fuhr sie höchst ungnädig fort: „Ist dies eine Zeit, Besuche zu machen?" Er zuckte mit den Achseln und trat ruhig ein, indem er sie stets noch fest fixirte. Sie trug einen losen Schlafrock und um den bloßen Hals hatte sie ein schwarzes Tuch geschlungen. Die Haut des Halses erschien gelblich und nicht fest genug. Seltsam, daß Rothers Künstlerauge dies in einem solchen Augenblick bemerkte. Sie sah überhaupt sehr schlecht aus und hatte — „Sieh da, es ist also richtig!" sagte Rother laut, indem er sie fest betrachtete.

„Was?" fuhr sie unwirsch auf, „hören Sie nicht auf, mich zu quälen?"

„Blaue Ränder um die Augen!" fuhr er finster fort, „das stimmt."

„So, hab i blaue Ränder?" Es zuckte humoristisch um ihre Lippen. „Jo, dafür kann i nix. Da müssen's dem lieben Gott bestellen, er soll's anders einrichten."

„Wie?" machte er zurückfahrend, „wollen Sie damit sagen —"

„Nun, was haben's denn eigentlich wieder?"

„Gestern im Sedan=Panorama, nicht wahr?" herrschte er sie an. Sie stutzte und sagte ernst:

„Ja, da war ich. Aber das konnt' ich doch nicht abschlagen. Wissen's, das war mein Prinzipal. Er traf mich auf der Straße und drang so in mich — ich mußt' mitkommen."

„So und da hast Du zärtlich umarmt mit ihm gesessen?" Sie fuhr entrüstet auf, mit bebenden Lippen.

„So, sieh einmal diese Gemeinheit! Am Buffet hab ich mit ihm gesessen, die Buffetdame kann's Ihnen bezeugen, ganz offen; und nachher kam sein Freund, der Hotelier Büchsing, dazu und dessen Frau. Ach, es ist empörend, diese Verleumdungen! Als ob alle Welt nur mich zu beobachten hätte."

„So ist das wirklich.." stammelte er unschlüssig.

„I geb Ihn' mein heiliges Ehrenwort!" rief sie, indem sie mit der abwärts gekehrten Handfläche eine bekräftigende Bewegung machte, die ihr eigenthümlich war. „Uebrigens, glauben's auch nicht, wenn Sie wollen. I selbst weiß, was wahr ist, und das genügt mir."

„Es ist ja möglich, daß Sie wahr reden. Aber ich muß mich doch von Ihnen trennen. Und darum bitt ich Sie, geben Sie mir zurück, was Sie brieflich von mir haben."

„Ich hab nichts mehr," sagte sie störrig, indem sie sein Auge vermied.

„Das haben Sie damals auch gesagt. — Ich will es," betonte er, indem er sie stirnrunzelnd maß. Ueber ihr Gesicht ging es wie eine convulsivische Zuckung. Dann öffnete sie ihren Koffer und kramte darin: „Hier! Da! Nehmen Sie Alles! Weiter nichts mehr da. Hab Alles verbrannt!" Sie öffnete einen Parfümeriekasten aus Alfenidesilber.

Und siehe da, er fand dort einige Zeichnungen, die er vor seiner Abreise ihr hinterlassen, hingesudelte Kritzeleien, die sie aber doch sorgfältig bewahrt hatte, und einige Zeilen von seiner Hand aus früherer Zeit. Die Papiere, ganz von Parfümgeruch durchsättigt — ohne eine Wort zu sagen, nahm er Alles an sich. Sie stand dabei mit gekreuzten Armen, ohne sich zu rühren, den starren Blick auf den Kasten geheftet.

„O mein Gott!" rief er plötzlich aus. „Ahnen Sie denn gar nicht, was ich leide? Um Sie leide?"

„Nun, was leiden's denn?" fragte sie schnippisch, indem ein bitteres Lächeln ihre Lippen schürzte.

„Was, ja was! Ich habe nie so etwas gefühlt, nie. Das kennen Sie eben nicht, das ist die Liebe. Weiß Gott, wenn Sie da draußen in Lumpen auf der Straße umherirrten oder Ihr Gesicht von Pocken zerrissen würde, ich liebte Sie noch grade so. Ach ich rede so hin — das läßt sich nur fühlen!"

Sie sah starr ins Weite und war sehr blaß. Ihr Auge brannte wie von unvergossenen Thränen, mit einem trüben Glanz.

„Haben Sie denn nun die Stellung?" fragte er nach einer Pause. Sie bestätigte ihm trocken, daß sie in ein Café an der Jannowitzbrücke bis zum ersten September eintreten werde, dessen Besitzer sie schon lange bestürmt habe, zu ihm zu kommen. „Und soll ich Sie dort besuchen?"

„Wie Sie belieben," erwiderte sie ernsthaft nach einer Pause. „Ich fordere Sie nicht dazu auf. Es kann ja doch nur Schlimmes.." Sie wandte sich ab. Er betrachtete sie noch einmal fest und schüttelte den Kopf.

„Ja ja, die blauen Ränder um die Augen, Woher kommt das?" Sie zuckte ungeduldig die Achseln.

„Die Scham verbietet.." Unwillkürlich fiel sein Auge auf die Waschschüssel, — es lag ja noch Alles unaufgeräumt umher — die er bisher noch nicht bemerkt hatte. Da war ihm mit einmal Alles klar und mit einem verblüfften „Ach so!" nahm er Abschied. Beide nickten sich schweigend zu.

— — Wie hat die Natur das Weib doch übervortheilt! Zu wie falschen Schlüssen giebt ihr physischer Organismus Veranlassung! Der Mann ist oft aus Unkenntniß ungerecht. Was ist überhaupt Wahrheit! — Wenn Jemand mit der Reinheit und Treue eines Weibes prahlt, so kann man achselzuckend zweifeln. Und wenn man ein Weib der Untreue bezüchtigt, ganz ebenso. Nicht einmal die Beweise sind immer strikt überzeugend, seien sie noch so handgreiflich.

So schoß es Rother durch den Kopf, als er heimpilgerte. Er fing an, ein Lebensphilosoph zu werden —

wenigstens war er auf dem rechten Weg dazu. Wie alle wahren Weisen, wenn sie Andern vorwerfen, sie ärgerten sich noch zu viel über Thorheit und Gemeinheit der Welt, bewahrte er natürlich die gleiche Nervosität nichtsdestoweniger. Ein Windstoß plötzlicher Erregung konnte das Kartenhaus seiner neuerworbenen Fassung zusammenblasen.

Er wartete volle acht Tage, während welcher Zeit er mit rasendem Eifer arbeitete. Endlich ließ es ihm keine Ruhe mehr. — Das Erscheinen des Stahlstichs nach dem Bilde war immer noch von ihm verzögert worden. Dennoch schienen durch jenes unvorsichtige Versehen einzelne Abzüge in den Handel gekommen. Ihn quälte die Ungewißheit, ob Kathi von einem ihrer zahlreichen Verehrer vielleicht darüber au fait gesetzt sei. — Am achten Tage ließ es ihm keine Ruhe mehr. Er nahm ein Bad, das in der Zerstreuung ein heißes wurde, trotzdem nur kalte Bäder seinem gereizten Nervensystem nützen konnten, und setzte sich auf die Stadtbahn via Jannowitzbrücke. Als er das betreffende Lokal gefunden, zu seiner lebhaften Verwunderung von Kathi keine Spur! Auch die Kellner wußten absolut nichts von ihr zu melden. Er eilte in umliegende Lokale — nichts, aufs nächste Polizeiamt — keine Ahnung. Er fuhr wieder zurück nach dem Café Bammer. Auch dort wußte Niemand von irgend etwas. Nur wurde erzählt, sie sei schon in Hamburg und der Kohlrausch sei überall mit ihr gesehen worden. „Einige sagen," bemerkte der grienende Kellner, „er habe sie gleich als Frau mit 'rüber genommen."

„Als Frau? Sie meinen, daß er sie heirathen wolle?"

Der Kellner fiel vor Erstaunen bald um. „Heirathen? Wer heirathet denn solch communes Mensch?" Rother biß sich auf die Lippen und erbleichte. Wenigstens will ich jetzt die Wahrheit erfahren, dachte er. Wahrscheinlich ist sie jetzt auf und davon. Jedenfalls muß ich die Wirthin sprechen.

Er hatte ein Schnitzel heruntergeschlungen. Ein galliger Geschmack stieg ihm im Munde auf. Der zehrende Grimm erstickte ihn beinah. Es war unerträglich heiß; sein eleganter Anzug wurde mit Staub berieselt von heftigen Windstößen, die hier und da über den Boden fegten. Hitze mit schneidendem Wind — ein Bild seiner eignen Gemüthsstimmungen ...

Zu seinem Erstaunen rief die Wirthin, sobald sie seiner ansichtig wurde, mit ernstem Gesicht „Ich werde sie rufen. Bitte, treten Sie ein!"

„Wie, ist sie noch hier?" fragte er unsicher und zögernd.

„Ja gewiß. Gedulden Sie sich ein wenig, ja?"

So saß er wieder auf der alten Stelle. Auf dem Tische lagen wieder die Bücher umher, die sie mit dem Geschmack einer Salondame arrangirt hatte. Der „Trompeter von Säkkingen", Karl Stielers Hochlandslieder, die „Lurlei" von Julius Wolff, daneben ein „Modemagazin" das stark nach Parfüm duftete. Auf der Kommode staf im Wasserglase ein Rosenstrauß: Als sein Auge darauf fiel, erkannte er den seinen, den er vor acht Tagen gebracht. Noch immer war sie hier! Was trieb sie denn!

Ein fester rascher Schritt näherte sich. Sie trat

ein, indem sie einen Korb Wäsche unter dem Arme trug. Ihre Wangen waren geröthet, ihre Stirn gerunzelt. Sie sah ihn nicht an und fragte mit einer Stimme, die sicher und barsch klingen sollte, aber vor Erregung zitterte: „Was steht zu Ihren Diensten?"

„Ich dachte, Sie hätten uns schon lange verlassen," sagte er ruhig.

„Ja, ich geh auch jetzt bald," erwiderte sie rasch. „Am ersten."

„Und warum sind Sie denn nicht in die Stellung gegangen?"

„Warum? Weil mir's nicht paßte. Weil" — Sie sah in die Luft und zuckte leicht die Achseln.

„Nun, weil —?"

„Weil ich, so lange ich hier bin, lieber verhungern will, als in solcher Stellung noch mal hier auftreten — damit der Skandal wieder von vorne angeht."

„Nun gut. Ich bin einfach deswegen gekommen: Es fiel mir auf, daß Sie mir neulich sonst Alles wiedergaben, aber meine eigentlich compromittirenden Briefe nicht. Wie kommt das?"

„Ich hab' sie nicht mehr."

„Können Sie mir das schriftlich geben?"

„Ja, das fehlte noch! Wenn Ihnen mein Wort nicht genügt!"

Eine kleine Pause trat ein. Sie legte fortwährend ihre Wäsche zurecht, was auf ihn einen eigenen einheimelnden Reiz ausübte. „Ach, Du bist ja verrückt," sagte er plötzlich halb ärgerlich.

„So?" gab sie resolut zur Antwort. „Wenn ich verrückt bin (kann schon sein), dann sind Sie wenigstens mit mir verrückt. Das ist ein Trost."

„Sie haben selbst gesagt, daß Sie bösartig sind," hob er wieder an. „Deswegen will ich mich eben schützen. Ich fürchte mich vor Ihnen."

„Sie — vor mir?" — Sie lachte leise auf. „Vor mir haben Sie Ruhe: da mögen's sicher sein." Sie trat ans Fenster und sah hinaus. „O ich bin jetzt ganz ruhig. Wenn Sie nur so glücklich wären wie ich! Bisher war ich gut, nun will ich recht schlecht werden."

„Schämen Sie sich nicht —" fuhr er auf.

„O wenn Sie mich beschimpfen wollen, da laß' ich Sie allein. Ich geh' gleich weg." Aber sie rührte sich nicht vom Fleck.

„Ich fühle durchaus nicht das Bedürfniß dazu. — Was wird nicht wieder Alles über Sie zusammengeredet! Sie sind schon nach Hamburg avisirt als Geliebte des . . . Der hat das auch überall ausgesprengt."

Sie sah ihn gleichgültig an und zuckte wieder ungeduldig die Achseln.

„Nun, wenn er das selber glaubt, ist's ja gut."

„Pah, das ist auch der richtige Hahnrei," brummte er in den Bart.

„Was ist er?" fragte sie aufmerksam.

„O ich meine, wenn Sie den heirathen würden, könnten Sie nur gleich mit einem Andern durchgehn."

Sie gab ihm hastig Feuer, als er sich eine Cigarette ansteckte. Dann sagte sie gedankenvoll:

„Nun, mir soll künftig Keiner zu nahe kommen, das sag ich Ihnen."

„Welche Dummheit haben Sie doch gemacht!" rief er aus. „Dort können Sie doch nicht bleiben. Da ist's ja viel zu langweilig. Und hier — welch ein Renommee haben Sie nun hier! Ich bin ja doch der Einzige, der an Sie glaubt."

Plötzlich wandte sie sich um: „Sagen Sie, war Ihnen denn das wirklich Ernst, daß Sie mich heirathen wollten?"

„Ja," sagte er fest.

„Und ist es noch?"

„Ja," wiederholte er bestimmt.

„Nun gut denn. Ich gehe jetzt nach Hamburg. So will ich sehn, ob es mir dort gefällt. Und dann werde ich Ihnen schreiben."

„Aber seien Sie aufrichtig."

„Ja, ich werde sehr aufrichtig sein."

„Nun, und dann?"

„Ja, dann können wir uns heirathen . . . Aber das sag ich Ihnen, wenn Sie mir kommen und sagen, was man über mich gesagt hat, dann krieg' ich Sie am Cravatl."

„Oho! Versuch das doch mal."

„Ach Du!" Sie sah ihn schelmisch an. „Du wirst ohnehin der rechte Pantoffelheld. — Ja, machen's nur noch so große Augen! Ich weiß das."

„Man sieht, wie wenig Du mich kennst," sagte er gemessen. „Versuch's doch mal, mich am Kragen zu fassen, he? Nein, zanken werd ich nicht mit Dir; aber machst

Du mir Geschichten, so schieß ich Dich einfach todt und mich nachher ... Ueberhaupt — was ich mir hier sagen lassen muß! Hätte mir eine Andre den hundertsten Theil davon gesagt! Und wenn Du wüßtest, wie verwöhnt ich bin!" Er fühlte wieder das Bedürfniß, sich vor ihr ein mystisches Air zu geben.

„Ja, Du mußt sehr verwöhnt sein!" lächelte sie, „denn Du hast etwas an Dir, als ob Du auf den Köpfen der Menschen spazieren gingest."

„Ach, Du begreifst ja noch gar nicht, wer ich bin," blähte er sich auf.

„Nun, was bist denn?" koste sie. „Sag mir's doch!"

Unwillkürlich fiel ihm die Sage von Merlin ein, dem die Nixe das eine bannende Wort ablocken will. „O ich meine nur so im Allgemeinen," brummte er halblaut.

„Nun muß ich aber arbeiten. Du weißt nicht, wieviel ich zu thun hab'", sagte sie rasch. „Jetzt laß mich allein."

„Gut denn, ich geh schon. Wann sehn wir uns also wieder, bevor Du fortgehst?"

„Am nächsten Montag um fünf Uhr. Und nun sag noch meiner Wirthin Abieu." Er that es. „Ach sieh, ich bin größer wie Du," lachte sie, indem sie an der Thürschwelle sich auf ihren hohen Stiefel=Hacken erhob, welche alle weiblichen Wesen der unteren Schichten für das untrüglichste Zeichen ladylifer Eleganz halten.

„Ach was, Du mit Deinem Cothurn!" Kindisch wie sie (wie er denn unwillkürlich von diesem wundersamen neuen Umgangskreis in seiner ganzen Lebensauffassung angesteckt wurde), maß er mit der Hand die Höhenfläche ab, indem seine Augenbrauenhöhe mit ihrer Stirnhöhe auf gleicher Linie lag.

„Schad't nichts. Wenn das Alles wahr ist, was für ein großer Künstlehr" (sie sprach das Wort mit altberlinischem Accent) „Du bist, so hätt'st Du doch wenigstens etwas in die Breite wachsen sollen. So kommt mir's vor, als ob ich gar keinen ordentlichen Mann neben mir habe."

„Oho, das glaubst Du doch selber nicht! Jeder Zoll ein Mann!" Dabei gab er ihr einen Kuß und drückte sie an sich.

„Ja, ich glaub's schon. Bist doch ein schneidiger Kerl," näselte sie drollig, „wie ein Dragoner in Civil."

„Alter Puselkopp!" Damit klopfte er sie über die Stirn und streichelte ihre Haare. Dann schüttelten sich Beide herzhaft die Hand und sie rief ihm übers Geländer nach: „Alter Puselkopp, auf frohes Wiedersehn!"

In gehobener Stimmung kehrte er heim und arbeitete mit zäher Entschlossenheit mehrere Tage lang ununterbrochen an seinem Bilde. Am Freitag aber hatte er sich mit dem Componisten Henry Francis Annesley, einem jüngeren Freunde, verabredet, in einer Weinkneipe zusammenzutreffen.

Annesley spielte sich als ein Bewunderer von Rothers originaler Künstlerschaft auf und lauschte daher andächtig, als dieser ihm feierlich docirte, wie er ein Bild „Jesus und die Ehebrecherin" untermalt habe, wobei er tiefsinnig über das Wesen des Christenthums sich äußerte.

„Wer sich rein fühlt, der werfe den ersten Stein auf sie," dieser Spruch des Heilands, in welchem die letzten Schranken durchbrochen werden, hatte Eduard natürlich besonders imponirt. Und wie bequem läßt sich der Sinn des leicht mißzuverstehenden Spruches zurechtstutzen: „Ihr sei viel vergeben, denn sie hat viel geliebt"!!

Nachdem sie also in erhabenen Gefühlen geschwelgt, endeten sie logisch und naturgemäß mit dem schönen Triebe, einige Maria Magdalenen zu trösten. Eine blaue Laterne, als sie ziellos über die Straße schlenderten und sich in dem übelriechenden Gehege der weiblichen Asphaltblumen fortschoben, leuchtete ihnen freundlich zur gastlichen Herberge.

Das „Café Calcutta" strahlte in seiner ganzen Pracht. An den Decken der Wein=Stuben tanzten indische Baja= deren in schreiend grellen Farben und beträchtlicher „Märchen"=Nacktheit. Vorn in der Hauptschenkstube hingen zwo herrliche Gemälde: „Nena Sahib der große Nabob" und „Lord Clive, Eroberer von Indien".

Der Wirth, eine pikante Persönlichkeit mit aufge= dunsenem frechem Gesicht, gierigen Augen, lüsternen Lippen, schnüffelnder Fuchsnase, „aber immer elegant" mit Kneifer, schwarzem Leibrock und tadelloser Blondin=Frisur — der berühmte Anekdotenerzähler Herr Striesele, bot mit freund= lichem Grinsen seine Schnupftabacksdose den Ankömm= lingen dar, indem er zugleich mit würdevollem Bückling den Herren die Weinstuben empfahl.

Die weibliche Bedienung, welche angeblich französisch, englisch, russisch, magyarisch, chinesisch, ostafrikanisch und — indisch sprach, erschien auf der Bildfläche in benga= lischer Beleuchtung und Bekleidung. Letztere etwas kärg= lich zugeschnitten. Doch wenn sie auch unten und oben

ausreichender Gewandung entbehrten, so schien dieses Ar=
muthszeichen doch auf ihre sonstige Ernährung nicht von
Einfluß gewesen zu sein. Ihr offenbar ergiebiger Futter=
korb hatte sie meist so dickgemästet, wie eine deutsche
Schriftstellerin in ausgeschnittener Schriftstellertag=Tournüre.
Spanische Seidenmantillen und Spitzenschleier sowie
rothe Fez mit blauer Trobbel auf dem Chignon sollten
augenscheinlich das indische Lokalkolorit veranschaulichen.

Annesley schnitt eine dämonische Grimasse, strich
genialisch einen Haarbüschel in die Stirn und pflanzte
sich in einer malerischen Pose auf, als wolle er eine
Arie singen. Offenbar erwartete er, daß sämmtliche
Weiber sofort bei seinem Anblick auf den Rücken fallen
würden, mit dem schmachtenden Aufschrei: „Dieses blasse
Gesicht ist mein Schicksal!" Da jedoch nichts Aehnliches
eintrat und sein pantomimisches Ballet nur mit der zarten
Aufforderung belohnt wurde: „Na, Blondchen, setze Dir
man! Ist Dir unwohl?", warf er sich mißmuthig auf
ein Kanapee, nachdem er seinen Schlapphut in die Luft
geschleudert und wieder aufgefangen. „Ich werde mir ein
Weib erkiesen," meinte er großartig. — „Um Gottes=
willen nicht hier! Denken Sie doch, noch neulich der
Heilgehülfe —" „Was geht das Sie an?" Das Zu=
kunftsgenie bäumte sich auf, in seinen heiligsten Gefühlen
gekränkt. „Uebrigens pumpen Sie mir bis übermorgen
10 Mark. Ich habe mein Portemonaie vergessen."

Das Lokal duftete nach abgestandener Lüderlichkeit und
Eau de mille fleurs, wie gewöhnlich. Die Schenkheben —
verkommen, aber nicht zu sehr — producirten alsbald die

berüchtigten Porterflaschen à 1 Mark, woran der Wirth 90 Pfennige zu verdienen beliebt.

"Darf ich mir auch eins holen?" Diese stereotype Frage hatte Eduard als ausgepichter Mann der Erfahrung mit einem abwehrenden Grunzen beantwortet. Da fiel sein Blick auf eine Jungfrau am Nebentische, die mit einem Kneifer auf der Nase, einen keck überlegenen Ausdruck im Gesicht, ihn anstierte.

"Die da soll herkommen!" — Mit einer graziösen Verbeugung huschte sie heran, jedoch an Henry Francis Annesleys Seite, der sie gleichgültig musterte. Nachdem sie erst Annesleys, dann Eduards Hut aufgestülpt und sich in allerlei nieblichen Koketterieen geübt hatte, eröffnete der nachlässig hintenüber lehnende Maler in schläfrigem Ton ein Wortgeplänkel. Annesley hatte sich mit der ihm eigenen nervösen Unruhe in das Nebenzimmer geflüchtet, wo er plötzlich dem üblichen Klavierspieler eine seiner Lieder-Compositionen mit Stentorstimme vortrug.

Als sie nun zum Aufbruch rüsteten und Eduard in einer Aufwallung ungesunder Generosität eine Mark Trinkgeld spendirte, fühlte sich Fräulein Mary — so nannte sich die Kneiserbehaftete — innig zu ihm hingezogen und bat ihn mit ihren holdesten Schmeicheltönen, eine Flasche Wein mit ihr zu trinken. Halb zog sie ihn, halb sank er hin. Annesley wünschte gute Verrichtung. Eine Collegin band Eduardo die Mary dringend auf die Seele, da diese gerade kein "Verhältniß" habe, und die zärtlichste Schwärmerei à 16 Mark (Zwei Flaschen Gift à 6 Mark 50 Pfennige und drei Portionen Oelsardinen, welche die

„gute Freundin" so gerne aß, à 1 Mark) entwickelte sich. Was thut man nicht, um in diesen distinguirten Kreisen populär zu werden! Als Eduard sein Portemonnaie musterte, fand er leider nur 15 Mark darin und wollte doch wenigstens 5 Mark für weitere Auslagen behalten. Also deponirte er, 10 Mark zahlend, die Uhr. Fräulein Mary erschien, nachdem er eine Viertelstunde in gräulichem Zug vor der Hausthür gewartet, mit einem wundersamen Strohhut, dessen Krempe phantastische Blumen garnirten.

Seltsame Menschennatur! Trotz seiner altes beherrschenden Liebe für Kathi wußte ihn Mary derartig durch ihre stille Gluth zu bezaubern, daß er in ihren Armen sein Liebesweh gerne vergaß. Sie erzählte ihm eilig ihr ganzes Leben (die übliche Wahrheit und Dichtung) und betete ihn augenscheinlich an, wie dies bei dem ersten Eindruck gegenseitiger Neigung so häufig ein freundlicher Selbstbetrug gestattet. Als sie ihm eine Rührgeschichte von ihren Augen erzählte, wie sie am Staar erblindet gewesen und dabei von dem Mitleid eines Biedermannes unterstützt worden sei, der auch in der Blindheit ihr treuer Freund blieb — da trug sie das Alles so reizend vor, daß Eduard nicht umhin konnte, sie auf die süßen verkniffenen Augen zu küssen und sie mitleidig ans Herz zu drücken. Nachdem er sie aber dann zärtlich „Mein Bräutchen" genannt und sie mit niedlichem Schmollen „Ach, das sagst Du jetzt schon!" gelispelt hatte, packte er sie in eine Droschke, statt mit ihr nach Hause zu wandeln, wobei sie ihn noch aus dem Wagenschlag wie wahnsinnig küßte und ihn beschwor, sie morgen wieder durch sein Erscheinen zu beglücken.

Er lachte bitter in sich hinein, als er sich selbst in eine Nachtdroschke warf und mit starkem Cigarrenqualme die Dünste des vergifteten Weines zu verwischen suchte. Das ist der Mann! Während sie, die Eine, vielleicht ernsthaft an ihn dachte, während die gebülbete Kneiser-Jungfrau mit Eros' Pfeil behaftet in ihr Bett schlüpfte, gähnte er verdrossen und mürrisch in die Nachtnebel hinein. Aber einen komischen Gewissensbiß spürte dieser schwäch-liche Halb-Idealist denn doch. Der Instinkt brachte ihm das dem Menschen eingeborene Gefühl zur Geltung, daß eine Doppelliebe nebeneinander unmöglich sei. Jede Ver-letzung monogamischer Treue wird als ein Abfall vom natürlichen Ideal empfunden.

Am andern Tage — Witterungswechsel war ein-getreten, die ermübeten Nerven wie der erhitze Magen hatten in der eisigen Nacht eine ungesunde Abkühlung erfahren — räkelte er auf seinem Sopha, die Zeichnungen zu Kuglers „Friedrich der Große" von Menzel durch-blätternd, und versäumte eine Entrüstungs-Conferenz mit Collegen in Sachen einiger Bildabweisungen durch die Jury der letzten Kunstausstellung. Wäre er aber recht-zeitig gegangen, so hätte er den Brief nicht mehr erhalten, der ihn auch den Abend zu bleiben bestimmte. Auf seine Frage, ob sie mit ihm in Sardou's „Theodora" gehn wolle, hatte sie wieder zögernd erwidert: es ginge nicht, nachdem sie so lange nirgendwohin ausgegangen. Dennoch wollte er hinaus fahren und sie bestimmen, mit ihm öffentlich zu erscheinen, obschon Beide sich wohl über dies Wagestück klar sein mochten. Sie schrieb ihm aber jetzt: "Dürfte ich Sie bittten, statt Montag schon morgen Sonntag um vier zu mir zu kommen, da ich mit Ihnen noch über eine Angelegenheit reden möchte. Mit herzlichem Gruß Ihre K. K."

Rother ging nun allein ins Residenztheater, um das byzantinische Ensemble auf seine Kostüm-Echtheit zu prüfen. Sein gewöhnliches Steckenpferd. — Dies Bild einer Dirne, die sich bis zur Weltherrscherin emporringt, an der Seite eines vom Karrenschieber zum Cäsar aufgestiegenen Justinian, rief ihm so recht die originelle Urweib-Erscheinung Kathis in ihrer unheimlichen Voll-Kraft vor Augen. Die Scene, wo Andreas seiner Verführerin flucht und Liebe und Haß bei ihm auf- und abwogen, erschütterte ihn tief.

Er dachte an seine eigene "Theodora". Sollte auch er ihr einst fluchen? Sollte übermächtiger Haß die Liebe besiegen? Nein, nein, sie war gut, sie war edel. Er hatte es beim letzten Mal so recht erkannt.

Warum mußte ihm durch Vererbung so viel sinnliche Leidenschaft und zugleich so viel reine aufopfernde Liebessehnsucht ins Herz gepflanzt sein! Was hilft die geistige Begabung oder Charaktergaben in der Geschlechtsliebe, welche doch die Spiralfeder aller Handlungen und das wichtigste Element des Lebens bildet? Absolut nichts — beim Weibe wenigstens.

Schönheit und Kraft gilt beim Weibe natürlich viel; sie nennt das "gern haben", wenn ihre physischen Begierden erregt. Rang und Reichthum gilt noch höher. Einem

Titel wiedersteht man schwer und einem vollen Goldsäckel, der die Vision des Luxus hervorzaubert, zu widerstehn, scheint kaum möglich. Ruhm — schon viel weniger verlockend. Was ist Ruhm! Höchstens kann er sich in gesellschaftliche Stellung umsetzen. Und gar der geistige Werth ohne Ruhm — ein Nullwerth! Güte des Charakters? Taugt höchstens dazu, mit einer Art herablassendem Mitleid in Fällen der Noth ausgenutzt zu werden.

Der Schönste, Kräftigste, Reichste und Vornehmste — der hat ja doch alleine Chancen in der Welt wie in der Liebe, der Weise und Beste nie.

Was ist also Liebe eigentlich? Ein Ding, das für die Weisen und Guten nicht paßt, also ihrer unwürdig. Und doch leiden oft gerade sie am tiefsten unter dieser Folter.

Warum muß das Gefühl der Liebe sich grade an ein Geschöpf wie das Weib knüpfen? Wie viel glücklicher scheint das Weib in dieser Hinsicht, da sie wirklich das intellectuell und moralisch höher stehende Element im Manne lieben kann!

Aber was helfen die Betrachtungen! Aendern die etwas an der Leidenschaft selbst? Die bleibt, allen philosophischen Reflexionen zum Trotz. Die Liebe, wenn zur wirklichen verzehrenden Leidenschaft entflammt, gehorcht immer nur dem Gebot der Sinnlichkeit.

Wäre das schöne Weib minder begehrenswerth gewesen, so hätte Rother sicher nicht bis zu solch selbstvernichtender Hingebung sich herabgelassen. Die Liebe gleicht einer Furie selbstsüchtiger Selbstvernichtung, welche ihre höchste Wollust im Zerfleischen der Ichsucht findet.

Er stellte sich vor, ihr Gesicht werde von Runzeln zerfressen, ihr Busen schrumpfe ein und sie huste schwindsüchtig. Auch dann noch glaubte er ihr dieselbe, ja vielleicht eine noch tiefere Neigung bewahren zu können.

Vielleicht keine Selbsttäuschung. Um so schlimmer für ihn, daß er diese Betrachtung über das Wesen der Liebe wagte. Liebe wird erst dann mörderisch, wenn sie die Sinnlichkeit überwunden zu haben glaubt: Dann ist sie in alle Adern wie ein Giftstoff übergegangen. —

Eduard arbeitete tapfer den ganzen Tag darauf los, seine peinigende Ungeduld bezwingend bis ihn die Stunde rief.

Das erste Mal, daß er an einem Sonntag die alte liebe Fährte ging. Die ganze Friedrichs- und Chausseestraße hinauf wogte es in buntem Gewühl.

Die Sonne schien hell; ihm war schwül und beklommen zu Muth, als die Arbeiterbevölkerung des Weddings in Sonntagsröcken an ihm vorbeiströmte. Als er wieder das alte rumpelige Haus betrat, schlug es Vier.

Er kam also just zur Zeit. Gleichwohl bat ihn die Wirthin, sich zu gedulden; Kathi käme gleich.

Wieder saß er am Fenster und blickte auf die Straße hinab. Wie ihm das Herz schlug! Die Erinnerung so mancher unseliger Stunden der Vergangenheit, die trübe verrauscht oder thöricht genossen, stieg, wie dampfender Nebel aus dem Moore, wie eine bleiche Erynnienschaar, aus der Tiefe auf und huschte über das grell beleuchtete Trottoir der Straße da unten hinweg. Sein Herz lauschte düster den Stimmen aus dem Abgrund und tauschte mit ihnen schwermüthige Grüße.

Die Wirthin trat einmal ein und holte etwas, indem sie still vor sich hinlächelte. — Endlich ging die Thür leise auf und sie trat ein. Sie trug den geblümten Schlafrock, der ihre Gestalt so prächtig hervorhob. Schweigend ging sie wie gewöhnlich, ohne ihn anzusehn, bis in die Mitte des Zimmers.

„Danke, daß Sie gekommen sind," sagte sie sanft mit einem ernsten schönen Blick.

„Nun, in welcher Angelegenheit haben Sie mich zu sprechen?"

„O in gar keiner. Ich wollte Sie nur noch mal wiedersehn. Vielleicht reis' ich schon morgen. Und da wollt' ich doch den letzten Abend noch mit Ihnen zusammen sein."

„Gut. Da hab ich Ihnen auch noch ein Rosenbouqet mitgebracht." Er nestelte es aus dem Ueberzieher heraus und warf es auf die Kommode.

„Besten Dank!" Sie stellte es in ein Glas Wasser und setzte lächelnd hinzu:

„Wer weiß, für wen das in Wahrheit gewesen ist! Das war am Ende gar nicht für mich!"

„O doch, mein Engel. Und hier ist auch meine Photographie."

Sie klatschte vor Vergnügen in die Hände. „Ach, das ist schön! Dafür sag' ich Ihnen doppelt Dank. —

Sehn Sie, auf dem Bilde sind Sie sehr hübsch. Ja, so sehn Sie gut aus."

„Und bekomm ich kein Bild von Dir?"

„Ja, Sie sollen eins haben," sagte sie energisch und wühlte in ihrem Album. „Im Kostüm wollen's keins?"

„O, um Gottes Willen nicht. Da die eine mit dem Buch!"

„Ich hab zwar nur die eine und geb' sie sehr ungern. Aber Sie sollen sie haben."

„Und was schreiben Sie darauf?"

„Aber Sie dürfen nicht zusehn."

„Nein doch!" Er ging ans Fenster.

Sie beugte sich über die Photographie und kritzelte darauf. Wie wunderbar schön sie war! Ihre Gesichts= farbe hatte sich rosig gefrischt und ihre braunblonden Haare leuchteten in einem undefinirbaren sauberen Glanze.

„Schreibe: Meinem Freunde," sagte er mit Nach= druck. „Denn das bin ich gewesen und das werde ich stets sein." Sie schrieb drauf los. „Ach," fuhr er fort „Ich kenne die Welt: In drei Wochen hab ich Dich ganz vergessen. Und ich habe so viel Abziehungen. Das kennt man ja. Vielleicht werden wir uns nie wiedersehn."

„Aber was hab ich denn da geschrieben!" fuhr es ihr plötzlich heraus, indem sie mit einem humoristisch er= staunten Blick und reizendem Schmollen von der Photo= graphie aufschaute und ihn ansah.

„Nun, was denn?"

„Nein, das dürfen's nicht sehn!" Wie der Wind war sie zur Thür hinaus und kam mit einem Messer wieder, mit dem sie alsbald auf der Rückseite radirte.

„Was mag denn das wohl gewesen sein?"

„O ich will's Dir sagen. Ich hatte geschrieben: ‚Meinem lieben Quälgeist'. Nun schrieb ich Das." Sie reichte ihm das Bild auf der Rückseite hin. „**Meinem liebsten Freunde zum Abschied gewidmet.**" Sie sagte es so ernst. Ein leichtes Stirnrunzeln fältete ihre Stirn und schien sich gleichsam in der zarten Rammsnase fortzusetzen, die sich eigenthümlich rümpfte.

„Das hast Du gut gemacht. Ja, Dein Freund bin ich und werde es bleiben."

Eine Pause entstand, wo sich Beide stumm Auge in Auge maßen.

„Sagen's," sagte sie rasch, „Ist Dein Bild, wovon Du sprachst, schon ausgestellt?"

„Ja. Da! Ich hab zufällig ausgeschnitten bei mir, was drüber geschrieben ist." Er zog ein Zeitungspapier aus der Brieftasche. Sie las:

„Eine so meisterhafte Pinselführung ist geeignet, jede Kritik zu entwaffnen. Der grandiose Realismus des Ganzen verblüfft grabezu. Dies Werk wird einen Markstein in der Geschichte der Berliner Kunst bilden und weithin Sensation machen."

Sie wiederholte nachdenklich und nachdrücklich den letzten Satz, gleichsam mit ernstem Stolz, als ob sie an dem Erfolg theilhabe und Mitarbeiterin sei. Eduard fand das entzückend. „O, es haben's aber auch Andere verrissen!" warf er hin.

„Dies thut nix," urtheilte sie rasch. „Was sehr gelobt wird, wird auch sehr getadelt. Nun, haben's auch mal wieder auf mich Gedichte gemacht, wie? Da steckt was Weißes," kicherte sie mit reizender Schalkhaftigkeit, indem sie in sein Notizbuch griff. Er litt nämlich stark an Dichteritis, die ihn wie eine geistige Cholerine besonders im Sommer heimzusuchen pflegte. Es sprudelte jedoch etwas Spontanes in diesen kunstlos ungequälten Ergüssen und sie wären eines echten Lyrikers, à la Professor Gräf, nicht unwürdig erschienen.

„Ja. Ich war wüthend und ärgerlich. Darum schrieb ich das." Er las mit Emphase folgenden Erguß verkniffenen Größenwahns:

„Ein feiger Narr der Leidenschaft,
Verblendet taumelte ich hin.
Nun hat sich endlich aufgerafft
Mein wundzerriebener Mannessinn.

Du könntest mich vernichten, Weib?
Ich selber war's, der mich zerstört.
Dem Weib im parfümirten Leib
Kaum eine Seele angehört.

Dein seelenloser eitler Schwatz
Hat nie verdunkelt mein Gemüth.
Der Liebe Opferqual mein Schatz,
Hätt' mich auch ohne Dich durchglüht.

An eigner Seelenschönheit sich,
Hinfiebern wir in holdem Wahn,
Bis wir ein Herz in jedem Viech,
In jedem Kothe Perlen sahn.

Nun laß den Satan los in Dir,
Weil Einer Dich als Engel nahm!
Nur wisse eins, ich warne hier:
Der Löwe ist nicht immer zahm.

Und wisse jeder weise Wicht,
Den meine Narrheit tief entzückt:
Ein Schaf macht solche Streiche nicht,
Der Löwe nur ist oft verrückt.

Ich lache ob den abgeschmackten Laffen,
Die mich anglotzen mit den Bocksgesichtern.
Ich lache ob den Füchsen, die so nüchtern
Und hämisch mich beschnüffeln und begaffen."

So, Heinrich Heine, klang Dein gelles Lachen,
Als Dich des Pöbels faber Hohn erniedert,
Als alberner Verderbniß Höllenrachen,
Der Dummheit Heuchelei, Dich angewidert.

Wer edel denkt, wird ewig unterliegen,
Wer Liebe sucht, der Selbstsucht Wollust finden.
Und doch wird nie das Böse ihn besiegen,
Weiß er den Thorenschmerz zu überwinden.

Nichts lebt, was würdig ist geliebt zu werden
Mit eines Künstlerherzens heiliger Reinheit.
Betrogen wird, wer je vertraut auf Erden
Dem Wahn, man ändere menschliche Gemeinheit.

Doch nicht das Lachen kann Dir Ruhe bringen.
Es stärke sich Dein Stolz durch Selbstbetrachtung!
Und jede Bosheit wirst Du niederringen
Durch Deines Mitleids göttliche Verachtung."

Sie hörte aufmerksam zu, indem sie die Hand an den Mund brachte und leicht am Zeigefinger knabberte. Dabei sah sie ihn mehrmals strahlenden Auges an. „Durch Deines Mitleids göttliche Verachtung!" wiederholte sie halb für sich. „Spricht wie ein Heiliger. Sieh mal hier!" sprang sie plötzlich auf und hüpfte an die Kommode, von der sie eine Schnur mit aneinandergereihten Georgs= thalern nahm. „Gefällt Dir das?"

Er ließ sie sinnend durch die Hand gleiten. „St. Georg — glaubst Du an solche Heilige noch?"

„Jo," sagte sie ernsthaft.

„Nein, mein Kind, die Heiligen helfen nichts."

„Glaubst Du denn auch nicht an Christus?

„O ja, Christus lebt noch immer in jedem seiner Jünger. Jeder, der gut ist und liebevoll, wird gekreuzigt als ein Stück Christus."

„Muß denn Jeder dabei gekreuzigt werden, wenn er liebevoll ist?"

„Hm, ja. — Er kann aber trotzdem viel glücklicher sein, als die Andern. Denn Mitleid und Erbarmen machen glücklich. Damit kommt man über Vieles weg, wenn man statt zu verurtheilen sagt: ‚Wer sich rein fühlt, werfe den ersten Stein auf sie.' Und das wirkt auch allein. Die Sünderin hat sicher nicht mehr gesündigt."

„So, hm?" machte sie. „Man sagt doch aber, selbst die Gerechten fielen zehnmal an einem Tag."

„Das ist anders zu verstehn. Den strengen Maß= stab von Christus kann doch kein Mensch erfüllen. Er predigt: ‚Wer die Ehe bricht, der soll des Todes sterben sagt das Gesetz'. Ich aber sage euch, wer nur ein Weib fleischlich begehrt, der soll des Todes sterben. Und wenn das Gesetz den Todtschläger tödtet, so soll schon der des Todes sterben, der seinen Nächsten haßt.' Wer sollte da nicht wohl zehnmal des Tages fallen!"

„Oder sonst was gut's," murmelte sie gedankenlos und kaute an ihrem Finger, indem sie ihn verstohlen anschielte.

„Also heut zum letztenmal!" murmelte er.

„Nun wirst Du ruhn für immer,
Du müdes Herz. Hin ist der Wahn, der letzte,
Den ewig ich geglaubt. Beruhige Dich! Laß diese
Verzweiflung sein die letzte! Kein Geschenk hat
Für uns das Schicksal als den Tod. Verachte
Die grenzenlose Nichtigkeit des Ganzen."

Diese Leopardischen Verse, die er halblaut vor sich hin gesummt, schienen ihrer Stimmung besonders zuzusagen. Denn sie stürzte eiligst zu ihrem Koffer und entnahm demselben ein schwarzes Büchlein, worauf ‚Poesie' zu lesen stund. „Ach bitte, schreib mir das ein!"

„Was, hier?" Er nahm das Büchlein und entfaltete es. Nur wenige Seiten beschrieben. Auf der ersten, die er aufschlug, fiel ihm ein kleines Lied entgegen, das er ihr einst gestiftet. Darunter: „Erinnerung an E. R."

„Das hat mir zu gut gefallen," erklärte sie mit lieblichem Erröthen. — Dann kam da ein Gedicht auf Passau „mit dem großen heiligen Dom" und dem rauschenden Inn. „Von wem ist denn das nun?"

„Von mir," sagte sie lächelnd.

„Oho! Und was haben wir denn hier?

„„Entfaltet gleichsam einer Rose,
Schaust Du aus lustigen Augen in die Welt hinein.
Ich rufe jetzt auf Wiedersehn,
Heut wo wir Zwei am Scheidewege stehn,
Ich schließe Dich in mein Herzkämmerlein.

Reimen thut sich's zwar nicht, aber 's ist wahr.““ Donner und Doria, welch ein Poet! Der scheint ja eine fabelhafte Leidenschaft für Dich zu haben! Wer ist denn das nun wieder?"

„Herr Kohlrausch," lispelte sie tieferröthend.

„So? Nun, da dank ich schön." Rother stand auf, warf das Buch auf den Tisch und ging mit raschen Schritten auf und ab. „Also seid ihr schon einig?"

„Aber nein doch! Ich weiß nicht, wie Sie mir vorkommen!" rief sie ängstlich.

„Nun, das Zeug ist zu schlecht, als daß er's abgeschrieben hätte. Also hat er's selbst gemacht. Also ist er sterblich verliebt. Und daß Sie sich das einschreiben lassen, zeigt noch mehr. Und da bilden Sie sich ein, Eduard Rother wird sich neben dem Kerl da verewigen? Nein, meine Theure, das ist zu viel verlangt. Am Ende bin ich doch Eduard Rother."

„Aber was Du doch immer gleich denkst!" sagte sie ruhig. „Wenn Dem so wäre und ich interessirte mich für ihn, so würde ich's Dir doch nicht gezeigt haben."

„Das ist wahr," gab er betroffen zu.

„Das kam einfach so. Er besuchte mich mal, als ich nicht hier war, und sah meine Poesie=Sachen hier herumliegen, weil ich immer Ihre Sachen lese. Da hat er nun gehört, wie viel ich mir daraus mache, und hat mir darum solch ein ‚Poesiebuch' geschenkt, und sich ganz ohne meinen Wunsch darin selbst zuerst eingeschrieben."

„So," sagte er befriedigt. „Meinethalben. Aber ich schreibe mich nicht hier ein."

„Ja, ich muß nur machen, daß ich Ihre Photographie in Sicherheit bringe," fuhr sie piquirt auf, „sonst nehmen's mir die auch noch weg. Bei Ihnen, Eduard, ist Alles möglich."

Er klopfte sie auf die Wangen und lachte. Aber ein süßes wonniges Gefühl einer gewissen häuslichen Zu= sammengehörigkeit durchschauerte ihn bei diesem traurigen „Kohlen".

Sie trat wieder ans Fenster und sah auf die Straße hinab. Ihr Busen hob und senkte sich von schweren Seufzern.

„Dies Berlin hat mir nur Kummer gebracht und doch ist mir, als ob ich sterben müßte, nun ich's verlasse. Ich weiß nicht warum . ." sie stockte. Er schwieg. „Ach, was hab ich Gott nur gethan, daß ich so viel leiden muß."

„Daß Du ein Weib bist und, noch schlimmer, ein schönes Weib!" warf er achselzuckend hin. Sie über= hörte das.

„Ach, ich habe stets gehört, daß es bitter ist, fremdes Brot zu essen. Aber, daß es so bitter ist, habe ich nicht gewußt. Wenig glückliche Tage habe ich in meinem ganzen Leben genossen. Ach, in meiner Jugend, da hatte ich selber Dienstboten und quälte die halbtodt mit meinen Launen. Und Eine hat mir auch mal gesagt: Sie wünsche, daß ich mal dasselbe durchzumachen hätte. Nun, das hab' ich durchgekostet." Plötzlich fing sie an zu weinen: Zwei heiße Thränen rollten ihre schönen Wangen herab. Eduard wandte sich ab, um seine Erregung zu verbergen.

Es dämmerte sehr stark. Die Uhr schlug draußen; schon halb neun Uhr! Wie die Zeit rasch verflossen war! Die Wirthin klopfte an die Thür. Sie seufzte schwer auf.

„Meine Wirthin wird ungeduldig. Wir sollten zusammen noch einmal spazieren gehn in der Dunkelheit. Ich war den ganzen Tag nicht draußen."

„Also soll ich gehn?"

„Ach nein, bleiben's noch ein bissel."

Eine Pause trat ein. Sie versank in Gedanken, er ging langsam im Zimmer auf und ab.

„Nun gut," sagte er endlich, „Etwas hat Sie ja doch aus Passau weggetrieben — damals als Sie ins Wasser gehn wollten, wie man mir drunten erzählte."

„Ins Wasser? Nein, das ist nicht wahr." Sie sah mit einer gewissen gelassenen Gleichgültigkeit in den dunkeln Himmel hinauf.

„Nun, wo ist denn Ihr Passauer Jüngling da geblieben?"

„Mein Passauer? Ich weiß nicht, wovon Sie reden."

Er drehte sich ungeduldig um. „Nun, ich meine, Ihre große Liebe da .."

„Wer denn? Nein wirklich, ich weiß nicht, was Sie meinen. Ich hab nie einen Landsmann geliebt."

„Ich denke, einmal sollten Sie ja eine gute Parthie machen und Ihr Vater hat's nicht gelitten?"

„Ach Gott, was man da wieder geschwindelt hat! Nein, als ich nach Haus zurück mußte, da war Einer da, der mich heirathen wollte, ein Nachbar von uns, ein junger Mann, der ein großes Fleischergeschäft geerbt hatte. Der hielt um mich an, er war — kurz" — sie machte ein befriedigtes Gesicht — „er wollte mich haben. Aber ich mochte nicht.. und ein viertel Jahr drauf hat er eine Andre geheirathet."

„Hm," sagte er, „dann versteh ich nur das Alles nicht. Wer ist denn nun der geheimnißvolle große Unbekannte, der.."

Sie schwieg.

„Sagen Sie's mir! Ich sehe, daß Sie das quält. Nun, ich bin Dein einziger Freund. Einer Freundin sagt man so was nicht. So sag mir's!"

Seine ernste Stimme hatte für sie stets etwas dämonisch Zwingendes. Sie wandte sich und sah ihn an. Ihr Gesicht flammte und eine Thräne blitzte an ihrer Wimper.

„Nun gut, so will ich Ihnen sagen, was noch nie Jemand gehört hat. Aber Sie werden es Niemanden sagen?"

„Nie, meine Hand darauf!"

Sie hob mit stockender Stimme an, aber erzählte ohne Befangenheit mit einer gewissen gleichgültigen Ruhe: „Ich war 17 Jahr alt, als ich nach Trient geschickt wurde, um dort in einem Hotel, das einem Verwandten von uns gehörte, bei der Wirthschaft zu helfen. Und da war ein Offizier vom Genie, dem alle Mädel nachliefen. Ich glaube, das war's nur, was mich reizte."

„Aha! Und woher?"

„Aus Ungarn."

„Ach was Teufel! So, und der war al so Deine große Flamme?"

„Ach, ich weiß selbst nicht recht. Ich glaube gar nicht, daß ich ihm so gut war. Es war nur . . Eitelkeit."

„Weil er Hauptmann von Genie war?" fragte er mit leichter Ironie.

„Nein, weil die Mädel ihm nachliefen. Ach, als die Geschichte 'rauskam und mein Vater davon hörte und mich nach Haus befahl, da hat er geweint, viel mehr wie ich — er, ein Mann und Offizier!" Ein etwas verächtlicher Beigeschmack lag bemerkbar in diesen Worten. Eduard mußte instinktiv fühlen, daß sie eher mit Ekel und Geringschätzung an diese Jugendliebe zurückdachte. „Und dann . . aber Sie dürfen nie je zu Jemand ein Wort davon sagen, nicht wahr? Das wär abscheulich . ." auf seine abwehrende Handbewegung fuhr sie rasch fort. „Als er nun fortversetzt wurde und ich fortmußte, da glaubte ich meine Schande nicht überleben zu können. Und nun that ich was ganz Verrücktes. Ich stand in der Nacht auf, nahm die Streichholzschachtel, schabte von allen Streichhölzern den Phosphor ab, und trank das mit Wasser. Aber meine Natur war kräftiger als das Gift. Ich bekam nur furchtbare Kopfschmerzen — das war Alles."

„So und weiter kam nichts?" fragte er mit besonderer

Betonung. Sie erröthete leicht und schüttelte ernst den Kopf.

„Nicht das Geringste." Wieder trat eine Pause ein.

„Ach," sagte sie plötzlich, „ich glaube, ich hab ihn doch furchtbar gern gehabt."

„Und haben Sie weiter nichts von ihm gehört?"

„O ja. Er hat gesagt, daß er mich heirathen wolle, wenn er pensionirt ist — eher kann er's nicht."

„So? Wie alt ist er denn?" fragte Eduard mit einer leisen Regung eifersüchtigen Mißtrauens.

„Dreiundbreißig."

„Ach Herrje! Da kann er ja noch lange lange nicht daran denken. Es wird ihm auch ohnehin nie einfallen."

Wieder klopfte draußen die Wirthin. Beide rührten sich noch immer nicht. Sie standen lautlos nebeneinander und blickten — sie auf die dunkle Straße, er auf ihren schönen gramzuckenden Mund.

„Ach," seufzte sie plötzlich, „Ich habe Den auch vergessen. Ich bin Niemandem gut, Niemandem."

„Danke!" lächelte er und fuhr mit dem Finger ihre klassisch geschnittene Nase entlang.

„Ach, ich meine nicht so .." flüsterte sie verwirrt, „Nur nicht so wie damals .."

„Nun und der Kohlrausch?"

„Ach, das war nur Spaß. Es kann sein, daß ich ihn hassen werde." Sie nahm die Lampe, zündete sie langsam an und stand, auf den Tisch gelehnt, nachdenklich da. „Wir müssen uns jetzt trennen. Meine Wirthin wird sonst bös."

„Soll ich mitkommen?" fragte er zum Scherz.

„O ja wohl," lachte sie freundlich. „In der Zeit können Sie ja was zeichnen, wie?"

„Nein, nein. Ich muß fort. Ich muß auch meine Uhr einlösen."

„Ihre Uhr?" fragte sie rasch mit einem eigenthümlichen Aufblitzen der Augen.

„Nun ja, ich war Dir vorgestern untreu, mein Schatz," sagte er lächelnd. „Dabei mußt' ich meine Uhr lassen, weil ich zu viel Geld zum Fenster hinauswarf." Sie schmollte, aber ohne bös zu werden. „Also gut denn, trennen wir uns. Morgen Abend geht's fort?"

„Ja. Ach, ich werde an diese Stube zurückdenken, so lange ich lebe," seufzte sie. „Die thränenreichsten Stunden meines Lebens verbracht' ich hier. Und dennoch.. mir wird der Ort stets theuer sein." Beide sahen sich ernsthaft an.

„Und unter welchen Umständen geh ich weg — ach Gott!" Sie sah wieder wie geistesabwesend in die Luft. „Nun," murmelte sie halb vor sich hin. „Meine Wirthin geduldet sich ja .."

„Wie, brauchst Du Geld?" fragte er hastig.

„Es ist mir nur um die Uhr .." stammelte sie verwirrt.

„Wie, hast Du die noch nicht einlösen können? Sagen Sie, wieviel Sie dazu brauchen?

„Ach, nur 42 Mark."

„Hier sind sie." Er legte zwei Goldstücke auf den Tisch.

„O besten Dank! Von keinem Andern würd ich einen Pfennig annehmen. Der Eberhart hat auch immer gefragt, ob ich Geld brauchte, und ich hab stets gesagt: Ich brauch nichts. Nur von Ihnen .."

„Nun, das versteht sich doch von selber."

„Ich werd es auch sobald wie möglich zurücksenden."

„Unsinn! Ich weiß, daß Sie das thun werden, obschon es gar nicht nöthig ist. — Da, steck's ein, damit es die Wirthin nicht sieht." Sein nobler Sinn sträubte sich dagegen, den Begriff des Darlehns zwischen so Nahestehenden überhaupt als vorhanden zu betrachten. Sie fühlte das instinktiv; ein schöner und sanfter Ausdruck veredelte ihre Züge, indem sie vor sich nieder auf die Tischecke blickte und fortwährend mit dem Bleistift an den Rand eines Modejournals kritzelte, der schon mit ähnlichen Hieroglyphen bedeckt war. — Schon wieder klopfte die Wirthin. Kathi sagte aber diesmal nichts und athmete schwer.

„Das Kurze und Lange von all unsrer Papelei ist also," sagte er trocken, indem er seinen Ueberzieher anzog und sich auf seinen Stock gestützt hochaufrichtete, „was ich versprach, bleibt bestehen. Aber natürlich muß ja Jeder von uns sein Leben selber ordnen." Er sprach noch so eine Weile, wobei er sich in Parenthesen einließ und das Satz=Ende nicht fand, bis er sich unterbrach: „Holla, wo ist denn mein Hut?" Er fand ihn und setzte ihn auf, indem er lachend murmelte „kann ohne ihn nicht weiterreden." In Wahrheit wollte er sich im Hute besser ausnehmen, da er sein sonst lockiges Haar kurz vorher hatte scheeren lassen.

9*

Sie aber stand noch immer in sinnender lauschender Stellung über den Tisch gebeugt und lachte nur leicht über sein komisches Hut=Manöver. Er hatte damit auch die Beobachtung erzielt, daß sie ihn gern ruhig in einem Zuge zu Ende gehört hätte. So hob er denn wieder an: „Was hinter uns liegt, darunter mach' ich einen Strich. Die Vergangenheit ist für Beide aus und zu Ende. Aber Deine Zukunft gehört mir und natürlich, wenn da 'was vorfällt... Wäre ich nur den hundert= sten Theil gegen andere Frauenzimmer so gewesen wie gegen Dich, so würde Jede für mich die größte Zärtlich= keit bekommen haben." Sie zuckte leicht auf und erröthete, sich über den Tisch beugend, indem ihr Busen sich hob. „Natürlich, was nun in Zukunft kommt . . . wenn Du wirklich nicht so für mich fühlst, wie ich für Dich — dann, ja dann kann ich nicht mehr mitspielen. Meine Selbstverleugnung in materieller Hinsicht ist schon so groß, aber .. das kann ich nicht."

„Was steht denn hier?" sagte sie plötzlich, groß und kindlich zu ihm aufblickend, indem sie wie verwirrt das Modejournal von sich schob. Der ganze Rand war mit dem Namen „Eduard R." bekritzelt. Er sollte verstehen.

„Närrchen!" Er lächelte schwermüthig. „Hast Du Dich mal in Gedanken mit mir beschäftigt?" Sie schnitt ein reizendes Gesicht. Eduard war eine einfache Natur, aber er fühlte, daß sie ihm in diesem Moment um den Hals fallen wollte. Er aber übte tapfere Entsagung — theilweise aus Stolz und Berechnung, weil er wohl sah, daß seine Ruhe auf sie einen doppelt tiefen Eindruck machen mußte, theils weil er sich überhaupt zu solcher Liebesscene nicht gestimmt fühlte, da ihn ein dringendes Bedürfniß quälte und er doch diesen Hochmoment nicht durch eine cynische Frage herabziehn durfte. (Kathi war mehrmals während der Zeit hinausgepilgert.) So mischt sich der reinsten Romantik die erbärmlichste Trivialität der physischen Natur. Platonische Entsagungsgröße aus hygienischer Rücksicht.

„Also endlich denn lebwohl! Wenn es auch zwischen uns nichts werden sollte, so wollen wir doch stets gute Freunde bleiben. Und darauf wollen wir uns die Hand geben — als gute Kameraden." Sie schüttelten sich die Hand, indem sie zaghafter, also liebevoller wie er, ihre breite Rechte in seine schmalen blutlosen Finger legte und vor sich niedersah. Das Weinen schien ihr nahe. Wieder machte sie ein Gesicht, als ob sie etwas erwarte — —. Aber er that es nicht. Mit einem Seufzer nahm sie die Lampe und öffnete ihm die Thür. „Bitte, nimm auch Abschied von meiner Wirthin!" bat sie. Diese saß im Nebenzimmer und nähte. Sie sah ärgerlich aus, weil der Abendspaziergang so verzögert wurde. Er lüftete den Hut und sie dankte etwas trocken. „Also abieu!" zögerte er auf der Schwelle. „Und Sie schreiben mir also dann gleich?"

„Nein, Sie wollen doch zuerst schreiben?"

„Ja wohl, gut. Aber erst nach einiger Zeit."

„Ich — ich möcht' Ihnen noch gern ein Andenken mitgeben. Wenn ich nur wüßte, was!"

„Das ist hübsch von Dir. Halt .. laß mich noch

mal Dein ‚Poesiebuch' sehn!" Sie trug die Lampe, welche ihr kräftiger Arm straff emporgehalten, wieder zurück und reichte ihm eiligst das Gewünschte. Er blätterte. Da stand noch ein Gedicht. „Von wem ist das?"

„Auch von mir," sagte sie neckisch, mit funkelnden Augen.

„Pah, Unsinn."

„Auf Wort! Willst Du's haben?" fragte sie hastig. „Reiß Dir's raus! Ich schenk' Dir's." Er steckte es in sein Notizbuch. Die Wirthin hatte sich schon angezogen; er durfte nicht länger bleiben.

„Also nochmals adieu, adieu." Sie drückten sich zärtlich die Hand. „Auf Wiedersehn!" Sie sagten es fast zugleich und mit derselben verhaltenen Innigkeit des Tons.

Er riß sich los und stürzte die Treppe hinunter.

Besonderen Seelenschmerz spürte er nicht. Eigentlich war er innerlich froh, für Monate seiner Leidenschaft entzogen zu sein, und doch schien ihm ein geheimnißvolles Weh durch alle Poren zu strömen.

Die Wolken droben wichen nicht, gewitterliches Dunkel brach herein. Und die Wolken im Herzen ballten sich zusammen in banger Schwere. Er sah nicht Wesen noch Dinge um sich her, nur einen leeren Raum, in dem seltsame Schatten huschten. Es durchrieselte ihn frostig, als ob der Mond über ihm auf öde Ginsterhaide strahle oder auf ein mattfarbiges Meer, wo er verschlagen in leckem Boot. Im Flüstern der Abendwinde vernahm er einen unsagbaren Ton, der wie ein ferner Harfenton entfloh — eine seltsame Variation über die Melodie:

„Ich liebe Dich so tief, so tief, so tief!
Das stand im letzten Brief." — —

Sein erster Gedanke nach diesem Trennungsschmerz von Scheiden und Meiden galt der Erledigung seines verhaltenen Bedürfnisses; sein zweiter, sobald er die Stadtbahn bestiegen, der nochmaligen Lectüre des Gedichtes. Es lautete, als wäre es schlecht memorirt:

Erinnerung.

Erinnerung, sie ist die Blume,
Von Jeglichem wohl gern gehegt.
In unsers Herzen Heiligthume
Hat sie ein guter Gott gelegt.
Oh! pfleg sie warm Dein ganzes Leben
Denn nur im Licht und Sonnenglanz
Im Strahl der warmen Freundessonne
Erblüht die Blume voll und ganz.

Erinnerung blinkt am Lebenshimmel
Wohl Allen lieb als lichter Stern,
Sie bleibt bei uns, auch wenn wir einsam
Von Allem was wir lieben fern.
Weit über Ströme über Zeiten
In Leid und Lust in Wort und Lied
Schlägt sie die luftigen lichten Brücken,
Drauf der Gedanke weiterzieht.

„Sind Sie leidend, Herr Rother?" fragte der würdige Herr Bammer, als Eduard dort sein spätes Abendbrot verzehrte. „Nicht? Sehn so blaß aus. Gestern

Abend war einer von Ihren Freunden hier, der Herr Luckner. Wir haben lange geplaudert."

„Was Sie sagen!" versetzte Rother kühl. Er konnte sich denken, daß auch über Kathi alle Mordsgeschichten ausgepackt waren. Luckner, der talentvolle Maler griechischer Interieurs à la Alma Tadema, schien der letzte, den er als Mitwisser dieser Affaire gewünscht hätte. Er empfahl sich bald und begab sich in das Sumpf-Café, wo seine Freundin Mary ihn mit Begeisterung empfing. Eine Rose, die sie ihm geschenkt, hatte er aus absichtlicher Koketterie ins Knopfloch gesteckt. Obwohl sie theure Weingäste hatte, ließ die von Eros' Pfeil Getroffene dieselben sitzen und schmiegte sich an den Verzehrer eines Glases Bier, der mittlerweile auch seine Uhr wieder eingelöst hatte. Als sie aber immer zudringlicher wurde, konnte er sich nicht verkneifen, aus einer halb braven halb frivolen Laune das Bild Kathis hervorzuziehn, was natürlich Marys komische Eifersucht entflammte. „Meinem lieben Freunde," las sie die Aufschrift. „Nun, wenn Du nur ihr Freund warst —!" Er zuckte die Achseln. „Ach Du willst mich ja nur foltern!" schluchzte sie beinah. Und indem sie ihn mit leidenschaftlicher Zärtlichkeit umschlang, flüsterte sie die Lieblings-Liebesphrase ihres Kellnerinnenjargons: „Bit Du meine Nauze?" Er ging mit ihr nach Hause.

Als er am andern Morgen heimkehrte, warf er noch in grauender Dämmerung eine Zeichnung Kathis aus der Erinnerung aufs Papier — sie aufwärts blickend, während eine Geniengestalt (mit ihm ähnlichen Zügen) herniederschwebend einen Lorbeerkranz auf ihre Stirne drückt; hinterher ein Gedicht, um seine wechselnden Empfindungen abzulagern. Einen Augenblick bedachte er sich, dann packte er Beides in ein Convert und schrieb ein paar glühende Liebesworte dazu, die „Theure Kathi" anhoben und „Ich könnte mein Blut für Dich opfern" endeten. Er sagte darin, daß all seine Kräfte sich verdoppeln würden, wenn sie sein wäre, daß nur sie ihn von seiner Liederlichkeit durch seine reine Liebe für sie befreien könne und daß sie allein ihn glücklich machen könne, wie er sie sicher glück= lich machen werde. Der Brief athmete reinste zarteste Liebe und nahm kein Recht irgendwie voraus. „Nur um eins beschwöre ich Sie: Werfen Sie sich nicht fort! Sie sind viel zu edel und vornehm angelegt, um sich einem Rausch der Leidenschaft hinzugeben?"

Es lag zwar eine gewisse Brutalität darin, ihr so unverhohlen mitzutheilen, daß er am Abend nach dem innigen Abschied von ihr, seiner wahren Liebe, einem so gewöhnlichen sinnlichen Gelüst nachgegeben — aber doch auch eine rührende naive Aufrichtigkeit, die dem geliebten Wesen, der Freundin seiner Seele, auch nicht seine ge= heimsten Schwächen verbergen wollte.

Das seltsame Gedicht lautete mit seiner Mischung von sentimentaler Hingebung und Selbstherrlichkeit, die an Größenwahn streifte:

"Wie kalt Du heute bist!" sprach sie mit heißem Munde,
Der dürstend stets an meinen Lippen hing.
Ja, innen blutete geheim die alte Wunde:
Dein Bild durch meine Seele ging.

Dich hab ich nicht geküßt, als ich die Hand Dir drückte.
Mein Lebewohl hat stumm Dich angeschaut.
Doch ewig bleibst, wohin das Schicksal Dich entrückte,
Du meiner Seele angetraut.

Ja, eine Liebe giebt's, die einmal nur geboren,
Wie eine Perle nur die Muschel giebt.
Und ob ich hundertmal auch Liebe zugeschworen,
Ich habe einmal nur geliebt.

Ja, jeder neue Kuß, den wild ich mit ihr tauschte,
Verschärfte einzig meiner Sehnsucht Pein.
Bei ihrer Liebesgluth, die gestern mich berauschte,
Durchfröstelt's kalt heut mein Gebein.

O Leben, schlechter Spaß! O wechselnd Rad der Liebe!
Sie fühlt für mich, was ich für Dich gefühlt.
Was hab ich wachgeküßt der Hoffnung eitle Triebe,
Indeß mein Herz von Qual zerwühlt?

„My darling!" seufzt sie leis, die Wimper lustbefeuchtet.
Jaja schon gut, mein interessantes Kind.
Den Dämon kenn ich wohl, der mir im Auge leuchtet
Und der Dein kluges Hirn umspinnt.

Nur Liebenswerthe sind's, die je mein Kuß gesegnet,
Kein fades Herz sich mir zu eigen giebt.
Die Liebenswertheste allein, die mir begegnet,
Die Eine hat mich nie geliebt.

Die kluge Thörin hat der Liebespfeil getroffen,
Der tiefer sich und immer tiefer bohrt.
Auf meine Küsse mag sie ruhig weiter hoffen,
Mein Herz bleibt ewig ihr umflort.

Was soll man eben thun! Man sucht sich zu betäuben
Und damit holla! Alles ist dahin.
Man muß die Motten frisch sich aus dem Aermel stäuben
Und — aus den Augen, aus dem Sinn!

Doch wo mein Name tönt in ferner Zukunft Tagen,
Umzittert unsichtbar ein stolz Geheimniß dich.
„Er war mein Freund," so raunt Dein Herz mit höherem Schlagen.
„Geliebt hat er nur Eine — mich."

„Nun, wie war der Abschied?" fragte die Wirthin an jenem Abend, als Kathi sinnend und tief ergriffen in der Stube auf und abging.

„O sehr, sehr nett," versetzte diese hastig mit leidenschaftlich bewegter halb erstickter Stimme. „Er ist solch ein edler Mensch, das muß wahr sein. Und — und ich hab ihn von Herzen gern." — —

Der edle Mensch saß mittlerweile am andern Nachmittag, als Kathi und die Wirthin letzte Einkäufe in der Stadt machten — Kathi noch immer in inniger bewegter Stimmung, — mit der edlen Mary in einem kleinen Wiener Café, wo er sich früher auch mit Kathi Rendezvous gegeben hatte. Kneifer-Mary hatte ihre Wirthin als Schutzgarde mitgebracht, um sich als anständige junge Dame zu präsentiren, und sah sehr blühend und jugendlich aus. Sie stellte ihr „Verhältniß" vor — „Herr .."

„Mein Name ist Hase," gab er mürrisch zurück. „Manchmal auch Meyer." Er war äußerst einsilbig und trocken. Marys Anspielungen, daß sie spazieren fahren möchte, fielen auf ganz unfruchtbaren Boden. In dem Glauben, daß nur die Anwesenheit der Wirthin ihn miß= stimme, wußte sie dieselbe zu entfernen, nachdem diverse Chokoladen vertilgt waren. Die „Damen" hatten notabene eine halbe Stunde auf ihn warten müssen und er war auch nur erschienen wie er sagte, weil er es versprochen hatte. Mary's Andeutungen, daß sie nur für ihn so weit weg von ihrer Wohnung hierhergekommen sei und obendrein so lange gewartet habe — für keinen Andern — nahm Eduard ebenfalls mit gähnender Gleichgültigkeit entgegen. „Deine Gedanken sind weit weg," seufzte sie.

„Jawohl," brummte er finster.

„O ich weiß wohl wo — bei ihr?!" Er ant= wortete gar nicht. Stumm und zerstreut begleitete er sie bis vor ihr Lokal, kaum darauf achtend, daß verschiedene Vorübergehende auf der Friedrichstraße ihn erkannten und grüßten. Vornehm streifte er ihre Hand, lüftete den Hut und bemerkte gar nicht ihren vorwurfsvollen Blick, als er sich rasch von dannen trollte. Die Profanation dieser Amour nebenher schien ihm doch zum Bewußtsein gekommen.

Sie gefiel ihm und sie liebte ihn. Aber er liebte sie halt nicht.

Und dennoch, von Langeweile und Spleen geplagt kehrte er um neun Uhr Abends wieder in dem Sumpf= lokal ein, wo sein Erscheinen als „Verhältniß", in das die närrische Mary verliebt war, Sensation erregte. Sie mußte viel von ihm erzählt haben. Aber nachdem er eine Stunde vergeudet, begab er sich, allen Bitten seiner Verehrerin zum Trotz, nach Hause. — — Um dieselbe Zeit nahm Kathi Abschied von ihrer Wirthin am Lehrter Bahnhof.

„... Und ja, so wird es denn auch wohl am Ende kommen: Ich werde ihn heirathen. O wie schwer es mir wird, zu gehn, das wissen Sie nicht."

„Brauchen Sie auch wirklich kein Geld mehr, Kathl?" fragte die gute Wirthin. „Sonst will ich's Ihnen leihen. Sagen Sie mir, ob Sie Geld haben!"

„O wie können Sie mich so beleidigen!" rief sie aus und wurde feuerroth. Es blieb charakteristisch für sie, daß sie es als gröbste Injurie empfand, wenn man sich nach ihren Geldverhältnissen erkundigte. — Kurz vorher hatte sie freilich ihre Wirthin in Verwunderung gesetzt durch eine höchst sonderbare plötzliche Forderung. Sie hatte dieser nämlich, da sie ihr doch die Miethe schuldig blieb, einen Pfandschein als Sicherheit übergeben, der eingelöst werden sollte, wenn sie das nöthige Geld aus Hamburg sende. Nun fing sie auf einmal an: „Ach wissen's, liebe Frau Lämmers, geben's mir lieber den Pfandschein wieder zurück!" Die tüchtige, ehrenfeste, aber welterfahrene Berlinerin rief natürlich stutzig: „Wie so, vertrauen Sie ihn mir nicht an?" Und als Kathi feuerroth wurde, fuhr sie heraus: „Nein nein, besser ist besser!" Sofort begann Kathi vor Wuth zu weinen. „Also auch Sie! daß auch Sie mir mißtrauen!" so ging die Litanei fort, die aber versöhnlich endete.

Nun saß sie also endlich im Coupé. Sie war standhaft und ruhig. Erst als der Zug sich in Bewegung setzte und sie ihr thränenüberströmtes Antlitz zum Fenster hinauswandte, bemerkte man: sie weinte bitterlich.

Was schmerzte sie denn so? Sie wurde ja ihre peinliche Existenz der letzten Zeit los! sie fuhr ja ihrem verführerischen Prinzipal entgegen. Welcher Abschied schmerzte sie denn so bitter?

Eine Stimme in ihrem Innern antwortete: — —

Drittes Buch.

I.

Schottisches Tagebuch.

Vor Abfahrt des Dampfers.

O penetranter Theergeruch,
O Bürsten und o Wischer!
O Besen, Eimer, Lappentuch!
Das geht ja immer frischer.

Man sieht euch Meeressöhnen an,
Daß ihr die Seife hasset,
Obwohl ihr hier euch Mann für Mann
Mit Putzerei befasset.

Und warum alle diese Noth,
Ihr tiefverruchten Seelen?
Daß ich zu rechter Zeit im Boot,
Dafür müßt ihr mich quälen!

Ihr jagt aus jeder Position
Mich bis zum Steuerrade.
Ich lenke auf das Trockne schon
Zum Ufer meine Pfade.

Doch alle Püffe, hier verliehn,
Und Flüche, die es regnet,
Curiren praktisch meinen Spleen —
Meerbären, seid gesegnet!

Seefahrt nach Edinburg.

Auftauchen Berwicks zeitenmorsche Thürme
Grau aus der grauen Fluth. Darüber nickt
Die stolze Rothkreuzflagge Albions.
Zwing=Caledonian und Schlüssel Englands,
Sei mir gegrüßt wie jedem Grenzer einst!..
Die Woge klatscht in immer gleichem Takt
An dieser Felsen Rippen — Seegevögel
Umschwirrt in immer gleichem Flug die Gipfel.
Der Mond tritt aus den Wolken; und ein Licht
Ein geisterhaftes, weiß und strahlend, wirft er
Hier auf Ruinen, ernst wie Nacht und Tod:
Tantallon Castle! Eule nur und Rabe
Sie nisten heut in deiner Mauerkrone,
Unheimlich krächzend langgedehnten Tones,
Wo einst des grauen Löwen Douglas Höhle ...
Am Hafen Dunbars fahren wir vorbei,
Dem alten Sitz des fürstlichen Geschlechtes
Altcaledoniens, der Earls of March.
Wie heut die Buccleuchs, Hamiltons, Argyles,
So standen sich zur Seit' und gegenüber
Die Douglas und die March in grauer Zeit —
Doch gegenüber, wie zwei Pfeiler stehn,
Die Beide doch des Hauses Giebel stützen.
Horch, welcher Sang schwillt feierlich empor
Zu Dunbars Zinnen aus den Feldgezelten?
Der salbungsvolle Psalm der „Eisenseiten".
Der General kaltblütig mit dem Rohr

Der Feinde Stellung mustert. Plötzlich ruft er:
„Der Herr hat sie in unsre Hand gegeben!
Da kommen sie herab, die Lesley=Männer!"
Von beiden Seiten schallt's begeistert=grimm:
„Der Covenant!" „Jehova Zebaoth!"
Da plötzlich flammt die Sonne hochempor
Auf Berg und Meer nach bleichen Nebelmorgen.
„Seht, jetzo er erscheint, der alte Gott,
Und seine Feinde werden nun zerstreut."
Gewaltig geht das Wort von Mund zu Mund
Und jede Brust erhellt das Gotteszeichen
Und Cromwell ruft: „Seht hin, sie fliehn, sie fliehn!
Wie Stoppeln sind sie nur vor unserm Schwert.
Drauf, Rüstzeug, mit dem Herrn der Heeresscharen!"
... Der großen Männer Wort ist Gottes Wink:
Und schon beleuchtet diese Siegessonne
Der Schotten feige Flucht durchs Blachgefild —
Vom Schwerte nicht, von Cromwells Geist geschlagen.

———

Heil, Edinburg! Da steigst du aus der Fluth
Im Schleier der Romantik — Holyrood
Und Schloß als Zacken in der Mauerkron'!
Im Nimbus goldner Morgensonne schon
Strahlt deiner Dichterfürsten Monument,
Der Dioskurensterne, nie getrennt
Als Schottlands Doppelglorie und Ruhm.
Glorreiche Veste einst der Wissenschaft,
Wo lang geherrscht der Muse heilige Kraft!
Nach deiner Söhne neuem Griechenthum
„Modern Athen" gepriesen und benannt,
Dem auch im Anblick man dich ähnlich fand.

Waverley Station! Von Burns' Monument schweift der Blick
zum Castle hinüber, hoch oben thronend mit seinen buntröckigen Hoch=

Bleibtreu, Größennahn. 10

landsgarden, und von da durch die schnurgerade breite Prince's Street über die gewaltigen vierstöckigen Häuser weg, welche die Ober-Stadt mit der Unter-Stadt verbinden, zu dem gothischen Münsterthurm, der Scott's Denkmal umhüllt.

Bei dem wackern Bürgermeister
　In Kirkaldy darf ich sitzen —
Im Balkon im Sessel heißt er
　Mich „Inspiration erschwitzen!"
Denn dort habe oft gesessen
　Mit dem Toddy und der Pfeife
Carlyle, der hier unvergessen,
　Und der oft hierher noch schweife.
Ha! Gleich wie der Pythia
　Dreifuß macht mich dieser Sessel
Zum Propheten schon beinah!
　In der Nordsee Schaumeskessel
Starre ich bis auf den Grund,
　Seh das Weltgeheimniß klaffen
Bis in des Verderbens Schlund,
　Wo die Parzen emsig schaffen.

Kirkaldy hat eine dünne Bevölkerung, dicke Magistrate, nur drei Gefangenzellen und etliche „unverbesserliche Trunkenbolde". Ich genoß die Ehre, einem der letzteren in einer der besagten Zellen (bei vorübergehender Besichtigung, um Irrthümer zu vermeiden!) vorgestellt zu werden. Dies nützliche Mitglied der Gesellschaft verhieß uns mit ausgezeichneter Höflichkeit eine Empfehlung an den Hausherrn gewisser unterirdischer Regionen, mit dem er augenscheinlich auf vertrautem Fuße stand, und schnarchte in edler Unabhängigkeit fort. Der Thierwärter — ich meine der Gefängnißschließer — konnte sich hier nicht die gerührte Bemerkung versagen, wie viel comfortabler dieser Feuerwasseranbeter auf der Pritsche sich den Träumen seines fanatischen Cultus hingeben könne, statt sich auf dem Straßenpflaster herumzuwälzen.

Uebrigens zeigte sich ein Herr aus Dundee sehr entrüstet, als ich mich bei einem Abendspaziergang durch die Gassen starke Betrunkenheit zu bemerken vermaß, sintemalen es „Saturday Evening" und doch nur zwei total „Ertrunkene" (der Narr in „Was ihr wollt" ist für diesen Ausdruck verantwortlich) durch die Straßen schwammen. Andre Länder, andre Sitten! Vielleicht eine Eigenthümlichkeit schottischer Religiosität, den „heiligen Tag" durch eine Whisky=Taufe einzuweihen! So kommen sie denn sicherlich mit rothen Nasen in die Kirche und näseln Psalmen und schauen stolz herab auf die „Heiden" in der Welt da draußen. Doch ihr dreimal am Tage Beten (nach jedem Mahl kniet jeder schottische Hausherr mit seiner Familie nieder und beginnt ein halbstündiges „Prayer"!) läßt ihnen noch Zeit genug für Gastfreiheit und Bildung. Der „ruchloseste" Poet wird nicht aus der Bibliothek eines solchen Frommen ausgeschlossen; denn dieser bleibt ein gebildeter Mann, obwohl er mit dem Papst in Rom an Unfehlbarkeit wetteifert. Auch scheint seine Gastfreiheit schätzenswerther, als die hochmüthig prahlerische Freigebigkeit Englands. Schottland ist arm. Darum darf man nicht verkennen, daß die Religiosität des Schotten sich zwar auch in Formeln und Riten, aber nicht minder in echter rechter „kindness" gegen seinen Nächsten zeigt, die ihm ein Opfer, wie dem Engländer ein bloßer Sport. Kein anziehender Gesellschafter, der Schotte! Sehen wir einen Sprößling der Grampians, so denken wir unwillkürlich an einen grauen schottischen Regentag. Ein Fremder, den sie mit Güte überschütten, wird sich im Leben nicht wohl bei ihnen fühlen. Sie finden es nicht comfortabel, ihre Bildung zum Besten zu geben, und jammern lieber über das Wetter, natürlich ein unerschöpflicher Unterhaltungsstoff.

Geiz (Armuth!), Trunkenheit (Klima!), Pharisäismus (Kirche!) mag man hier als häufige Fehler finden, Frömmigkeit und Biedersinn als häufigere Vorzüge, tiefen Sinn für Natur, Freiheit und Poesie als allgemeines Erbgut. Wie den Griechen und Italienern der Sinn für äußere menschliche Schönheit angeboren, wie die deutsche Race mit besonderer Empfänglichkeit für Musik begabt scheint, so mag man die ganze britische Nation getrost als das Volk der Poesie bezeichnen. Diese nordischen Stämme brachten mit sich die germanische Empfänglichkeit für freie Natur, noch verstärkt durch ihr Leben als Jäger und Krieger. Abgeschlossen von der übrigen Welt durch ihre insulare Stellung, bildete sich eine beschränkte, aber achtungswerthe Vaterlandsliebe in ihnen aus. Die langen Fehden der Schotten und Angeln begeisterten sie für kriegerischen Ruhm, und die Normannen brachten ihnen den Cultus der Chevalerie. Heine wundert sich affektirt, daß die Engländer den Shakespeare hervorbrachten. Das wirklich Wunderbare wäre, wenn irgend ein anderes Volk ihn hervorgebracht hätte, oder wenn die Schotten nicht ihren Scott und Burns besäßen. Und wie stolz sind sie auf diese Zwei! Man wundere sich noch, daß die Briten im Durchschnitt die größten Dichter erzeugten! Kunst geht erstens nach Brot und zweitens nach Ruhm d. h. bei Lebzeiten. Der Nachruhm freilich — wir Deutschen sind sehr freigebig mit diesem werthvollen Artikel. Aber da ist noch ein Unterschied zwischen der gähnenden Goethe=Pfafferei und der innigen herzlichen Liebe der Schotten für ihre Dichter. Der echte Scotchman hat drei hauptsächliche Gedanken: Kirche, Hochland und Sir Walter. Unsere Kirche, unsere Natur, unser Poet sind doch die besten!

Es scheint charakteristisch, daß sie zwei Landstriche „Sir Walters Land" und „Burns' Land" benennen. Trotz allem Traphic und Common Sense blieben die Briten doch sicher naiver, natürlicher, poetischer und enthusiastischer, als die Leute auf dem Continent.

Kirkaldy hat eine geräumige Kirche und will natürlich eine größere bauen. „Kirchenbauen" scheint eine Epidemie in Großbritannien. Der Clergyman gilt für einen der besten Prediger in Midlothian und ist ein gebildeter Mann, der lange Zeit in Berlin Theologie studirte und schlechtes Deutsch spricht, was viel sagen will für einen Briten. Uebrigens steht die gute Stadt in einem gewissen Zusammenhang mit deutscher Sprache und Literatur, auch durch Seehandel mit Deutschland, da sie in Verbindung steht mit dem größten German Scholar, Thomas Carlyle, der hier als junger Schulmeister lebte. Dieser außerordentliche Mann, der vielleicht noch mehr Bewunderer zählte, wenn das Corybantengetreisch seiner Verehrer nicht die Stimme ihres Gottes übertönte, bewahrte eine Vorliebe für diesen Aufenthalt seiner Jugendtage. Er besuchte, von seiner Seherhöhle in Chelsea aus, oft seinen ehemaligen

Wohnsitz. Hier wandelte auch einst ein anderer Prophet, Adam Smith, in seinem Garten am Meer, wo er seine „wealth of nations" schrieb.

Ja, und da wäre nun Perth! Die „Schöne Stadt" nennt es sich selbst, allbieweil der Zauberstab des Dichters die „Schöne Maid von Perth" heraufbeschwor. Da hockt man nun in alterthümlicher Klause, in einer alten lauschigen Inn, eine alte Chronik neben sich, worin Erbauliches von Leben und Ende des schottischen Nationalheros William Wallace berichtet.

Die Moncrieff-Ruine immer noch ragt, immer noch glitzert der Tay so klar, daß man die Kiesel auf seinem Grunde zählt. Auf dem Anger, wo einst die beiden Claus gefochten, tummeln sich heut Criket-Schläger und die Enkelinnen der Schönen Maid von Perth — ach, sie lassen uns nur den Verfall alles Schönen bedauern.

Aber noch duften die herrlichen Blumenbeete der Stadt, noch duftet der sagenlispelnde Wald.

> Sagen rauscht der alte Park,
> Und die alte Lady drinnen
> Am Kamin erinnert stark
> An die Scott'schen Häuptlinginnen.

> Um sie her sitzt all ihr Clan,
> Und der ältste Sohn wird treten,
> Wenn die Abendstunden nahn,
> In die Mitte erst und beten.

> Beten nach dem Abendbrod,
> Mittag auch und Abendessen.
> Ach, ich leide große Noth,
> Der ich Beten längst vergessen.

Dunkeld! Wohl sieht man hier vor seines Geistes Auge Birnam's Wald anrücken auf Dunsinan, hier wo Macbeth verzweifelt wie ein Bär mit der Meute focht. Doch mit leiblichen Augen sieht man hinter jedem Meilenstein pinselnde Ladies aufgepflanzt. Ein Blick über die Schulter der edlen Künstlerinnen — — lehrten mir lieber Hochlandkühe den interessanten Rücken!

Blair Athole, schon ein richtiger Hochlandweiler! Die Gefälle des Bruar würden sich besser ausnehmen, wären sie nicht mit einer Hecke langbeiniger Touristen garnirt, die mit verzweifelter Ausdauer Operngläser herumgehn lassen, wie Wassereimer bei einer Feuersbrunst, als stünden sie hier auf schwerer Pflichterfüllung. Sie brummen „Be=e=auti=ifu=ul!" und gucken die Wolken an, sie lesen laut von ihrem Guide-Book ab: „Romantische Wasserfälle!"

Seitwärts liegt der Paß von Killikrankie. Daß die Truppen Wilhelm des Oraniers hier total geschlagen wurden, scheint begreiflich, wenn man die Position der Jakobiten bedenkt. Die Steilheit der Felswände, die Schmalheit des Passes und die Gefährlichkeit des früheren Fußpfades die Felsen entlang machen es zu einem Platz, wo, wie Cromwell von einer Schlucht in Nord-Berwik sagte, „ein Mann zum Aufhalten mehr werth ist, als zehn zum Vordringen." Für gute Schützen, wie die Hochländer, muß es bei der vortrefflichen Deckung nur ein Scheibenschießen gewesen sein.

Natürlich blieb dieser Jakobitensieg der Weltgeschichte sehr gleichgültig, die ruhig weiter schreitet und Leute, wie die Stuarts, je ärger sie gegen den Arm des Schicksals zappeln, um so unerbittlicher über Bord wirft.

Da haben wir das Thal des Tilt. Dies Flüßchen hat sich einen Namen gemacht durch seine „unterthänige Petition an den Herzog von Athole". Dieser Nobleman, der Besitzer von ganz Nord-Perthshire, konnte der Bitte des Genius unmöglich widerstehen, und so bauten denn die Worte von Robert Burns dem Flusse eine Brücke.

Es liegt etwas Anheimelndes in diesen Beziehungen zwischen Land und Dichter. Keine Literatur scheint so wie die englische, wörtlich verstanden, mit dem Boden verwachsen. Selbst Lord Byron, der kosmopolitischste der britischen Poeten, bleibt hiervon nicht ausgeschlossen. Die Berge und die Seeen von Aberdeenshire und das Schloß seiner Väter Newstead schweben ihm doch vertrauter vor, als die Inseln seiner Corsaren. Unter den Engländern scheinen die Werke von Dikens ein förmliches Guide = Pool seiner nur etwas zu groß gerathenen Heimathstadt. Aber wer erreicht gar die beiden Dichterheroen Caledoniens in Besingung des Vaterlandes? Kleine Länder haben eben den Vorzug, die Heimathsliebe ungewöhnlich zu erhöhen. Da ist wirklich kein Fluß und Berg in Schottland, der nicht durch das Wort eines Dichters dem ganzen Volke intim nahegerückt wäre.

Der Tilt verdient einen Lesinger. Denn einen rebellerischeren kleineren Fluß kann man sich gar nicht denken. Mit lautem Hurrah kollert er die Waldhöhe herunter, schießt, als wenn's ihm Spaß machte, über alle möglichen Felsen Purzelbäume und läuft statt wie ein ehrbarer gediegener Fluß gradaus zu marschiren mit provozirender Geläufigkeit schief und krumm, bald rechts bald links, bald Ost bald West. Uebrigens scheint das Purzelbaumschießen ein Erbfehler dieser ganzen Stromfamilie. Etliche dreißig Bäche und Bächelchen rennen, sich überstürzend, als wäre ein allgemeiner „Gathering" ausgerufen, oder rutschen von einer senkrechten Klippe mit Donnergepolter herab, sich unten sammelnd um ihren Clanhäuptling Tilt. Doch „no more nonsense!" Ernst, düster ernst wollen wir sein, denn eine Reitpartie durch den Glen Tilt hat wenig Scherzhaftes. Vor Allem die Führer scheinen davon überzeugt. Nur wenn das Pony unsers Begleiters die wundersame Neigung entwickelt, nach rechts, wenn er links, nach rückwärts, wenn er vorwärts will, zu lenken, nebst andern unedlen Späßen einer edlen Pferdenatur — nur dann zuckt ein zufriedenes Grinsen durch ihre raubgierigen Geiervisagen — Holla! Da strauchelt mein Pony! Das kommt davon, wenn Einem verleunderische Gesinnungen gegen die edlen Räuber des Gebirges auf der Stirn geschrieben stehn. Ich habe wenigstens meinen Führer in Verdacht, diesen Gertenhieb grade für die Stelle, wo der große Stein liegt, berechnet zu haben. Aber auch diesem Pony ist nichts Gutes zuzutrauen. Das ist der wahre Repräsentant des Hochlands. Halsstarrig, eigensinnig, faul und voll humoristischer Tücke. Ein Jammer, daß ihm kein „Mac" über seinem traurigen schwarzen Stirnhaar geschrieben steht, damit man doch gleich weiß, weß Geistes er sei! O dieser Gebirgssohn! Innerhalb fünf Minuten macht er fünf

falsche Tritte, die, wie er weiß, ihm nichts schaden, aber seinen Reiter
bis ins Innerste erschüttern. O Pony, Humor ist eine schöne Gabe, aber
deine nun endlich abgestandenen (oder besser: abgerittenen) Späße vom
Hintenausschlagen, Wiehern, Stillstehn, vor jeder Felsnase Scheuen,
jede Ginsterblume als gute Beute ansehn — solche Scherze sind mir
entschieden zuwider. Und noch dazu, wenn man an einem schiefen
Felsgrat, an dem die Natur leider das Geländer vergessen hat, hin=
trabt und der Strudel dreißig Fuß unten brodelt. „Das sind mir
Humore!" — Unser Begleiter hat sich schon lang in sein Schicksal ge=
funden und bewundert die Schönheiten der Natur eine halbe Meile
hinter uns. Sein edles Roß leistet eine Viertelmeile preußisch in der
Stunde, immer noch alles Mögliche, wenn man bedenkt, daß es sein
Frühstück, zweites Frühstück, Lunch und noch mal Lunch während
des Einherschlenderns am Wege findet. Glückliches Wesen! Wann
wird uns ein Lunch erblühen? Jeder Grashalm, den es kaltblütig
pflückt, vermehrt die Leere unsrer Mägen.

Hochlandpony, Hochlandführer,
Tückisch halsstarrige Viecher!
Proviant= und Börsenspürer,
Schnüffelnde Gepäckberiecher!

Heimlich habt ihr aufgefressen
Aus der Tasche mir die Stullen.
Und das Sheltie unterdessen
Thut, als säh es einen Bullen.

Jeden Augenblick ausscharrt es
Und die schwarze Mähne schüttelt
Ins Gesicht mir — o wie hart es
Mich am Abgrund weiterrüttelt!

Warum stampfst du mit den Hufen?
Schon beginnt es rings zu dämmern.
Ach, den Spitz des Schäfers rufen
Hört man dort nach seinen Lämmern.

„König ist der Hirtenknabe."
Ja, der sitzt recht in der Wolle.
Von des Porridge Abendgabe
Träumt der ernst Gedankenvolle.

Da steht er groß und breit, in seinen dicken Wollenmantel und das Bewußtsein seiner Würde gewickelt, der braunstirnige Hochland=schäfer. Die zwei klugen Hunde liegen zu seinen Füßen, still und wachsam, ungleich dem lärmenden Gesindel der Städte, in ernster schweigsamen Pflichterfüllung. Ja, der Schäferhund des Gebirges scheint der wahre Gentleman der Hunderace. Der fette feige Newfoundländer ist ein fauler Lord und die maulende keifende Dogge ein pöbelhafter John Bull. Aber der Schäferspitz, unansehnlich an Gestalt, mäßig, be=obachtend, freundlich, aber nie schmeichelnd —: der Charakter, der den Wolf von der Heerde wegbeißt und nach dem verlorenen Lamm durch Dick und Dünn läuft.

Was die Schäfer anbelangt, so scheinen dieselben durch die Schäfer=poesie unschuldig in Verruf gekommen. Sie bleiben im Grunde ganz anständige Menschen, gerade so dumm und schmutzig, wie andre solide Bauern. Welche Entrüstung muß das Herz dieser Biedermänner er=füllen, wenn sie vernehmen, mit welch romantischem Firlefanz ihren groben Filzhut gerührte Bänkelsänger umwanden! Ueberhaupt diese Poeten! Jener Schäferjüngling, der so träumerisch vom Felsen in die Wolken starrt, dürfte eine Sündfluth „sangbarer" Lieder und populärer Balladen nach sich ziehen, auch dürfte er sich zu gefälliger Composition empfehlen. Aber welche Gefühle durchfluthen seine Brust? Legt er sich in Gedanken die Sonne als goldne Krone zu? Oder fliegen Uhlandsche Königstöchterlein durch seine schmachtende Seele? Oder ergeht sein zart=besaitetes Gemüth sich in elegischer Stimmung nach der alten Weise: „Da droben auf jenem Berge?" Verleumdung! Womit haben diese praktischen Realisten es verdient, als des Idealismus verdächtig denuncirt zu werden? Ein edler Zukunftstraum von Haferbrei erhebt sich vor seiner schönen Seele; tief sinnend schüttelt er das gedankenvolle Haupt in gelindem Zweifel, ob Jenny ihn diesen Abend mit purer Milch bereiten wird oder aber — die schöne Aussicht auf die Wänste seiner Hämmel begeistert ihn zu diesem logischen Gedankenschwung — mit fetter Sahne?! Um auf die besagten Hämmel zurückzukommen, so pflegt dieser vierfüßige Hochlandsclan eine unpassende Zudringlichkeit. Aus ihrer grasenden Beschaulichkeit aufgestört, starren sie uns mit dem düstern Blick gekränkter Friedensunschuld an und schleudern uns ein unheilverkündendes Blöken nach. Herr Schäfer putzt sich die Nase.

„Ade, du Schäfer mein!"

Wir sind nun schon lange über The Queen's Seat hinaus. Hier hat nämlich Königin Victoria auf einer Fußtour durch dies Thal geruht und der Herzog von Athole ließ hier ein erfrischendes Frühstück und zur besondern Befriedigung eine reichhaltige Liqueursammlung serviren. Die meisten Wasserfälle auch schon passirt. Der Tilt wird immer breiter. Dieser Flußjüngling blieb übrigens trotz seines wässerigen Berufes eine ungewaschener Canadier, indem er sich einerseits alle Nase lang in die Büsche schlägt, wo wir ihm nachlaufen müssen, andrerseits sich nicht einmal eine anständige Brücke zugelegt hat, trotz seiner entschiedenen Neigung für Ueberschwemmung und Austretung und überhaupt alle Arten von Ausschreitungen. An einer Stelle haben wir also richtig mit Sack und Pack, Roß und Reisigen, hindurch zu plantschen, wobei die Ponys ein auserlesenes Vergnügen im Bespritzen ihrer reitenden Opfer, in Folge gänzlich unberechtigten Strauchelns, zu finden scheinen. Vertiefen wir uns bei kurzer Rast in ein Butterbrod und die romantische Aussicht! Der Guide, ein erfahrener Menschenkenner, scheint uns poetischer Gefühle fähig zu halten; er wirft uns einen mißtrauischen Blick zu und schleudert uns, in der Gewißheit seines Verdachtes, die lauernde Frage ins Antlitz: „Schmeckt Ihr Butterbrod, Sir?" Ja, der Barbar wagt es obendrein, zarte Andeutungen auf unsre Whiskyflasche hinzuwerfen und eine große Libation zu empfehlen, unter dem medicinisch interessanten Vorwand, diese wässerige Umgebung erzeuge ihm immer eine auffallende Kälte im Magen. Die Kälte wird also curirt und dann eiligst weiter! — In zarten Andeutungen sind Führer überhaupt groß. An der „Forsthütte" erlaubt sich Guide I die bescheidene Anfrage, ob ich auch an das Lunch gedacht habe? An der Ben Dearn Kaslade wirft Guide II die Vermuthung so leicht hin, daß ich zehn Sandwichs mitgenommen hätte. Nur Acht? Mißbilligendes Husten. Vor den Shehallion und Farragon Bergen erkundigte sich derselbe in theilnehmender Weise, ob besagte Butterbrode sich einer Ausschmückung mit Schinken oder Käs erfreuten? Mit Schinken. So! Allgemeine Befriedigung. Guide! fürchtet nur, daß der Senf vergessen sei, und will sich freundlichst gleich selbst davon überzeugen. Wird höflich untersagt. Mißbilligung. Als sich die riesigen Proportionen von Ben-y-Gloe entwickeln, entwickelt sich der Hunger der Biedermänner in dito Proportionen. Dabei wird dem Whisky in unziemlicher Weise zugesprochen Bei den Schießhütten des Earl of Fife angelangt, erscheint uns allen denn auch das schwarze Torfmoor in einem eigenthümlich rosigen Lichte — unser Begleiter schwingt sich sogar zu der Behauptung empor, es gäbe hier eigentlich zwei Moore, eins überm andern. Diese bedenkliche Doppelseherei wirkt entschieden ansteckend, bis wir an dem Linn of Dee, dem berüchtigten Wasserfall, der den kleinen Byron beinahe verschluckt hätte, beinahe selbst dies Schicksal erlitten hätten. Das kommt davon, wenn man zu genau in den Fußstapfen des Genius wandelt. In dieser Gegend verlebte bekanntlich der originellste Dichter des modernen Zeitalters seine frühen Knabenjahre.

Da sind wir schon in Braemar. Furchterweckende Phantome von Dandies und feingeputzten Damen gleiten im Abendschatten an uns vorüber, aber wir halten es für Hallucinationen unsrer erregten Sinne. Wir stecken ja mitten in der Waldeinsamkeit. Großes Gebäude — sieht so hotelmäßig aus? Vom Pony steigen, in die Vorhalle treten, mit dem Bauch eines enormen Oberkellners zusammenprallen wird das Werk einer Minute. Schaudernd werfen wir entsetzte Blicke um uns her. Ist's wahr, ist's möglich? Zwölf Kellner in Frack und weißer Binde, mit grauenhaften Scheiteln und distinguirtem Air, zwölf Gemeine und noch Se. Excellenz besagter Oberkellner, nebst Frack, weißer Weste, Cravatte und Glacés. Zuviel!

Man bedenke die Situation! Zwölf Stunden in der Wüste auf den Verkehr mit Ponys angewiesen, das Absonderungsbewußtsein eines zweiten Manfred im Busen und hier — zwölf Apostel der Etiquette, von denen der erste zarte Winke über Table d'hôte, der zweite über Schlafzimmer in erster, zweiter oder beliebiger Etage fallen läßt. Wir selber aber ließen mit Grandezza unser Gepäck fallen, schleuderten dem Bauch des glattrasirten Tyrannen einen vernichtenden Blick zu und stürzten uns mit dem Grimm eines Kannibalen über das Supper. Das war die Vergeltung! Alle Victualien verschwanden schonungslos vor dem Heißhunger unsrer Rache. Umsonst sandte der gastliche Leiter des Mahles wehmüthige Blicke gerechten Kummers den erschöpften Schüsseln nach. O er merkte jetzt mit unheimlicher Ahnung, daß sich Wüsten= söhne mit dem dazu gehörenden Magen in seine wohlgesitteten Hallen gedrängt — einen letzten unaussprechlichen Blick verwundeten An= standes warf er auf unsre bestaubten Röcke und Stiefel und ging und ward nicht mehr gesehn. Ich aber aß für zehn streitbare Männer, mit unsäglichem Wehgefühl.

Ohne Menschen fünfzehn Stunden!
Endlich hab an dieser Stell hier
Ich ein Manfredsthal gefunden!
Ach, am Ziel ragt ein Hotel hier!

Laß mich schaudernd rückwärts taumeln:
Ueber weißen Kellnerwesten
Seh ich Tombak=Ketten baumeln!
Fort mit meines Traumes Resten!

Auf nach Balmoral! Der Boden scheint eine malerische Sumpf= lache, die Sonne hat den Schnupfen — oder, wie man hier zu Lande das interpretirt: Das Wetter hält sich doch noch!

Rings strecken sich Felsen spitz in die Luft, wie ein Riesenfinger; andere Kegel haben das Aussehen von Burgen, von deren spitzen Thürmchen die Tannen wie grüne Fahnen herunterwehen. Der Styl dieser Böklin'schen Naturcomposition erinnert lebhaft an die Chaussee von Reichenhall nach Berchtesgaden. An der einen Seite fließt der Dee, welchem Lord Byron als Badeprämie die Reklame in seine Werke einrückte: „Ibreasted the billows of Dee's rushing tide." Viel= leicht hat auf dieser Bank von Stein der junge Dichter von Zukunft und Ruhm geträumt.

Hier hat der erwachende Genius Byrons nicht nur seine Liebe

zur Bergnatur, sondern auch das erste Bewußtsein der in ihm schlummernden Poesie eingesogen. Das erste, Alles beherrschende Gefühl eines dichterischen Geistes, Bewunderung der Schöpfungsmysterien, war ihm in diesen Bergen aufgegangen. Darum sei mir gesegnet und freudig begrüßt, wie ein Vetter des Parnaß, du weißhaariger Riese Lochnagar mit dem blauen Auge des wilden Bergsees hoch oben unter deiner massigen Stirn! Zu deinen Füßen stand die Wiege des Genius oder doch wenigstens genauer gesprochen, seine Milchflasche. Hier liegt nämlich der nette Pachthof Ballater, woselbst der junge Musagetes eine Milchkur genoß. Die Milch ist immer noch für Geld und gute Worte zu erstehen, aber die Milch der Musen — —

Auf der Bahn nach Inverneß. Rechts lärmender Franzose, links hustende Schwindsüchtige, auf allen Seiten Rauch und Hitze. Tiefmelancholische Landschaft. Das trübe Mondlicht scheint sich auf dem Rücken der schwarzen Hochlandkühe zu spiegeln, die aus ihren Hürden stumpfen Blicks dem Zuge nachbrüllen. Jeder Hügel trieft hier ordentlich von geschichtlichem Blut: Hochlandmorde und Clangemetzel schienen hier stets an der Tagesordnung. Ankunft in Inverneß, einer düstern, zugigen, höchst verdächtig aussehenden Stadt. In dem alten Castle soll den gnadenreichen Duncan Macbeths Dolch getroffen haben. Es sieht mir auch ganz danach aus. Bei Culloden wurde hier anno 1746 der Prätendent Karl Eduard total geschlagen.

Weltschmerz und Schnupfen schauern mich an, auf diesen Grabkreuzen sinnend.

„Für Gott, für König und Vaterland"
Fiel mancher Narr bei Culloden.
Sein eisernes Kreuz als Denkmal stand
Schon lange hier im Boden.
Das Käuzchen klagt Kiwitt, Kiwitt.
Komm mit, komm mit!

Du graues Alräunchen, Du Hochland=Guide,
Du licherst so verdächtig.
Bist Du ein Uhu im Menschenkleid,
Umgehend mitternächtig?

Das Käuzchen klagt Kiwitt, Kiwitt!
Komm mit, komm mit!

Bei der Steamerfahrt auf dem Caledonischen Kanal nach Oban bewährt sich uns die eingewurzelte Eigenthümlichkeit dieses Gewässers, sich stets mit Regen begießen zu lassen. Soviel man unter der Nebelhaube erkennen kann, bildet den Glanzpunkt der Fahrt das Sichtbarwerden des höchsten schottischen Berges, Ben Nevis, und des größten Wasserfalls der britischen Inseln, Falls of Foyers. Zwischen Ginsterhügeln wälzt der Foyer seine Fluthenmassen, bis er, durch ein breites Felsenbecken hinabgleitend, plötzlich an einem Abgrund sich überstürzt und aus einer Höhe von etwa 90 Fuß fast senkrecht niederrollt. Die berstenden Wogenbälle donnern mit unglaublicher Kraft an die starren braunschwarzen Felsgiganten und flattern in silberweißem Schaum, wie ein Leukotheaschleier über die Ufer. Das furchtbare Zischen der sich bildenden Strudel, wenn die herabrollenden Wassermassen unten im Strom durcheinanderwirbeln, wirkt grauenerweckend. Der zerstiebende Schaum steigt in durchsichtigen Krystall-Säulen wie Nebelqualm aus der Tiefe, welche im Contrast zu dem schneeweißen Fall rabenschwarz erscheint. Aus den verschlungenen Schluchten, aus allen Schlüften und Höhlen dröhnt ein unaufhörliches Echo nach. Ueber dem eigentlichen Fall stürzt noch ein zweiter kleinerer hernieder und wird mit seinem stärkeren Sohn — denn er erzeugt durch seine vorbereitende Kraft hauptsächlich die aufgehäuften, sich dem größern Absturz zuwälzenden Wogen — durch eine Aetherbrücke, einen in allen Farben schillernden Regenbogen verbunden.

Der Schweif des Sturzfalls peitscht die Wand,
Wo seinem Geiser Grün entsprießt.
Wie unterm Huf aufquirlt der Sand,
Schaum aufwärts schießt.

Wenn im Tunnel der Underground
Der Zug herdonnert blitzesschnell —
Wie hier, es mir im Ohre raunt:
Stürz vor, Gesell!

Dunstschemen schweben vom Glencoethal herüber, als wären es Geister der ermordeten Macdonalds und Camerons. Roth sinkt die Sonne hinter den blauen Kuppen von Mull und wir sind in Oban. Dieser kleine gemüthliche Seehafen erinnert an das liebe Fairport des „Alterthümlers". Das Axiom „Time is money!" scheint hier ganz unbekannt. Der Mensch lebt, um Fische zu essen, sich zu recken, Netze zu flicken, zu schnarchen, mal aus Gnade Fische zu fangen, bis seine beschauliche Ruhe sich in ein seliges Ende hineinschnarcht. Glückliche Phäaken! Unvergeßliche Morgen, wo ich, Bulwers „Clifford" in der Hand, einsam im Walde lag, während nur fernes Lachen spielender Kinder zu mir heraufdrang oder fern auf der Höhe eine lustige Miß abscheulich trällerte! Unvergeßliche Mittage, wo ich die Ruinen von Dunolly-Castle durchkletterte oder im Boote zum Angeln hinausfuhr! Unvergeßliche Abende und Nächte, wo die überfüllte Strandpromonade mich in ein Boot trieb und ich hinausfuhr, bis die Walzer der deutschen Musikbande verhallten.

<blockquote>

Doch unhörbare Melodie
Ertönt aus Inselschilf und Rohr —
Nur wem Natur ein Herz verlieh,
Der hört sie, nicht das Ohr.

Viel Silberfurchen schnitt der Kahn,
Phosphorisch, lang, durchs Wogenthal,
Die Inseln auf der Wasserbahn
Verbindend durch den Strahl.

Die liegen rings so schwer und schwarz,
Wie Wallfisch und Leviathan.
Nur würziger Duft von Fichtenharz
Uns meldet, daß wir nahn.

Es flammt das röthliche Fanal,
Manch Schatten durch die Wipfel schwebt.
Sind's Hünen, deren Todtenmal
Sich hier erhebt?

</blockquote>

Die Woge schwillt zum Katarakt.
Mit Kamm und Mähne schaumig grün,
Die Midgardschlange tanzt im Takt
Mit schneeigen Geifers Sprühn.

Ade, Atlantischer Ocean! Schon jagen wir unter hinfegenden Regenschauern den Loch Etive und Loch Awe entlang, in das Herz von Arghleshire. An allen Flecken begegnen wir einem Aufruf des Marquis of Lorne (Schwiegersohn der Königin) als Clanhäuptling zu einem „Gathering", um die alten Tänze und Uebungen der Hochländer in Ausübung zu erhalten. Dies ist die Heimath Campbells und die poetische Domaine Scotts. Wie wir so in Sturm und Wetter einsam dahinbrausten — nur die schwarzen Hochlandbullen stierten und brüllten uns von den schwarzen Hochlandhügeln nach —, da ward es um mich lebendig von schauerlichen Bildern. An der Bridge of Awe sah ich die weinende „Hochlandwittwe", und drüben im Paß of Brander ihren erschlagenen Gatten, der da lag mit seinem ganzen Clan Mac Dougald of Lorn. Majestätisch starrte der steil herniederstürzende Ben Cruachan in den blutgetränkten See und über die Leichen zog rasselnd die Ritterschaft des Niederlandskönigs Robert Bruce. In den klatschenden Wellen aber und dem heulenden Wind, der mir den Hut vom Kopfe reißt, höre ich rauschen und brausen die melancholische Weise: „We are landless, landless, landless, Grigalich". Und die Schatten der Wolken, die über die Landschaft jagen — sind es nicht die verfehmten verfolgten Mac Gregors? Doch der Weih, der hoch überm See lustig sich wiegt, scheint trotzig zu krächzen das Campbellsprichwort: „'T is a far cry to Lochow!" Dort in Glen Fruin vernehme ich im Klirren der Sensen das Waffenklirren der Mac Gregor und Colquhouns, die hier vernichtet wurden bis auf den letzten Mann. Ich sehe ein weißes Wölkchen am Ufer des Ben Lomond emporsteigen — oder ist es der Schleier Diana Vernons? Ein Seeadler stößt rauschend in die Fluth — oder ist es Rob Roy, der den See durchschwimmt?

In Inversnaid genoß ich die hohe Freude, eine mir besonders werthe Reisegesellschaft wiederzusehen. Es waren dies die sogenannten „Ehreisenden", eine hochinteressante Species. Auf keinem asthmaerzeugenden Aussichtspunkt wächst diese Pflanzengattung — sie verschmäht vergängliche Genüsse. Aber beim Breakfast, Lunch, Dinner — da sieht man sie den bleibenden Freuden des Daseins sich mit uneingeschränkter Hingebung widmen. Die Assimilationskraft, mit der sie Roastbeef und Mutton in zahlloser Menge ihrem innern Selbst verschmelzen, hat etwas Ehrfurchtgebietendes. Besonders Missus kann man sich gar nicht anders vorstellen, als mit Messer und Gabel kriegerisch gerüstet. Dabei haben wir sie im Verdacht der Identität mit jener Cockneydame, die kürzlich, wie die Touristensage meldet, einem Gentleman, der erwähnte, er habe gestern Ben Lomond gesehen, die grandiose Antwort ertheilte: „Ben — was? Stellen Sie mir Ihren Freund doch mal vor!!"*)

In Inversnaid stürzt ein prachtvoller Wasserfall sich in den See. Hier hat Wordsworth seine „Hochlandmaid" singen hören. Hier stand ich lange bis tief in die Nacht und sah Gedichte, für die mir die Worte fehlen. Den Loch Kathrine, die Scenerie der „Jungfrau vom See", muß man durch das optische Vergrößerungsglas der Scottschen Muse betrachten. Sonst ein recht gewöhnlicher Teich.

Hier bewundern wir auch das „Gefängniß" Robins des Rothen, einen spitzen Felsen, auf welchem der Biedermann von oben her seine Opfer herabließ, um in dieser angenehmen Lage von ihnen unangenehme Bedingungen zu erpressen. Ach, die Helden der Poesie entpuppen sich oft bei nüchterner Betrachtung als ganz gemeine Wegelagerer. — Der Dampfer landet. Weiter durch die Trossachs. Dies Stromthal zeigt im Anfang einige Aehnlichkeit mit dem Sarne-Thal bei Botzen. Der Teith schäumt aber lange nicht so ungebärdig wie die muthwillige Sarne, und den ganzen Weg bis Callander hat die Natur als stilles liebliches Idyll gedichtet.

> Durch die Trossachs hör' ich schallen
> Der Romantik Silberhorn.
> Doch verschüttet und verfallen
> Ist der alte Sagenborn.

---

*) Ben schottisch: Berg. Englisch: Abkürzung von „Benjamin".

Ach, die Kutschen auf und ab
Rasseln hier in vollem Trab.
Menschen, wer kann euch entfliehen,
Wer sich, Proja, deinem Staub entziehen?

Sterling-Castle.

Am Felsenwall der Forth vorübergleitet.
In blauem Duft die blauen Gipfel mischen
Sich mit der Himmelbläue und dazwischen
Weit vor sich hin die Tannenforste spreitet
Der Benvenue. Dort Grau in Grau sich breitet
Ben Lomond, von dem Waldtalar umdunkelt.
Der blaue See von Menteith, ein Saphir,
Aus weißer Uferfelsen Fassung funkelt.

Dort drüben in dem öden Thalrevier
Auf diesem grauen windumtosten Stein
Stand Bruces Banner hoch im Abendschein.
Und „Scots, wha ha'e," so klingt es mächtig drein
Im Wind von allen Bergen in der Runde:
Das weiht die Stelle erst, das Lied aus Dichtermunde.

Linlithgow.

Nicht mehr aus Scharten der Geschütze Mündung
Entgegenstarrt, kein Wart vom Thurme ruft.
Doch stets noch wölbt sich in erhabner Rundung
Der Säulenbogen in der sonnigen Luft.
Noch heute schwer und massig ragt der Wall,
Von Fenstern kaum erhellt, fast nischenlos;
Die dicken Zinnen kamen nicht zu Fall.
Der Brunnen ragt inmitt der Säle all',
Wenn auch das Wasser ihm versiegt im Schooß.

Ein Gartenhof liegt dorten wohlgepflegt,
Von schattigen Akazien eingehegt.
Die hohe Pappel ihren Schatten legt
Ueber den bunten Kies und manche Bank.
Das rosafarbne Marmorbecken trägt
Die Wassersäule, durchsichtig und schlank,
Die oben sprühend auseinanderschlägt
In Silberfunken, die im Widerschein
Schillern wie eine Schnur von Edelstein
In Regenbogenfarben, wenn durchblitzt
(Wie die Koralle durch Krystalle glitzt)
Vom Widerschein des Beckens und vom Strahl
Der rosigen Sonne. So der Wind verstreut
Ringsum weiß=rosige Blüthen ohne Zahl,
Die einer weißen Dolde Krone beut,
Millionenfach und ohne End' erneut.

Ja, einem Springbrunn gleicht dies Städtchen heut,
Aus dem Erinnerung wie alter Wein
Zum Himmel steigt, erfrischend, glänzend, rein.

Falkirk.

Durch Falkirks Kirchhof schreit ich hin. Der liegt so tief und still,
Und der gefallnen Todten hier mit Ernst ich denken will.
Was sagt dies alte Monument? „Sir Jon de Graeme hier liegt,
Der Unbesiegte, den zuletzt der Tod nur hat besiegt."
John Stuart of Bonkill neben ihm liegt in der dunkeln Gruft,
Kein Horn die alten Streiter mehr an Wallaces Seite ruft.
Sie fielen für die Freiheit hier in Falkirks heißer Schlacht
Und über ihre Leichen hin zog des Erobrers Macht.
Doch auf der andern Seite ruhn die Brüder Munro dort:
Sie standen hier und fielen hier als ihres Königs Hort.
Ja, damals scholl zum andern Mal dumpf über's Falkirk=Moor

Der englischen und schottischen Geschütze Donnerchor.
Die Clane drüben warten nur noch auf das Hornsignal —
Doch holla! wo steckt Harolen denn, Altenglands General?
Dort drüben liegt ein schönes Gut, nah dem Antoniuswall,
Von Rom erbaut, zu dämmen einst der wilden Picten Schwall.
Hier in Callander Hause er sitzt und in ihr Auge blickt:
Ein Herkules in Uniform, von Omphale umstrickt!
Die schöne Gräfin Kilmarnok ihn witzig unterhält.
(Ihr eigner Gatte drüben steht beim Prätendent im Feld.)
Da klirren Stiefel auf dem Flur, die Ordonanz erscheint,
Ganz feuerroth wie Heißsporn Heinz: „Es regt sich schon der Feind!"
„Ich aber nicht!" gemüthlich brummt und grunzt der Commandant,
Doch fünf Minuten später klopft ein andrer Adjutant.
„Der Feind" — „Goddamn your eyes! Was Feind! Hier droht
mein schöner Feind!"
Den Schnurrbart zwirbelnd, wunders wie holdselig er sich meint.
„Holroh!" Hagelwetter nicht so jählings stürzt herab,
Als jetzt das Hochland niederfährt vom Berg in vollem Trab.
Wie Stücke Speck in Stücke haun sie die Dragoner schnell
Und Schreck jagt über Albion jung Charley der Rebell!..
In Larbert Church da nebenbei schläft ein gereister Mann,*)
Der nach Gefahren mancherlei ein kläglich End' gewann.
Den Wilden und den wilden Leun geschickt entkam er oft,
Ja selbst dem brennenden Simum entrann er unverhofft.
Downstairs er eine Lady führt ganz ruhig ohne Arg —
Er strauchelt, bricht sich das Genick und liegt nun hier im Sarg.
Nicht weit davon ist Torwood Forst, wo William Wallace lag,
Um auszuwetzen bald aufs neu die Schmach von Falkirks Tag.
Hier sag' ich Falkirk Lebewohl, arm an Erinnrung nicht —
Und schon verlischt mir in der Nacht der Eisenwerke Licht.

---

*) James Bruce, der Abeffynische Reisende. Nach einem Leben voller Aben-
teuer nahm er in der That ein so elendes Ende.

Mussetburgh.

Die alte Veste Mussetburgh ist dies,
Umgeben rings von Wiesen lang=gedehnt.
Auf diesem grünen Felde trafen einst
Die Häupter sich der Covenant=Partei
Mit Herzog Hamilton, des Königs Rath.
Auch trabten über diesen Plan dahin
Die „Eisenseiten", lockend, doch umsonst,
Zum nahen Kampf den Schotten=General . . .
Die Thürme drei Schlachtfelder überschaun:
Hier Pinkiehouse mit engem dicken Wall
Und rundem Erker und im runden Hof
Der wohlgebauten zierlichen Fontaine.
Hier war es, wo der Schotten Macht zerstob
Vor Englands Kraft und Kunst. — Ich hör' die Schlacht.
Lang wogt der Kampf. Ein wilder Knäuel Alles,
Darin es quirlt gleich einem Felsenstrudel.
Wie Schaum empor aus diesem Wirbel spritzen
Zerhaune Federbüsche oder Fahnen —
Wie Kiesel, die zerstäubt vom Wogenschwall,
Splittern zerbrochne Lanzen, Helme, Schilde.
Die Schotten wanken nicht. „Für Schottland und
Die Königin!" — Wer ist der stolze Ritter,
Der nun vereint zum letzten schärfsten Stoß
Die Söhne Albions? Der Earl von Hertford.
Anprallt der Sturm, wie Gießbach an den Fels,
Anschwillt der Kampf, wie Fluth mit Fluthen ringt,
Anschwillt wie Kataraktgetos der Lärm,
Und niederschwillt gleich einem Wasserfall
Die Reiterei von England. „Drauf und dran!
St. Georg für Altengland und den König!"
Sieg! Sieg! Gebrochen Caledoniens Macht!
Und Schottlands Blüthe liegt geknickt im Feld! . . .
Doch horch! Welche Droneten hör' ich dort

Von Carnbern hill? 's ist der Rebellen Schaar,
Vereinigt wider ihre Königin.*)
In ihrer Mitte auf dem schwarzen Roß,
Das stolz zu tragen solchen Stolz, Er selbst,
Deß schöne düstre Züge angehaucht
Vom Zeichen frühen Tods und dessen Stirn
Gerunzelt von nur halbbekämpfter Reue —
Er selbst, der Stuart königlicher Sproß,
Er selbst, der Douglas ritterlicher Sohn,
Der große Bastard, Murray der Regent.
Der Reiter neben ihm, ein schwarzer Pardel,
Schwarz, schwarz an Seele wie an Haar und Auge,
Ist Morton. Dort der Riese, der sich wuchtig
Stützt auf den Flammberg, täppisch wie ein Bär
Ist Niemand anders, als der Lord von Lindsay.
Doch Jener, bleich wie dieser Birke Stamm,
An die er halb sich lehnt; und mit dem Auge,
Kalt-glänzend wie das Eis, das überdeckt
Den tückevollen Loch, mit blasser Lippe,
Die stets gekrümmt von einem Schlangenlächeln —
Wer könnt' es sein, als Ruthven, der Verräther?
Er scheint mit flammenrothem Bart und Locken
Dem Aberglauben wohl ein Sohn der Hölle.
Und sicher gleicht er, in dem Gegensatz
Zum Löwen Murray einem glatten Tiger,
Der Beute Blut schon schlürfend mit dem Auge.
Umsonst dort drüben unter Waffen steht
Das Häuflein treu-ergebener Vasallen,
Umsonst der Schurke Bothwell prahlt und schwört.
Und schon auf ihrem weißen Zelter naht
Die schönste Maid im Hoch- und Niederland,
Sich zu ergeben hier dem rauhen Arm
Der höhnenden und trotzenden Rebellen.

---

*) Die Rebellen zwangen Maria Stuart 1567, sich ihnen zu ergeben.

Und welche Zelte seh ich ragen rings
Auf Prestonpans' Gefilde? Bunt Gewimmel
Hüben, wie drüben! Feinde sicher stehn
Sich gegenüber. Doch warum und wer?
Die Wache dort des einen Lagers zeigt
Des Königs Scharlach. Bajonnette blitzen,
Dragoner trällernd bei den Rossen stehn
Und an dem Rohr der Kanonier sich reckt.
Es ist die Macht von England hier vereint,
Roß, Reisige und Geschütz, zur Gegenwehr
Und Unterdrückung des Rebellenschwarms,
Der selbst des „wahren Königs" Heer sich nennt,
Der Hochlandsclane in des Stuart Sache.
Wie lustig und wie stolz Hannovers Heer!
Wie faul und stolz im Zelte schnarcht Jon Cope!
Der Morgen sehen wird ein andres Bild,
Wenn unter Doppel=Kriegsgeschrei der Schaaren:
„Hier für Hannover und den König George!"
„Hier für die Stuarts und Carl Eduard!"
Der Clane dichtgedrängte Masse stürzt,
Gleich wie ein Felsblock aus dem Katapult,
Zermalmend durch die Linien der Rothen,
Bis nur ein Wald von Blitzen, die empor
Im Takte zucken und dann niederrasseln,
Sich über'm Haupt der Streiter hebt und senkt:
Die tausend Claymores, die vernichtenden,
Durchhauend jählings aller Ordnung Ketten.
Der Tartschen Dröhnen und der Beile Krach,
Der scharfen Dolche Reiben an den Panzern,
Der Hochlandbüchsen Knattern, das Geröll
Des Peletonfeu'rs und der Donnerrohre,
Der Rosse Schnauben, Sprühn' der Bajonnette!
Und dann nur eine wirre wilde Flucht
Und alle Fahnen Englands sind zerbrochen
Und all sein Scharlach wird beströmt von Blut!

Das Thal der Esk.

Roslyn, umschlungen von dem weichen Arm
Der sanften Esk, die lieblich kosend tanzt
Mit leichtem Schritte durch den grünen Rain!
Und ihre Silberstimme, halbgedämpft
Durchs mahnende Geräusch der greisen Fichten,
Den Berg hinan halb melancholisch schwebt,
Gleich Nachhall eines Lieds aus alter Zeit,
Das hier ein Minstrel sang in schönern Tagen.
Nicht besser waren jene Tage, nein,
Doch schöner, als das alte Castle noch
Auf einem Inselberg in Stromes Mitte
Mit schroffen Felsenwänden, starren Wällen,
Gleich einer Wetterwolke überhing
Das Thal, verderbenschwanger. Durch die Buchen
Mein' ich das Erz Geharnischter zu hören.
Hier hat des Schloßherrn rauhes Herz ergötzt
Das Stöhnen der Gefangnen im Verließ,
Aufsteigend aus der Stätte der Verlornen,
Und ein brutales Lachen, wilder Chor
Der trunknen Zecher übertönte gellend
Das Sterberöcheln. Doch am Fensterbogen
Winkt' ihrem Lord der Lady Seiden=Schärpe,
Wenn sein gepanzert schellenklirrend Roß
Den Paß erklomm — mit ihren Silberthränen
Statt Silbers die Gefangnen ihres Herrn
Loskaufend oft, wie Tennyson's Godiva.
Hier lagerten der Knight und seine Mannen,
Auf schwarzen Bärenfellen hingestreckt
Die riesenhaften Glieder, Tannen ähnlich;
Ermüdet von dem Waid= und Waffenwerk,
Die nassen Mäntel am Kamine wärmend.
Hier ist die Brücke. Glorreich war die Stunde,
Glorreich der Tag, als schritten über sie

Gefangen hin die Schergen des Tyrannen,
Des englischen Eroberers, gefesselt,
Ganz überwunden in der Freiheitsschlacht.
Wie war so purpurn da dein schneeweiß Kleid
Von falschem Southronblut, o muntre Es!
Doch Blut verwischt sich, wie Erinnerung,
Und silbern, wie vor fünfmal hundert Jahren,
Sind deine Wellen. Ob der Mailandbrünne
Silber auch heut nicht mehr durchs Dickicht blitzt —
Das Schatzhaus der Natur bleibt unerschöpft.

Die Es! sich wiegt in ihrer schmalen Schlucht,
Die ausgepolstert weich mit Farrenkraut
Und Moos und Binsen und verhangen dicht
Mit Weiden wie mit grünen Schlaf=Gardinen,
Gleich einem Kind in einem Himmelbett,
In sich zufrieden, süßen Unsinn trällernd,
Und an die Wände seiner Wiege klopfend
In holder Ungezogenheit. Halb Bach, halb Strom,
Halb Kind, halb Maid. Und blick' ich wieder hin,
Wie furchtsam sie an's Tageslicht sich wagt
Und träumerisch hinschleudert und aufs Neu'
In ihre Wälder flieht, so dünkt sie mir
Schier ein Poet, ein träumender Alastor,
Ganz abgesondert vom Geräusch der Welt,
Verlegen, wenn ein Blick auf ihn gerichtet;
Der unbeholfen drum die Sonne sucht
Und Worte murmelt unverstandnen Sinns;
Der zitternd bald die sanfte Stimme hebt
Und dann erschrickt vor seinem eignen Wohllaut;
Bald wieder sich verbirgt in seinem Hain.
Ja du bist ein lebendiges Gedicht,
Lieblich Gewässer, und die Dichter drum
Zu deinem Bord wallfahrteten schon früh.

Abschied von Edinburgh.

„Wo des Castles Thürme schon
Mit der Fluth zusammenfallen,
Siehst den ewigen Schnee du drohn
Ueber Holyrood, Freund Allen?"

„Whisky-Lallen! Schlechter Witz!
Dieses sind ja Wäscherinnen,
Welche grad auf ‚Arthurs Sitz'
Bleichen ihre Kinder-Linnen."

Schnaube, Dampfer! Schnaube nur,
Zeit, du gierig Ungeheuer!
Trag von hinnen ohne Spur
Mich von Allem, was mir theuer!

Lebewohl im Pfarrhaus bot
Ich den wirthlich holden Schwestern.
Lilie und Röslein roth
Dufteten mir, ach, noch gestern.

Mustertypen Beide sind
Jener stolzen Angelsachsen,
Die im Meer- und Alpenwind
An des Hochlands Grenze wachsen.

Wie Ginevra stattlich, bleich,
Hoch und stolz ist Fräulein Jenny.
Ja, mich dünkt, ein Königreich
Achtet sie für einen Penny.

Schwanenlied.. ihr Lied erklingt
Bald nicht mehr — o Qualgedanke!
Nimmer sie als Lerche singt,
Nachtigall, unheilbar Kranke!

Märchenwald, fahr wohl! Ob je
Ich euch Alle wiedersehe,
Klee und Schnee und Blüthenschnee,
Mädchenrehaug', zahme Rehe?

———

Ich stieg wohl über den Hirtenwall
Vom düstern Pentlandhügel.
Da war die Melodie verstummt,
Wo Du noch weiltest am Flügel.

So wird auch die Erinnerung
In meiner Seele erklingen
Und mir Dein Bild im Traume nur
Zuweilen wiederbringen.

Nur ein Lied klingt mir immer noch dumpf im Ohr wie das eintönige Brausen der Seemuschel, die sich, das seegeborene Kind, zur Mutterwoge zurücksehnt. Das ist das Echo der Windharfe, die in Fingals Höhle spielt. Ihr lauschte ich im schwanken Kahn, als der Dampfer mich weit hinaustrug, eine Tagereise weit, zu den Inseln Staffa und Jona.

Den schwarzen Fels grellgrünes Gras
Umwallt. Es lugen aus dem braunen Ginster,
Von weißem Schaume naß,
Heidnische Leichensteine grau und finster.
Ein schmaler Paß,
Sich windend zwischen See und Klippenrand,
Führt steil entlang den dünenlosen Strand.

Hier wo sich Blöcke spitz und stumpf
Wie Schiefertafeln aufeinanderschichten,
An den basaltenen Rumpf
Geklammert, strauchelnd wir die Schritte richten.
Es orgelt dumpf
Die Brandung, die des Wandrers Fuß bespült,
Bis eine Höhle plötzlich sie sich wühlt.

Umringt uns eine Kathedrale?
Die Salzfluth spiegelt den geschliffenen Chorgang.
Wie in Weihwasserschale,
Spritzt durchs Portal die Woge, im Emporgang
Zum Sturmchorale
Wie Orgelpfeifen hüpfend. Gelb und roth
Der Sonne Inschrift auf den Nischen loht.

Dies Wunderräthsel ward gewebt
Als sein Symbol vom unbekannten Meister.
Ueber den Wassern schwebt
Noch heut der Werdehauch der Schöpfungsgeister.
Doch was da lebt,
Lockt hier der Angler Tod mit gellem Pfiff.
Der Urkraft Schatzhaus ist dies Kirchenschiff.

Weit draußen im freien Meer mußte der Dampfer beilegen. Denn der Ocean sang sein Schlachtlied, Möven kreischten klagend, die See ging hoch. Wir aber in vollgepfropftem Boot, lustige kecke Londoner Sportsmen, schaukelten uns ins Innere der Wasser=Höhle hinein. Den gefährlichen Riff=Kanal passirend, gelangten wir glücklich zurück zum Dampfer. Doch wenn schon das ins Boot Steigen beim Abstoßen und in See Stechen gefährlich war, so kostete es schwere Mühe, uns alle wieder an Bord zu bringen. Es gehörten feste Nerven dazu, genau in der Sekunde aus dem Bootstern auf die eiserne Fallreeptreppe zu steigen, wo die Taue der Matrosen das Boot herangerissen, das doch im nächsten Moment von einer Woge zurückgerissen werden konnte. Als ich bei dem Gedränge auf der Treppe seitwärts über Bord zu klettern suchte, machte das Schiff eine drehende Bewegung und nur dem starken Arm eines John Bull verdankte ich es, daß ich glücklich an Deck gelangte. Man muß sich wahrlich wundern, daß nicht unendlich mehr Unfälle auf See vorkommen. Jeder strengt eben alle Vorsicht und alle Kräfte an. Doch wo wäre der Tod uns denn n i c h t nahe?

Der Regen sprüht, das Steuer rollt,
Die Düne steigt, die Brandung hör ich schnauben.
Hier wurde Dienst gezollt,
Zuerst im ganzen Nord dem Christenglauben,
Der sich gewollt
Ein Heim erbauen in dem Münster hier,
St. Columbans auf Cionas Revier.

In Trümmern morscht der greise Bau,
Epheu und Lolch umwuchern schon die Thürme.
Die Grille hüpft im Morgenthau,
Der Eidechs schlüpft. Heran, ihr Winterstürme
Ihr brachet rauh
Das Segel meines Lebens, und in Weh
Versink' ich, bitter schmeckt der Tang der See.

Ich kniee in der Brandung Gischt
Am Steinkreuz nieder, dessen Rumpf geborsten.
Die Midgardschlange zischt
Zu mir empor, wo meine Adler horsten.
Ein Narr nur fischt
Nach Wahrheitsperlen. Auch des Ruhmes Fels
Versinkt im Schlund des Acherontischen Quells.

———

Wenn diese Kette springt der irdischen Bedrängniß,
Wenn diese Seele sprengt ihr thönernes Gefängniß,
Was wird ihr Loos?
Sinkt endlich sie hinab ins Nichts, das schmerzenleere,
Versenkt sie sich ins All, dem Tropfen gleich im Meere?
O Meer, thu auf den tiefen Schoos!

Am Rand der großen Tiefe steh ich hier,
Die alles Seiende verschlingen wird,
Und mich durchzuckt ein lüsternes Entzücken.

Aus dieser Brandung leuchtendem Gesprühe
Zaubere ich Lichtgestalten mir empor.
Mir ist, als schwebte ich im Weltenraum,
Wie ein Jehova, der die Rechte reckend
Die Sonnenscheibe vorlockt überm Nichts.
Und dann durchschauert mich ein andrer Wahn,
Als wäre ich der letzte Erdensohn,
Der einer neuen Sintfluth bang entrinnt,
Wenn in der Wogen ungeheurem Schwall
Des Abgrunds Aufruhr immer lauter grollt.

Blick hier umher! Nach schwülem dunstigem Tag
  Strahlt blendender der Sonnenuntergang:
  Der Tod nach einem Leben trüb und bang
Verklärt als Phönix sich erheben mag.
Des Luft=Talares Purpursaum berührt
  Die Erde fast und Traubenbäche triefen
  Herab, so scheint es, aus der Wolken Tiefen;
Manch rafaelisch Engelsköpfchen ziert
Mit rosigem Fittich rings das Firmament.
  Der Mensch, an Niedrigkeit und Hochmuth reich
Steht gegenüber jedem Element,
  Als wäre Herrscher er und ist doch Knecht zugleich.

II.

„Dies Tagebuch ist — wirklich — recht — interessant, lieber Xaver." Lady Dorrington gähnte leicht, als die Lectüre beendet.

„Ja," meinte Mrs. O'Donnogan. „Nur die vielen Gedichte hätte ich weggewünscht. Das versteht man oft gar nicht! Das heißt — natürlich — vielleicht verstehe ich doch nicht Deutsch genug . ."

„O ich bitte." Krastinik verbeugte sich, etwas pikirt. Perlen vor die Säue! dachte er respektlos. Er hatte bei seinem Versuch offenbar an Heine's „Reisebilder" und Sterne's "Sentimental Journey" gedacht. Etwas Einheitliches kam dabei nicht heraus. Einiges klang frisch, Andres geziert. Der forcirte Humor sowie die Trivialität solcher gereimten Prosa wie „Falkirk" und ähnlicher Chronik=Reimereien stach unschön ab von der wirklichen poetischen Kraft einzelner Parthieen. Aus allem aber athmete die Weltflucht eines müden byronischen Weltbummlers und zugleich der Dünkel eines Menschen, der plötzlich einer inneren Sendung bewußt geworden: der Größenwahn einer noch unklar gährenden Begabung.

„Ja, offen gestanden," fiel Lord Dorrington ein. „Ich hätte gehofft, Du würdest uns irgend eine Novelle von schönen Hochländerinnen mitbringen oder so."

„Ach ja!" Miß Egremont sah ganz sehnsüchtig von ihrer Handarbeit auf.

„Eine Novelle! Du mein Gott, das schüttelt man doch nicht so aus dem Aermel! Allerdings habe ich etwas Aehnliches begonnen . ."

„Sieh da, sieh da, Timotheus!" lachte der freundliche alte Herr, indem er einen, lose am Schluß des elegant gebundenen Tagebuchs anliegenden, Papierbogen erspähte. „Dort steckt es wohl. Nun, lieber Poet, wie wäre es denn, wenn wir auch dies Getränke kosteten?"

„Ich weiß nicht, ob .." Krastinik zögerte.

„Vortrefflich!" rief Lady Dorrington, indem sie dem eintretenden Diener zugleich den Auftrag gab, „Pale Sherry" zu bringen. „Das muß dem Dichter doch sehr nützlich sein, schon gleich beim Anfang seiner Arbeit ein Urtheil zu hören."

„Ja, er mag dann ermessen, ob sie weitere Ausführung verdient," orakelte die hübsche Irländerin, indem sie mit zwo zarten Fingern das Theetäßchen zu den zarten Lippen hob und langsam schlürfte, wobei sie zugleich, gleichsam mechanisch, ein zartes Füßchen vorstreckte.

Das wirst Du gerade ermessen können, kleiner Salonpapagei! dachte Krastinik. Aber die Dichtereitelkeit kitzelte ihn doch zu sehr, und als nun gar Miß Alice Egremont ihre tiefen seelenvollen Augen mit ruhigstummer Bitte zu ihm aufschlug, verbeugte er sich. „Ich fürchte nur, daß Manches darin den Damen nicht gefallen wird."

„Ei, kommen Sie, zieren Sie sich nicht!" Lady Dorrington tippte befehlend mit dem Zeigefinger auf seinen Arm. „Diese Damen werden sich gewiß sehr freuen. Und prüde sind wir auch nicht so, wie die Continentalen uns verschreien. Wie, liebe O'Donnogan?"

„Durchaus nicht," beeilte sich diese zu versichern.

„Na und übrigens," raunte Dorrington ihm mit schelmischem Augenzwinkern zu, „wenn Zweideutiges oder auch Eindeutiges darin vorkommt, so brauchen sie's ja nicht zu verstehen, weißt Du. Sind mit dem Deutschen noch nicht so intim bekannt. Mein Frau wird Dich auch nicht gleich fressen."

„Meinethalben," capitulirte Krastinik. „Uebrigens sind's nur wenige Seiten, sozusagen die Exposition des Ganzen. Also, meine Damen, diese schrecklich natura=listische Novelle soll heißen: Nachhülfe wird gesucht."

„Was für ein sonderbarer Titel!" Lady Dorrington schnitt ein etwas befremdetes Gesicht, kreuzte aber die Arme, setzte die Füße auf einen Schemel und schickte sich an, mit Spannung zuzuhören. Alice ließ ihre Arbeit ruhen, die O'Donnogan warf auf den Grafen einen Brillant=Blitz aus ihren holden Augen, und dieser Musagetes beichtete den drei Grazien folgende poetische Sünde.

Da es ihm wie allen Dilettanten an einer ausge=prägten dichterischen Physiognomie gebrach, so schien er naturgemäß auf die Nachahmung angewiesen. Mehr nach=empfindend als schöpferisch beanlagt, ließ er seine Vor=bilder mit jedem Tage wechseln. So suchte denn unser Eklektiker, von der Lectüre Maupassant's angeregt, dies=mal im schlammigsten Fahrwasser des Zolaismus vor=wärts zu steuern.

Nachhülfe wird gesucht.

Es giebt eine doppelte Gattung unglücklicher Menschen: Solche dies es sind, und solche, die sich so fühlen. Selten vereint sich Beides und das scheint eine weise Fügung der bekannten Vorsehung. Denn die Verbindung dieser Momente würde den Selbstmord zur allgemeinen Manie erheben.

So giebt es denn nur nicht nur Tausende, die, von stetem Glück verfolgt, eine ewige Melancholie mit sich herumschleppen, sondern auch bestimmte Lieblinge des Unglücks, die alle möglichen Miseren mit eselhafter Geduld zu tragen wissen. Besonders die sogenannten Idealisten, eine Menschenrace, die mit der Zeit in unsrem Jahrhundert aussterben und als Naturwunder secirt werden wird. — —

Der Guide des Zuges von Waverly Station, Edinburgh, nach Queensferry schwenkte eben zum ersten Mal seine rothe Signal-Fahne, als ein schäbig-genteel aussehendes Individuum, mit einem altmodischen Ueberzieher und blauen Brillengläsern geschmückt, keuchend und stolpernd an den Schalter stürzte.

„Ein Billet II. Classe nach — nach —" „Herr, wonach denn?" schrie der ungeduldige Beamte. Ein verlegenes blödes Lächeln verdummte die Züge des seltsamen Fahrgastes. „Ich — ich glaube -- vergessen," stammelte er schüchtern und sah sich wie hilfesuchend um.

„Ist der Mensch verrückt?" schnaubte ein Dragoneroffizier, der, ebenfalls unpünktlich, athemlos nachdrängte. Wahrscheinlich wäre der

Vergeßliche hinausgeworfen, hätte nicht eine wohlwollende Stimme hinter ihm ausgeholfen: „Nach Queensferry, nicht wahr? — Rasch, Schaffner. Hier ist's Geld. — Hier nehmt's Billet, Mann, und bezahlt mich nachher. Sie verlieren ja doch sonst Ihr Geld beim Aufzählen. So. All Right. Come along, Mr. Goodenough." Damit riß der Retter in der Noth den Andern Arm in Arm mit sich fort, schleuderte ihn sans façon in ein Coupé zweiter Classe und bestieg selbst ein solches mit der Nr. I.

„Was, Prevost?"*) leuchte ihn der nachstürzende Dragoner beim Einsteigen an. „Ist das der bekannte Schriftsteller Goodenough? Hätt's mein Lebtage nicht geglaubt."

„Jawohl, jawohl, paſſirt gewöhnlich!" nickte Jener, ein Mann, deſſen Züge, die (ſei es durch ſeine Beſchäftigung mit Hammelzüchtung, ſei es durch ſeine Vorliebe für Hammelbraten) eine eigenthümliche Aehnlichkeit mit dieſem britiſchen Nationalthier zeigten, von einem ſtereotypen wohlwollenden Lächeln verklärt waren.

„Iſt ja Ihr Unterthan, nicht, Prevoſt?" fragte ihn ein gegenüberſitzender Herr — ein Landſquire aus Dundee mit dem Aeußern eines Methodiſten.

„Ja, ſeit zwei Jahren!" erwiderte der Großmächtige mit ſeiner mehligen Stimme. „Lebt bei uns — ſehr abſeits vom Verkehr natürlich. Wißt Ihr, was Goodenoughs erſte Frage an mich war, als wir uns kennen lernten? Wie ich noch immer Sonntags die Kirche beſuchen könne!"

Der Junker mit dem ſchäbigen umflorten Cylinder, dem tadellos ſchwarzen Anzug und der Leichenbittermiene, ſchauderte gottesfürchtig.

„O das iſt ja grauenhaft. Der Menſch iſt ein Atheiſt?!"

„Nicht grade das. Nur bis zur Tiefe des Freireligiöſen geſunken. Er iſt kein Chriſt mehr. Dabei ein ſchauderhafter Republikaner. Shelley iſt ſein Ideal."

„Gott erhalte den König!" ſummte der Dragoner. „Und iſt doch ſonſt ein gutmüthiger Menſch, der kein Wäſſerchen trübt, nicht?"

„O nicht auf dem Papier — da vergießt er Blut. Er iſt ja ſo

---

*) Bürgermeiſter.

rother Socialist, daß er zwei Prozesse wegen politischer Pamphlete zu bestehen hatte — und das will bei uns etwas sagen. Seine Brochüre über „Frauenemanzipation und freie Liebe" wäre ja beinahe unterdrückt, wegen sittlicher Bedenken der Polizei."

„Haarsträubend! Freie Liebe?!" kreischte der Leichenbitter auf, der sich einer beträchtlichen Häßlichkeit befleißigte. „Was versteht er darunter? Umsturz aller häuslichen Bande, Zerreißung des heimischen Heerdes?"

„Nun, ich glaube nicht, daß er seine Grundsätze in der Praxis — fühlen möchte. Denn er ist selbst seit einem Jahr sehr verheirathet."

„Aha! Das wird eine hübsche Häuslichkeit sein."

„Freilich ist sie das," nickte der Prevost ernsthaft. „Er soll jedem Fremden von seiner Wally die Ohren vollschwatzen. Er ist im Grunde ein sentimentaler Patron und hat eben nur von Allem überspannte Begriffe."

Als man in Queensferry ausstieg, nahm der dicke Bürgermeister den armen Sünder unter den Arm, mit dem er auf dem Fuße gutmüthiger Herablassung verkehrte, und Beide, nach Hause wandernd, waren bald in ein Gespräch über ethische Dinge vertieft. Der Prevost klagte über eine gottverlassene schottische Landstadt, von der er vernommen, daß dort 17 Public=houses der Trunksucht und keine Kirche der Gottesfurcht Vorschub leisteten.

„Das wäre Alles noch nicht so schlimm," meinte Goudenough. „Aber denken Sie an London! 6000 Personen in 11 Straßen und 2 „Höfen" (Courts)! In einzelnen kleinen Häusern 50 — sage fünfzig — Insassen! Wo soll das hinführen! Dies Elend muß ja zu einer socialen Umwälzung hindrängen!

In diesem Moment kamen sie an einem offenen Häuschen vorbei, welches Methodisten als abendliche Bethalle benützten. Deutlich hörte man durch die halbgeöffneten Fenster die näselnde Stimme des Vortragenden:

„Behold! I came quickly. Thanks be to God which giveth us the victory through our Lord Jesus Christ."

(„Siehe, ich nahe schnell. Dank Gott, der uns den Sieg verleiht durch unsern Herrn Jesus Christ.")

Goodenough lachte leise auf. „Siehe ein Omen! ‚Ich nahe schnell.' Wer weiß?"

Der Prevost betrachtete ihn mit mißbilligendem Kopfschütteln. „Jaja, Sie sind ein Unzufriedener, Sir. Sie locken gar noch Unruhstifter ins Land. Da ist Ihr französischer Freund, Monsieur Thibaut, der jetzt Ihr drittes Wort bildet, von dem Sie Jedermann erzählen. Was ist eigentlich so Großes an ihm! Ein Kritiker in Literaturgeschichte! Wär's noch ein Dichter!"

„Wer einen Dichter ganz versteht, ist selbst einer," versetzte Jener eifrig.

„So! Und dieser verständnißvolle Wanderprediger einer revolutionären Aesthetik soll uns arme Leute hier durch einen Vortrag begünstigen — auf Ihre Veranlassung? Wovon soll doch seine Lectüre handeln?"

„Er wird sprechen über die These von Wordsworth: ‚Der Ursprung der Poesie ist Emotion, welche sich in beschaulicher Ruhe an sich selbst erinnert.'"

„Du mein Gott, wie gelehrt! Und das sollen unsre guten Provinzialen verdauen! Also morgen kommt dieser Phönix mit dem Dampfboot übern Firth of Forth herüber? — Ach, hier stehen wir vor Ihrer Schwelle. Gutnacht, Sir. Meinen Gruß an Mrs. Goodenough. — Sagen Sie doch, Liebster, predigen Sie Ihrer Gattin auch Ihre verderblichen Theorieen von Freier Liebe?"

Goodenough lächelte überlegen. „Ich verstehe den Stachel Ihrer Frage. Meine Wally ist jedoch über alle Schwachheiten eines unentwickelten Frauenkopfes erhaben. Sie ist eine wahre Philosophin. Unsre Ehe fußt auf der Harmonie der Geister und Seelen. Selbstverständlich bin ich für stete Vereinigung zweier Liebenden so lange sie sich lieben, und vor allem für Monogamie. Denn wie ein in Ruhe mit Appetit verzehrtes Brot nährender wirkt, als ein in appetitloser Hast hinuntergeschlungenes Beefsteak, so ist das stille Glück einer monogamischen Ehe der Seele nahrhafter, als alle schwärmerischen Leidenschaften."

Der Prevost sah den Sprecher während dieses weisen Vortrags mit unmerklichem Lächeln an, warf einen Blick auf dessen fadenscheinige

Gestalt und spinnwebenartige Beine, wollte etwas sagen, verschluckte es aber und empfahl sich mit freundlichem Gruß.

Goodenough wurde indessen, nachdem er den Messingklopfer der Hausthür gerührt, von der Magd mit einem bemutternden Grinsen in Empfang genommen, die ihm seine Reisetasche abnahm und „Madam!" rief.

Bald darauf öffnete sich die Thür des Parlours und eine gewaltige Dame segelte herein. Ihr straffanliegendes schwarzes Sämmtkleid ließ ihre üppigen Formen einladend hervortreten und ihre pralle Fleischentwicklung hatte bereits Kinn und Wangen mit massigen Fleischpolstern umgeben. Ihr vorstehender großer Mund athmete Gutmüthigkeit und Sinnlichkeit. Zwischen den vollen Lippen und der derben graden Nase lag ein schwarzes Blüthchen, das sich wohl durch Wohlleben dort eingenistet hatte. Dies Wärzchen glich einer kunstgerecht aufgelegten Mouche. Ihre Stirn war niedrig und von etwas schmutziger Farbe, ihr sonstiger Teint lebhaft, aber nicht frisch. Ihre Hände, einmal hübsch und klein gewesen, verwandelten sich allmählich in unförmliche Fettklumpen. Jedenfalls schien sie der Ceres und dann dem Bachus kräftig geopfert zu haben. Die Flammen der Venus werden hierdurch gar oft erstickt, doch wenn sie so unaufhaltsam durch feiste Mästung genährt werden, müssen sie endlich mit nachdrücklicher Gewalt einen Gegenstand verzehren. Langsame Gluth glimmt am sichersten. Uebrigens war sie nach neuester Pariser Mode gekleidet und hatte einen weißen Burnus übergeworfen. Die Philosophie mochte wohl diese eine kleine Schwäche ihres Geschlechts in der geistvollen Frau des gelehrten Mannes noch nicht verwischt haben.

Goodenough, der sehr erschöpft war, erhob sich schwerfällig und klagte, indem er sie zärtlich umarmte, über Bruststechen. Ein Schatten flog über ihr Gesicht. Dieser wich jedoch dem Ausdruck lebhafter Neugier, als er von Thibauts morgiger Ankunft erzählte. Beide sprachen dann noch allerlei über Thibauts Verdienste als bahnbrechender Kritiker. Goodenough hatte die Werke des Franzosen übersetzt. Als er in sein Schlafzimmer hinaufstieg, rief er befriedigt: „Ja, mit Ihm vereint, vorwärts an neue geistige Zeugung!"

„Ach, mit der geistigen Zeugung!" Sie wußte selbst nicht,

wer in ihr diese Worte kicherte. Auch sie schritt stattlich in ihr keusches Schlafgemach. Dort zündete sie, sich entkleidend, eine Kerze an. Dabei fiel ihr Blick auf eine danebenliegende, frische, noch von keiner Gluth um ihre Jungfräulichkeit betrogene Kerze. Sie ergriff sie und betrachtete sie mit eigenthümlichen Gefühlen, als wäre sie ein Symbol des menschlichen Lebens. Ihr Busen hob sich in ungestümer Wallung. Ja, diese geräumige Hülle eines weiten Herzens zu füllen, diesen gähnenden Spalt, diese klaffende Lücke der Schöpfung — —

Mit einem leisen Stöhnen bestieg sie ihr schwellendes Pfühl.

„So, weiter kam ich noch nicht!" lächelte der gräflliche Dichter ganz unbefangen und klappte mit zufriedener Miene sein Buch zu.

Nach Vorlesung des seltsamen Fragments trat eine verlegene Pause ein. Hätte er es in einem deutschen Salon verlesen, so dürfte die boshaft cynische Anspielung am Schluß ihm einen moralischen Hinauswurf eingetragen haben. Die englischen Damen verstanden jedoch nur den allgemeinen Sinn, und selbst Lady Dorrington, welcher die Unanständigkeit einzelner Wendungen nicht entging, hielt das Ende mehr für albern als brutal. Die beiden Frauen sahen sich etwas betreten an, Miß Egremont sah in ihren Schoß. Der Lord hingegen schneuzte sich heftig und verrieth hinter dem Taschentuch convulsivische Zuckungen. Auf einen verwunderten Blick seiner Gattin stellte er jedoch die Taschentuch-Experimente ein und äußerte mit etwas unsicherer Stimme — er war sehr roth im Gesicht und schnitt eine unnatürlich ernste Grimasse, indem er sich behaglich die Hände rieb: „Hm, nicht übel als

Debut. Vieles schien mir unverständlich. Nein, nein, lieber Freund, das ist doch nichts für unsre Damen. Wir hatten etwas Poetischeres von Ihnen erwartet. Und —" hier prustete er plötzlich wieder los und nahm sein Taschentuch zu Hülfe. Krastinik deutete kurz an, daß er mit der Philosophen-Gattin und dem Ausländer Thibaut schlimme Dinge vorhabe.

III.

Bei Egremonts war Diner, an das sich später ein kleiner Rout anschloß. Krastinik begrüßte unter den Geladenen seinen Bekannten von jenem herzoglichen Schreckensball, Sir Thomas de Mowbray. Nach Tisch beim Thee trieb man hohe Politik.

"Glauben Sie an den Krieg zwischen Frankreich und Deutschland?" fragte Mr. Egremont, indem er Krastinik eine Shilling-Havanna huldvoll überreichte.

"Zweifellos. Die beiden großen Maschinen heizen sich innerlich so lange, bis sie plötzlich mit voller Dampfkraft aufeinanderprallen. Die daran zweifeln, gleichen dem Vogel Strauß, der den Kopf in den Sand steckt, um sich dem Feind zu verbergen."

"Ich hoffe," Sir Thomas de Mowbray reckte sich, "daß diese Preußen nicht wieder die armen Franzosen so unvorbereitet überfallen werden. Wodurch haben sie gesiegt? Nur durch ihre kolossale Uebermacht und ihr überlegenes Gewehr, wie ich noch kürzlich in der Broschüre eines französischen Artilleriecapitäns las."

"Erlauben Sie," sagte Krastinik ruhig. "Auch ich

habe jenes thörichte Machwerk verdaut. Wenn der Verfasser wirklich den großen Krieg mitgemacht hat, so mag es um die militärische nnd sonstige Bildung des französischen Offiziercorps übel bestellt sein. Wenn er, von seinem eigenen Unsinn betäubt, bona fide seine lügenhaften Albernheiten ausstreut, so muß die Masse des französischen Volkes doch derlei Ungeheuerlichkeiten erst recht für baare Münze nehmen."

„Ah, ich wußte nicht, Sir," wunderte sich der englische Kamerad, „daß Sie ein Bewunderer der Preußen seien. Sie nennen es lügenhafte Albernheiten, —"

„Wenn der Herr Artilleriecapitän am Fieberdelirium der Spionenriecherei leidet, wenn er von überlegenem Gewehr fabelt — obschon doch selbst jeder Boulevardier wissen müßte, wie sehr grade das Chassepot dem Zündnadelgewehr überlegen war —, wenn er von der unvollkommenen kriegerischen Natur der Deutschen redet und erzählt, daß diese jedesmal die Flucht ergriffen, sobald man sich Mann an Mann mit ihnen kreuzte! Warum? Nun, ‚weil wir tapfrer sind als sie,‘ wie dieser Bramarbas prahlt. Die Deutschen können nur wünschen, daß man die Rathschläge solcher Broschüren befolgt: Das Losstürmen auf die kaltblütigen Nordländer, um sie mit dem Bajonett zu werfen, und besonders die Massen-Bajonettattacken bei Nacht werden gewiß zu empfehlen sein. So mag man den Heeren Moltkes nur mit Lachen entgegentreten, wie die unverdrossenen Chauvinisten lehren! Aber wer zuletzt lacht, lacht am besten. — Meine Auffassung setzt Sie in Erstaunen?"

„Allerdings, ein wenig," erwiderte der Brite kalt. „Man überschätzt Deutschlands Macht gewiß," fiel Miß Maud Egremont ein, die sich soeben zu den Herren setzte, um an dem Gespräch theilzunehmen. „Ich bin überzeugt, wenn französische Truppen erst mal den Rhein überschreiten, fällt der Bundesstaat auseinander."

Kraslinik schüttelte den Kopf. „Täuschen wir uns nicht! Ein Ausländer hat meist gar keinen Einblick in die wahren inneren Verhältnisse eines Staates. Weil man im Deutschen Reichstag sich zankt, glauben die Fremden sozusagen an Keime zum Bürgerkrieg. Bedenken Sie, daß Napoleon III. allen Ernstes 1870 auf die Neutralität der Süddeutschen rechnete. — Kurz, ich fürchte, die Chauvinisten der Patriotenliga, die Boulangers und Deroulèdes, machen sich um ihr Vaterland nicht wohlverdient durch ihr windiges Gerede über ihre Besieger, wodurch sie eigentlich nur sich selbst herabsetzen, da diese miserablen Soldaten doch Frankreich Stück für Stück zerbrachen, obschon es den äußersten Widerstand bis zu gänzlicher Erschöpfung ihnen entgegensetzte. Er entschuldigt höchstens, daß man in aller Einfalt das unpatriotische Verbrechen begeht, falsche Vorstellungen und luftige Hoffnungen vorzuspiegeln. Nach solchen Reden und Broschüren muß das revanchelustige Volk ja glauben, daß man heut mit mehr Recht, denn je, von einer Militär-Promenade ‚A Berlin' reden könne. Wir wollen den Maulhelden nicht wünschen, daß sie die deutschen Bajonette in der Nähe schmecken lernen. Das Lachen würde ihnen dann wohl vergehn."

„Nun, eins können Sie doch nicht leugnen," wandte Mr. Egremont ein, „daß die Deutschen stets über eine große Uebermacht verfügten."

„Hm, ich weiß nicht. Wie steht es mit dieser angeblichen Uebermacht? In der zweiten Hälfte des Feldzugs war sie durchweg (zweifach, dreifach, manchmal vier- und fünffach) auf Seiten der Franzosen. Bei Weißenburg, Wörth, Spicheren, Gravelotte wurde die deutsche Ueberlegenheit an Truppen nicht nur aufgewogen durch unerhört starke Stellungen des Feindes, sondern an allen einzelnen Entscheidungspunkten war die Uebermacht ganz auf französischer Seite. Bei Vionville standen die Franzosen an den meisten Punkten mit sechsfacher Uebermacht entgegen, so daß ein deutsches Regiment gegen zwei Divisionen, eine Brigade gegen ein und einhalb Armeecorps kämpfte; ja, am Abend, als alle Verstärkungen eingetroffen, war Bazaine immer noch ums Doppelte überlegen. Und nun Sedan! Darüber herrschen vielfach falsche Begriffe. Mac Mahons Armee betrug gegen 130000 Mann, was aus Addition des Schlachtverlustes, der Kapitulirenden und der über Belgien und Mezières Entkommenen sich leicht ergiebt. Von deutschen Corps kämpften in der Schlacht selbst höchstens 150000 Mann. Da nun die Franzosen im Innenkreis in dicken Massen standen, so haben sie zweifellos in der Schlacht selbst überall Uebermacht gehabt gegen die dünnen Linien der Deutschen auf der Peripherie. So zerrinnt das Märchen von der deutschen Uebermacht ins leere Nichts."

„Also war es die deutsche Führung, Count de

Rasteinik." Egremont gab mit großer Wichtigkeit das entscheidende Votum des freien Briten ab: „Moltke ist der erste Feldherr Europas."

„Hm." Krastinick schüttelte leicht den Kopf. „Ob die Generale den Löwenantheil des Sieges beanspruchen dürfen, weiß ich noch nicht einmal. So vortrefflich die Kaiserlich Napoleonische Armee sich schlug, so war wohl auch das Material der Deutschen in jeder Einzeltruppe ein besseres. Nicht auf dem System Moltkes, wovon die Franzosen so viel Unklares träumen, nicht auf der Führung des Großen Generalstabes, die ja ebenso gut Schnitzer machte wie die französische Oberleitung, sondern auf der kriegerischen Natur der Deutschen beruht der Erfolg Deutschlands." Er verbreitete sich noch weitläufig über die Autoritätsmichelei, die immer nur „oben" das Verdienst sucht, und über die völlige Unfähigkeit der französischen Führung und Intendantur, trotz welcher aber das kaiserliche Heer, wegen Geschicklichkeit und Bravour der Truppen selbst, einen furchtbaren Widerstand leisten konnte. Das Alles war den Hörern ganz neu und erregte ungläubiges Staunen, was im Laufe des folgenden Gesprächs sich zu einer gewissen Mißbilligung steigerte. Wer etwas Neues sagt, gilt stets für paradox; wer liebgewordene Vorurtheile über den Haufen wirft, für arrogant.

„Well," sagte Mowbray, „Bazaine nennt sich ja noch in seiner bekannten Rechtfertigungsschrift den ,Besieger Preußens in den zwei schwersten Schlachten des Jahrhunderts'."

„Ja, er wagt sich damit zu brüsten," erwiderte der

Oesterreicher trocken, „obschon er damit höchstens das niedrige Niveau seines Begriffsvermögens zeigt."

„Hört, hört! Ein französischer Marschall .."

„Abgesehen von der taktischen Unbestreitbarkeit der deutschen Siege," fuhr Jener unverdrossen fort, „wurden Vionville und Gravelotte ja zu schweren strategischen Niederlagen .."

„Hört, hört! Sie widersprechen sich ja doch, Sir," fiel ihm Maud spitz ins Wort und schien sich dieses Hiebes zu freuen. „Sie verkleinern die preußische Strategie und sagen nun doch selber .."

„Pardon, Miß. Nicht die geniale Voraussicht des preußischen Hauptquartiers erzielte diese Erfolge, welches z. B. bei Gravelotte die Entscheidung ganz an falscher Stelle, statt bei St. Privat auf dem entgegengesetzten Flügel suchte. Bazaines Auffassung seiner Lage am 16. August war von seinem Standpunkt aus ganz richtig. Er wollte ja eigentlich gar nicht nach Verdun abmarschiren, wie deutscherseits immer behauptet, sondern vor allem sich an Metz lehnen. Der angebliche Plan des deutschen Obercommandos, die 200 000 Mann starke Bazainesche Armee in das für uneinnehmbar gehaltene Metz hinein= zudrängen, ist ihm erst nachträglich als von Anfang an bestehend untergeschoben. Der Plan schien auch so unerhört kühn, daß er kaum Erfolg versprach. Am 16. August, dem eigentlichen Entscheidungstag des Feld= zugs, ohne den das spätere Sedan unmöglich war, operirte man beiderseits so planlos wie irgend möglich und der ganze Ruhm gebührt den unübertrefflichen altpreußischen Truppen."

„Und Sedan?" fragte Egremont.

„Glauben Sie denn etwa, ein Sedan wäre möglich gewesen ohne die zwingende Gewalt schicksalsschwerer Umstände?. Die deutsche Oberleitung, die auf Paris vorrücken wollte, tappte ganz im Dunkeln und der gewagte Plan Mac Mahons, an der Nordgrenze durchzuschlüpfen, war beinahe geglückt — als man im letzten Augenblick die Falle merkte und nun in unerhörten Gewaltmärschen an die Maas eilte, die man nur deutschen Truppen zumuthen durfte. Uebrigens wird auch hier Moltkes spezielles Verdienst etwas überschätzt Der Befehl an die dritte Armee zu der großen Rechtsschwenkung kam schon zu spät — hätte nicht der Generalstabschef dieser Armee, der alte Blumenthal, auf eigene Initiative hin schon vorher die Rechtsschwenkung ausgeführt. Diese Thatsache ist freilich nur sehr Wenigen bekannt. Trotzalledem aber fruchtete das Alles nichts, falls nicht Mac Mahon so schandbar langsam marschirt wäre. Aber auch daß er an der Maas ereilt wurde, ehe noch ein Theil seiner Truppen auf das jenseitige Ufer gelangt war, hätte ausgeglichen werden können, falls nicht Faillys Corps sich bei Beaumont in so unerhörter Weise überfallen ließ. Und selbst dies hätte noch verwunden werden können, wenn Mac Mahon nicht unbegreiflicherweise unter den Wällen von Sedan hätte abkochen lassen und sich achtundvierzig Stunden dort zur Ruhe gesetzt hätte. Ja, und selbst dann noch war, wenn auch nicht eine schreck=

liche Niederlage, so doch die Kapitulation vollständig zu vermeiden, wenn man nur am Morgen oder Vormittag mit aller Macht auf Mezières abrückte. Unter solchen Umständen zu siegen, ist keine Kunst. In der Schlacht von Sedan selber aber hat wieder nur die wundervolle Sicherheit und Energie der deutschen Truppen selbst so glänzende Resultate ermöglicht. — Was geschah aber nach Sedan? Vinoy, der unrettbar verloren war, entkam mit seinem ganzen Heer und in dem nun völlig waffen= losen entblößten Frankreich marschirte Moltke so vorsichtig mathematisch, daß man Paris richtig nicht mehr über= rumpelte, wie man so leicht konnte. Und am Tag von Châtillon beim Eintreffen vor Paris, wo man notorisch die Stadt hätte nehmen können, fehlte es ganz an selbst= ständiger Initiative. Selbst Blücher handelte 1815 beim Vormarsch auf Paris nach Waterloo viel genialer und darum richtiger. Und wie anders würde ein Napoleon handeln! Nein, Mac Mahon und Bazaine waren nichts wie leib= liche Routiniers der Taktik, sogenannte Bataillegenerale — aber die preußische Führung riecht andrerseits immer wieder nach der Studirlampe. Statt Napoleons Kriegs= kunst haben wir heut eine Kriegswissenschaft, ein Schachspiel mit höherer Mathematik!"

Eine Pause trat ein. Die Einen schienen das Ge= hörte verdauen zu wollen, die Andern schienen schon un= geduldig. Mowbray gähnte laut.

„Wie der aber arrogant über Alles aburtheilt!" flüsterte eine Freundin Miß Mauds dieser zu, welche zu der Gruppe getreten war und sich über Mauds Stuhl lehnte — ungeduldig, daß dieser fesche Ausländer die Herrn durch gelehrte Gespräche so lange von dem Thee der Damen fernhalte. Gar kein ladies-man!

„Hört, hört!" verlautbarte sich Egremont gedehnt „Uebrigens, wenn Sie Bonaparten heranziehn, würden nicht 100000 Mann, von ihm selber geführt, heut von jedem beliebigen General mit 50000 heutigen Gewehren geschlagen werden?"

„Ich glaube, Sie irren, Mr. Egremont." Krastinik befand sich in der unglücklichen Lage, stets widersprechen zu müssen. „Sie sind nicht Militär und grade Laien fassen den Krieg zu mathematisch-mechanisch auf, würdigen nie das hauptsächlich entscheidende psychologische Moment der Taktik. Eben weil sie dazu geneigt sind, überschätzen sie die nur particelle Wirkung des Fernfeuers."

„Wie das?" fragte Maud.

„Nun, erstlich ist die Wirkung des Massen=Schnell=feuers auf weite Entfernung verhältnißmäßig gering. Erfahrungen durch Verlustziffern des siebziger Krieges lehren, daß von 1000 Geschossen bei Massenfeuer auf Stürmende selbst auf ganz deckungsloser Fläche mit rasanter Flug=bahn erst eins trifft. Das große Sicheln beginnt erst auf 400 Meter Entfernung und steigert sich progressiv. Nun verführt aber das Fernschießen, zumal jetzt beim Magazin=Gewehr, dazu, ununterbrochen drauflos zupassen, so daß beim fünfzigsten Schuß (— bis zu 150 Schuß kann man hintereinander verknallen —) ein blindes ziel=loses Knattern eintritt. Das überhitzte Gewehr droht zu springen. Indem er fälschlich ein massenhaftes Treffen seines massenhaften Kugelverbrauchs voraussetzt, macht ein unentwegtes Vordringen des Feindes den Vertheidiger stutzig. Seine Nerven werden von dem Rollen seines eignen Feuers erschüttert, die Hand am Laufe fliegt, der Arm zittert, er verliert jede Selbstbeherrschung und verschießt seine Munition; in dieser Verfassung trifft ihn ein entschlossener kühner Sturmlauf, der den umfassenden Bleimantel nicht scheut. Der Angreifer hingegen empfängt durch seinen Sturmlauf einen nervösen Elan. Er schieße nun erst, sobald er auf 400 bis 100 Meter herangekommen, im Vorgehen kaltblütig und ruhig. Noch hat er keinen Schuß gethan; seine Nerven sind noch nicht vom augenflimmernden Knall=Wahnsinn (diesem selbstüberschätzenden Größenwahn des modernen Hinterlader=Fußvolks!) ergriffen; er pustet treffsicher und klaren Blicks in runden Salven sein Nah=Feuer dem Feind ins Gesicht und bringt ihm in einem Zehntel der Zeit stärkere Verluste bei, als er während des ganzen Sturmlaufs erlitten. — Unter diesen Umständen bei gesunder taktischer Formation scheint also immer noch eine gutgeschulte Truppe einer minder tüchtigen überlegen, falls nur die Führung den Unterschied der Waffe ausgleicht."

Nur Wenige waren dieser lichtvollen Auseinandersetzung gespannt gefolgt. „Der schwatzt, als ob er ein Feldherrngenie wäre!" näselte Mowbray Miß Maud ins Ohr. „Ja, das läßt sich Alles hören," brummte Herr Egremont. „Ob aber in der Praxis .."

„Nun, Sie müssen's ja am Besten wissen, Sir Thomas," wandte sich der Oesterreicher an diesen, nicht ganz ohne boshafte Nebenabsicht. „Wie leicht sprengten doch im Sudan die Mahdisten, bloß mit Schwert und Schild bewaffnet, die Magazingewehr-Vierecke der besten englischen Truppen!"

Ein unruhiges Räuspern ließ sich vernehmen. Der Ausländer war doch auch gar zu taktlos! Vom Sudanfeldzug zu reden — gradezu shoking, Mangel an respectability!

„Mein Herr, die britischen Vierecke wurden keineswegs gesprengt," erwiderte Mowbray schroff, indem er seinen Giraffenhals majestätisch reckte. „Englische Vierecke pflegen überhaupt nicht gesprengt zu werden." Krastinik zuckte verstohlen die Achseln. Doch ein beifälliges Gemurmel belehrte ihn darüber, daß man nicht ungestraft dem Größenwahn nationaler Ueberhebung auf die Zehen tritt. Mowbray schien einen Augenblick zu zögern, ob er noch etwas hinzufügen solle, platzte aber, ohne lange an dem Brocken „glory" zu würgen, dann plötzlich los: „Uebrigens, Herr Graf, was Sie da vom Fernfeuer u. s. w. äußerten, trifft natürlich auf britische Truppen nicht zu. Nerven-Erschütterung ist bei uns Insel-Leuten nicht zu befürchten; die haben Nerven von Stahl."

Krastinik hatte sich zwar baß gewundert, an allen mit Reklameprospekten beklebten Mauern, ja sogar in Anstalten für öffentliche Nothdurft, Mittel gegen „nervous debility" empfohlen zu sehen. Doch er biß sich auf die Lippen und schwieg, bis der alte Egremont mit Würde das unumstößliche Dogma hinwarf: „Well, Sir, das werden Sie ja nicht bestreiten: Der englische Soldat ist der beste der Welt. Sogar der deutsche Kronprinz hat auf einer Revue in Aldershot dies geäußert. Es stand in allen Blättern."

„Dann muß es freilich wahr sein," versetzte Krastinik ernsthaft, obschon er gern etwas von „Compliment aus Höflichkeit" hätte einfließen lassen. Dagegen bemerkte er mit ruhiger Ironie: „Ja freilich. Auch Napoleon soll so etwas auf St. Helena einigen Engländern gesagt haben. Die englische Infanterie sei die beste in Europa. Nur fügte er hinzu: ‚Gott sei Dank, giebt's nicht viel davon.'"

Auch diese Einschränkung, deren Stachel man wohl fühlte, kam der britischen „Glory" (dieser widerlichen Bastardschwester der französischen Gloire) augenscheinlich ungelegen. Denn Mowbray fiel hastig ein: „Doch haben diese Wenigen ganz Europa geschlagen."

Krastinik hätte sich gern erkundigt: wo, und würde in Sachen Waterloo dem britischen Kameraden die „Waterloo=Lectures" des Colonel Chesney an der Woolwicher Kriegsschule empfohlen haben. Doch behielt er wohlweislich sein Wissen für sich.

Egremont ritt jetzt wieder sein pomphaftes Stecken= pferd. Nachdem die „Britische Aristokratie" durch das Toryministerium Salisbury wieder die Leitung der aus= wärtigen Geschäfte übernommen, werde Großbritannien aufs Neue die entscheidende Rolle in Europa und speziell in dem kommenden Weltkrieg spielen. Krastinik hütete sich wohl anzudeuten, daß man auf dem Continent über die „Krämerpolitik" ganz anders denke, und meinte auch, daß England in Asien seine Suprematie behaupten werde.

Ueberhaupt überschätze man Rußlands Macht bei weitem, das wegen gänzlicher Verrottung der Verwaltung so spät mobilisiren könne, daß an einen erfolgreichen Offensivkrieg desselben gar nicht zu denken sei. Dagegen sei man, wenigstens im großen Publikum, geneigt, Frankreichs in der That furchtbare Macht jetzt zu unterschätzen. Ebenso sei Oesterreich bei all seinen inneren Schäden die drittgrößte und -beste Militairmacht geblieben und könne zur Noth allein mit Rußland fertig werden. Das Gespräch lenkte sich jetzt auf den Nihilismus und von da auf ähnliche Erscheinungen: Die Irischen Dynamitverschwörer, die Deutsche Socialdemokratie, den Anarchismus. Nachdem man hin- und hergeredet und auch die Millionen umfassende socialistische Liga „United Workmen", welche der englischen Gesellschaft Gefahr drohe, besprochen, sagte Krastinik plötzlich: „Ja, wir werden wohl Alle noch dranglauben müssen."

„Wie meinen Sie das?" Der zur Ruhe gesetzte Bücher-Millionär blies die Backen auf und steckte unwillkürlich die Hände in die Hosentaschen.

„Ich meine, daß wir Alle noch ins Gras beißen werden und daß die sociale Revolution ein unabwendbar drohendes Gewitter ist."

Miß Alice, die auch hinzugetreten war, stieß einen allerliebsten kleinen Schrei aus. Mowbray, der britische Leu, ermuthigte sie jedoch mit einem feurigen Blick: „Fürchten Sie nichts, Miß. Noch wird es nicht an Männern fehlen, welche die Gesellschaft zu schützen wissen. Gott sei Dank giebt es noch Armeeen und Offiziere zur Rettung der Staatsgewalt."

Krastinik sah nicht den kokett zärtlichen Dankbarkeits=
blick der reizenden jungen Dame, sondern fuhr düster und
etwas unwirsch drein: „Bravo! So sprach man auch vor
der Französischen Revolution! Das sicherste Kennzeichen
für die positive Gefahr scheint es mir aber, daß man
überall in der Guten Gesellschaft von der socialen Re=
volution wie von einer Wahrscheinlichkeit schwatzt — grade
so wie damals die Grandseigneurs thaten. ‚Welche schöne
Revolution werdet Ihr haben! Kinder, ich beneide Euch!'
rief der Patriarch Voltaire als gefeierter Jubelgreis der
liberalen Jeunesse dorée zu, die sich als schwärmende
Schöngeister eine Revolution wie eine galante Oper dachten.
Ach, er brauchte sie nicht zu beneiden! Sie wurden ja
Alle geköpft. Je mehr sie von Freiheit und Brüderlich=
keit schwatzten, desto eher. Was half's dem Herzog von
Orleans, daß er sich ‚Bürger Philipp Egalité' nannte?
Die Egalité verlangte darum doch seinen Kopf — eben
weil er Herzog gewesen war. Das kommt Alles viel
schrecklicher wie man denkt." Er sah vor sich nieder.
Die Gesellschaft fühlte sich in der Verdauung gestört und
ein reicher Brauer legte mit schmerzhafter Miene seine
Hand auf die weiße Weste seiner Magenhöhle.

„Sie machen Einem Angst und Bange," sagte Miß
Maud mit ihrer scharfen Stimme. „Aber wie wäre das
Alles denn möglich? Wer will denn in Europa Revo=
lution außer den unteren Ständen? Man mag ja wohl
einige sociale und sonstige Uebelstände abschaffen; aber
darüber hinaus geht Niemandes Wollen."

Krastinik lachte leicht auf. „Ja wohl, wer will

Revolution! Die paar hundert Jacobiner sind es gewesen, die ganz Frankreich tyrannisirten und die Besiegung Europas organisirten. Und mit dem Abschaffen socialer Uebel auf gesetzlichem Wege geht es, wie mit der Lawine, die aus einem Schneeball sich bildet und ins Rollen kommt, bis sie im Abgrund verdonnert. Niemand wollte damals die Republik, Jeder nur die Constitution. Aber es liegt in der Art der Monarchie, daß sie ihr abgerungene Beschränkungen nie gutwillig trägt, sondern stets dagegen opponirt. Ich, Aristokrat, Monarchist bis in die Knochen, Royalist, getreu meinem kaiserlichen Herrn, würde es nicht anders machen; würde den Thron im Kampf gegen die siegreiche Demokratie unterstützen. Diese aber ist wie der Tiger, der Blut geleckt hat. Man gebe ihr nur den triftigen Vorwand, indem man ihr trotzt, und sie springt von Stufe zu Stufe ihrem letzten Ziele entgegen. Auch überstürzt sich ja Alles in solchen Zeiten. In der berühmten Nachtsitzung des französischen Adels vom 4. August 1789 wollte man auch mit einigen allgemeinen Gleichheitstiraden beginnen und endete um 2 Uhr Morgens, nachdem man die gesammten Privilegien und Feudalrechte mit eigener Hand vernichtete! — Uebrigens doch bei alledem eine merkwürdige Nacht," fügte er nach einer Pause hinzu, da Alles schwieg und sich betreten ansah. „War ja verrückt, aber wird dem französischen Adel doch ewig zur Ehre gereichen. Denn .."

„Meine Herren," unterbrach ihn Miß Maud, indem sie sich hastig erhob: „Ich finde, das Gespräch nimmt eine zu ernste Wendung. Die Damen erwarten Sie schmerzlich.".

Xaver empfahl sich bald. „A queer little fellow!" näselte Mowbray, indem er ihm durch sein Monocle nachsah. Alice, der er die Cour schnitt, antwortete nicht.

„Ein schrecklich geschwätziger altkluger Mensch. Läßt Niemanden zu Worte kommen," brummte Egremont, der mehrmals pompöse Phrasen hatte verschlucken müssen.

„Und was für baroke Ansichten er hat!" meinte eine Freundin von Miß Alice.

„Und so von sich eingenommen!" meinte eine Freundin von Miß Maud.

„Man begreift gar nicht.." sagte der fette Brauer, der die Hand auf die weiße Weste seiner Magenhöhle zu legen liebte. „Ein Graf.. und so vulgär radikale Ansichten!"

„Ueberspannt!"

„Revolutionär!"

„Hm, you know.. Graf.. das bedeutet nicht viel auf dem Continent.. da ist immer der Zehnte Graf."

„Hm, er ist ja wohl auch ein jüngerer Sohn," warf Egremont nachdenklich hin.

„Ah, ein jüngerer Sohn?!" näselte Mowbray.

„Das erklärt mir Alles!" entschied der fette Herr mit der weißen Weste.

„Jüngere Söhne — hähä — sind immer radikal."

„Kurz, a queer fellow!" setzte Mowbray als letztes Punktum. Miß Alice ermuthigte ihn durch einen schmachtenden Blick.

Eine entscheidende gesellschaftliche Niederlage. „A queer fellow" — dieser Spitzname hatte den fremden

Einbringling für immer gestempelt. Das kommt davon, wenn man diese Ausländer, diese Foreigners, in die britische Respektabilität aufnimmt Sie zweifeln an der Unfehlbarkeit alles Englischen, sie reden von unbequemen Sachen, welche die Verdauung stören. Sie verletzen die herkömmlichste Sittlichkeit in ihrem wilden barbarischen Größenwahn.

Viertes Buch.

——

„Bitu meine Rauze?" flüsterte Mary in ihrem Kellne=
rinnen=Jargon, indem sie ihre Arme zum Abschied um
Rothers Hals schlang. — „Abieu, mein Schatz."
Rother warf sich in eine Droschke, nachdem er die
ihre bezahlt, um sie allein nach Hause fahren zu lassen.
— Der Droschkengaul trug ihn langsam durch die laut=
lose Winternacht. Ein sonderbarer Geruch haftete an
seinen Kleidern, wie auf einer Wange der Biß oder die
Nässe eines allzufeurigen Kusses haften bleiben — ein
Geruch, wie ihn ein transpirirender Mädchenkörper aus=
strömt, dessen Schweiß durch die Blumen und den Par=
füm der Kleider einen durchbringenden wollüstigen Duft
empfängt.

Rother befand sich in einem Zustand willenlos
mechanischer Apathie. Der Trieb zum Produciren schien
ihm ganz verloren gegangen. Er bummelte in den Spe=

lunken herum, wie ein von mechanischen Fäden gezogener Automat. Bei Marys Freundinnen verlieh man ihm den Spottnamen „der Trompeter", da Scheffels Säkkinger Aventüre diesen Weibern meist geläufig ist -- sie wollten damit das Künstlerisch=Ideale bezeichnen und griffen da=her, als Mary schwärmerisch von ihrem neuen Freunde meinte, er sei so süß und lieb wie der Trompeter von Säkkingen, diese Bezeichnung auf.

Immer neue Flaschen Wein trinken, gilt als Be=dingung eines innigen Verhältnisses in diesen Lokalen, wenn der Wirth sie väterlich sanctioniren und die Kolle=ginnen ein Auge zudrücken sollen. Das fängt auf die Dauer an, lästig zu werden.

Aber Rother fühlte, wie sehr der Mensch ein Sklave der Gewohnheit wird, aus der man sich nur gewaltsam herausreißen kann. Auch behielt Mary in ihrer spanischen Mantille und ihrem Spitzenschleier für ihn etwas „Aristo=kratisches" und es besteht nun einmal ein lähmend Zwingendes in verliebter Herzenssympathie. Die Freund=schaft mit einem Weibe wird für den Mann in den Wider=wärtigkeiten des Lebens stets einen unerklärlichen Balsam besitzen, und wäre das Weib selbst eine Schenkmamsell. In dieser Beziehung zeigt sich die unverwischbare Allge=walt der Geschlechtssympathie. Mary hatte ihren Amant, wie das so üblich, ihrer Zimmer=Wirthin („Comment=Mutter") vorgestellt, welche ihr mütterliches Urtheil dahin abgab, daß der Herr mit dem hübschen Gesicht, so „blaue treue Augen" habe, also zu cultiviren sei.

Marys Wünsche betreffs Einlösung ihrer versetzten

Uhr, und dergleichen mehr, fielen bei Rother auf fruchtbaren Boden; ihre Droschken nach Hause bezahlte er ihr pflichtschuldigst, aber sie selbst besuchte er selten. Es schien mit der Zeit mehr ein gewisses Mitleid, was ihn an sie kettete, indem er ihre Neigung für eine wirklich tiefere hielt. Hierin irrte er auch nicht, wohl aber, wenn er ihrer Versicherung Glauben schenkte, sie habe sonst kein „ernsthaftes Verhältniß" nebenbei.

Ja, war denn das wirklich er, Rother, der sich, wie ein Ladenschwengel oder ein halbwüchsiger Student mit seiner Kneipmamsell oder Confectioneuse, mit einem thörichten Bierbaß-Mädel umhertrieb, die zufällig in ihn verliebt war und ihren Mund unersättlich mit der Mahnung „Kuß" ihm entgegenspitzte? Und das Alles nur, um die nagende Sehnsucht und Erinnerung zu betäuben!

War das denn nicht eine Profanation seiner wirklichen wahren Liebe für jene Andere, die er sich doch mit Leib und Seele als Braut erkoren? Und dabei liebelte er nebenbei noch mit der Dienstmagd der Wirthsleute, wo er wohnte! Kein Zweifel, sein ganzes Wesen war in kindsköpfische Sinnlichkeit aufgelöst, er schien von einem erotischen Teufel besessen. Diesen Teufel kann man nur austreiben durch Beelzebub, den obersten der Teufel. Und so keimte denn in Rother der künstlerische Größenwahn um so stärker hervor, jemehr seine Farben auf der Palette trockneten und der Pinsel nervös seiner Hand entglitt.

Stundenlang auf einem Divan ausgestreckt, eine Virginia nach der andern schmauchend — manchmal aus Apathie nur an dem Strohhalm derselben kauend, ohne den „Rattenschwanz" anzuzünden —, fing er an, über seiner verkannten künstlerischen Bedeutung zu brüten. Aber statt diese mit dem Pinsel zu beweisen, griff er zur Feder. Wegen leidlichen Stils geschätzter Correspondent einer Kunstchronik, verriß er nunmehr rücksichtslos alle Lebenden. Adolf Menzel sei nur ein Vorläufer des Naturalismus. Da sehe man dagegen die Warzen der drei alten Weiber in der Kirche an, mit denen Meister Laibl uns beschenkte — dafür gebe er, Eduard Rother, den ganzen Rafael!

Doch auch dies Gezanke um eine Kunst-Revolution vermochte seine innere Unrast nicht zu stillen.

Wer irgend eine Handlung beging, die ihn schädigen oder lächerlich machen kann, wird ewig von den Dämonen einer ungewissen Furcht umhergejagt. Wie oft verwirklicht die Furcht sich nicht und wie oft tritt die gefürchtete Unannehmlichkeit grade an einer Stelle auf, wo man sie nicht erwartet! Wie oft räumt das Schicksal oder der Zufall eine Reihe von Gefahren, die uns drohten, aus dem Wege, und wie oft schafft er neue Hemmnisse, an die man nicht denken konnte!

Wie sollte es denn Alles enden! Nachdem eine etwas kühlere Ueberlegung seine blinde Leidenschaft abgeschwächt, legte er sich diese Frage täglich vor. Was für entsetzliche Schranken thürmten sich vor ihm auf. Was für Kämpfe mußte er bestehen, wenn er sie wirklich heirathen wollte! Aber er hatte sein Wort gegeben, er war ein Gentleman, und — er liebte sie. Mit hartnäckiger Festigkeit blieb er an dem Verabredeten haften, mit jenem falschen Stolz, den schwache Naturen für Stärke ausgeben.

Vier bis fünf Wochen waren verflossen, sie hatte nichts von sich hören lassen. Nun, das war ja die Verabredung. In der letzten Woche hatte er sich aufgerafft und wie ein Held mit Anspannung aller Kräfte gearbeitet. Immer nur einen Gedanken dabei im Auge, Ruhm und Geld zu erlangen — für sie. Es gelang. Seine Freunde, welche die Composition seines Bildes (Kohlenzeichnung) „General Hoche stirbt in Folge geschlechtlicher Excesse" betrachten durften, erklärten es einstimmig für genial. Beim Nachhausegehen wunderten sie sich gegeneinander aus, wie dieser Kerl sich „herausgemacht" habe. Daher schien auch wohl die Unruhe, die krankhafte Blässe und Nervenschwäche, die man seit seiner Rückkehr aus München an ihm bemerkt, zu erklären. Natürlich, sein Bild ging ihm im Kopf herum.

So war denn doch etwas bei all dem Jammer herausgekommen. Im Fieber hatte er gebummelt, im Fieber blitzschnell die Idee dieses Bildes gefaßt, im Fieber Tag und Nacht daran gearbeitet — Liebes- und Arbeitsfieber hatten einander unterstützt.

Und in diesem Hochgefühl setzte er sich hin und schrieb an sie einen langen Brief. So lange hatte er sich bezwungen, sein Herz zum Schweigen gebracht — nun schüttete er ihr sein Herz aus in glühenden brennenden Worten, wie nur ein Künstler es vermag. Ja, er mußte ihr Alles, Alles sagen, was ihm an den Eingeweiden fraß, in den Schläfen hämmerte. — —

Wie, noch keine Antwort? Eine Woche verging. Ein plötzlicher Einfall führte ihn wieder in das Café Bammer zurück, das ihm Zeuge so vieler innerer Qualen gewesen. Der geschniegelte Wirth zeigte sich hocherfreut, „Herrn Professor" wiederzusehen. Dabei brachte er das Gespräch wiederum auf die berüchtigte Kathi. Ob Rother etwas davon wisse. Keine Spur? — Nun, neulich sei der Eberhart (Herr Professor würden sich der Geschichte von damals wohl noch erinnern) bei ihm gewesen. Habe Der auf sie geschimpft. Das sei ein abgefeimtes Mensch. Er hätte sie ja gern gebraucht und ihr dann einen Tritt vor den holden ... gegeben (wie sich Bammer geschmackvoll ausdrückte), aber sie habe ihn nur an der Nase herumgeführt und ihm ein schmähliches Geld gekostet. „Das ist doch wohl kaum wahr," stammelte Rother, bleich vor Wuth.

„Mein heiliges Ehrenwort!" (Wirthsleute und Demi=monde haben stets ein „heiliges" Ehrenwort — doppelt hält gut). Bammer redete noch eine Weile so fort und erzählte, Wursteler sei soeben aus Hamburg zurückgekehrt. Der sei als Agent in einer Geschäftsreise dort gewesen und habe doch mal Kathi besuchen wollen. Na, der habe schöne Geschichten zu erzählen!

Rother wollte sie nicht hören und verbat sich weiteren Klatsch. Zu Hause aber sandte er nochmals einen ein=geschriebenen Brief nach Hamburg, der geschickt entworfen war und mit Ernst Aufklärung und endliche Entscheidung verlangte. — —

Er starrte wild in seinem Atelier umher. Eine Ver=
achtung all seines Besitzes ergriff ihn, des materiellen
wie des geistigen — denn all sein Begehren und Sehnen
war ja nur in dem einzigen Gegenstand seiner Leiden=
schaft concentrirt. Wozu diese schöngeschnitzten Stühle,
diese persischen Teppiche, diese rothen Karawanserei=Vor=
hänge, diese krystallene Ampel, diese Stukkatur des Ge=
täfels, diese brokat=purpurgestreiften Papiertapeten, dieser
Rokoko=Bücherschrank mit der umfangreichen Bücherei voll
von eleganten Einbänden illustrirter Prachtwerke? Wozu
das Alles? Wozu sein Haben und sein Wissen und sein
Können und sein sauer erworbenes bischen Ruhm in echter
Kunst! Viel besser, er hätte sein Geld dazu angewandt,
sich ein Reitpferd zu kaufen und die neueste Mode zu
cultiviren, um ihr zu gefallen. Was „echte Kunst"!
Geschäfte hätte er machen, sich zum Damenportraitmaler,
Unsterblichkeitsverleiher von Spitzen= und Sammtmantillen
ausbilden sollen — dann hätte er gehörig Geld zusam=
mengescharrt und „Ruhm" bei dem Marktpöbel errungen.
Geld für sich selber brauchte er zwar wenig, — aber er
hätte dann für sie mehr übrig gehabt. Wozu all dieser
überflüssige Atelier=Luxus und all diese verdammten Bücher
und Bilder! Als ein Kleid von Lyoner Seide, als ein
Armband für sie hätte das vergeudete Kapital weit besser
seinen Zweck erfüllt! Was waren alle Kunsterzeugnisse
und alle Naturschönheiten neben einem Rümpfen ihrer
klassischen Nase, einem Zucken ihres göttlichen Mundes,
einem schelmischen Aufzucken ihrer Augensterne!

Sie, sie — und die ganze übrige Welt wiegt federleicht auf dieser Wagschale.

So schleuderte ihn der Furor Aphrodisiacus immer tiefer in die Verzweiflung hinein.

Eine neue Phase der Selbstquälerei begann. Er durchmusterte seine Mappen mit Skizzen seiner Bilder und betrachtete die vollendeten Werke, die er sich wegen Mangels an Käufern an die Wand hängen durfte. Ueberall fand er grobe Fehler; auch die Verschneidungen der Illustrationen, die an illustrirte Familienjournale geliefert, und die Mängel der Photographieen nach seinen Bildern entgingen ihm nicht. Selbst der schlechte Firniß auf einem seiner vollendeten Opera an der Wand ärgerte ihn.

Zu flüchtig, zu rasch, zu viel! mußte er sich immer sagen. Andrerseits muß man mit tausend Zufälligkeiten kämpfen. Ein Bild wurde ihm einmal auf der Treppe, als es zur Kunstausstellung auf den Cantianplatz wandern sollte, vom Träger fallen gelassen und übel lädirt. Durch einen ausgeführten Carton hatte der kleine Bube des Portiers, der in seinem Atelier bei einer Reinemacherei in seiner Abwesenheit spielte, mit einer großen Latte, wie man sie zum Anlehnen des Armes beim Malen benutzt, ein breites Loch gestoßen. Ueberall alberne Widerwärtigkeiten, überall Aerger und Quängelei, selbst wenn man sein Aeußerstes darangesetzt.

Hier diese Armverzeichnung, dort jene unrichtige Verkürzung. Hier hätte die coloristische Stimmung durch eine geringe Aenderung sehr gewinnen können, dort hat ein zu grell gegriffener „Ton" die ganze Einheitlichkeit des Colorits verdorben. Und was in der Kunst einmal geschah, ist nicht mehr zu repariren. O die Kunst, welche Folter! Wie ist sie unerlernbar, und je höher das Ziel gesteckt, desto schwerer! Und hinterher die naseweisen Redensarten des Publikums und gar der Recensenten, wo sich Jeder nur an die auffälligen Mängel und Wenige an die auffallenden Vorzüge klammern!

Allerdings mußte er sich bekennen, nachdem er sich drei Tage lang in diese Selbstquälerei eingewühlt, daß die Verbesserungen und Umänderungen, die er vornehmen wollte, im Grunde wenig änderten. Bei Manchem hatte er obendrein die praktischen Verhältnisse nicht bedacht, als er in seinem Verbesserungs-Delirium plötzlich an einige Besitzer seiner Werke schrieb, man möge ihn an den alten Sachen künstlerische Verschönerungen versuchen lassen. Man erwiderte ihm höflichst, daß dies jetzt zu spät sei, daß man das Werk in dieser Form liebgewonnen habe, daß eine Umänderung selten eine Verbesserung sei. Es ist ein Fluch des Künstlers, daß seine Werke stets nur in der Form fortleben sollen, die er ihnen zuerst verlieh. Keine Verbesserung wird genehmigt. Und ebenso quält die Betrachtung den Künstler, nachdem er sich über etwaige Fehler und nothwendige Verbesserungen das Gehirn zermartert, daß im Grunde genommen diese Fehler gar nicht so störend wirkten und vielleicht sogar einen gewissen Reiz besaßen, während das nutzlose Grübeln darüber nur zeitraubend sein konnte.

Was einmal geschehn, ist nicht mehr zu ändern.

Es giebt Autoren, die sich ewig über die Druck=
fehler ärgern, welche sie — und bekanntlich immer neue
— in ihren Büchern entdecken. Ebenso geht es mit den
Fehlern überhaupt. Nach solchem Maßstab würde bei jeder
Leistung das nonum prematur in annum nöthig sein.
Allerdings giebt es Momente, wo dem Künstler die un=
geheure Pein, Entsagung und Arbeitskraft, wie in eine
Masse zusammengeballt, überwältigend naherücken, welche
sein Beruf von Jugend an erfordert. Nichts auf der
Welt lebt, was sich den Leistungen des wahren Künstler=
thums vergleichen ließe, und nichts wird verhältniß=
mäßig so wenig belohnt. Wenn schon die erfolgreiche
Arbeit so viel Opfer kostet, wie viel mehr erst die erfolg=
lose, erfolglos in künstlerischem oder in roh materiellem
Sinne! Welche namenlose Qual liegt in dem Gedanken,
daß eine Arbeit nur deswegen nicht zur Vollendung reifte,
weil der Künstler sich allzu Schwerem und Hohem zu=
gewandt! Und wie oft sind künstlerische Fehler, die
später unreparirbar erscheinen, aus einfachen brutalen
Nothwendigkeiten der realen Verhältnisse hervorgegangen!
Nur der Feldherr, der Alles an Alles zu setzen gewohnt
ist und oft an reinen Zufälligkeiten scheitert, kennt den
gleichen Grad unstillbaren Kummers und Aergers.

Am Tag nach Absendung seines Briefes trieb es
ihn, nochmals das Unglücks=Café aufzusuchen. Bammers
Worte gingen ihm im Kopf herum. Vielleicht konnte ihm
Wursteler doch Näheres sagen. Er traf am Buffet die

schwarze Emmy). Bammer war ausgegangen. Sie sah sehr mager und leidend aus. Er unterhielt sich oberflächlich mit ihr. Ihr Befinden schien so schlecht, ihre Stimmung so gedrückt, daß sie ihrem Herzen Luft machen mußte. So begann sie denn (nach der Regel „Qui s'excuse, s'accuse") ob der Verleumdung der Welt zu klagen. Man halte sie für die Geliebte Herrn Bammers. Und doch sei dem nicht so u. s. w.

Plötzlich erschien Herr Wursteler. Früher etwas „kaduk" gegen „Herrn Professor", entfaltete er diesmal eine ordentliche Cordialität, setzte sich vergnügt an dessen Tisch und wurde ganz familiär.

„Nun, waren Sie schon in Hamburg?" fragte er.

„Ich? Wie sollte ich dahin kommen?"

„Nun, Kathi sagte es mir."

Rother war auf der Hut. Vorsichtig suchte er den Unbefangenen zu spielen. Wer von Beiden würde den Andern zuerst aufs Glatteis führen?

Wursteler klatschte mit hundert Pfaffenkraft drauf los. Kohlrausch sei ruinirt, miserabler Geschäftsmann, Pleite stehe vor der Thür, und so ging es fort. Rother streute nur ab und zu ein „So?" ein, regte sich auch nicht, als Wursteler erzählte, ganz Hamburg halte sich auf über das Verhältniß von Kathi zu Kohlrausch. Er wolle sie heirathen. „Na, ich habe Kathi gewarnt! Daß Du Dich nicht mit dem Windikus einläßt, sagt' ich! — Na, Sie wollen sie ja heirathen."

„Wer sagt das?" fuhr Rother auf.

„Wer denn anders als Kathi?" Wursteler that sehr verwundert. „Ihre erste Frage, als sie mich sah, war: ‚Was macht Herr Rother?' Und dann hat sie mir gesagt: ‚Der will mich heirathen!'"

Rother lachte gezwungen auf und murmelte etwas von „Frecher Lüge!" Er möge so was mal im Scherz.. Aber als er ging, sah er in dem frechen Gesicht des Catilinariers die verächtliche Frage: Glauben Sie, Sie täuschen mich? Solch ein junger Mann und kräftiger Malermeister, und solch eine Sentimentalität für so Eine! — (Bammer und Wursteler hegten den wüthenden Haß ungesättigter Begier für das Weib, das ihrer Brunst entronnen war.)

Rother aber setzte sich hin und schrieb stehenden Fußes einen fulminanten Brief. So viel sah er ein — hier lag doch etwas vor, er mußte Gewißheit haben. Sein ganzer Stolz bäumte sich auf. Ihm war, als ob er auf tausend Nägel und Nadeln trete, als ob seine Nervenstränge blutig entzweirissen. Morden oder selbstmorden, sich umbringen oder einen Andern — — sein Zustand grenzte ans Hysterische. Ein ekelvoller Dunst und Brodem schien vor seinem Hirn zu schwimmen, halb ohnmächtig fiel er aufs Sopha zurück — — Othellos wirres Lallen von den „Verfinsterungen" fiel ihm ein. Aber diese halb unbewußte Ideen-Association wirkte zugleich als Gegengift. Wie ein Rasender sprang er auf und reklamirte dumpfknirschend vor sich hin, mit stoßweisem Herausströmen des rhetorischen Flusses, daß Salvini und Rossi an ihm ihre Freude gehabt hätten:

„So soll mein blutiger Sinn in wüthigem Gang
Nie rückschaun noch zur sanften Liebe ebben,
Bis eine vollgenügend weite Rache
Dies Weib verschlang."

Sein Brief strotzte von Beleidigungen mitleidiger Verachtung. Zugleich aber beging er in der Raserei den groben Fehler, schwere Injurien gegen Kohlrausch — er nannte ihn „Louis" — und größenwahnsinnige Betonungen seiner Würde einzuflechten. „Die Liebe ist ja ganz nett," schloß diese verrückte Epistel, „aber der Ruhm steht mir doch noch höher."

Der Ruhm des guten Eduard Rother! —

Aber sobald der Brief abgesandt, befielen ihn wieder Skrupel. Sollte es wirklich wahr sein? Konnte sie so rasch vergessen? War ihr Fuß so glitschrig geworden auf ihrer schlüpflichen Laufbahn, daß sie unaufhaltsam dem Abgrund entgegentrieb? Daß er sich umsonst dagegenstemmte? Daß sie gleichgültig über ihn wegtrat?

Hat sie wirklich vergessen, daß ein Mensch lebt, der sie retten möchte? Ja, möchte sie denn gerettet sein? Und weshalb will sie nicht? Ist sie denn ganz verderbt? Nein, das kann ich Niemandem zugestehn. Wenn ich es glaubte, würde ich wahnsinnig werden. Nein, es ist nicht so. Ich muß das wissen. Denn warum liebe ich sie sonst so übermächtig, mit so unzähmbarem Instinkt? Warum, ja warum? doch liebe ich sie, werde sie ewig lieben.

So wurde diese schwache sinnliche Natur hin- und hergerissen.

Bald sah er sie in seinen Armen mit lüstern brutalem

Ausdruck und malte sich's herrlich aus, diese rübe Urnatur zu einer „Dame" wenigstens äußerlich zu entwickeln. Dann sah er sie wieder in ihrer naiven Anmuth, ihn neckisch und liebenswürdig gängelnd.

Was konnte nun geschehn! Sein Brief mußte Alles entscheiden. Er befand sich in fieberhafter Erregung. Die nächste Post kam — richtig, ein Brief von ihr. Eine gepreßte Resedablüthe lag dabei.

„Ihre beiden Briefe habe ich erhalten. daß Sie so lange keine Antwort erhielten darf Sie wohl nicht wundern wenn Sie wie Sie oft sagten mit mir fühlen — — — mir geht es bis jetzt hier ganz gut, was die Zukunft bringt weiß ich nicht; mein Sinn ist stets veränderlich; bitte thun Sie mir den einzigen Gefallen und horchen Sie auf keinen Klatsch! Die Wahrheit habe ich Ihnen gesagt und hoffentlich glauben Sie mir mehr als bewußten klatschsüchtigen Zungen; Bescheid über meine Gesinnungen kann ich Ihnen bis jetzt noch nicht geben. Denn wenn ich auch nicht an die Aufrichtigkeit Ihrer Gesinnungen zweifele, kann ich mir bis jetzt doch noch nicht recht vorstellen, daß dies — bald zur Wahrheit werden könnte. Doch Schicksalsbestimmung erfüllt sich auch ohne menschliche Mühe (daran glaube ich) hoffentlich auch Sie. Ich will Ihnen nun nicht mehr länger Ihre kostbare Zeit rauben und grüße Sie auf weiteres bestens.

Kathi K."

Lange starrte er auf den Brief. Er suchte zwischen den Zeilen zu lesen. Jedenfalls stand ihm eins fest: Die

Berichte Wurstelers konnten unmöglich Wahrheit sein. Denn falls sie dann immerhin zu einem solchen Briefe fähig war, so hätte in ihr jedes Schamgefühl erstickt sein müssen. Sie hatte also seinen letzten Brief noch nicht erhalten. Was nun thun? Was wird sie nun schreiben? Sollte er bereuen, was er geschrieben? Nein. Das mußte die Entscheidung bringen.

Ah, da kam sie. Er brauchte nur einige Stunden zu warten, als ein andrer Brief von ihr eintraf.

„Vor allem Andern bitte meinen gestrigen Brief als nicht empfangen zu betrachten und dann theile ich Ihnen in diesem meinem letzten Schreiben mit, daß ich keinen Brief mit Ihrer Handschrift je mehr annehmen werde, denn ich wüßte wahrhaftig nicht warum ich stets die Zielscheibe Ihrer Grobheiten sein soll, oder glauben Sie etwa durch Ihren ehrenwerthen Antrag (auf den ich aber schon im Stillen verzichtet hatte, nebenbei bemerkt) dieses Recht erworben zu haben? Nein, mein lieber Herr, hier haben Sie sich in der Adresse geirrt, ich bin gar nicht heirathslustig, namentlich in diesem Falle — — beruhigen Sie sich und denken Sie so wenig an mich, wie ich an Sie, dann erlösen Sie eine arme Seele aus ihrer Qual. Sie sagten, Sie wollen mich retten — — ängstigen Sie sich nicht um mich und verwerthen Sie Ihre Menschenfreundlichkeit zu besseren Zwecken — wenn ich auch untergehe wie Sie meinen, haben Sie jedenfalls die Beruhigung, nicht zu meinem Untergang beigetragen zu haben. Zu guter Letzt sage ich Ihnen nur noch:

Wer niemals hinter der Thür gestanden, sucht keine Anderen dahinter, ich nehme bestimmt an, daß Sie Herrn Kohlrausch gar nicht kennen und bringen es fertig solche Beleidigungen auszustoßen — — wenn Sie Etwas zurückhaltender wären, würde man von dem guten Ton, den Sie so sehr rühmen, eine bessere Meinung haben; nun gut, Alles rächt sich auf Erden."

Dieser nicht nur verlogene, sondern geradezu rohe Brief, welcher trotz des Tones beleidigter Unschuld darin eine tiefe seelische Gemeinheit athmete — mit der Absicht, groben Treubruch und schlimme Dinge hinter den Coulissen zu verstecken — hätte gleichwohl Rothers hartnäckigen Glauben an sein Ideal nicht zu erschüttern vermocht, wenn nicht zugleich ein andrer Brief aus Hamburg eingetroffen wäre. Dieser war von Herrn Kohlrausch, dem ominösen Deux ex machina in höchsteigner Person.

Dies originelle Schriftstück zierte einen Quartbogen, mit einer mächtigen Druckfirma=Ueberschrift nebst Stempel, und verlautbarte sich also:

„Herrn Rother.
Berlin.

Obwohl ich schon früher erfuhr, in welcher erbärmlichen Weise Sie mich grundlos beleidigten, so rechnete ich solche Wuthausbrüche auf Conto Ihres jähzornigen, von Eifersucht durchtriebenen Hirns z. B. die Bezeichnung: „Galgenvogelvisage!" Heute aber haben Sie mich in einer Weise durch Briefe an Frl. K. beleidigt, daß ich Sie ersuche, mir mit Postwendung

sofort mitzutheilen, warum Sie sich zu solchen scheuß=
lichen Injurien vergessen konnten — welche Sie schwer
vor Gericht büßen müssen.

Ehe ich Sie an jene Beleidigungen erinnere, be=
tone ich noch), daß Frl. K. vorläufig bei mir ein hoch=
geachtete und sehr gut behandelte Geschäftsstütze ist und
also durch deren Hiersein Ihrerseits kein Grund zum
Groll gegen mich vorhanden, da ja das Fräulein durch
ihren Fleiß bei mir — einem ersten Geschäfte Ham=
burgs — ihr wohlverdientes Brot finden muß — da
dieselbe doch nur auf diese äußerst ehrliche Weise ihr
Brot verdienen kann. Der Kürze wegen bitte ich mir
sofort darauf zu antworten, wieso ich solche gemeinen
Insulten nur verdiente? Selbstredend war es Pflicht
des Frl. K. als erste Person im Geschäft, mir vor=
stehende Injurien mitzutheilen, ohne dabei den übrigen
Inhalt dieses Schmutzbriefes zu verrathen. Wie Sie
sich zu dieser peinlichen Affaire stellen, theilen Sie mir
sofort mit.
                                Ergebenst
                                    Kohlrausch.

P. S. Von Pleite kann keine Rede sein, da ich
wegen zu hoher Pacht das Geschäft aufgebe und
1. Januar nach Berlin übersiedele."

Außer sich vor Zorn, schleuderte der so schmählich
Verrathene sofort einen Brandbrief nach dem theuren
Hamburg an der Elbe, worin er mit ätzender Ironie die
Sachlage beleuchtete und zugleich Herrn Kohlrausch er=
mahnte, als Nachfolger in Kathis zarter Freundschaft

gütigst deren schuldige Miethe bei Frau Lämmers zu entrichten. Die Undankbarkeit der verehrten Dame überhebe ihn jeder Verpflichtung.

Alles wird gelenkt von dem einen großen Gesetz der Lüge. Alle Gedanken, und hätten sie dein ganzes Ich durchwogt, stürzen endlich in Vergessenheit hinab. Nur der Tod, der Alles Lügen straft, ist kein Lügner. O ihr Todten, ihr schlaft so sanft, so selig, weil euch keine Lüge mehr trifft! Was ihr wißt, ihr und der Wurm, — das allein ist Wahrheit.

Die Erde lächelte bräutlich am ersten Maientage. Da umarmte sie ein nachtentsprossener Teufel und sie gebar den Menschen. Nur einen Trost bietet ihm die Mutter Erde, wenn er verzweifelnd an ihren Busen sinkt: Ihr ewiger Blüthentod, ihres Sommers Sterbequal mahnt ihn, daß auch er ins Nichts verwehen wird, daß endlich sich zwischen ihn und seinen bösen Vater schieben wird — der Tod.

Eduard erwachte aus unruhigem Schlaf mit einem seltsamen Gefühl unaussprechlichen Bangens. Seltsam, eine einsame Thräne brach ihm von der Wimper. Welches Leid hatte sie geboren, welch ein Glück war ihm genommen? Doch nicht jene Hoffnung, auf die er so ganz verzichtet? Und ihm ward plötzlich, als ob er längst gestorben sei. Diese Thräne weinte wohl seine Seele, die noch immer zögernd an ihrem eignen Grabe verweilt.

Was wollte diese todte Seele noch hier auf Erden? Vergaß sie noch etwas zu sagen? Jenes dämonische thörichte süße Weib — hatten sie Beide nicht vergessen, eine letzte Frage zu tauschen, eine Frage, was Wahrheit und was Lüge gewesen an dieser schicksalsvollen Liebe? Da klingelte es draußen. Der Postbote brachte einen Brief. Ein Krampf schien Eduard zu durchzucken, als er die Handschrift sah. Von ihr? Und er las:

„Jeder guten That einen Dank, meinen herzlichsten sage ich Ihnen. Sie haben ihn wohl verdient, doch ein guter Gott gebe, daß Ihnen dies Rosen bringt, wünschen thue ich es Ihnen allerdings nicht, aber bitte sagen Sie mir doch sind Sie jetzt ruhig und getröstet? nun ich wünsche es, aber Sie sind es doch nicht ich weiß es; wenn Sie aber glauben durch Ihre von edlem Gemüth zeugende Denuncirung mich ruinirt zu haben, dann täuschen Sie sich doch ein wenig. Die Welt ist noch so groß und vielleicht giebt es auch noch ein Plätzchen, wo mich Ihre — — nicht mehr findet; jedenfalls haben Sie hier meine Existenz vernichtet; denn ich bin viel zu stolz an einem Orte zu bleiben, wo mein Stolz eine solche Niederlage erlitten; ich bitte sagen Sie nur doch, was Sie für einen Grund hatten mich so zu vernichten? habe ich Ihnen jemals geschworen? Sie haben mir so oft Ihre Hilfe angeboten: ich habe sie nur im äußersten Falle in Anspruch genommen, mir ist ganz andere Hilfe geboten worden: doch ich glaube der Erste beste Jude wäre nicht so verfahren; ich habe keine Seele auf der Welt welche mir hilft, sondern nur solche wo ich helfen kann, ich habe es auch gethan und mich leider nicht vorgesehen, daß ein Fall eintreten könnte, wo ich es selber nothwendig brauche; ich habe in letzter Zeit in Berlin in Verhältnissen gelebt, die ich meinem ärgsten Feind nicht wünsche.

Doch gut Jemand der fähig ist (noch dazu ein so genialer großer Geist wie Sie) Jemanden so zu ruiniren besitzt keinen Funken Gemüth, ich habe heute bitter geweint nicht meinetwegen was liegt an mir, aber daß es Jemanden giebt der so niedrig denkt — ich wäre einer solchen Handlungsweise niemals fähig — was ich in Zukunft mache weiß ich noch nicht, nun könnte es vielleicht werden was Sie so sehr zu befürchten scheinen — meine Ehre, Alles ist mir genommen, kümmern thut sich auch Niemand um mich, nun gut, freuen Sie sich Ihrer Ernte. Was meine Schuld bei Fr. L. betrifft, wird schon beglichen werden, bis jetzt habe ich noch keine Schulden gemacht und das könnte auch Besseren als mir passiren.

Nun behüt Sie Gott, wie es auch ist und kommen mag, mein Herz haben Sie doch nicht gebrochen."

Rother gerieth in Verzweiflung. Jeder Vorwurf brannte in ihm nach. Allein, war er so schuldig? Was hatte er denn gethan? Im Grimm eines schändlich Verrathenen, hatte er sich hinreißen lassen, gefährlicher Drohung gegenüber, selbst eine nicht allzu reinliche Waffe zu brauchen. Was sollte er denn thun, diesem Gräuelwust von Gemeinheit gegenüber?

Ihm fiel ein, daß es vielleicht angezeigt wäre, in das alte Unglückshaus in der Gerichtsstraße hinauszupilgern. Vielleicht hatte die alte Zeugin ihres seltsamen Verhältnisses, Frau Lämmers, etwas Besonderes erfahren. So fuhr er denn dort hinaus, so peinlich er diesen Weg bisher zu vermeiden wußte, der ihn wie ein Calvarien-Weg der Erinnerung mit Dornen stach. Ein glücklicher Zufall wollte, daß er die Frau zu Hause traf. Sie grüßte ihn mit einem freundlichen Lächeln und lud ihn ein, in die alte „gute" Stube zu treten. Hier, wo einst —!

Ihr kleines Töchterchen, den Finger im Mund, krabbelte am Rock der Mutter, während diese zu entschuldigen bat, daß sie an einem Mantel weiternähe. Nein, sie hatte von Kathi nichts gehört, nichts Näheres wenigstens. Diese sandte ihr gestern überraschenderweise das noch schuldige Geld für die Miethe. Vorher hatte sie ihr einmal eine große Photographie geschickt, im „Kostüm", dabei jedoch einen Rembrandt-Hut auf dem Kopf.

„Sehn Sie, da!"

Rothers Herz stand ordentlich still, als er die geliebten Züge wieder so nahe vor sich sah. Er biß sich auf die Lippen, als er das Bild niederlegte, indem er unwillkürlich die Augen senkte. Ob er vor sich selber oder vor den Augen des Bildes (halb sinnlich-frivol halb vornehm-sentimental) sein Auge niederschlug, wußte er es selber?

Die Frau benutzte die Gelegenheit, sich auszuklagen. Sie that es aber in einer anständigen und maßvollen Weise, die den Verdacht gänzlich ausschloß, als wolle sie etwa ein pekuniäres Mitleid ihres Besuchers in irgend welcher Weise erpressen.

„Wissen Sie, Herr Rother," gestand sie. „Ein so sonderbares Liebespaar, wie Sie und Kathi hab' ich noch nie gesehn. Nachher hat sie immer so furchtbar geweint, wenn Sie fort waren; immer rothe Augen und immer Zank."

„Hat sie denn dann auf mich geschimpft?" fragte er trocken.

„Aber nein doch! Sie ließ nie 'was auf Sie kommen. Ach, sie ist ein gutes Mädchen. Und so fromm! — Freilich —" sie hielt inne, dann nach einigem Zögern erzählte sie die seltsame Geschichte mit dem Pfandschein beim Abschied. „Ach und ich selber hab' es so nöthig! Ganze Tage haben wir Beide so schlecht gelebt! Nun, jetzt hat sie ja aber doch die Miethe bezahlt!" Rother schwieg. Er dachte: warum! Nicht so ganz freiwillig. Jeder Mensch, und sei er noch so verschmitzt, verräth sich irgend einmal. „Offen gestanden, Herr Rother — aber nehmen Sie's nicht übel!"

„Bitte, reden Sie nur!"

„Das hab ich nie recht begriffen, daß Sie Kathi nicht aus all dem Elend gleich herausrissen."

„Sie wollte ja nicht!" warf Rother verdrossen hin. „Ich hab's ihr oft genug angeboten."

„Ja, ja, das hat sie mir auch gesagt, und nur von Ihnen würde sie vielleicht 'was nehmen, aber lieber auch nicht, bis nicht Alles entschieden sei." Um sich nicht zu binden! dachte Rother.

Als ein echt frauenhafter Zug fiel es ihm auf, daß Frau Lämmers ihm behaglich erzählte, wie sie mit Kathi wegen Bandwurms beim Arzt gewesen sei und diese sich vorm Arzt und ihr haben ausziehen müssen. Da habe der Arzt auch bekannt: „So 'ne Riesennatur habe er noch nie bei einem Weib gesehn. Eine wahre Pracht!" Dabei blinzelte sie ihn verständnißinnig an.

Trotzdem diese lüsterne Erwähnung ihm in die Eingeweide drückte, runzelte Rothers besserer Theil leicht die Stirn. Es schien ihm widerlich, sich solche Dinge hier wieder vorzugaukeln, wo der schmutzig=fleischliche Theil der Liebe bei ihm gänzlich durch sentimentale Hingebung weggeschmolzen war.

Die Frau entwarf dann wieder ein rührendes Bild von ihren eigenthümlichen Verhältnissen. Sie mußte einen Mann ernähren, den sie nicht bei sich wohnen lassen konnte wegen seiner ewigen Betrunkenheit, und ihr Kind dazu; das Alles mit Nähen und Schneidern! Rother schaute in Abgründe des socialen Lebens hinein, von denen er in diesem Maße nie eine Ahnung gehabt. Das tüchtige brave Weib!

Ihn durchzuckte der Gedanke: Wäre es nicht das Beste, wenn ich hier zu dieser Frau zöge, mit Sack und Pack? Um sie zu unterstützen, weil sie sonst doch nichts annehmen würde in dem peinlichen Ueber=Stolz solcher verschämten Armen? — Andrerseits mußte er bitter lächeln, wenn er die Naivetät in den Fragen der Frau bedachte. Auf der einen Seite ahnte die Frau bei ihrem niedrigen socialen Bildungsgrad natürlich gar nicht die sonstige ge=

sellschaftliche Stellung eines Mannes wie Rother; auf der andern Seite nahm sie offenbar an, daß Rothers pekuniäre Verhältnisse ihm gestattet hätten — — konnte er sie denn wirklich einfach unterhalten, ohne irgend welchen Entgelt, aus purem Edelmuth? Er hatte noch anderweitige Verpflichtungen, und ein Künstler —! Mein Gott, heut im Ueberfluß, morgen von der Hand in den Mund lebend! Für seine Gattin konnte er sich wohl opfern, für seine Geliebte allenfalls auch — aber einfach aus purem Edelmuth, um betrogen zu werden — — wog denn er selbst, wog seine Kunst denn gar nichts, daß er Alles und Jedes hätte opfern müssen für dies eine Wesen, diese eine Leidenschaft?

„Sehen Sie, da lese ich eben die Geschichte von der schönen Näherin!" sagte Frau Lämmers beim Abschied, indem sie ein Heft in gelbem Umschlag, natürlich einen Colportageroman, hochhielt. „Dabei muß man immer an Kathi und Sie denken!"

Rother lächelte bitter. — —

Hat ein phantasiereicher und dabei bedeutender Mensch (und Bedeutendheit ist fast immer mit starker Einbildungskraft und großer nervöser Erregbarkeit verbunden) in irgend einer Beziehung „ein schlechtes Gewissen", d. h. ist er sich einer Handlung bewußt, deren Bekanntwerden ihn lächerlich, verächtlich oder gar strafbar erscheinen ließe, — so ist er im Zustande besonderer nervöser Ueberreiztheit fähig, aus kleinsten unbedeutendsten Anlässen bestimmte Anspielungen und drohende Uebel herauszulesen. Völlige Niedergeschlagenheit und zitterige Befürchtung, indem die aus nichts Schreckgespenster bildende Phantasie ihm Gefahren vormalt, welche im allerschlimmsten Falle drohen könnten, macht aber dann, sobald er sich energisch zusammenrafft, einer ebenso siegessicheren Furchtlosigkeit Platz. Dem Schlimmsten stolz ins Auge sehend, schöpft er aus seinem inneren Machtbewußtsein die entschlossene Festigkeit, allem und jedem die Spitze zu bieten. Einem weinerlichen Schwanken in schwachen Stunden unterworfen, wie wenige, wird er nach Durchkämpfung solcher Schwäche, sofern sein Innerstes nur rein und markig blieb, stärker als zuvor. Das kostbare Gut der Ruhe wird nur so erworben. Die Wenigsten besitzen es und doch ist das Abwarten, an sich Herankommenlassen die größte aller Klugheiten; die höchste Weisheit aber, im Krieg wie im gewöhnlichen Leben, zu wissen, wann man angreifen und wann sich angreifen lassen, wann man schweigend dulden und wann man zurückschlagen soll.

Vielleicht wurde ein Skandal daraus! Was konnte es nicht für Scenen geben!

Er rannte umher wie ein Rasender. Der Gedanke an die Möglichkeit, daß seine Briefe in den Händen jenes Menschen gemißbraucht werden könnten, daß man hinter seinem Rücken, ohne daß er es ahnte, auf diese Weise gegen ihn vorgehen mochte, — peinigte ihn mit tausend Nadelstichen des Argwohns.

Wer weiß, ob nicht jede Waffe gegen ihn gewandt wurde, und der Bursche nun aus Rache kein Mittel scheute!

Warum hatte er nur die letzten Briefe ge=

schrieben! Alles sprach gegen ihn — allerdings nur mit Umschreibungen und indirekt! Er konnte ja freilich sagen, er habe so geschrieben, weil er annahm, Kohlrausch werde die Briefe auffangen. Konnte er dies Letztere feststellen, so hatte er immer noch die Trumpf=Karte, jenen wegen Brieferbrechens schwer zu belangen.

Er schritt vor dem Spiegel auf und ab, und dachte des Augenblicks, wo er ihr entgegentreten würde. Würde sie ohnmächtig werden? Würde sie still warten oder den Kohlrausch rufen, so daß eine Zwiesprache unmöglich wäre? Der Wille zum Leben, der Liebestrieb, tobte wieder übermächtig in ihm. — Er besuchte Annesley und fand einen Kranken im Bette, der ihm gestand, daß er wieder in unerhörter Weise an einem selbstzerstörenden Laster leide. Der Adonis war sichtlich abgemagert; sein Auge glanzlos gläsern, gelb seine Wangen. Aus unglücklicher Liebe habe er sich, wie ein Andrer dem Trunk, dieser Ausschweifung ergeben.

„Seien Sie glücklich!" sagte Eduard. „Ich im Gegentheil werde immer straffer und eherner und ersticke beinah an unbefriedigter Sehnsucht nach einem bestimmten Geschöpf. Links ein Abgrund, rechts ein Abgrund — und ich in der Mitte!"

Sie unterhielten sich noch eine Weile über das Weltweh und jammerten sich etwas vor. Jedoch verabsäumte Annesley nicht, nebenbei naiv seine Ruhm=Geschäfte zu besorgen. Er beschäftigte sich nämlich gerade damit, pseudonym (er hatte es bis auf zwanzig Pseudonyme gebracht, von denen er die Hälfte als Componist, die andre Hälfte als Selbst-Kritiker in Musikzeitungen verbrauchte) seine neusten „Lieder ohne Worte von Ralf dem Schönen" nach allen Richtungen der Windrose auszuposaunen. Es war dies eine Bethätigung des Weltekels, wobei er regelmäßig seinen väterlichen Freund Rother zu Rathe zog. Dieser, schwach und schwächlich auch in seiner aufsprudelnden Gutherzigkeit, die ihn zu lächerlichem Uebereifer für etwaige Genossen und Schützlinge verleitete, lief nämlich seit lange umher und pries den neuen Mozart. Er schmuggelte sogar die Partituren Annesleyscher Lieder auf Salon-Bechsteins ein und verführte Sängerinnen dazu, das berühmte Lied „Leise blüht mir im Gemüth Blümlein wunderblau", wozu der Componist selbst den Text geliefert („Gewidmet dem von ihm hochverehrten Vollkünstler und einzigen anständigen Gentleman Europas, E. R."), in Gesellschaften vorzutragen.

Um Abwechslung in ihr heutiges Jammerduett zu bringen, erzählte ihm Annesley grauenhafte Dinge aus seiner frühsten Vergangenheit. Der reine Lord Byron, der von schrecklichen Geheimnissen fabelt. Manchmal empfand Rother, trotz seines liebevollen Wohlwollens, den leisen Wunsch, seinen Hut zu ergreifen und sich aus dem Staube zu machen, — da der Wunderknabe allzu sonderbare Selbstanklagen auftischte. Doch wirkte das Alles zuguterletzt nur komisch, da man es unmöglich für wirklich erlebt halten konnte. Um den Unglücklichen aus seiner Selbstmordstimmung zu reißen, forderte ihn Rother auf, mit ihm einen Nachtkneipen-Bummel zu machen. Mit genialischen

Kraftmensch=Schritten wandelte alsbald der neue Mozart neben ihm her, wobei er oft eine drollige Anhänglichkeit an den Tag legte und sich mit begeisterter Handbewegung als „Rothers Schatten, Rothers Hündchen" bezeichnete.

— — Als Rother sich am anderen Morgen in seinem Bett schläfrig dehnte, beschlich ihn das Gefühl einer gewissen seelischen Behaglichkeit. Die Wollust wirkte bei ihm wie eine homöopathische Kur für die ermattende Liebes=Ausleerung idealer Sehnsucht.

Sobald er sich also der gemeinen Begierde hingegeben, entwich die ganze Pein seinem Innern und die äußerste Gleichgültigkeit ergriff ihn. Verschwunden war der ganze entschlossene wilde Kampftrieb der unglücklichen Liebe, und völlige Vergessenheit, kaltes Lethe, floß über ihn hin. So völlig bleibt der Mensch von seinen psychischen Nervenzuständen abhängig. Die Abtödtung der Nerven führt die Abtödtung der Leidenschaft mit sich: Wille und Leidenschaft schwächen sich in genau entsprechender Weise.

Wer starken Willen hat, hat auch starke Leidenschaft. So bestimmen sich Beide gegenseitig und behindern sich theils, theils beflügeln sie einander. Beide aber sind abhängig vom Nervensystem. Selten wird daher ein Kummer sofort durch Arbeit überwunden. Es muß eine Schwächung des ganzen Menschen durch Extravaganz vorhergegangen sein. Gift wird nur durch Gegengift paralysirt.

Nachdem der Geist durch Aufregung der Nerven die Seßhaftigkeit echter Arbeitskraft eingebüßt, fühlt er dann plötzlich diesen Trieb zurückströmen. Die Arbeit geht mit maschinenhafter Leichtigkeit von Statten. Was vorher schwer schien, wird jetzt federleicht. Das Stoßen der aufgeregten Gedanken, das vielfältige Durcheinander, bei dem es fortwährend heißt: „Was zuerst beginnen!" hat aufgehört und mit größter Ruhe wird die Arbeit durchgeführt.

Er beschloß, ruhig sein Kreuz auf sich zu nehmen, das Kommende abwartend.

Das Einbohren in bestimmte Schmerzen, krankhaft in Ursache und Wirkung, wird wesentlich durch die Umstände und die Verhältnisse von Nerven und Magen hervorgerufen. Nach Tische, nach einem tüchtigen Spaziergang dürfte es einem gesunden Organismus schwerfallen, sich weltschmerzlichen und galligen Träumereien hinzugeben. Es sieht sich Alles verschieden an, mit leerem oder mit vollem Magen.

Eduard war fest davon überzeugt, daß ihm aus alledem die furchtbarsten Folgen erwachsen würden. Er schwebte in einer gewissen unbestimmten Angst vor irgend etwas Peinlichem oder Verderblichem, das ihn treffen sollte.

Unaufhörlich stürmte er mit großen Schritten im Zimmer auf und ab, bis ihm die Wadenadern schwollen und er sich müde aufs Sopha werfen mußte, indem er düstere Gedanken hin- und herwälzte.

Er sollte Spießruthen der Lächerlichkeit laufen; sein Name kam an die Oeffentlichkeit in komischem Sinne; sein wahnsinniger Heirathsantrag wurde ruchbar; sein naturalistisches Mal-Prinzip wurde dem Spottepreis gegeben, seine vielen Feinde warteten ja nur darauf. So zermarterte er sein Hirn und schädigte seine Gesundheit, statt kalt und gelassen dem Kommenden ins Auge zu blicken. Allerdings kam ihm stets der Schlußgedanke zu statten, mit dem er seine Befürchtungen besänftigte. Mit unerschütterlichem Stolze wollte er der Welt Trotz bieten. Und auch ihr, wenn sie ihn verrieth. Der ganze Hochmuth des Künstlers brach sich wieder Bahn in ihm. Was konnte ihn treffen, welcher boshafte oder zürnende Blick ihm seine Ruhe rauben, welche Beschämung ihm das Blut in die Wangen treiben, — ihm, der als Künstler eine exceptionelle Lebensauffassung besaß, welche alle kleinlichen Rücksichten der gewöhnlichen Gesellschaftsmoral und Respektabilität weit unter sich sah! Den Kopf konnte es ja nicht kosten!

So wogt es in der Seele auf und ab. Was noch eben furchtbar drohend erschien, so lange draußen der Wind pfiff und Nervenermattung im Hirne Grillen erzeugte, erscheint im nächsten gefahrlos und gleichgültig. Ein gewisser unverzagter Trotz allen Gefahren und Unannehmlichkeiten gegenüber, verbunden mit vorhergehender doppelter Aufregung durch Phantasie=Vergrößerung des Drohenden, ist ein Merkmal bedeutender Geister. So sah der General Bonaparte seine Lage oft verzweifelter an, als seine Unterfeldherrn — aber trat die Gefahr nun wirklich nahe, so war er der Einzige, der sie abzuwenden wußte.

Seine Unvorsichtigkeit peinigte ihn scharf genug, indem sein Argwohn sich überall von Spähern umzingelt wähnte, die seine schwachen Seiten belauerten. Es scheint ein trauriges Erbtheil ungewöhnlicher Menschen, daß sie ohne direkt eitel zu sein, doch stets wähnen, die Welt interessire sich selbst aus Bosheit für ihre Person und erspähe daher ihre Schwächen. Aber die Welt kennt ihre eigenen kleinen Lächerlichkeiten und faßt den bedeutenden Menschen gar nicht als so exceptionell auf, wie er sich selber. Sie lacht daher über seine Thorheiten, wie sie über die eines beliebigen Andern lachen würde, so daß der Hauptstachel fortfällt: Sie mißt seine T h o r h e i t g a r n i c h t n a c h d e m M a ß s t a b s e i n e r g e i s t i g e n B e = d e u t u n g. Und wie leicht vergißt die Welt das Gute wie das Böse!

Ein eigenthümlicher Spleen ergriff ihn. Alles Wissen, Lernen und Können schien ihm nutzlos. Er verfluchte jede Minute, die er an ein Buch vergeudet, jede Arbeit, die nicht auf direkten Erwerb und Erfolg in der Welt hinauslief. Eine lächerliche Sucht machte sich in ihm geltend, die Gedanken rastlos auf nächstliegende Ziele zu concentriren und jedes Umherschweifen derselben abzuweisen. Er vergaß nur darüber, daß jede Meditation ein Aus= ruhen und Entlasten des Gehirns bedeutet und daher der Gedankenthätigkeit nutzt, und daß überhaupt jede noch so fernliegende Gedankenreihe irgend eine Vorstellung heraufbeschwört, die sich an ein näherliegendes Ziel werth= voll anknüpfen läßt.

Jetzt aber, als die alte römische Lampe seines Ate= liers ihr freundliches Licht um ihn her verbreitete und er, die schweren arabischen Vorhänge vor Fenster und Thüren niederlassend, fern allem Lärm in stiller Beschaulichkeit

vor seiner Staffelei saß, durchdrang eine eigenthümliche
wohlige Wärme sein Seelenleben. Wie ein instinktiver
Blitzstrahl der Erkenntniß, fühlte er die große Wahrheit,
daß all die hunderttausend Ueberflüssigkeiten, Nichtigkeiten,
Unannehmlichkeiten, Täuschungen, Kränkungen, Irrwege,
Zeitvergeudungen und Albernheiten des Lebens von Kin=
desbeinen an, deren Erinnerung auf einen hamletisch
grübelnden Geist von krankhafter Sensitivität als uner=
träglicher Wust und Ballast drückt, nöthig und in sich
nützlich erscheinen, um eben die spezifische Individualität auf=
zubauen. Die Individualität aber ist aller Dinge
einzig Wesenhaftes und stellt sich siegreich der über=
wältigenden Fülle der sogenannten Wirklichkeit, dieses
großen Scheinlebens, gegenüber.

Es ließ ihm doch keine Ruhe. Etwas mußte ja doch
geschehn. Schon Weihnachten vorüber! Vor Neujahr
trafen die Hamburger Feinde ja doch sicher ein. Sollte
er zu Frau Lämmers eilen, bei welcher sie jedenfalls
Wohnung nahm? — Da riß ihn ein Brief aus aller
Ungewißheit.

„Nach erfolgter Ankunft in Berlin theile Ihnen mit,
daß Fräulein Kreutzner während ihres vorübergehenden
Aufenthaltes in Berlin unter meinem persöhnlichen
Schutze steht und ich etwaige Anfechtungen Ihrerseits mit
allen mir zu Gebote stehenden Mitteln bekämpfen werde
— ebenso auch zudringliche Besuche und Briefe von
Ihnen ohne jede Rücksicht beseitigt werden. Sobald ich

mich in meiner Wohnung eingerichtet bin, werde Sie bitten, mir in Gegenwart von Fräulein K. persöhn=
liche Genugthuung für Ihre mir gewidmete Insulte zu zu geben — nach diesem werde ich nicht verfelen Ihnen meine Referenzen bekannt zu machen, damit Sie wissen, daß ich bin
Maximilian Kohlrausch,
Inhaber echter Bier=Restaurants."

Das erste Gefühl Rothers nach Lectüre dieses origi=
nellen Opus trieb ihn zu einer starken Zwerchfell=
erschütterung. Das ist ja der reine Größenwahn! O Maximilian, der letzte Ritter!

Das zweite Gefühl hingegen trieb ihn instinktiv, seinen starken Stock zu ergreifen, als wolle er sofort eine körperliche Züchtigung vollstrecken.

Den dritten Antrieb endlich vollzog er sofort, indem er gelbe Handschuhe anzog, seinen Cylinder aufstülpte, den Pelzkragen in den Nacken schob und in voller Gala nach der Gerichtsstraße hinausfuhr. — Frau Lämmers empfing ihn mit langem Gesicht. „Ja .. sie ist hier." Sie habe sich aber in ihrem Zimmer eingeschlossen. Wiederholtes Ersuchen um eine Unterredung hatte keinen Erfolg. Sie ließ ihm sagen, sie sei ihm nicht böse, aber sprechen könne sie ihn nicht.

Rother überwand sich und ging. — Er machte die üblichen Neujahrsvisiten er versuchte auch wieder zu arbeiten. Aber das gelang nicht. Ihm war zu Muth wie Einem, der zu starke Cigarren geraucht. Stunden=
lang lag er müßig auf dem Sopha, und wie Blei lag

es in seinen Gliedern. Eine Art seelischer Impotenz
entkräftete ihn. Statt zu arbeiten, brütete er wieder über
seinen alten Arbeiten, fand diese bald ganz elend, bald
erwog er, wie wenig seine Bedeutung gewürdigt sei.
Dann kam es wieder über ihn, wie ein Jähzorn des
Größenwahns, daß er alle Papiere und Zeichnungen um
sich her zerriß und wie ein Raubthier im Käfig umher-
tollte. Stundenlang um Mitternacht trottete er auf dem
naßkalten Trottoir in schneidendem Strichwinde die Fried=
richstraße entlang und ließ die Nachtwandlerinnen vor
sich Revue passieren, als ob der schnöde Sumpfgeruch
dieser Asphaltblumen seine Nerven stärken könne. Das
bläulich=weiße Licht der Laternen, das Grau in Grau der
Häusermassen schien ihm ein Abbild seines öden grauen
Innern, in dem es von grellen verlöschenden Straßen=
lichtern zuckte.

Mit einem kräftigen Entschluß ermannte er sich
nochmals sein Glück zu versuchen, indem er sie über=
raschte. Er fuhr hinaus. Die Sonne ging grade unter.

Durch den eigenthümlichen Reflex des Schnees und
der schneeathmenden Winterluft erschienen rothe Backstein=
mauern wie zu zartem Rosa abgetönt. Wo hingegen die
Sonne darauf funkelte, blitzten braun oder gelb angestrichene
Erkerfronten und Thüren in grellstem Gelb, durch den
Gegensatz der ringsumher gehäuften glitzernden Schnee=
massen.

Am Himmel hing eine dicke röthliche Wolke wie ein
Thurm, der vornübergeneigt herabzustürzen droht. Das
Rothe löste sich in eine halb zinnoberrothe halb schwefel=

farbene Mischung. Es war, als gähre die Wolke gleich=
sam von innerem Brand.

Wie ein Riesengeier strich eine andre Wolke schwarz
und breit am Horizonte hin. Auch sie spreitete ihre
Schwingen, als wolle sie senkrecht herniederstürzen — wie
der Condor der Cordilleren, der als Punkt überm Haupte
des Wanderers schwebt, immer größer und größer hinab=
schießt.

So sah er die Dinge in einem seltsam deutungs=
vollen Licht, ähnlich der Luftmalerei der Impressionisten
oder Turner's englischen Landschaften. Das nervöse Auge
mit unnatürlich zarter Netzhaut die Naturvorstellungen
in sich auf.

Ja, da war das alte Haus! Da war die alte Treppe,
aus deren moderig staubigen Winkeln ihm ein Stück Ver=
gangenheit entgegenkreischte. Rieselte nicht sein Herzblut
verstohlen aus jeder Stufenritze?

Er klingelte. Richtig, nicht die Thüre von rechts,
wo Frau Lämmers wohnte, sondern die links nach Kathis
Zimmer öffnete sich. Ein Frösteln lief ihm unwillkürlich
den Rücken entlang. Ja, das war Schicksal!

„Wer ist da?" fragte die altvertraute Stimme. Ihm
stand das Herz einen Augenblick still, dann strömte das
Blut mit rasender Gewalt zurück.

„Ich, Rother!" sagte er mit fester Stimme.

„O!" Es schien, als ob sie mit einem unartikulirten
Laut zurückflüchtete.

„Ich will und muß Sie sprechen." Sie verhielt sich
still. Er erhob die Stimme: „Hören Sie nicht?"

„Ja doch," flüsterte sie.

Er glaubte durch die Wand hindurch zu sehn, wie sie athemlos an der Thür lehnte.

„Wissen Sie, was der Kerl da, der Kohlrausch, mir gestern geschrieben hat?" Keine Antwort. „Ich frage, ob Sie das wissen?"

„Nein," sagt sie, „der ist ja in Hamburg."

„Nein, der ist hier."

„Davon weiß ich nichts."

„Gut, also öffnen Sie. Wir wollen ein letztes Wort miteinander reden."

„Das können wir ja auch so."

„Dummes Zeug! Wollen Sie aufmachen oder nicht?"

„Machen's nur keinen solchen Lärm! Die Leute werden noch kommen. Was soll ich überhaupt reden! Ich habe Ihnen ja doch immer gesagt . ." ein ironischer Klang lag in den Worten.

„Ach Sie! Halten Sie den dummen Mund!" fuhr es ihm heraus.

„Nun, dann kann ich ja gehn!" rief sie heftig und ging — er hörte die Thür des Zimmers hinter ihr zuschlagen. Er wartete noch einen Augenblick und pochte. Dann ging er geräuschvoll die Treppe hinab. Aber als er bis zur nächsten Straßenecke gelangt war, fiel es ihm schwer aufs Herz, daß er den Weg umsonst gemacht und ein Gespräch ja doch nothwendig sei. Kurz resolvirt kehrte er um. Wieder klingelte er. Sie kam.

„Verzeihen Sie meine Grobheit," sagte er mit gemessenem Ton „Ich will ja ganz ruhig mit Ihnen reden.

Es ist das Beste für uns Beide. Sprechen wir uns nicht vorher aus, so kann allerlei Unglück kommen. — Hören Sie mich?" fragte er nach einer schweren Pause, da sie nicht antwortete.

„Ja. Aber ich kann nicht aufmachen und meine Wirthin ist ausgegangen und hat mich abgeschlossen."

„Larifari, so werde ich nachher wieder rkommen. Wann?"

„In einer Stunde. Aber geben Sie mir Ihr Wort, daß Sie mich nicht beschimpfen wollen. Ich könnte es nicht ertragen."

„Gut, ich gebe es. Adieu." — —

Es war ein frostiger windiger Abend. In einer Kneipe der Müllerstraße trank er sich Wärme zu und poussirte die Kellnerin, ein Mädchen von besserer Sorte, die ihn anschmachtete. Er erinnerte sich noch später daran, wie ihm das in einem solchen Moment möglich blieb. So begegnet sich ewig der bitterste Ernst mit dem Leichtsinn, wie mit der ritterlichsten Romantik die nackte Prosa. Hatte er doch, ehe er zu seiner Göttin emporstieg, stets erst dafür gesorgt, daß er sich eines gewissen menschlichen Bedürfnisses vorher entledigt hatte, damit es ihn bei dem langen Gespräch da oben nicht störe. Das ist der Mensch mit seiner Doppelnatur, das ist das menschliche Leben . . . Sie öffnete wortlos, er trat wortlos ein. Erst als er Stock und Cylinder ablegte, seinen Paletot anbehaltend — es war bitterkalt in der Stube —, brummte er mürrisch: „Guten Abend!"

„Dito," murmelte sie finster. Sie trug einen Schlaf=

rock, hatte sich aber dick mit einem Plaid umwickelt und litt an starkem Schnupfen. Im Uebrigen sah sie blaß aus, mit rothen Flecken auf der Backe.

Die hin- und herwogenden Anklagen und Mittheilungen stellten alsbald die Affaire Wursteler in einem ganz anderen Lichte dar. Grade dieser hatte vielmehr auf die Frage Kathis, was Rother treibe, geantwortet: „Ach, der ist ja total verrückt!" und ihn andauernd den „albernen Anstreicher" genannt. Auch war die Mittheilung Kathis „der will mich heirathen" nur im tiefsten Vertrauen erfolgt. Was nun Kohlrausch anbelangt, so sei das ein sehr anständiger Mensch u. s. w.

„Hm, das ist ja möglich" meinte Rother. „Er hat aber auf mich einen sehr ungünstigen Eindruck gemacht."

„So? Nun, auf mich grade umgekehrt," sagte sie mit ruhigem Lächeln und zeigte ihm, auf dem Tische stehend, seine Photographie.

Rother schüttelte den Kopf. Diese Physiognomie, ohnehin unangenehm konnte wahrlich mit ihrem Schwerenöther-Ausdruck kein sonderliches Vertrauen erwecken. „Ja, Sie sind auch immer so hochfahrend! Und er ist doch ein sehr gebildeter Mann."

„Ach was und schreibt unorthographisch! Nun, das mag ja sein wie es will. — Ich will mit der ganzen Geschichte nichts mehr zu thun haben. Zwischen uns ist ja natürlich Alles aus."

„Das ist es," sagte sie ernst. „Ich müßte Sie verachten, wenn Sie jetzt noch .."

„Ueberhaupt" .. er trat nahe an sie heran und betrachtete sie; jeder Funken von Leidenschaft schien bei ihm verkohlt. Er fühlte sofort, daß die Entfernung sie ihm allzusehr verschönert hatte, um nicht beim Wiedersehn Enttäuschung zu finden, und daß die sinnliche Begierde bei ihm erloschen war. Doch schien in der That eine auffallende Veränderung zum Schlechten mit ihr vorgegangen. Selbst ihre Stimme bekam einen gewissen butterigen fettklebrigen Ton, den er früher nie bemerken konnte. „Sie haben sich sehr zu Ihrem Nachtheil verändert."

Sie lachte etwas bitter. „Aber gar nicht! Das sind so Einbildungen."

„Nein doch! Ich begreife absolut nicht, wie ich so weit gehen konnte .. Mir ist, als wäre ich verrückt gewesen und gesund geworden. Was habe ich denn an Ihnen gefunden!" In demselben Moment ging ihm der seltsame Contrast durch den Kopf, wie er früher in seiner Verliebtheit sie gewissermaßen als Naturwunder von Schönheit über sich gestellt hatte. Und nun stand er da, elegant und geschniegelt, mit glänzendem Cylinder und gelben Handschuhen, in vornehmer sicherer Haltung, und sie in ihrem alten Schlafrock mit ihrem Schnupfen sah verstaubt, abgebraucht und gewöhnlich aus.

„Ja, das ist Ihre Sache," meinte sie trocken „Ich kann nichts dafür. Von Ihren Phrasen verstehe ich nichts. Ich bin nur ein einfaches Mädchen."

„Ach! Früher sprachen Sie anders. — Das liegt so in der Zeit. Das sogenannte Retten der Gefallenen! Ich habe Sie retten wollen — voilà tout!"

„Danke schön. Ich bin noch nicht gefallen. Ob das so in der Zeit liegt, weiß ich nicht. Sie jedenfalls — nun, Sie haben sich doch damit lächerlich gemacht." Und ein häßliches Lächeln krümmte ihre Lippe.

„Meinen Sie?" sagte er ruhig. „Was denken Sie wohl, wenn nun Alles herauskäme, wenn ich Ihre Wirthin als Zeugin vorriefe?"

„O, Frau Lämmers," sagte sie, indem sie gesenkten Kopfes auf- und abging; sie hatte bis dahin, hinter der Lehne eines Sessels aufgestützt, gestanden. „Wie die auf Ihrer Seite ist, das glauben's gar nicht. Was die mir Vorwürfe macht!"

„Nun also! Die Welt würde, wenn sie von meiner Verrücktheit hörte, anfangs lachen und sagen: So sind mal die Künstler — siehe Prozeß Gräf. Aber sobald sie alle Umstände erführe, dann würde das Urtheil ganz anders lauten. Man würde sagen: Der Mann hat zwar sehr edel gehandelt, aber er war auch ohnehin durch das Benehmen des Weibes dazu völlig berechtigt; man kann ihm durchaus nicht Thorheit zum Vorwurf machen. Allein Ihre Briefe . . man würde nur sagen: Was für ein abscheuliches Geschöpf!"

Sie schwieg und sah vor sich hin. Convulsivische Zuckungen durchfurchten ihr Gesicht.

„Ja, was soll denn daraus werden! Wenn Herr Kohlrausch nun kommt . ." Sie betonte den „Herrn Kohlrausch" immer mit einem gewissen feierlichen Ton, in dem nicht nur zärtliches Interesse, sondern auch eine Art Ehrfurcht vibrirte: Offenbar war der große Windikus in ihren Augen ein bedeutendes Geschäftsgenie — jedenfalls der Mann ihrer Wünsche.

„Der steckt ja schon in Berlin. Auch der Poststempel war von hier."

„O nein, der ist noch in Hamburg. Kommt erst in acht Tagen. — Wenn Sie schlau sind, kann Der doch auch schlau sein. Der kann doch auch durch einen Freund das Billet an Sie gesandt haben."

„Sieh einmal! Also ein juristischer Dolus. Und vorhin sagen Sie mir, er habe Ihnen gewaltsam meinen Brief mit den Injurien weggenommen. — Na, der Mann liegt mir ja ans Messer geliefert und ich rufe Sie selbst als Zeugin auf."

„Oho!" sagte sie trotzig. „Ich sag' doch nichts aus oder widerrufe."

„Na," fiel er schneidig ein, indem er den Cylinder aufsetzte. „So will ich also beschwören, daß Sie selbst mir dies angekündigt haben, also als Zeugin meineidig werden wollen. Das giebt auch eine schöne Handhabe." Er wußte sehr wohl, daß alles Das nicht so viel bedeutete, wie er draus machte; aber er wollte ihr heilsame Angst einjagen. Das gelang auch vollständig. Sie brach beinahe in Thränen aus. Als nun vollends die Wirthin erschien, welche von Wurstelers kam und erzählte, daß die schwarze Emmy nun wegen ihrer bevorstehenden Niederkunft durch Bammer dort aus dem Hause geworfen werde, entwickelte sich ein ganz gemüthlicher wechselseitiger Klatsch und Rother drückte Kathi zum Abschied die Hand: „Wenn wir uns wiedersehn, als gute Freunde und Kameraden —

und weiter nichts!" Er ging leichten Herzens von dannen, kneipte den Abend mit etlichen Collegen, die einen „Verein für naturalistische Malerei. Ehrenpräsident: Max Liebermann in Paris" gründen wollten, und spürte einen wahren Juchzertrieb, als er sich leichten Herzens schlafen legte — nach der abspannenden erschöpfenden Nervenqual der letzten Zeit.

Er blickte hinaus in die Mondnacht. Marmornes Schweigen lastete über dem monderhellten Schnee.

Doch er hatte sich getäuscht. Plötzlich erhielt er von ihr einen langen Brief, worin sie ihn bat, ihr Bild zurückzusenden.

„Da es nun doch einmal sein muß," fing sie an „erlaube ich mir noch einige Zeilen zu schreiben, um einigermaßen eine Erklärung herbeizuführen. Daß ich mich neulich damals nicht sprechen ließ dürfen Sie nicht so schwer auf die Waagschale legen namentlich wenn Sie an die letzten Ereignisse denken. Daß Sie mich schwer und fast unverzeihlich beleidigt haben dürften Sie wohl einsehen. Da Sie aber ein bedeutender Mann sind und ich Sie als solchen respektire und Sie gewissermaßen ehrenhaft gegen mich gewesen sind, will ich Sie nach Möglichkeit Ihrer Ungewißheit entreißen. Wie Sie sich wohl erinnern werden, habe ich Ihnen stets gesagt stets gesagt wir passen nicht zusammen, weil unser Stand zu verschieden ist. Früher oder später hätten Sie Ihren Mißgriff eingesehen und wer hätte darunter am meisten gelitten natürlich ich und Sie wären natürlich auch unglücklich da ich Ihnen nicht diejenige Neigung entgegenbringen könnte, welche zum Glück erforderlich ist. Ich suchte stets Sie von dieser meiner Meinung zu überzeugen. Nun was blieb mir Anders übrig als der Zeit zu vertrauen welche Sie von Ihrem Irrthum abbringen sollte, weil meine schon erwähnte Meinung über die Zukunft mich keinen Augenblick verließ und ich immer mein und Ihr Unglück vor Augen hatte. Wenn Sie glauben, daß nur Sie mich vor meinem Untergang retten können, dürften Sie wohl doch ein wenig im Irrthum sein; ich bin zweiundzwanzig Jahre alt geworden ohne auf schlechte Wege gerathen zu sein, das kann ich mir selbst sagen und ich danke Gott für dieses Bewußtsein. Was Leute klatschen dagegen kann sich Niemand verwahren und deshalb hoffe ich, daß ich auch in Zukunft im Stande sein werde, meine Selbstachtung zu erhalten. Nun komme ich zum eigentlichen Zweck meines Schreibens, ich möchte nämlich in Frieden scheiden und deshalb bitte ich Sie diese Zeilen als genügende Erklärung hinzunehmen und gegen mich keine Feindseligkeit zu hegen wie auch ich gegen Sie nicht. Doch da in Zukunft unsre Wege auseinandergehen bitte ich mir mein Bild zurückzusenden. Nun bitte denken Sie über die Geschichte nach, dann werden Sie mich nicht verdammen."

Trotz der mannigfachen Entstellungen und Uebertreibungen betreffs des springenden Punktes dieser ganzen Romeo- und Julia-Affaire, stak in dem Briefe dennoch eine gewisse Würde und Anständigkeit, die ihn erfreute. Denn es bereitete ihm eine tiefe Genugthuung, daß dies-

Weib trotz alledem und alledem seiner Liebe nicht unwürdig schien. Auch wurde in der besonnenen Ruhe dieses Schreibens der Größenwahn des Weibes, das seine so viel umworbene Schönheit begreiflicherweise als Angelpunkt der Schöpfung betrachtet, wohlthätig gedämpft.

Und doch! Was galt hier ihre anständige Gesinnung, da sie doch ganz in Händen ihres Mephistopheles lag. Und gegen den mußte man sich schützen, durch sie selbst. Er sann lange nach. Plötzlich kam ihm eine Idee. Sie kam über ihn wie eine Offenbarung. Sein Freund, der Genremaler Knorrer, hatte ihm kürzlich aus Tirol geschrieben, wo er eine Studienreise machte. Dabei hatte er bemerkt, daß er von Anfang Januar ab in Roveredo einige Wochen zubringen werde, um eine dortiges altes Bild zu copiren. Roveredo! Der Name hatte ihn durchzuckt, er dachte an Kathis eigene Enthüllungen. Ja, er mußte Gewißheit haben, ob die Sache richtig sei. Es konnte als Gegenwaffe dienen. Sie selbst konnte ja alles ableugnen, was sie ihm erzählt. Und wenn er im letzten Nothfall dort nachforschte, so würde sie schon Mittel finden, Alles todtzuschweigen. Was konnte bis dahin ihm nicht ohnehin für Schaden erwachsen, falls dieser Kohlrausch in seinem eigenen Liebeswahnsinn ...

Kurz entschlossen, sich an diesen Strohhalm zu klammen, telegraphirte er an Knorrer nach Roveredo. Ein langes Telegramm, worin er Alles andeutete und diesen bat, ihm Gewißheit zu schaffen, ob in Trient eine Kathi Kreutzner mit einem Hauptmann vom Genie u. s. w. Wo dieser jetzt stehe. —

Er malte nun ruhig an seinem Bilde fort.

Siehe da, am zweiten Abend nach Absendung seines Telegramms nach Roveredo, erhielt er einen saugroben Brief des p. p. Kohlrausch, worin ihm dieser ankündigte, er werde sich jetzt hier mit „Frl. Kreutzner" einrichten und nun wegen der ihm und ihr zugefügten Beleidigungen Schritte thun.

Rother antworte nicht. Er wartete auf das Antwort= Telegramm aus Roveredo. Es kam. — Genaues konnte ihm sein Freund nicht mittheilen. Allein, so viel hatte er in Erfahrung gebracht: Der betreffende Hauptmann vom Genie, dessen man sich an Ort und Stelle noch wohl erinnerte, sei später zur Cavallerie übergetreten. Sein Name sei: Graf Xaver Krastinik. — —

Ohne Verweilen verschaffte sich Rother von einem befreundeten Offizier eine Rangliste der Oesterreichischen Armee. Richtig! Bald hatte er den Namen gefunden. Ein ungarisches Husarenregiment, Garnison bei Pest. Ohne Verzug telegraphirte Rother an das Regimentskommando, Rückantwort bezahlt, ob er den Herrn dort treffen und sprechen könne.

Seine fieberhafte Nervenaufregung steigerte sich bis zu Appetit= und Schlaflosigkeit. Er hatte sich in die Geschichte so hineingeredet und hineingelebt, daß ihm sein ganzes Leben daran zu hängen schien. Und war es nicht so? Stand seine Liebe nicht auf dem Spiel? Doch die war ja verloren. Nein, nun galt es seinen Namen. Die Schande, die Lächerlichkeit! Sein reizbares Ehrgefühl überwand das nicht; nein, daraus mußte noch Schlimmeres

erfolgen. Man trieb ihn zum Aeußersten, so wehrte er
sich. Ob das Mittel ganz anständig sei, diese Frage
kam hier nicht in Betracht; hatte man nicht ehrlos an
ihm gefrevelt? Man wehrt sich am besten, indem man
selbst zuschlägt. Die beste Vertheidigung ist der Angriff.
— Ob man ihm antworten würde? Er sollte nicht lange
in Zweifel sein.

Ueberraschend schnell, mit ungarisch ritterlicher Liebens=
würdigkeit, ward ihm Antwort. Graf Krastinik sei auf
Urlaub, nach England verreist. Seine Adresse wisse stets,
wie er beim Regiment hinterlassen habe: Lord Dorrington,
Boltons Terrace, London.

Rother besann sich nicht einen Augenblick. Auch
dies Hinderniß noch — sei's! Hatte er die Sache einmal
so verzweifelt ernst genommen, so wollte er sie durch=
führen. Was hatte er sonst auch noch für Interesse am
Leben! Einer Erholung bedurfte er so wie so; Geld
genug hatte er gerade; so ging er am besten allen Un=
annehmlichkeiten zu Haus aus dem Wege. Wenn ihm
jener Kerl etwa persönlich eine Droh= und Daumschrauben=
Visite macht! (Er sah eben Alles in vergrößertem Maß=
stab und düsterm Lichte.) Wozu noch zögern!

Schon der andre Morgen sollte ihn auf der Fahrt
nach Hamburg sehn. Die nächste Route, die über Belgien
und Calais, mochte er nicht wählen, wegen der drohenden
Kriegsgerüchte.

Den letzten Abend vorher hatte ihn Annesley besucht,
der wie gewöhnlich seine Hülfe in irgend einer musikali=

schen Angelegenheit beanspruchte, um dann wie gewöhnlich emphatisch zu versichern: „Ihr Wohlwollen ist der einzige Sonnenstrahl in meinem nächtigen Sein. Ich armer Versaulter und Siecher auf diesem Hunde=Erdball! Sie sind ein vollkommener Gentleman, Sie sind —"

„Schon gut," unterbrach ihn sein Gönner, der diese Aufwallungen schon kannte. „Kommen Sie man 'raus aus der guten Stube und an die frische Luft! Somit jammern wir uns Beide wieder 'was vor!"

Es war noch früh am Tage, gegen 6 Uhr. Auf der Leipzigerstraße vor dem blauweißen Schilde des „Weihen=Stephan" (jenem historisch merkwürdigen Lokal, wo einst der größenwahnsinnige Oppositionsführer des Reichstags von einigen angezechten Ulanenoffizieren offiziell hinausgegrault wurde) stieß Rother auf ein Paar, das in schweigender Größe lustwandelte.

„Ah, Servus!" Man grüßte sich. Rother stellte „den hochbegabten Componisten Henri Francis Annesley" den beiden Herrn vor: „Herr Karl Schmoller, Herr Friedrich Leonhart." Annesley machte große Augen, die zwo Dioskuren der litterarischen Revolution zu erschauen.

„Ah, sehr erfreut," nickte der große Schmoller gnädig, indem ein süßliches Lächeln seinen bärtigen Mund umspielte. „Schon viel gehört von Freund Rother über Ihre Begabtheit."

Annesley kratzfußte stumm und wunderte sich baß. In seiner Knabenphantasie hatte er sich große Schriftsteller immer à la Apollo gedacht. Und nun —!

Schmoller sah ihm aus, wie der Inspektor einer

Gasfabrik. Er trug Ringe an den Fingern, einen spitz=
gedrehten schwarzen Schnurrbart, als wäre er bei Graf
Perponcher in die Lehre gegangen, und einen behäbigen
Havelock. Sein stechendes grünliches Marderauge funkelte
unter einer ungeheuren blauen Brille, wegen mangelnder
Kurzsichtigkeit aus Gelehrsamkeitsrücksichten. Seine über=
hängende Stirn dachte sich wölbig in Etagen ab und
bildete einen spitzen Winkel, aus welchem die lüstern
witternde breitnüstrige Nase vorsprang. Sein dito vor=
springender breitwulstiger Mund (offenbar ein naturalistischer
Witz der Natur, um „das böseste Schandmaul" anzudeuten)
athmete einen halb versteckten halb dreisten Trotz. Eine
unheimliche Energie verschönte gleichsam diese bizarre
Voltaire=Physiognomie. Dabei schien er überaus satt und
wohlgenährt, als ob er für all den Hunger, den er in
seinen socialen Romanen schilderte, ein derbes Gegengewicht
in seiner Person suche. Er rächte gleichsam seine „Ent=
erbten" durch seinen Dichterappetit. Obschon ein Kölner
Kind, vertauschte er gern sein niederrheinisch Platt für
Spreeathener=Dialekt. Diesen hatte er gelernt von seinem
früheren Intimus Fritz Erdmann, dem „deutschen Zola" —
jenem naturalistischen Epiker, dem es im Deutschen Reich
zu enge wurde, weswegen er vor geraumer Zeit nach
Amerika durchging. Jetzt erbte Schmoller von ihm den
Titelrang eines „deutschen Zola" als Nummer 2.

„Und sagen Sie, sind Sie wirklich der ber- ühmte Leon=
hart?" fragte Annesley naiv. „Also so sehen Dichter aus?"

Leonhart schien auf sein Aeußeres wenig Sorgfalt zu
verwenden. Seine röthlichen Haare zottelten sich, als wären

sie selten gekämmt, und seine auffallend aristokratischen
Hände starrten trotz ihrer zartweißen Hautfarbe von
Schmutzflecken. Sein mädchenhaft zarter Teint wurde durch
diverse Sommersprossen reizvoll belebt und an sein Kinn
schien ein zersaustes Ziegenbärtchen angeklebt, das so stoppelig
aussah, wie brandige ausgeraufte Aehren. Auch machte
seine unscheinbare dürftige Figur einen wenig imponirenden
Eindruck. Sein blaues Auge, unter feingeschnittenen Brauen
an einer starkgewölbten breiten Schläfe, schaute verschleiert
müde drein. Nur ab und zu kam ein belebterer Ausdruck
in dies stille Gesicht, dessen ruhige Miene andeutete, daß
sie nicht Alles sehen lasse, — als ob geheim unter der
Oberfläche gähre, was Niemand erspähen soll.

Sie bogen durch die Behrenstraße ein. „Hehe, da
is ja das Wein-Restaurant mit den Gobelins und ge=
schnitzten Möbeln, Hochelejant!" rief Schmoller der
Joviale. „Hier schaart sich ab und zu die famöseste
Klatschgesellschaft von tout Berlin zusammen."

„Jaja, die ‚Lästerschule'!" murrte Leonhart. „Unter
dem Vorwand eines collegialen Schöppchens! Jetzt haben
sie's damit, die Modelle meiner Figuren zu beschnüffeln.
Da werden die abenteuerlichsten Märchen aufgetischt, jeder
braut eine besondere Version. Jaja, die guten Freunde!
— In den Geld=Taschen und Hosen der Dichter herum=
zuriechen, ist des deutschen Schreibmichels Lust! Ihre
ungewaschenen Finger in alles Persönliche stecken, — das
nennen diese jungen Lait' von's Geschäft ihre ‚litterarischen
Verbindungen pflegen'.

„‚Ob X. wirklich dem Y. so viel gepumpt hat? Ob

A. wirklich so hohes Honorar pro Bogen bekommen hat, wie er auf Ehrenwort schwadronirt? Wieviel Gehalt hat B. bei der ‚Tagespost'? Ob man ihn wohl da hinausdrängen kann?' Sehen Sie, so wälzt das tiefsinnig anregende Gespräch sich eintönig fort, wie die Ritter-Dramen des Herrn von Alvers." Er hielt inne, um Athem zu schöpfen.

„Na und ob!" fiel Schmoller ein, der vor Ungeduld brannte, sich seines animus injuriandi zu entladen. „Denk' doch nur an deinen gemeinschaftlichen Freund Boris von Lappezinsky. Salon-Statist! Wechselt fortwährend seine Wohnung, weil er die Miethe schuldig bleibt! Hat eine anständige junge Dame verführt — (sie hat mir's selbst erzählt," fügte er in tugenthafter Entrüstung ein) — „und sitzen gelassen!"

(„So etwas kommt bei uns nicht vor!" brummelte Leonhart ironisch.)

„Dieser Mensch!" Schmoller griff sich an die Haare, daß sein Bourgeois-Cylinder, den er als großer Volksmann pflichtschuldigst bevorzugte, sich in den Nacken verschob. „Jotte doch, Boris von Lappezinsky!" Er schüttelte sich, als bereite ihm dieser Name, den er langgedehnt herausquälte, einen Hochgenuß. „Boris, Boris, mein Junge, Mann des Popo-Scheitels und der Pomade-Kleberei, hausirst Du immer noch mit Deinen blutrünstigen Colportage-Romanen? Haben Se nix ße dichten?"

„Ich finde diese amüsanten Skizzen aus der Guten Gesellschaft besser, als manches modeberühmte Geschmier."

„Schuster, bleib bei Deinem Drama=Leisten!" schnarrte Schmoller giftig. „Was Du wohl von Romanen verstehst!"

„Indianergeschichten für große Kinder erzählen, ist die Aufgabe anderer Realisten. Es ist nicht die meine. — „Du vermochtest mich eben nie zu erfassen," ertönte feierlich der Bierbaß des Menschheits=Regenerators.

„Hihi," kicherte sein Mephisto, „Ne, Dich versteht man nur in Chaldäa. Wie schriebst Du doch neulich so treffend über die conventionellen Phrasen der Cultur=menschheit? „„So überkleistert die Form, dieser dürftige Umschlag=Shawl der Aesthetik, den inhaltlichen Beweis des elementaren Persönlichkeitsgefühls""!! Herr, dunkel ist der Rede Sinn. Stürze Dir man nicht in Unkosten!"

Ueber das asketische Mönchsgesicht des kleinen litte=rarischen Luther flog eine heftische Röthe und eine heftige Antwort schwebte ihm auf der Zunge. Aber er zuckte nur vielsagend die Achseln. Größenwahn platzte hier auf Größewahn.

Beide geübten Schimpf=Majore machte es augenschein=lich nicht im geringsten verlegen, vor den beiden Fremden ihre schmutzige Wäsche triefend auszuringen.

„Lappezinsky" —, fuhr Schmoller unbeirrt fort, aber diesmal schmollte ihm Leonhart dazwischen:

„Ein a—anständiger Mensch!" Es kam ordentlich seufzend mit einem Uf heraus, wie eine Schwergeburt der Selbstüberwindung. Denn am liebsten brauchte er den Kosenamen „Schurke", sobald ihm Jemandes Nase mißfiel.

„Ach was, fauler Mumpitz!" schimpfte Schmoller fort. „Ein Ohrwurm ist er! Gentlemännische Manieren wissen ja diese Abligen immer herauszubeißen. Er ist immer höflich und liebenswürdig, aber in seinem hübschen glatten Gesicht lauert ein Zug von rücksichtsloser Brutalität!"

„Ach, laß doch das Physiognomieenlesen!" suchte Leonhart abzubrechen. „Das verstehn ohnehin die Wenigsten."

„Oller Optimiste! Wenn Dir man bloß Einer um den Bart geht, ist er bei Dir ein Ehrenmann."

(„Oho!" dachte Jener. „Man kann ein Grobian und doch ein Schurke sein.")

„Neulich hat er Dich mir gegenüber schlechtgemacht. Macht sich lustig über Dich, dieser kleine dumme Hannesatzke. ‚Er möchte gern ein Realist sein' hat er gesagt, ‚und ist doch stets ein Romantiker.' Dabei hat er von Deiner alten dummen Weiber=Geschichte geschwatzt — Du weißt schon, von Der da" — er machte eine imaginäre Handbewegung. „Als ob er 'was davon wüßte!"

„Ungefähr so viel wie Du," trumpfte Leonhart ihn trocken ab: „Nämlich gar nichts. — Uebrigens, wenn er mich für romantisch hält," ein unbeschreibliches Lächeln huschte über das bleiche vornehme Gesicht „so ist das auch noch weiter kein Verbrechen. Lassen wir das!"

Annesley und Rother, um welche sich die beiden Dioskuren im Gefühl ihrer Wichtigkeit gar nicht mehr bekümmert hatten, folgten nicht ohne Mißbehagen dem Gespräch, das sich nunmehr einem Herrn „Peter von Schnapphah=

nitzkoy" zuwendete, von welchem Schmoller ehrenrührige
Dinge erzählte. Sein Genosse erklärte achselzuckend, daß
er den Herrn nicht kenne.

„Sagen Sie," fragte der componistische Wunderknabe
leise. „Klatschen diese großen Dichter immer so?"
Rother zuckte die Achseln und gab keine Antwort.
Eine Art Menschenauflauf hemmte ihre Schritte.
Aus der Italienischen Weinkneipe unter den Linden
strömte soeben eine ganze teutonische Horde urdeutscher
Studenten heraus. Sie umringten einen dicken kurzen
Herrn in Frack, weißer Binde und hohem Cylinder, der
wie ein höherer Subalternbeamter oder wie ein strammer
Unteroffizier aussah — für den Oberflächlichen, während
den Tieferblickenden eine gesunde Männlichkeit in seinem
gutmüthigen Gesichte anzog.

„Adalbert von Alvers!" flüsterte Rother voll scheuer
Ehrfurcht.

Es war wirklich dieser große Bühnenbeherrscher,
dessen Muse immer bereit, dem Apell jeder Tagesfrage
zu gehorchen und in weihevollen Hymnen jede beliebige
Festlichkeit zu feiern — vom neunzigsten Geburtstag
des Kaisers bis herunter zum Jubiläum irgend eines
Geisteskoryphäen. Er führte soeben die festgeschlossene
Cohorte seiner Getreuen in die zweite Aufführung seines
neuen Dramas, welches von der Kritik schmählich mitge=
nommen war. Bei einer solennen Kneiperei in der alten
Stammwiege des Alvers'schen Ruhmes, der italienischen
Weinstube, hatte man heut Tod und Verderben allen
Ungläubigen geschworen, welche gegen den nationalen

Dramatiker aufmucken würden. Bei jedem Todten, der auf der Bühne als Leiche liegen blieb, sollte sich ein Begeisterungssturm von Gallerie und Parterre aus entfesseln. Nach dem dritten Akt aber wollte man, laut Verabredung, ein furchtbares Bardengebrüll „Alvers, Alvers! Alvers 'raus!" stiften, das sich fortissimo bis zum Füßescharren und Stampfen steigern sollte. Ehe die Schauspieler für den „leider nicht im Hause anwesenden Dichter" danken könnten, würde sich dann der Hohe selbst in seiner Loge erheben und gnädig dem verehrlichen Publiko seine Kneifer-Verbeugung zuschlenkern. So dachte man der bösen Kritik schon noch beizukommen!

Wenigstens stellten dies Alles die drolligen Dichterbioskuren so dar, welche von Jedermann irgendwelche Mordsgeschichte zu erzählen wußten. Im Vorübergehen hörte man, während die Verschwörer im Sturmmarsch an ihnen vorbeidefilirten, den großen Dichter selbst die bedeutenden Worte äußern: „.. Das ist es, meine Herren, was ich in Ihnen begrüße: die Wiedergeburt des germanischen Geistes durch begeisterte Jugend. Sie, die Blüthe der Nation, Sie nur verstehen mich zu würdigen. Ja, was sind sie, all die Andern! Nur das nationale germanische Drama.." Der rauhe Wind verschlang unbarmherzig den Rest. Die vier Flaneure sahen sich an.

„Größenwahn!" flüsterte Rother.

„Dieser Mensch!" schrie Schmoller, indem er sich mit theatralischer Geste an die Stirne fuhr. „Was versteht denn Der! Alberner Bumbum! Dem muß die

Muse stramm stehn, wie ein Rekrut!" Leonhart schwieg. Rother knüpfte noch die Bemerkung daran, daß in der Malerei Adolf von Werther diesem königlich preußischen Strebertypus als Pendant entspreche. "Ja, ‚von'! Da liegt's!" Schmoller fuchtelte wüthend mit beiden Händen umher. "Das ‚von' macht diese Kerle berühmt. Hehe, neunundneunzig Karossen halten soeben vorm Hofschauspielhaus, wie ich höre. Das ganze Geheimrathsviertel und die ganze Garde sind angetreten, um einen Dichter ‚von und zu', einen von ihre Leut', zu bespeicheln. Pfui Deibel! Was, wie, Leonhart, zwei Kerle wie wir, die hunderttausendmal mehr werth sind, als die ganze Bande zusammen . ." Leonhart schwieg.

Rother stieß Annesley mit dem Ellbogen an. "Größenwahn!" murmelte dieser, halb träumerisch.

"Wo speisen wir, meine Herren?" fragte Leonhart.

"Welche Frage! Siehe Annonce-Spalten der ‚Berliner Tagesstimme'! ‚Wo speisen Sie? Bei Schwanzer.' Hier wären wir ja. Steigen wir man immer runter, Herrschaften!" docirte der gewiegte Lokalspezialist Berlins als Autorität mit Selbst-Patent.

Man stieg also in den geräumigen Keller hinab und nahm Platz. "Kellnehr! Eine Portion Erbsensuppe mit Schweinsohren, aber hübsch zerkaut! Ne, nicht doch, ich versprach mich man nur. Kellnehr! Ein Eisbein mit Sauerkohl! Ganz frisch, sagen Sie? Na selbstredend, kennen wir, oller Pappenheimer."

Leonhart vermochte nicht, sich diesem culinarischen Realismus anzuschließen, und begnügte sich mit einer Portion Seemuscheln: das Pikante zog ihn immer an

Nachdem Annesley die ganze Speisekarte durchstubirt, verkündete er plötzlich großartig sein bringendes Bedürfniß nach einem Dutzend Austern nebst Champagner. Obschon Rother keineswegs so cavaliermäßig fühlte, wie sein liebes Zukunftsgenie in spe, so mußte er doch wohl oder übel in seiner gewöhnlichen schwächlichen Weichherzigkeit nachgeben und mithalten.

Schmoller gerieth sofort über den Sekt und die Austern, auf welche er geile Blicke warf, in die tiefste sittliche Entrüstung. „Dieser Mensch!" raunte er seinem Genossen ins Ohr. „Scheint ein verzogenes Muttersöhnchen, das noch nicht ins Leben hineingespuckt hat. Wollen ihn mal schrauben. — Sie, junger Herr," hob er plötzlich an, „warum heißen Sie eigentlich Francis Henry Annesley? Sie sprechen doch ganz dialektfrei. Sind Sie Engländer?"

„Mein Urgroßvater war ein Amerikaner," klärte ihn der Angeredete feierlich auf, als belehre er über eine wichtige historische Thatsache.

„Und seither ist Ihre Familie nach Deutschland verzogen? Ihre Frau Mutter war wohl auch eine Deutsche? Ja? Na, dann frage ich man bloß, warum Sie sich ‚Henry Francis' taufen ließen, statt ganz gemüthlich ‚Heinrich Franz'. Jaja, versteh schon. Waren vorsichtig in der Wahl Ihrer Namen, wie Ihrer Eltern. So'n bißchen Englisch klingt doch gar zu schön. Hat so'n vornehmes Lüster, hehe. Nichts für ungut. — Also Sie sind Lieder-Componiste? Calle Achtung."

„Ein sehr begabter," ermahnte Rother mit leisem

Vorwurf. Er fühlte sich beleidigt, daß man seinen Schützling an=ulkte.

„Mindestens. Ein verrücktes Sumpfhuhn sind Sie doch, lieber Herr Rother! Das heißt, pardon, Sie ver= stehen, ich bin eine ehrliche Haut, die jedem die Wahrheit sagt. Fragen Sie meinen Freund Leonhart!" Dieser brummte über seinen Seemuscheln etwas Unverständliches. „Nein, wie Sie doch immer für Andre ins Zeug gehn! Ordentlich rührend. — Ja, Herr Annesley, er hat uns schon viel die Ohren vollgeschwärmt — in Ihnen soll ja riesig viel Musike thronen. Schöner Kerl, der Francis Henry, interessantes Aeußere — was, Leonhart?" Dieser grunzte wieder etwas Unverständliches; der ehr= liche Biedermann aber hatte mit dieser biedern Aeußerung das Herz des Wunderknaben für immer gewonnen. „Werden, wie ich höre, eine Prachtausgabe Ihrer Compositionen ‚Lieder unglücklicher Liebe' veranstalten — mit Illustra= tionen von Paul Thumann, nicht?"

(„Schlagsahne!" Rother schüttelte bei dem Namen des eleganten Damenzeichners unwillig den Kopf.)

Ohne den Spott Schmollers zu merken, folgte Henry Francis Annesley eifrig der Lockpfeife: „Allerdings, Herr Schmoller. Ich plane auch eine Prachtausgabe meiner Symphonie ‚Kinder des Leids', Opus 21."

„Muß Ihnen aber ein schweres Geld kosten," meinte Schmoller theilnehmend, der rasch berechnete, daß man sich einen so vermögenden Jüngling warmhalten müsse.

„Ach ja!" rief der Beklagenswerthe. „Ich war stets ein Opfer meines idealen Strebens. Wer die ganze hohle jämmerliche Erbärmlichkeit der aus Perfidie, hirnverbranntem Neid, tollem Größenwahn, gemeinster Klatschsucht, polizeiwidriger Cliquenheulmeierei zusammengesetzten Weltverhältnisse kennen gelernt hat — puh!"

"Sehr richtig!" sagte Schmoller und machte ein ernsthaftes Gesicht.

"Wo ist neidlose Anerkennung wahren Verdienstes," der Wunderknabe warf das Adonishaupt in den Nacken, "wo Ehrfurcht vor allem Großen, Heiligen und Schönen, wo Charakter, Manneswürde!"

"Sehr richtig!"

Jener aber übte sich rüstig fort in deklamatorischer Rhetorik:

"Wer vermag in diesem bodenlosen Sumpf des Egoismus festen Fuß zu fassen! Wer noch einen Funken Moral und Ehre im Leibe hat, wendet entrüstet sich ab von diesem Bilde schamloser Herzens- und Gemüthsverrohung, verzweifelnd an allen idealen Instinkten. Ja, man müßte die Leier des Gesanges zu allen Teufeln werfen —"

"Warum thun Sie es denn nicht?" unterbrach ihn plötzlich im betäubendsten Wortschwall die boshafte Zwischenfrage. Sie kam aus dem Munde Leonharts, der ihn seit geraumer Zeit mit festen Blicken maß, als ob er an ihm etwas studiren wolle. Annesley verstummte und biß sich auf die Lippe, während ein tückisches Blinzeln in seinem Auge verrieth, daß er Leonharts Meinung sehr wohl verstanden habe.

"Meine Lieder," hob er wieder an, "sind sturmbewegte Trauerflöre, tiefste Herzensseufzer. Durch die Berührung mit der All=Natur entsteht jenes Stimmungs=Fluidum, welches der brünstigen Sehnsucht nach dem Ur=Schooß entspringt. Ja, meine Herren, die Musik — sie ist die höchste der Künste, vergeistigte Materie, die vom Rohstoff= lichen bis auf den kleinstmöglichsten Erdenrest sich losgelöst. Die in der Stunde der Gnade empfangene Melodie der Seele, der individuelle Stimmungsduft der Empfängniß, die krystallklare Spiegelung der dämonischen Regungen der Seelenorgane in der ganzen Skala der Affekte vom höchsten Jubel bis zum tiefsten Leid.." er wollte noch einige Phrasen hinzufügen, verhaspelte sich jedoch und verschlang rasch eine Auster.

„Kannst Du Dir den Bauch halten vor Lachen? Ich platze!" raunte Schmoller wieder seinem Freunde zu, der mürrisch vor sich hinstarrte. „Sehr, sehr schön ge= sagt, mein lieber Herr Francis Henry Annesley," sagte er laut mit tiefem Brustton der Ueberzeugung. „Grade auf Ihre Prachtausgabe bin ich ungemein gespannt. Haben Sie schon einen Verleger?!"

Diese ominöse Frage schien bei dem neuen Mozart eine mißtönende Seite zu berühren. Denn er runzelte die Stirn und zog dann aus seiner Brusttasche einen gedruckten Prospekt, welchen er der andächtig lauschenden Gemeinde mit hochtrabend näselndem Tone verlas. In demselben wurde versichert: Ralf der Schöne (in Klammer: Pseudonym für Henry Francis Annesley) sei nach dem Urtheil aller Autoritäten „absolut genial" zu nennen. Bei= gefügt waren einige Recensionen des „berühmten Musik= referenten Eugen Düstergang" und des „bekannten Kunst=

kenners Harald Theopol Mokamaute", wonach die „Pantheistischen Lieder unseres Henry Francis Annesley zweifellos vom Hauch der Unsterblichkeit umweht" seien. Diese Musik schwebe gleichsam in der mondblauen Luft zu märchenblasser Sternenpracht empor.

„Ikarus, Ikarus, Jammer genug!" warnte Leonhart halblaut.

„Sagen Sie — Mokamaute?" forschte Schmoller mit unnatürlichem Ernst. „Würde Mokka=Schaute nicht besser klingen? Wer ist eigentlich dieser Herr? Habe noch nie davon gehört."

„Ich wohl — nämlich von Ihren zwanzig Pseudo= nymen, Herr Annesley." Leonhart stieß ein kurzes hartes Gelächter aus. „Ach, so lassen wir doch den Quatsch!" Der Wunderknabe schoß auf ihn einen wüthenden Blick, in dem eine unheimliche Tücke schillerte. „Sprechen wir endlich von interessanten Dingen. Wie denken Sie über Rußland? Ich meine, die neuen Attentatversuche der Nihilisten, meine Herren." Aber Schmoller hielt ihm mit komischem Schrecken den Mund zu:

„Raus! Will der Spitzbube hier gelehrte Gespräche mimen. — Ne, schwatzen wir man ganz gemüthlich weiter!"

(„Klatschen und schimpfen!" dachte Rother.)

„Ja, mein lieber Mister Annesley, ich freue mich lebhaft, in Ihnen einen Nachfolger der Schumann und Schubert, sozusagen den Letzten Lyriker, kennen zu lernen. Fahren Sie auf diesem löblichen Wege nur so fort, dann wird Ihnen der Lorbeer (halblaut zu Leonhart: ‚und

Zelle Nr. 1 in Dallborf') nicht entgehen." Und er schüttelte meuchlings dem Letzten Lyriker die schmächtige Hand mit seiner Bärentatze. „Wie Rother erzählt, verfügen Sie ja auch noch über eine schöne Gottesgabe, die des Menschen Herz erfreut: einen sanften lieblichen Tenor."

„Wollen Sie mich mal hören?" Der Wunderknabe ließ sich das nicht zweimal sagen. Zum Entsetzen seines Freundes Rother und sämmtlicher Gäste erhob er plötzlich seine Stimme und sang „So—la—mi—fa" mit fabelhafter Bravour herunter.

„Aber nein, das geht nicht, meine Herrn!" betheuerte der Wirth, der von seiner üblichen Skat=Parthie in der Ecke aufsprang und herbeieilte. „Sie graulen mir ja alle Gäste fort."

Annesley setzte sich, unmuthig seine Mähne schüttelnd: „Lächerlich! So geht's immer. Nirgends ist Raum für das Ideale."

„Und die Eitelkeit," ergänzte Leonhart.

Schmoller wand sich in inneren Krämpfen. „Sehr, sehr brav. Ich ehre in Ihnen den neuen Amphion," rief er, Lachthränen in der tremulirenden Stimme. „Sie könnten Steine erweichen. — Dieser Me—nsch!" flüsterte er zu Leonhart hinüber. „Den bring' ich in meinen neuen Roman. Der Wein=Reisende in Musike! Das ist ja das reine Pendant zu den Literatur=Studenten des Jüngsten Deutschland."

Als ob er auf sein Stichwort gelauert hätte, wandte sich hier der Wunderknabe, der nach Leonharts boshafter

Ergänzung über irgend etwas zu sinnen schien, an diesen mit der erfreulichen Frage:

„Haben Sie schon Veilchenthals Epigramm auf Sie gelesen in der neuesten Nummer des ‚Zeitgeist'?"

„Ach Gott!" lächelte dieser. „Was geht es den Mond an, ob ein Köter ihn anbellt! Der selige Lasalle sagte so richtig in seiner Broschüre gegen Julian Schmidt: ‚Die kleinsten Köter pflegen mit Vorliebe an Monumenten ihr Wasser abzuschlagen.'"

„Hihi!" Der Wunderknabe grinste dämonisch. „‚Mond' und ‚Monument' ist gut. Hihi, er redet ja eben darin von Ihrem ‚widrigen Selbstlob' — hihi, er nennt Sie den Gernegroß, dem Dunst und Dünkel das Hirn verdrehte und der seine Kindertrompete — hihi — hält für die Posaune des Weltgerichts."

„Ach, Sie sind zu freundlich. Ich staune über Ihr Gedächtniß," parirte der Dichter kalt. „Vielleicht lernen Sie auch mein neuestes Epigramm auswendig:

Größenwahn.

Der Esel vertraut es dem Schafe,
Das blökte fromm Mumuh.
Sie schrieen sogar aus dem Schlafe
Gar manche Ziege und Kuh.
Der Fuchs und der Wolf mit Trauern
Das Thier in der Wüste besahn.
Der — Löwe ist zu bedauern:
Er leidet an Größenwahn!"

Eine kurze Pause entstand. Auf diese schneidende Tiefquart wußte Annesley nur ein dummes „Hihi" zu

kichern und wandte sich daher, um abzulenken, mit heuch=
lerischer Theilnahme an Rother: „Auch über Ihr neues
Bild, lieber Freund, ist ein abscheuliches Epigramm ver=
öffentlicht. Ich kann es auswendig. Auch die neulichen
abscheulichen Bosheiten des Dr. Drechsler=Caballo im
‚Stuß‘ gegen Sie habe ich verwahrt. Sie können diese
wichtigen Dokumente bei mir nachlesen. Soll ich das
Epigramm —"

„Nein, unterlassen Sie das!" unterbrach ihn Leonhart
stirnrunzelnd. „Sie scheinen ja ein ordentliches Arsenal
aller Injurien gegen Ihren Freund und Gönner anzulegen."

Während Annesley wieder ein verlegenes „Hihi"
herausquälte, belobigte Schmoller gnädig Leonharts Epi=
gramm. „Sehr schneidig. Könnte nicht machen. Habe
überhaupt noch nie einen Vers gemacht. Wenn ich ein
Gedicht sehe, muß ich schon lachen. — Ja, meine Herrn,"
er nahm einen behaglichen Schluck Kulmbacher, „hier sitzen
die zwei bestgehaßten Leute in Berlin. Gefürchtet muß
man sich machen; das ist die Hauptsache. — Dieser
Veilchenthal! Dieser Me—nsch!"

„Na, der hat doch wenigstens ins Leben hinein=
gespuckt," insinuirte Rother lächelnd.

„Haha, sehr gut. Könnte sogar selbst als Spucknapf
dienen. Ein Mensch mit einem solchen Flecken — Sie
wissen doch!" Und er wärmte zum tausendsten Mal eine
alte Weibs=Geschichte auf, wobei er einige verfängliche
Situationen, die dabei mitgespielt haben sollten, recht
drollig zum Besten gab.

„Ach was!" Leonhart schlug unmuthig mit der Faust

auf den Tisch. „Laßt doch endlich die faule Sache ruhn. Wir sind allzumal Sünder und mangeln des Ruhms."
„Na, der mangelt doch nicht des Ruhms!" lachte Schmoller. „Freilich, was für ein Ruhm!"

Aber Rother, der aufmerksam zugehört hatte und sehr still geworden war, stimmte Leonhart eifrig bei. „Ist denn das ein solches Verbrechen, daß Einer aus Leidenschaft für ein Weib .."

„Das will ich meinen!" rief Leonhart. „Seht Euch doch einen Kerl wie Napoleon an. War denn dem seine Josephine 'was Bessers? Da hab ich ein paar neue Bücher gelesen von einem gewissen Imbert de St. Amand über das Leben der ‚Bürgerin Bonaparte'. Du mein Gott! Um solch eine liebenswürdige Kokette, solch ein sinnliches Durchschnittsweib, hat das größte That=Genie aller Zeiten Blut geschwitzt! Der ganze berühmte Feld=zug in Italien wird an der Hand unwiderleglicher Doku=mente zu einem Delirium des erotischen Geschlechts=paroxismus. Bonaparte wollte berühmt werden und siegen, bloß damit ihn dies Weib liebe! Als er unter dem Triumphbogen Mailands einzog, war er der einzige Traurige in seinem siegreichen Heer. ‚Meine Frau ist krank oder treulos,' sagte er todtenbleich zu Marmont. ‚Ihr Medaillon ist auf meiner Brust zerbrochen.' Als er sie gewaltsam aus Paris schleppen ließ, wobei sie sich mit Händen und Füßen sträubte und weinte, als ging's zum Schafott, — gerieth er in eine erhabene Raserei, als die Oesterreicher ihn bei Befriedigung seines Liebestaumels störten. Und als seine Frau, die er den Gardasee ent=

lang schickte, um sie aus dem Schlachtbereich zu schaffen, ihm Jammerbriefe schickte, ihre Eskorte würde von den Oesterreichern verfolgt und man habe auf sie geschossen, — schleuderte er in einem Anfall genialen Wahnsinns seine Blitze mit der unnatürlich verzehnfachten Kraft eines Irren umher, so daß er im ‚Feldzug der Fünf Tage' die ganze österreichische Uebermacht Schlag auf Schlag auseinanderstäubte. Vor Arkole, als ihn ganz Europa für verloren hielt und die Armee ihn im Zelt verzweifelt über seiner Rettung brütend glaubte, saß er und schrieb verrückte Eifersuchtsbriefe an seine Frau: ‚Fürchte den Dolch Othellos!' Briefe, welche die naive Kokette in ihrem Salon vorlas und dazu lachte: ‚Il est drôle, Bonaparte!' Grade in diesem erotischen Delirium kam das Genie über ihn wie ein Strahl und er beschloß den berühmten Uebergang aufs andre Ufer der Abige, wodurch seine ganze Lage eine andre Wendung bekam. — Später blieb's geradeso. In den Laufgräben von St. Jean d'Acre, gigantische Pläne nebenbei im Hirne wälzend, lamentirte er umher und belästigte seine Adjutanten mit Jeremiaden und Klatschereien über Josephinens Untreue, über die er sich lang und breit mit seinem eigenen Stiefsohn Eugen unterhielt. — Kurz, meine Herrn, ungewöhnliche Menschen sind in dieser Beziehung immer verrückt und die erotische Leidenschaft ist der beste Stachel der Genialität." Er hätte noch so fortdocirt und besonders die Episode mit der polnischen Gräfin zum Besten gegeben, wegen deren die Schlacht von Eylau verloren ging — aber Schmoller gähnte laut. So zog er es denn vor,

um sich einen anständigen Rückzug zu sichern, zur Retirade zu eilen. Während er diesem natürlichen Bedürfniß fröhnte urtheilte sein Waffengenosse, Kamerad Schmoller, wohl=
wollend:

„Hat etwas gelernt, dieser Leonhart. Aber mit seinem Napoleonschwindel muß er mir vom Leibe bleiben. Das ist auch bei ihm so ein Stück Größenwahn. Wissen Sie nicht, er hält sich selbst so für eine Art kleinen Na=
poleon, haha! Spricht pro domo. — Ja, ich sagte eben," brach er ab, als Leonhart wieder erschien, „Du bewunderst Deinen Kleinen Korporal zu viel. Was der gethan hat, kannst Du auch — wenn Du so viel Glück hast wie er. Prost!" Dabei zwinkerte er mit einem Auge die Andern an, als wolle er ihnen seine tiefe Ironie andeuten. Gleichwohl klangen seine Worte ganz sauertöpfisch=bieder.

„Napoleon war doch ein dämonisches altes Haus!" machte der Wunderknabe seiner unklaren Gedankengährung Luft.

„Sehr richtig, lieber Herr von und zu Annesley," munterte ihn Schmoller mit süßlichem Lächeln auf. „Sie sind ja auch eine dämonische Natur."

„Ich? Hihi. Glaub's auch. Sehn Sie, darum häng' ich auch jetzt die ganze Componirerei an den Nagel. Ich entsage für alle Zeiten der schöpferischen Production. In wilden Rhythmen, fessellos und frei, hat mein Herz gefiebert. Doch nun fiebert mein Dämon der Bühne zu. Nicht eher finde ich Ruhe, bis das Parkett des königlichen Opernhauses mir athemlos lauscht. Die ganze Producirerei, meine Herrn, ist heut nichts. Damit wird weder Ruhm

noch Geld verdient. Die Epoche der Schöpferkraft ist
dahin. Heute findet nur der reproducirende Künstler seinen
goldnen Boden. Und ich, meine Herrn, brauche das.
Ich gestehe es offen: Ich brauche Ruhm und Genuß.
Sie sehen mich, ich bringe alle äußeren Mittel mit!"
Schmoller trat Leonhart auf den Fuß. „Die Weiber
müssen zu meinen Füßen schmachten, daß ich gleichsam
in Makartscher Fülle schwelgen kann." Dabei grinste sein
Gesicht ordentlich von verzehrender Wollustgier. „Ich bin
eben eine dämonische Natur!"

„Eine neronische, meinen Sie wohl?" ergänzte
Leonhart ruhig. „Ich will Ihnen auf den Kopf sagen,
was Sie sind: Ein Dilettanten=Wütherich. ‚O welch
ein Schauspieler stirbt in mir!' mögen Sie auf Ihren
Grabstein setzen. Wären Sie auf dem Thron geboren,
so würden Sie der Zwillings=Bruder eines Ludwig II.
sein. Mit verzückter Thränenseligkeit und Schmerzens=
wollust Rom in Brand stecken, und dazu freie Rhythmen
drechseln — oder die Cirkus=Gladiatoren und Bestien
sich das Fell von den Knochen reißen lassen, um in
tragische Kothurnstimmung zu gerathen — das wäre so
Ihr Gusto!" ... Der unheimliche Jüngling lehnte sich mit
affektirtem Staunen zurück und sah ihn erstaunt an: „Nein,
sind Sie aber ein Menschenkenner! Zweifellos leide ich
an erblicher Paranoia und nervöser Psychose." Er theilte
dies mit so sinniger Beschaulichkeit mit, als spreche er
von einem Schnupfen. „Doch freilich, eine so complicirte
Natur wie mich vermögen Sie doch wohl noch nicht voll
zu begreifen. Wenn Sie mich näher studirten . . ."

„Dazu sind Sie mir zu unbedeutend, fürchten Sie nichts," beruhigte ihn Jener trocken. „Glauben Sie übrigens, das sogenante Dämonische wär' was Besonderes? Alle Uebergangsepochen sind davon durchseucht. Immer dieselben Symptome herostatischen Größenwahns. Die Anarchisten, die Attentäter, die angeblich ihren ‚inneren Stimmen' gehorchen, sind heut bloß die Nachfolger ähnlicher Schwachmatikusse in der Renaissance, wo man, wenn nicht Cäsar, durchaus Tyrannenmörder Brutus oder Anarchist Catilina werden wollte. Gegen solche dämonischen Instinkte ist freilich schwer anzukämpfen.

Die hundert Spanier in der Riesenstadt Mexiko, welche Kortez zurückließ, stürzten beim Neumonds-Fest auf den Goldschmuck der Mexicaner los, blind für alles Andere, toll von Gier, und richteten ein Blutbad an. Sie mußten wissen, ja sie wußten es beim Thuen selbst, daß sie schwer dafür zu büßen hatten. Aber sie konnten nicht anders: Gold- und Blutgier rissen sie fort. Der Tiger weiß auch recht gut durch Instinkt, wenn er ein Schiff auf dem Ganges anfällt, daß er dabei umkommt, daß eine Gewehrkugel ihn dabei treffen muß. Aber er thut es doch! Jede Leidenschaft ist unzurechnungsfähig, so auch die eines ganzen Zeitalters, wie die der Renaissance und unsrer Tage — und diese dämonische Leidenschaft heißt: Größenwahn, von Sich-reden-machen um jeden Preis!"

Rother hatte schon bezahlt, weil er fand, das Gespräch nehme eine ungemüthliche Wendung, und Annesley gerieth wirklich in nervöse Unruhe — wie gewöhnlich.

wenn es auf Mitternacht gehe, erklärte Rother. So brach man denn auf.

Draußen vor der Thür, als man von der Kellertreppe auftauchte, schritt grade ein Paar vorüber, — gewaltig ausholend, als solle Alles ihrem schweigenden „Platz Da!" Luft machen, — bei dessen Anblick die zwei Dichterdioskuren in ein schallendes Gelächter ausbrachen.

„Seht ihn euch an, seht ihn euch recht an, Kinder!" schrie Schmoller „Der Eine von diesen Bourgeois ist der graußße Drechsler-Caballo vom ‚Stuß' — der Sie auch angeculkt hat, Rother, wie Jeden, der Saft und Kraft im Marke hat. In seiner ungeschorenen langen Simsonmähne steckt sein ganzer Ulk, wie eine Laus. Er leidet an Reim-Darmverschlingung und Schimpf-Diarrhoe. Ihm soll der weise Merlin prophezeit haben: Eine Delilah werde ihm mit der großen Scheere des Feuilleton-Sitzredacteurs Doctor Gotthilf Kleisterpott das Haupthaar stutzen. Die Gelehrten sind aber noch uneinig, ob die Prophezeiung auf Frau Doctor Bergmann, Chef-Dame der ‚Tagesstimme', oder auf die Dichterin Ulla Wank hindeutet. Hehe, altes Erbstück, olles Inventar!" grölte er den majestätisch Enteilenden nach. „Und der Andre — dies fettige Oelgesicht! Jöttlicher Joethe, wer sollte Dir nicht kennen! ‚Die Familie Schreibold'! Fünfzigtausendste Jubiläumsauflage! Dieser Mensch! hat ins Berliner Leben noch kaum hineingespuckt!"

Sie waren während dieser Ciceronianischen Invective bis vor den „Reichsadler" gelangt. Soeben spazirten ein paar Mägdelein, offenbar dort mimende Tingeltangelleusen,

zum Thor heraus und begaben sich auf den Heimweg —
eine kleine Junge und eine dicke Alte. Bei dieser Licht=
erscheinung zuckte Annesley krampfhaft zusammen und
faßte Rothers Arm, indem er den Göttinnen nachstierte.
„Sie ist's!" flüsterte er theatralisch mit einer Grabes=
stimme.

„Herr Gott, beruhigen Sie sich doch, alter Junge!"
tröstete ihn Rother freundlich. Schmoller aber, der die
Scene beobachtet hatte, verabschiedete sich eilig; er habe
noch eine Verabredung: „Fahren Sie sowohl als auch!
Komm, Leonhart! — Denk Dir doch nur," rief er, als
sich die beiden Paare nach verschiedenen Richtungen von
einander entfernten, „das ist ja die bewußte unglückliche
Flamme dieses Größenwahnsinnigen, der den ‚wilden
Engländer' macht. Die müssen wir mal ausholen. Das
ist Die, — erinnerst Du Dich, wie Rother uns das Ge=
dicht vorlas, Text und Musik von Fedor Waschlappky
(zu Deutsch: F. H. Annesley), mit dem Refrain: ‚Jetzt
weiß ich es, wir sehen nie uns wieder'? Vorwärts!" Sie
blieben den beiden Chansonneusen auf dem Fuß, bis sie
dieselben erreichten.

„Mein schönes Fräulein, darf ich's wagen,
Meinen Arm und Geleit ihr anzutragen —
zum Café National nämlich?" fragte Schmoller graziös.
„Wie wär's, Kleine, he?"

„Ach Sie! Was wollen Sie denn eigentlich!"

„Mit Dir der Morgenröthe entgegenwandeln, o
Aurora!" Leonhart umfaßte burschikos die Hüfte der
Alten.

„Na Sie aber doch! Aurora in Oel!"

„Laſſen Sie meine Tante in Ruhe!" kreiſchte die Kleine.

„Nun macht keine Geſchichten, Kinder. Ich ſpendire ſogar einen Sherry-Cobler!" verhieß Leonhart. Dem vermag kein asphaltenes Straßenpflaſter-Herz zu widerſtehn — und ſo ſaßen ſie denn alsbald in der ungeſunden Stickluft der nächtlichen Markthallen für Weiberfleiſch.

„Du, Maus, Du haſt ja einen Liebespickel! Biſt Du nicht mein kleiner ſchneidiger Fritze?" knüpfte die Kleine cordial an, indem ſie Leonhart ins Knie kniff.

„Sage mal, liebes Kind," hob Schmoller an, „ich habe nämlich von Dir gehört — von einem verſtorbenen Freund."

„Ach Falle! Das kennt man."

„Nein, auf Taille! — Von Henry Francis Anneslet)."

„Ach Jemine, is der todt?" Die Kleine hob einen Augenblick die Lippen von dem Lutſch-Halm ab, mit dem man den Sherry-Cobler auszuſchlürfen pflegt.

„Ja. Sage mal, Du ſollſt ja Jungfrau geweſen ſein, als er Dich verführte?" Die beiden Damen ließen einen hyſteriſchen Lachkrampf befürchten. „Na gewiß. Er hat doch auf Dich ein Lied in Muſike geſetzt ‚Die Reue', worin er von den Furien ſeines Gewiſſens und Deiner geknickten Unſchuld redet."

Die kleine Dame war außer ſich. „Meine Unſchuld ſoll der Stiefel man ja in Frieden laſſen! Für den is das nichts. Der kooft den alten Fritzen doch nich."

„Na, aber ich bitte Sie, Ihr intimes Verhältniß.."

„Was, intim?! Sie haben wohl einen Vogel. Nich mal mein ‚Freund' is er jewesen. Der alberne Stiefel mit all seine faule Redensarten! ‚Retten' hat er mir wollen — so 'ne Qualmtute! Mit keinem Herrn hab ich mich so gelangweilt! Der saß ja man bloß immer da und starrte mir an."

Schmoller konnte sich nicht mehr halten; er brüllte vor Lachen. Leonhart schüttelte wehmüthig den Kopf: „Immer die alte Geschichte. Zu lächerlich, um tragisch, zu tragisch, um lächerlich zu sein."

Die beiden Damen nahmen jedoch Schmollers cynisches Gelächter sehr übel, da sie den Grund nicht verstanden. „Na, Sie scheinen nur ooch ein oller Nassauer! Lachen Sie man über Ihnen selber — das is jesund!"

Leonhart kannte seinen erhabenen Freund zu lange, um sich noch zu wundern, daß Schmoller, statt zu lachen, wüthend losdonnerte:

„Was, Sie wollen hier frech werden und Bilder rausstecken? Wissen Sie, wen Sie vor sich haben? Für was halten Sie mich?"

„Für einen Schornsteinfegermeister!" kicherte die Kleine schnippisch. Schmoller wurde dunkelroth vor Wuth. „Da! da! Lesen Sie!" Er riß seine Brieftasche heraus und entfaltete einen Pack Zeitungsblätter, wo Recensionen über sein sociales Sittenbild „Die Enterbten" roth angestrichen waren, indem er mit der flachen Hand auf die betreffenden Stellen schlug. „Da! Das bin Ich! Der deutsche Zola! Ja wohl, Sie freches Mensch! Wissen Sie das wohl?"

Leonhart empfahl sich in aller Eile, worüber sich Kamerad Schmoller wieder mörderlich erboste. „Das ist auch Einer, der an seinem Messias zum Judas wird!" lallte er mit geballter Faust. Leonhart lachte. Offenbar hatte der große Sittenmaler wieder zu viel getrunken; er konnte nicht viel Spirituosen vertragen, weil er so viel „ins Leben hineingespuckt" hatte, was gewiß sehr angreifend gewesen war.

„Wie?" hörte man ihn drohen, als der Aufseher des Cafés erschien und um Ruhe bat. „Sie wollen mir den Mund verbieten? Ich bringe Alles in meinem nächsten Roman . ."

„Ach, bringe Dich doch mal selbst hinein, alter Junge," dachte Leonhart, als er fürbaß schritt.

„Dieser Original=Figur ist Deine Feder selbst allein gewachsen."

Obschon Annesley durchaus noch in der Bodega oder sonstwo ein anständiges Glas Wein trinken wollte, um den Abend cavaliermäßig zu schließen, widerstand Rother, so willig er sich stets vom Egoismus seines Schützlings terrorisiren ließ, diesmal dessen Wünschen. Er müsse für die Reise morgen frisch bleiben. Annesley trippelte neben ihm her, ein gut Stück aus seiner Richtung ausbiegend, um Rother auf dessen Heimweg zu begleiten. Große Federflocken schüttelten sich auf die nächtlichen Straßen herab und breiteten einen weißen Teppich, der den Schmutz des Tages verwischte. Rother, stets aus Empfindsamkeit und unbewußter Eitelkeit eine warme Gesinnung Anderer

für ihn muthmaßend, fühlte sich gerührt, daß der Wunder=
knabe ihn so anhänglich durchs schlechte Wetter begleitete.

„Nun gehn Sie nur nach Hause, lieber Freund. Es
ist sehr hübsch von Ihnen, daß Sie mich am letzten
Abend, wo wir beisammen sind, nach Hause bringen.
Aber Sie werden sich erkälten .. scheiden wir hier!"

„Ja, das wollt' ich eben sagen," sagte der treue
Freund. „Ach beiläufig, ich suche noch nach etwas ewig
Weiblichem — können Sie mir vielleicht noch zwanzig
Mark borgen?" Rother sah ihn an und lächelte bitter.
„Nun, das ist doch nichts für einen Mann wie Sie. Sie
wissen ja, Sie kriegen's immer übermorgen wieder."

Es war dies Annesleys Manier, trotz seines eigenen
vollen Beutels — er wollte offenbar stets Rothers
Freundschaft prüfen. Dieser lachte herzlich und wohl=
wollend:

„Darum reiten Sie mit mir durch Nacht und Wind?
— Na, da!" Er reichte ihm das Goldstück. „Also abieu!"

„Ja und die Prachtausgabe meiner ‚Kinder des
Leibs' widme ich Ihnen. — Glauben Sie nicht, daß mir
das nützen wird?! Bei Ihrem großen Anhang .."

Rother antwortete nicht und hustete. „Sehn Sie, so
drücke ich Ihnen meinen Dank vollauf aus — für so
manches Gute, daß Sie an mir gethan haben."

Rother antwortete nicht. Er dachte an die Feindschaften
und Verleumbungen, die er sich wegen des kleinen Nero
zugezogen. An den Bruch mit Collegen, welche ihm seinen
„hochbegabten Schützling" als ohnmächtigen Charlatan
schimpfirten. An all die Stunden, wo er die morsche ver=

rottete Seele aufgerichtet. An seine väterlich aufmunternden Gespräche mit Annesleys Tante (bei der dieser wohnte) über alle Leiden, welche der größenwahnsinnige Wicht derselben verursachte; einmal hatte er in einem Wuthanfall seines Weltwehs auf sie ein thätliches Würge-Attentat versucht. Er dachte an die seelische Blutvergiftung, welche ihm der Umgang mit diesem brünstig nach Weltlust schmachtenden Weltverächter zuzog, der seinem Persönchen ein ideales Martyrium anlog, um desto brünstiger der Befriedigung unersättlicher Eitelkeit und Ichsucht zu fröhnen. An die Selbstschwächungs-Manie, welche der begnadigte Stimmungsfritze um sich verbreitete, alles Männliche und Reale als „unpoetisch" verpönend — was auf Rothers receptive schwächlich-empfängliche Natur den gefährlichsten Einfluß gehabt hatte. An seine ganze geistige Vormundschaft diesem naseweisen undankbaren Knaben gegenüber. Schon hatte ihm Leonhart mitgetheilt, daß Annesley mit Rothers Todfeind, dem Kunstkritiker Doctor Kratzenthal, hinter dem Rücken seines Gönners gegen diesen conspirire. In einer Gesellschaft habe er sich von dem Maler Adolf von Werther sogar mit Hochgenuß erzählen lassen, Rother schwebe schon lange am Rande der Lächerlichkeit — ohne dagegen zu opponiren.

Damals hatte Rother darauf nicht geachtet; es widersprach seiner nobeln Natur, gleich das Schlimmste zu glauben. Jetzt aber, wie von einem plötzlichen Blitz erleuchtet, lag der Charakter dieses Pseudo-Weltschmerzlers (Pessimystiker sind immer die schlausten Geschäftsleute) ihm bis in die innersten klaffenden Spalten vor Augen.

In diesem Lichte wenigstens sah jetzt Rother Vieles, über das ihn seine Gutmüthigkeit weggetäuscht. Denn bei warmblütigen Gemüthsmenschen stößt leicht ein Extrem in das andere über. Meist aus kleinbürgerlichen Verhältnissen stammend, nie in die große Welt hinausgekommen, nur ausnahmsweise in Berührung mit andern Kreisen, unbeholfen zwischen Zudringlichkeit und scheuem Respekt vor Bureaukratie und Militair hinundhertappend, stehen Berufslitteraten und -Künstler vollends rathlos dem Dilettantismus gegenüber, der "es nicht nöthig hat". Das unmögliche Streben, in der Pappschachtel unsrer chinesisch etiquettirten Gesellschaft ein freies ästhetisches Dasein aufzubauen, ruft allerorts Erbitterung hervor. Wenn ein junger Mann keine Tanzstunde nimmt, keine Bälle besucht, mangelhafte Verbeugungen ausführt und den jungen Damen nicht die Cour schneidet, so gilt er ja mit Recht als ein Mensch ohne alle tiefere Bildung. Wenn er aber gar eine selbstständige Existenz führen möchte, außerhalb der Kette eines Berufes, selbst der berufsmäßigen Kunsthandwerkerei, so erntet er außer dem Spott noch geziemenden Haß. Die Welt steht vor allem Ungewöhnlichen einfach verblüfft. Ihr natürlicher Instinkt erschrickt wie vor einer Dynamitbombe.

So übertrieb denn auch jetzt Rother's gerechte Empörung. Denn dieser schauspielernde Selbstverliebte, der das Genußleben wie eine Spargel aussog, blieb doch ein Aristokrat der Empfindung. Aber das harte Leben macht eben hart und man erübrigt kein Mitleid für unbefriedigbare Schönheitssehnsucht.

„Ich bin immer noch paff," brach Annesley das Schweigen, während sie an einer zugigen Ecke zögernd stillhielten, „über diesen schlotterigen Leonhart. Hatte mir Den immer gedacht als ein enfant gâté, als einen ‚Löwen' der Berliner Salons! Nein, diese Enttäuschung! Ein richtiger Scribeler und Schmierfink! Denken Sie an mich, Der wird noch mal vor Größenwahn im Irren=hause enden!" Dabei rollte er so dämonisch die Augen, daß Rother sofort die bekannte Wahrnehmung einfiel, wie Geisteskranke immer die Andern ihrer eignen Schwächen bezüchtigen.

Aus der Philharmonie in der Bernburger Straße strömten gerade Schaaren von Musikanten heraus, un= geheure Hut=Karrenräder auf dem Lockenthurm, welchen selbst King Bell von Camerun beneiden konnte.

„Also ich komme nicht weiter mit. Adieu!" rief der ideale Schmerzenreich. „Wenn wir uns nicht wiedersehn sollten, wünsch' ich Ihnen ein besseres Loos, als das meine auf diesem Hundeerdball. Hoffentlich bau' ich mir nächstens eine Villa, wo alle Wände gepolstert, um den gemeinen Tageslärm von meiner Eremiten=klause fernzuhalten. Uebrigens dürfte demnächst mein Tagebuch erscheinen: ‚Aufzeichnungen eines verrückten Musikers', natürlich pseudonym. Ich sage Ihnen . . ." er machte dabei eine Handbewegung, indem er die Stimme dämpfte, als vertraue er einem Geheim=bündler schaurige Staatsgeheimnisse an. „Hier finden Sie den Schlüssel zum Verständniß meiner Irrsal. Ja, wäre ich als Lord geboren, wie der selige Byron!

Aber so! Leben Sie wohl! Falls ich nicht in einer Kaltwasserheilanstalt meine Gemüthskrankheit heilen muß, bitte ich alle Briefe nach Venedig zu adressiren, wohin ich im Frühjahr reise. Nachher mache ich wohl mit meiner Tante eine Tournée durch alle Badeorte Deutschlands, um meine Prachtausgabe zu verbreiten und mich als Sänger probeweise hören zu lassen. Man sagt mir, Niemann werde alt; ich dürfte wohl an seine Stelle treten." So phantasirte der eisige Egoist in seiner brennenden Eigenliebe drauf los; seinen Freund hatte er längst vergessen. „Doch was für eine Zugluft hier!" Er hielt sich das Taschentuch vor den Mund. „Meine Stimme, meine Stimme! Ich muß sie schonen. Also glückliche Reise, lieber Freund!"

Der unheimliche Jüngling stolzirte mit langen Beinen in die Nacht hinein. Rother lachte bitter — jenes messerscharfe Lachen, das wie ein Dolch in die Seele sticht und schärfer brennt als Thränen. Die Menschenwüste dehnte sich vor ihm hin — öde, öde, öde.

Am andern Vormittag, als er eben seinen Koffer in die Droschke steckte, die ihn zum Lehrter Bahnhof trug, erhielt er noch ein parfümirtes Billetdoux von Henry Francis Annesley, in eigenthümlich gemessenem Stil:

„Hochgeehrter Herr,

Bei unserm gestrigen Beisammensein entschlüpften mir allerlei Andeutungen betreffs eines Büchleins, das pseudonym in Leipzig soeben erschien. Ich erlaubte mir, verzeihen Sie, eine kleine Mystifikation. Das Büchlein ist nicht von mir, sondern von einem Studienfreunde aus der hiefigen Mufikalifchen Hochfchule (Conservatorium). — Ergebenft grüßt Ihro Genie Gnaden der Adonis und Schmerzens=Lazarus

Henry Francis Annesley.

P. S. Vielleicht interessirt es Sie zu vernehmen, daß ich im Laufe nächsten Frühjahrs ein Concert im Leipziger „Gewandhaus" veranstalten werde. Sie erwähnen das wohl gelegentlich in Ihren etwaigen Privat=Correspondenzen nach Deutschland. Auch darf ich wohl darauf rechnen, daß Sie, falls Sie von London über dortige Gallerien an eine Kunst= zeitung correspondiren, auch meiner Wenigkeit irgend wie dabei gedenken werden. Sie wissen, wie dankbar ich Ihnen bin.

P. P. S. Anbei eine soeben erschienene Recension über das oben erwähnte Büchlein."

Dieser Zeitungsausschnitt lautete:

Tagebuch eines verrückten Musikers von F. H. Hum= merscheere. Obschon ein literarisches Erstlingswerk, athmet es die Reife des Genies. Hier wird die erbliche Nervenkrankheit oder „Paranoia" mit wunderbar pathologischem Realismus zergliedert. Herrlich sind die Streiflichter, welche auf den großen unglücklichen Monarchen Ludwig II. fallen, den Hummerscheere so schön anredet: „Du warst ein Kind und ein Genie." Hummerscheere ist auch ein Meister der Satire; das beweist die drollige Figur des liebeskranken Malers Emil Knothe.

Harold Theopol Mokamaute.

Rother zerriß das Gewäsch mit einer Miene des Ekels. Das war selbst seiner Sentimentalität zu viel. — Den Sinn des Unbegreiflichen verstand er freilich erst später, als ihm das „Tagebuch" vor Augen kam und er in dem Maler Emil Knothe lauter Aeußerungen und Züge von sich selbst wieder erkannte, die ihm der liebe Wunderknabe während ihrer Intimität abgelauscht. Was interessirte ihn überhaupt jetzt das Alles! Auf nach London!

Leonhart bummelte langsam fürbaß. Der Gedankengang, den er damals in der Kneipe abgebrochen, setzte sich unabgerissen wieder fort: Er dachte an das Leben Napoleons. Wie oft verschmilzt sich erotische Leidenschaft mit dem politischen Schicksal, wie oft bestimmt ein Weib durch den verliebten großen Mann die Geschicke der Welt! Es wäre ein tragikomischer Spaß, die Briefe des eifersüchtigen Siegers von Italien an die Citoyenne Bonaparte neben die Eifersuchtsbriefe der Kaiserin Josefine an den Sieger von Austerlitz und Jena, der ihr verbot mit ihm ins Feld zu reisen, um erotisch frei zu sein — kurz, die Zeugnisse eines durch physiologisch-psychologische Processe genau umgestülpten Liebesverhältnisses nebeneinander zu drucken. O Mann, o Weib! Dies Weib, das er für sein Schicksal, für sein Spieler-Glück hielt — verstieß er, um die Tochter der Habsburger an seine Seite zu fesseln, mit welcher ihn Schritt für Schritt Fortuna verließ, so wie die Elende ihn selbst verlassen hat. Was er als Opfer seines persönlichen Glückes seinem Ehrgeiz zur Sättigung hinwarf, grade das schuf den Sturz seiner Herrschaft. Er scheuchte sein altes Glück, sein geliebtes Schicksal, von seiner Seite — das Schicksal rächte sich.

Ueber dem Schlößchen Malmaison stand sein kaiserlicher Stern zuerst nah dem Zenith. Dort verlebte er mit Josefine den Honigmond seiner Allmacht als Erster Consul. Und eben dort erlosch sein Stern, hier hauchte sie ihren letzten Odem aus — er folgte. Eh er sich England überlieferte, verweilte er die letzten Tage dort — in der Todtenkammer, die einst sein Ehegemach gewesen. Im nie endenden Orkan seines Lebens war dies die letzte Oase, die ihn einlullte mit der Fata Morgana vergangenen Glücks. So verbindet sich Alles in räthselhaftem Kreislauf, Anfang und Ende. Das Schicksal der Liebe, die Liebe des Schicksals. Erhaben der Ruhm, erhabener die Liebe.

Welch ein Traum, dies Leben! welch ein Traum, von dem die Aeonen weiterträumen werden!

Dem Sieger von Italien schwenkte man einst eine Siegesfahne entgegen, worauf die Schlachten der Armee von Italien eingeritzt. Am Ziel seiner Laufbahn aber schwebte über seinem Haupte geisterhaft eine schwarze Trauerfahne — darauf stunden sie eingegraben in blutigen Lettern, die Schlachten der Großen Armee: Marengo, Austerlitz, Jena, Friedland, Wagram, Borodino, Dresden — Leipzig, Laon, Waterloo! Der Mensch ist Nichts, sein Schicksal Alles. Er war das Schicksal selbst und hatte sich erfüllt.

Er fiel, aber die Erde wurde sein Monument. Mit einem einzigen Sprunge schwang er sich hoch auf des

Sieges Donnerwagen und sein Triumph durchblitzte die schwüle Erde.

Welch ein Mensch! Die Sporen seiner Stiefel bohrte er der trägen Menschheit in die Weichen, aus ihrem Schlamme peitschte er sie auf als Gottesgeisel, er fuhr dahin auf seinem fahlen Renner wie der Todesengel der Apokalypse, er riß die Schollen auf wie eine brennende Pflugschar für den Samen der Zukunft. Ja, er hat dem Heros den Charlatan, dem Löwenherz den Falstaff, der Wahrheit die Lüge gepaart; er war ein Gigant mit thönernen Füßen. Aber mit alledem hat er der Welt gezeigt, was ein einzelner Mann vermag vermöge des höchsten Herrscherrechts, das von Gott selber begnadet, kraft der Souverainität des Genies.

Mag sein, er war ein falscher Messias und wurde an sich zum Judas. Aber sein Schicksal wollte es so. Er folgte einfach dem eingeborenen Dämon seiner Bestimmung, der ihn unaufhaltsam fortriß. Ein Größerer denn er war über ihm — wer sich von ihm gerufen fühlt, kann nicht widerstehen.

Ja, er war der feurige Wetterstrahl, der die stickig dumpfe Atmosphäre des morschen Europa von einem Ende zum andern durchzuckte, der durch den Gewitterhimmel der Revolution leuchtete wie eines Racheengels Flammenschwert. Der Orkan, mit dem er die Welt durchrüttelte, durchtobte ihn selber und schleuderte ihn wie eine entfesselte Naturgewalt über zerstampfte Völkerleichen hin. Millionen fluchten ihm, Millionen wurde sein Name ein Talisman der Begeisterung. Man kann das Eine nicht loben, das

Andere nicht tadeln. Denn er war wie ein blindes taubes Naturgesetz, wie eine eiserne Nothwendigkeit. Das Splitterrichtern der neidischen Mittelmäßigkeit, der zwerghafte Neid verklagt ihn vor dem Richtstuhl der Geschichte. Aber er hatte der Welt in sich ein Ideal gegeben, in der übermenschlichen Symbolik seines Schicksals — das gilt mehr wie alle Ideologie. — — —

Als ob der Zufall zu den Reflexionen Leonharts einen geheimen Zusammenhang beanspruche, stieß dieser plötzlich nahe an der Potsdamer Brücke auf ein seltsames Paar. Ein auffallend kleiner Mann, genau so groß wie Napoleon gewesen, schritt heftig gesticulirend neben einem Riesen her, der demüthig auf seine Worte wie auf prophetische Weissagungen zu lauschen schien.

„Sieh da, Doctor Paulus!"

Der kleine Herr blieb stehn und erwiderte Leonharts cordialen Gruß mit einer Verbindlichkeit, welche etwas Gezwungenes und Verlegenes nicht verleugnen konnte. „Ah, entzückt Sie mal wieder zu sehn. Wollen eben in den Café Boulevard. Kommen Sie mit? — Erlauben Sie, daß ich die Herrn bekannt mache — doch Sie kennen ja wohl Herrn —"

„Berthier? Gewiß." Der Große verneigte sich, zustimmend, daß man sich kenne.

„Berthier?! Hahaha!" lachte Doctor Paulus auf. „Nein, Beuthin. Mein ehrlicher Beuthin als Generalstabschef — nicht übel."

„Verzeihen Sie, Herr Beuthin, ich versprach mich.

Ideen=Assoziation! Weil Sie so 'was Napoleonisches haben, lieber Doctor."

Doctor Paulus lachte kurz auf und schritt mit einem leichten imperatorischen „Kommen Sie!" den beiden Anderen voran. Leonhart, der sich anschloß, „um einen Schlummerpunsch zu genießen," beobachtete ihn heimlich. Paulus war sehr elegant gekleidet, nach englischer Mode, einen breitkrämpigen Cylinder neuesten Londoner Stils auf dem interessanten Haupt. Obschon weit unter Mittelgröße von Statur, schien er nervig und muskulös. In seinen klar und scharf geformten Zügen lag etwas unverkennbar Füchsisches. Doch erinnerte er noch mehr an einen scharfspürenden behenden Jagdhund. In seinem Wesen trat eine hastige nervöse Unruhe hervor, als ob er stetig auf einen Fang laure. Seine breite, aber glatte niedrige Stirn, sein stechendes Auge, seine scharfe schnarrende Stimme konnten für den geübten Physiognomiker wenig Vertrauen erwecken. Ein Solcher hätte auf den ersten Blick in diesem „verdammt schneidigen Kerl" einen ausgezeichnet praktischen Kopf, jedoch ohne höhere geistige Veranlagung, erkannt. In seinen kräftig brutalen Kinnladen, seinem massiven Kinn verrieth sich eine eiserne Energie.

Als Leonhart die Bekanntschaft des Doctor Paulus machte, führte dieser eine ziemlich dunkle Existenz als eine höhere Art von Abenteurer. Er hatte als Doktor promovirt mit einer Disputation über die Schelling'sche Philosophie, die zwar nichts Positives beibrachte, sich aber durch ätzende Kritik und schneidende Logik hervorthat. Seither trieb er sich in Berlin umher, ohne daß Jemand wußte, wovon er lebe. Er erzählte stets merkwürdige Geschichten aus seiner Londoner Vergangenheit, wie er als man of fashion drei Jahre lang sein ererbtes Vermögen aufgezehrt habe. Englisches Halbblut mütterlicherseits, behauptete er sogar eine hypothetische Verwandtschaft mit einem bekannten britischen Staatsmann. Von seiner Londoner Aera wollte er auch die Vorliebe für Brandy mitgebracht haben. „Let's have a drink!" bedeutete bei ihm, wie sich Leonhart erinnerte, das Hinunterstürzen etlicher Gläser Cognac. Auch im Biere leistete er Großes. Leonhart lernte ihn zuerst kennen, als der rührige Streber eine Zeitung gründen wollte. Diese Idee schien jedoch mehr als Lockvögelei berechnet und zerann spurlos im Sande. Im „Feudalen Klub" trat er als ständiger Gast mit stolzer Sicherheit auf. Einmal klagte er Leonhart gegenüber voll Entrüstung, daß der Klub-Vorsitzende Graf Bärme, der sogenannte Mephisto mit der schwarzen Ledermappe (in welcher alle Collekten-Geheimnisse der Konservativen Partei schlummerten), ihn erst später, nachdem er mit einem fremden Herrn eine Viertelstunde am Tisch gesessen, näselnd vorgestellt: „Da es nun ja doch nicht mehr zu umgehen ist: — Sr. Excellenz Minister von X. — Doctor Paulus." Noch mancher andren Ueberhebung hatte Graf Bärme (der hochwohllöbliche Ordensjäger und Kammerherr, der sich vom einfachen „von" zum „Baron" und nachher zum „Grafen" emporschwang und die unerwartete Millionen-Erbschaft eines Onkels durch tausenderlei Geldgeschäfte und schmutzigen Geiz noch vermehrte) sich gegen den kleinen Paulus schuldig gemacht. Das kerbte dieser ihm gründlich an, und sobald er ein großer Mann geworden, mußte Bärme dafür büßen.

Ein großer Mann — ja, das wurde er bald genug. Leonhart gehörte zu den Wenigen, die es voraus= sahen. Sein tiefer psychologischer Scharfblick sagte ihm, daß aus dieser kleinen Schlange sich ein geflügelter Drache entpuppen werde. Er erkannte eine moderne Conquista= doren=Natur und sprach es Anderen gegenüber aus, die ihn darob belächelten. Doch die Ereignisse sollten ihm überraschend Recht geben. Paulus warf sich in die Co= lonialbewegung und klomm hier binnen kürzester Frist zu den höchsten Höhen des Erfolges empor. Meisterhaft verstand er es, seine Freunde auszunützen und ihnen dann einen Tritt zu versetzen. Intrigant vom Scheitel bis zur Sohle, liebte er die Taktik, alle Leute gegen einander zu hetzen und als beliebige Werthe auszuspielen. Vortrefflich berechnet wirkte auch sein Verhalten gegen seinen früheren herablassenden Gönner Graf Bärme. Er warf nämlich durch einen Staatsstreich diesen alten Herrn spornstreichs aus dem Vorstand der „Teutonischen Monopol=Colonial= Actiengesellschaft" hinaus, in den sich Bärme wie ge= wöhnlich hineingeschmuggelt hatte: Das kindliche Ver= gnügen, seinen Namen als Comité bei allen unpassenden Gelegenheiten gedruckt zu lesen, schien ihm gar zu süß! Sobald nun Paulus seiner kleinlichen Rachsucht Genüge gethan, hob er den Zerknirschten sammt seiner schwarzen Ledermappe huldvoll wieder auf und bugsirte ihn aufs neue an hervorragender Stelle in den Vorstand. Der gräfliche Mephisto fühlte sich überwunden. Feig und demüthig dem Stärkeren gegenüber, wie alle brutalen Naturen, kroch er jetzt den großen Mann bereitwillig an und wurde sein ergebenster Sclave. Paulus brauchte einen gräflichen Namen bei seiner Actien-Unternehmung und Bärme, den er aus diesem Grunde auf allen Geschäftsreisen als Abjutanten mit sich als Bärenführer herumschleppte, sonnte sich gern in der Ruhmessonne, die den schneidigen Colonial-Pfadfinder umstrahlte. Dieser erlaubte ihm sogar, einzelne Catilinarier auf Gesellschafts-Unkosten in weißen Stoffen als Colonialreisende auszurüsten, damit Bärme in allen Straßen das Naturwunder ausschreien konnte (auch Leonhart genoß von ihm diese werthvolle Mittheilung): Er, Bärme, rüste auf seine Kosten Reisende aus. — —

„Ich erlaube mir . ." hob der Gewaltige an, indem er sein Cognac-Gläschen grüßend gegen Leonhart schwenkte, sobald sie sich auf einem Sammetsopha des Café Boulevard niedergelassen. „Haben uns ja so lange nicht gesehn."

„Sie sind mittlerweile ein großer Mann geworden. Dachte mir's immer. Aber eine so glänzende Carriere wie Ihre ist mir doch wirklich in meiner Praxis noch nicht vorgekommen."

Paulus lachte kurz auf, als ob er das Gesagte für überflüssig halte. Schien ihm seine Carrière jetzt doch ganz selbstverständlich. „Und Sie, lieber Herr Leonhart? Haben indeß viel publizirt, nicht? Ach, wer kommt heut zum Lesen!"

„Das hat man schon zu Adams Zeiten gesagt, um sich zu entschuldigen!" warf jener bitter ein.

„Ich bitt' Sie, kann man denn davon leben like a gentleman? Sie wuchern nicht genug mit Ihrem Pfunde, Sie fruktifiziren nicht Ihr Geistescapital. Wissen Sie was, Sie sollten doch mal Ihre schneidige Stahlfeder in den Dienst unsrer patriotischen Sache stellen, als Gast der ‚Teutonischen Monopol-Kolonial-Aktiengesellschaft'", er sättigte sich feierlich an dem volltönenden Titel, „bei uns in Oceanien! Wir stellen Ihnen große Blätter zur Verfügung für Berichte. Allerdings," er zwinkerte verständnißinnig mit den Augen, „würde man von Ihrer wohlbekannten Unpartheilichkeit erwarten, daß Sie gerecht, aber wohlwollend über unsere Verhältnisse urtheilen. Natürlich unpartheilich, unpartheilich! Nun, was sagen Sie dazu. Europamüder?"

„Das ließe sich hören." Der kindliche Menschheits-Regenerator ging auf den Leim.

„Gut. Basta. Herr Beuthin!" Der hochgewachsene Generalsekretär der ‚Teutonischen Monopol-Colonial-Aktiengesellschaft' fuhr auf den herrischen Wink des kleinen Mannes zusammen, murmelte wie unbewußt „Zu Befehl" und riß eine gelbe Brieftasche heraus. „Notiren Sie! Herr Doctor Leonhart wird für uns wirken. — Ach und wie hochpoetisch!" schwadronirte er fort. „Diese Gebirgsscenerieen, diese Meeresufer! Sie werden dort Stoff in Fülle finden. Schreiben Sie uns ein Colonial-Epos!"

Der unpraktische Träumerheld begriff nicht die Bedeutung dieses Realpolitikers. Jeder will heut commandiren, keiner sich unterordnen. Aufblähung unebenbürtiger Intelligenzen hält sich für Unabhängigkeitsgefühl. Wenn der Große einem kothurnstelzigen Kleinen auf die Achsel klopft, so hat der Kleine nichts eiligeres zu thun, als dem Großen hinterrücks eins zu versetzen. Das ist sein heiliges Recht, denn wir sind ja alle gleich. Wenn den stummen Löwen das böse Fauchen, Winseln und Heulen der nachgemachten Puma-Löwen, Panther, Schakal, Marder und Wiesel belästigt und er sein donnerndes Gebrüll erhebt, so ist das freilich wenig „vornehm". Es wirkt geradezu „persönlich" (auf die persönliche Eitelkeit). Aber genügt es, zu donnern, um den Blitz einschlagen zu lassen? — Man braucht keine einsamen Wüsten-Donnerer, sondern Faiseurs, die sich dreist auf den Hacken erheben, um sich einen Zoll größer zu machen. Und der Befehlsschneid des kleinen Paulus lichtete das Chaos der allgemeinen Disciplinlosigkeit. Dies Verdienst schon allein hob ihn aus der Masse der bloßen „Macher" hervor und verlieh ihm eine Gloriole, für welche Leonhart's gallige Skepsis blind.

„Ein für allemal sind Sie hiermit eingeladen. Beuthin!" Der maschinenhafte Berthier notirte gehorsam. „Tragen Sie in Ihr Merkbüchlein ein: Herr Friedrich Leonhart ist permanenter Ehrengast der ‚Teutonischen Monopol-Kolonial-Aktiengesellschaft'. Sobald Sie erst bei uns in Uhahuba sind, steht Ihnen Alles zur Verfügung. Betrachten Sie sich dort wie zu Hause!" (Das mochte nun freilich seine Schwierigkeit haben, da überhaupt noch kein Haus in Uhahuba („Telegramm-Adresse") stand, wie der verschmitzte Annectator am besten wußte. Das nächste Blockhaus in der Nähe eines pantherreichen Dschungels empfahl sich auch recht freundlich als

Sommeraufenthalt.) „Haben Sie die Sache zur genauen Kenntniß genommen, Herr Beuthin?" schnarrte er im Commandoton.

„Zu Befehl, Herr Doctor," murmelte sein dienstbeflissener Berthier. Der Gestrenge lächelte holdselig und schwenkte ein neues Cognacgläschen: „Ich erlaube mir .. auf Ihr Spezielles! Sagen Sie, neulich hat ja unser Freund Doctor Wurmb über Ihr neues Werk eine begeisterte Besprechung losgelassen. (Studire übrigens grade das Werk; kaufte es natürlich. Das ziemt sich. Nein, keinen Dank! Die Bücher seiner Freunde kauft man.) Freute mich recht, weil es sich um Sie handelte. War aber sonst .. hm .. nicht besonders geistreich geschrieben, wie?" Da Leonhart nicht mit der Sprache herauswollte, fuhr er eilig fort: „Nun, jedenfalls war es verdienstlich, daß er für einen Mann wie Sie in die Schranken trat. Ach ja, in all meinen praktischen Beschäftigungen beneide ich Sie um Ihre ideale Thätigkeit. Sie wissen, ich studirte früher exacte Philosophie.. Noch heute brüte ich in meinen Mußestunden über die Skala der Lust- und Unlust-Empfindungen."

„Welche sich gegenseitig aufheben."

„Ach nein, doch wohl nicht!" Paulus stieß einen elegischen Seufzer aus. „Die Unlust-Empfindungen überwiegen durchaus."

„Daß ich nicht wüßte! Die Unlust wird selbst zur Lust, als Bethätigung des Willens zum Leben, worin Lust und Unlust gleichwerthig. Man muß nur die Wonne des Leids in sich ausbilden."

„Sie habe ich natürlich bei meinem allgemeinen Urtheil nicht im Auge gehabt," versetzte der Gestrenge, sich leicht verbeugend. „Schopenhauer sagt, die Genies seien stets abnorm. Sie als abnorme Natur darf ich nicht in den Kreis meiner Betrachtung ziehen."

Leonhart stutzte zuerst, dann wollte er sich innerlich vor Lachen auf dem Fußboden rollen. Offenbar ging der praktische Cyniker von dem richtigen Grundsatz aus, daß jeder Mensch eine unglaubliche Menge Schmeichelei vertragen könne; ahnte aber bei seiner Menschenverachtung nicht, daß es auch Menschenkenner geben könne, die ihn selbst durchschauten. Doch seltsam! Während er ironisch lächelte, fühlte sich der junge Dichter dennoch angenehm von dieser geschickt applizirten Flatterduse gekitzelt.

„Bei mir," versicherte der große Colonialpriester mit düsterem Stirnrunzeln und weltschmerzlichem Stimmfall, „überwiegen die Unlust=Empfindungen stets — soviel weiß ich. Kellner, einen Eierpunsch!"

Ei, dachte Leonhart, nachdem er aller Welt durch seine rücksichtslose Streberei Unlust=Empfindungen bereitet, sitzt er hier dick und fett am Biertisch und philosophirt über die Unlust! — Paulus schien jedoch wirklich von sentimentaler Aufwallung übermannt.

„Ach, mein Freund, schon allein . . Die Weiber!" Und nun fing er an, englisch — Leonhart, der sehr gut Englisch sprach, begünstigte diese Affektation — von seinen Liebesgeschichten erzählen. Man mußte denken, daß hier Erstaunliches vorlag, wenn man ihm Glauben schenkte. Verlobte Mädchen aus guter Familie besuchten ihn in

seiner Wohnung und verriethen seinetwegen ihre Bräu=
tigams, Aerzte oder Assessoren — zur beliebigen Auswahl.

„Jaja", Leonhart wiegte nachdenklich den Kopf.
„Der Geist übt eben dämonische Anziehungskraft auf die
Frauen aus."

„Hm, ja, aber eben nur der praktische Geist,"
schnarrte Paulus rasch, als ob er einen Eingriff in seine
Privatrechte zurückweise. „Die Energie — das imponirt.
Das Weib verachtet den unpraktischen Idealismus. Tata,
das Dichten und Denken! Die Energie — das ist die
Hauptsache."

„Energie! Glauben Sie etwa, daß nicht die höchste
Energie erforderlich ist, wie Goethe ein Leben lang die
Idee des Weltwerkes ‚Faust' mit sich herumzutragen und
unablässig daran mitzureisen? Offen gestanden, wär' ich
ein Genie, wie Sie sagen — kraft der inneren Untheil=
barkeit des Genies, das ja Alles kann, was es anpackt
möcht' ich mich dann wohl verpflichten, unfähigen Gegnern
gegenüber die Campagne Bonapartes von 1796 zu leisten
— aber den ‚Faust' zu schreiben möchte wohl über meine
Kräfte gehen."

„Ah! Na! Darüber läßt sich streiten." Paulus
sprang rasch von dieser Frage ab, die ja seine Eitelkeit
kaum interessiren konnte, und fing statt dessen an, eine
schreckliche Mordsgeschichte zu berichten. Er theilte Leon=
hart im Vertrauen mit, daß er heut früh ein Duell ge=
habt habe. Er sei mit einer Dame, einer schönen Dame,
in einem Café gewesen. Da habe ein Dandy am
Nebentisch anzügliche Bemerkungen über ihn und die Dame

verlautbart. Er gleich hin — schneidig Rechenschaft ver=
langt — verweigert — Forderung — sofort am andern
Morgen im Grunewald. „Und da hab ich ihm nun heut
Morgen eine Kugel ins Bein geschossen!" schnarrte er,
indem er zugleich eine unnachahmliche Miene des Be=
dauerns und gekränkter Würde annahm.

Leonhart starrte ihn sprachlos an. Glaubte der
kleine Mann denn wirklich, daß solche Fabeln, die in sich
als unmöglich zerfielen, Anklang finden konnten? Eigent=
lich lag doch eine beleidigende Geringschätzung für Den
darin, dem er solche wilde Märe auftischte. Als sein
Blick zugleich auf den Chef des Colonial=Generalstabs
fiel, der mit gehorsamem Maschinengesicht die englische
Conversation, von welcher er kein Wort verstand, über
sich ergehen ließ, — ergriff den Dichter ein solcher
Ekel, daß er sich plötzlich empfahl. Der große Mann
biederte ihn beim Abschied verbindlich an, brach aber
seinem Seiden gegenüber los: „Ist das ein widerwärtiger
Mensch! Ich machte noch gestern dem Wurmb Vor=
stellungen, wie er den Menschen so überschätzen könne.
Sein neues Buch —"

„Herr Doctor haben es gekauft?"

„Ich? Gott soll mich bewahren!"

„Aber Sie äußerten doch vorhin .."

„Gewöhnen Sie sich dies doch endlich ab, Beuthin,"
schnarrte der kleine Mann in seinem vernichtendsten Nasal=
ton, „Sie mißverstehen mich immer. Nicht mit Augen
gesehn hab' ich das dumme Buch. Dies Gedichteln über=
haupt! Als ob wir nicht schon an den ollen Klassikern über=

genug hätten! — Uebrigens, denken Sie an meine Worte, der Mensch wird noch im Irrenhause enden. Will die Campagne von 1796 auch machen — ein Mensch, der nicht mal Militär ist. Haarsträubend! Der pure Größenwahn! — Was, wie, sind Sie nicht auch meiner Ansicht, Sie?"

„Zu Befehl, Herr Doctor," stammelte der hochgewachsene Chef des Generalstabs mit der gelben Notiztafel, unter dem Blick seines Empereurs erzitternd in seines Nichts durchbohrendem Gefühl. Dieser aber fing in kreuzfideler Stimmung zu trällern an: „Mutter, der Mann mit dem Coaks ist da!"

Was für ein Mensch, dieser kleine Duodez-Napoleon! dachte Leonhart, indem er sich zu Haus entkleidete. Aber was für ein Beweis, wozu man es bringen kann mit Glück und strebender Energie! Waren Napoleons Anfänge denn anders? War er minder verlogen und grundsatzlos? Ist dies nun Größe?

Und da der Dichter also sann, umspann sein Hirn ein wundersamer Traum. Gewaltig sah er an sich vorüberwallen — wie Banquo's Königsschatten, im Hermelin vermummt — die Schatten der vergangenen Thaten, die man als „Größe" pries. Doch was ist Größe?

Ihm war, als sehe er ihn vor sich, den Korsen. Bleichfarbig, hager wie dem Grab entstiegen, von Wuchs weit unter dem gewohnten Maß, von straffem Haar das Haupt umwallt, aus dem ein schicksalmächtiger Blick, dolchscharf wie blauer Stahl, dämonisch blitzt. Er ist allein und hungert. Jener Name, der einst die Himmelswölbung erschüttern wird, blieb im Sturm der Zeit noch ohne Echo. Die bunte Menge rennt an Ihm vorüber, auf den einst die Aeonen schauen werden, nur verächtlich musternd die Knechtsgestalt des unbekannten Gottes.

Und dennoch ist er ja glücklich, in dem Bewußtsein innerer Allmacht groß, der kleine Bonaparte! Groß war er ja als Knabe schon, da er dem Windeswehn und Meeresrauschen der Heimathinsel lauschte — er, aller Träumer Größter, Shakespeare der That, dem all sein Leben zu einer Schicksalsdichtung ward.

Horch, wie Posaunen schmettert's durch die Lüfte! Der Aar der Weltgeschichte rauscht herab, empor aus ruhmvoller Verborgenheit reißt es den großen Unbekannten, Diogenes aus seiner Bettlertonne, empor zum Sonnenfluge Alexanders. Die Brücke Lodi's und die Brücke von Arkole zimmert er zusammen zu einer riesigen Xerxesbrücke auf der er weiter nun und weiter stürmt zum Orient=Ufer Alexandrias, wo sich sein Ahn, der Welteroberer, ihm ähnlich an Jugend und Gestalt, ein ewiges Mal gesetzt.

Marengo! jauchzt die Erde siegestoll, und dann un= unterbrochen, allbetäubend, gellt der Legionen Tuba: Heil dem Cäsar! Austerlitz, Jena, Wagram, Borodino!

Ja, das ist Größe — ist dies das Glück?

Horch, welch neuer grauenvoller Ton! Ein Trauer= marsch von Millionen Trommeln, gerührt von florum= wundenen Schlägeln auf eisumstarrter Steppe, geleitet nun zu Grab den Kaiseraar, den mit zerfetzter Trikoloren= schwinge von seiner Sonnenhöhe dasselbe Schicksal bleiern niederwuchtet, das ihm zum Flug die Schwingen straffte. Das ist der Trauermarsch, der einst Beethovens Sehergeist entquoll, als ihm der allbewältigende Anblick des neugebornen corsischen Messias die „Symphonie Heroika" entpreßte. Doch da sich Jener als Judas am Ideale freier Menschlichkeit entschleierte, auf dem allein die wahre Größe wurzelt, verbannte er den Namen Bonaparte aus seiner Götter Tempel. Ob auch die Welt, die schnöd erbärmliche, die Sclavenheerde, die der Tag regiert, die früher dich mit Füßen trat, nun feige dir die Füße leckt und dich als „groß" anstaunt, du eherner Koloß — hohl bist du innen doch wie tönend Erz, du hast die Liebe nicht, die Liebe nicht, die Liebe nicht zum ewig Liebenswerthen — du bist verworfen von Schiller und Beethoven! Abtrünniger, du bist nicht groß.

Er ist nicht groß? Blickt her, ihr großen Seher, aufs ferne menschenöde Eiland, wo Prometheus einsam festgeschmiedet am Fels im Meer! Was wogt durch diese Seele wohl, bis sie gesänftigt, wie nach dem Sturm der wrackbesäte Ocean! Dies stolze unruhvolle Herz, dies Meer, in das Vulkane sich gebettet, sänftigt sich nun und dehnt sich weltenweit und ruhig wird's in ihm. Aus dem Giganten, der den Ossa auf den Pelion gethürmt, wird nun ein Gott, ein ruhig stolzer Gott, der im Bewußtsein seiner Ewigkeit mit unsterblich hehrem Leiden auf das Vergängliche herniederschaut.

Jetzt bist du groß! Wie einst der arme Unbekannte groß — jetzt, jeder Macht entkleidet, allein dem Schöpfer gegenüberstehend, allein in deiner Blöße, Mensch! Kleiner war der Kaiser, als einst der arme Lieutenant. Da er auf Throne als Schemel sich stützte, als Molochgötze der Gloire, war er kleiner als jetzt, wo er einsam an dem Grabstein seiner Größe lehnte, wieder allein mit den Träumen seiner Jugend, allein mit seinem Genie. Abgefallen sind Purpurtoga und goldner Lorbeerkranz und ellenhoher Kothurn, die Rolle Cäsars ist ausgespielt. Alles Andre war nur ein Fiebertraum im Scheintraum dieses Lügenlebens. Marengo, Austerlitz — das sind nur Namen, gelallt vom Weltgeist im Delirium — Kaiserthum, Weltreich und Gloire, das Gift von Fontainebleau und Elbas Schmach, der Flug gen Notredame, der Donnerschlag von Waterloo — alles nur Schatten, die der Wahn erzeugte, Leiden und Freuden eines Fiebertraums.

Und auch aus diesem Traum fuhr der junge Dichter empor, dem Traum der Wahrheit. Verstand er die Wahrheit, die ihm aus dem Abgrund des Unbewußten mächtig entgegenquoll? Verstand er, daß Alles Irdische nichtig sei, keines Lächelns werth und keiner Thräne? Daß nur Eines wahr und echt bleibt im kreisenden Wechsel der Dinge: Das große Ich, die kleine Welt umfassend?

O hüte, hüte dich, junger Gott! so hörte er entschlummernd eine unsichtbare Stimme. Reiße dir nicht das Ewige aus wundem Herzen! Laß den Fittich deiner Seele nicht hinschleifen im Staube, nicht frech emporkriechen an deines Geistes Postament das niedere Gewürm! Sei groß! Selbst im Orkan bewahre die kalte Wonne innerer Ruhe, wie Alpen ihren Schnee! Schüttle den eitlen Größenwahn ab, der die wahre Größe vergiftet! Sei groß!

Mit einem Lächeln entschlummerte der Träumer. Wie des Mondes goldiges Strahlenöl die Gewässer sänftigt, so gossen diese Gedanken Frieden in sein dunkles Sein. Noch im Schlaf trugen seine Züge den Ausdruck stolzer Unbeugsamkeit. Ein großer Mann oder ein großer Narr zu werden — beides war in seine Hand gelegt.

———

Rother fuhr hinein in den reinen kaltklaren Wintermorgen mit verkümmertem welken Herzen. Dem Ideale innerlichst geweiht, verdammte ihn ein Dämon, nach Sinnlichem zu schmachten. Am Abgrund taumelnd, verlor er sich selber und schleppte, gemein nun mit Gemeinem, die innere Kette seines Wahnsinns mit, wie der Galeerensclave seine Fessel. Genuß! Drängt nicht nach Genuß jedes Wesen? Und nur dem Idealisten — ach, nur ihm soll der Schmerz als Genuß genügen. Wer aller Gaben zum Genusse bar, dem blüht nur noch ein Islandmoos am Kraterrande: Entsagung.

War er denn schuldig? Hatte eigene Schuld ihn verstrickt in lächerlichen Wahn? Nein, das Schicksal einzig hatte es so gefügt, das tief in ihn gepflanzt den Keim der Leidenschaft, die selbstvernichtend zugleich vernichtet, was sie wild erstrebt.

Höre den Winterwind, wie er brausend hinheult über die öden Felder! Aus dem Schnee heben sich die dunkeln Sträucher, wie Kuchenbrocken aus einer Schicht von Sahne und Zucker. Fern ist noch die lenzliche Stunde, wo diese kahlen Aeste sich mit hellgrünen Knospenspitzen besetzen werden, freundlich angelacht von der warmbestrahlenden Mittagssonne. In diese brachen Flächen, noch des Winters ganze frostige Starre athmend, werden sich kleine Inseln greller Grasstriche einsprengen. Ob auch droben in den Wipfeln noch Alles todt und kahl, drunten schießt das Gras in üppiger Fülle empor. Immer höher züngeln und klettern die Keimtriebe des Frühlings hinan, bis sie auf den Kronen der Wälder ihr grünes Laubpanier ausstecken und siegesfroh schwenken über die junge Welt. Die Sonnengluthen werden goldig glitzern, als wolle die Natur Hochzeitfackeln entzünden, und alle Vögel werden jubiliren, wenn der große Naturmaler die Palette anlegt und beginnt, die Natur zu untermalen.

Ja, das Alles wird sein. Aber noch ist er nicht da, der Frühling, noch herrscht der Winter. Der Wind heult ein Sterbelied der Vergänglichkeit in tollem Vernichtungsdrang, wo er durch ächzende Wälder psalmirt. Und im Winde vernahm Rother ein Sterberöcheln, das ihn durchschauerte wie das seiner eigenen Seele, die Selbstmord an sich beging. Ihm war, als müßte er aufschreien nach oben: O Geist der Schönheit, verlaß mich nicht! Wie flammte einst sein Herz zum Reinen empor, wie schaute er tief ins Herz des Alls! Und nun — ein Federball erbärmlicher Triebe. Das Weib, die Quelle der bösen Lust, des Satans Stellvertreterin, hatte ihn fortgedrängt vom Lichte, der Hölle zu. Wie Herodias mit des Täufers blutigem Haupt, tanzte der Liebesdämon um ihn her mit seinem blutenden zuckenden Herzen, dem lebendigen Leibe entrissen. Das Weib? War das Weib so schuldig? Hatte er sich nicht selbst entmannt? Wahnsinniger, Unglückseliger! Dein Größenwahn ist's, der sich aufbäumt gegen dein winziges Leid eines versagten Genusses! Wie Othello nährst du deine Eifersucht mit deinem beleidigten Hochmuth und möchtest schäumen wie er: „Mit meinem Lieutenant!" Was für Tugenden besitzest du denn, eitler Wurm, die dir ein Recht geben, mit Deinem Schicksal zu hadern? Laß die vergnügten Motten an der ewigen Lampe des Daseins zirpend verbrennen — du aber lerne begreifen, daß die Schläge des Schicksals den Symplegaden gleichen, den schwimmenden Felsen, von denen die Griechen fabeln: Mechanisch, von Zeit zu Zeit, klappen sie zusammen und zermalmen das Schiff, das zwischen ihnen hindurch will. Einzelvölker und Einzelleben — zermalmt, je wie es die Umstände des Zufalls wollen! Laß dein Klagen, laß dein Fragen, was du dem Schicksal gethan! Der Weltgeist, der das All durchfluthet und glorreich durch die Pulse jedes Helden strömt, hat Besseres zu thun, als sich um deine moralische Schwindsucht zu kümmern. Ueberwinde dich, unterwirf dich, und wenn du dich selber züchtigst durch deinen Größenwahn, so verstehe Ihn und danke Ihm!

Größenwahn.

Pathologischer Roman

von

Karl Bleibtreu.

Zweite Auflage.

Zweiter Band.

Eternity! Demand no direr name,
Descend and follow me down the abyss!
Shelley.

Jena,
Hermann Costenoble.
Verlagsbuchhandlung.

Alle Rechte nach dem Gesetz vom 11. Juni 1870,
insbesondere das Recht der Übersetzung in fremde Sprachen,
vorbehalten.

Fünftes Buch.

I.

Rother hatte sich soeben per Boot an Bord der „Libra", eines englischen Steamers, via London, verfügt, der auf der Rhede in St. Pauli lag. Von dem schmutzigen Werft her scholl wüster Lärm. Tonnen rollten ins Wasser, Kisten wurden mit eisernem Krahn aufs Verdeck gehoben, Späne flogen umher. Ueber die Kajütentreppe rieselte Seifenwasser. Besen, Eimer, Bürsten und Wischer und Pumpen arbeiteten an allen Luken und Bänken umher. Der Steward roch nach Zwiebeln, die Stewardeß nach Spirituosen und die Bootsleute nach Theer.

Hamburg! Die uralte Kultur, die von seinem Münster herunternickt, verbindet sich mit der neumodischen Eleganz seiner Bazar=Colonaden zu einem anregenden Bilde. Die Brücken = Kandelaber vergülden mit ihren Lichtern die Silberfurchen der rastlosen Schraubendampfer, welche das träge Alster=Bassin und die Elbe durchsägen. Der un=

entwirrbare Mastenwald mit den Flaggen aller Zonen am Quai ersetzt die Militärkasernen der Kaiserstadt: Hamburg, der drittgrößte Handelsort Europas, repräsentirt die deutsche Seemacht und sein hanseatisches Wappen erzwang sich Achtung, ehe die rothschwarzweiße Fahne des Deutschen Reichs nach China und Australien wehte.

In der Nacht vor Abfahrt, ehe die Anker gelichtet wurden, genoß Rother eine hübsche Ueberraschung Man riß ihn aus dem Schlaf und zwei übelaussehende Individuen brüllten ihn um „Paß und Legitimationspapiere" an. Da Rother bei der Schnelligkeit seiner Abreise an so etwas nicht hatte denken können, wäre er beinah dingfest gemacht worden. „Was, kein Militärpaß? Keine Heimaths= papiere?" Vergeblich entschuldigte er sich, daß er das vergessen habe und nur eine kurze Spritztour nach dem perfiden Albion machen wolle.

„Ach, Sie wollen wohl lieber gleich nach Amerika?" Zum Glück fanden sich in Rothers Notizbuch Visitenkarten und Briefe, die seine Identität feststellten, und sein verduseltes Wesen sowie die Constatirung seines Malerberufes beruhigte die Geheimpolizisten über seine völlige Ungefährlichkeit. „A thoughtless fellow!" lachten sie draußen dem Steward zu.

Die an Bord befindlichen Engländer betrachteten den Vorgang mit vergnügtem Blick: Ein freier Insulaner braucht nirgendwohin einen Paß. „Süß ist's, vom sichern Hafen" singt schon Lukrez. Rother aber fluchte in sich hinein und dachte: Jahr für Jahr wandern Hunderttausende nach Amerika, um sich der Tyrannei der drei=

jährigen Wehrpflicht zu entziehen. Erst wenn man am eigenen Fleisch den beengenden Druck unseres Polizei- und Militärstaates erfahren, begreift man so manche „unpatriotische Gesinnung." Unglückliches Europa!

Als Rother die Themse hinaufglitt und am Quai (Pier) vorm Greenwich Hospital die lustwandelnden Invaliden der englischen Marine mit den Mützen grüßen sah, beschlich ihn der Gedanke, daß er selbst ein Invalide des Lebens sei, kaum ehe er den Lebenskampf begonnen. Die Manie des Versemachens, an welcher er seit dem Prozeß Gräf, angesteckt durch die schmachtende Lyrik jenes betagten Künstlers, noch gefährlicher kränkelte, befiel ihn plötzlich und der Anfall ging erst vorüber, nachdem er folgendes Verslein in sein Notizbuch gekritzelt:

> Ich lebe von der Hand zum Mund,
> Zum Munde der Pistole —
> Ich seufze täglich, ob mich denn
> Noch nicht der Teufel hole.
>
> So friste ich mir langsam hin
> Ein seelensieches Dasein —
> Wird denn die wahre Behaglichkeit,
> Der Tod, nicht endlich nah sein?
>
> O träge Themse, wie so träg
> Der Mittag auf dir brütet!
> Das Schlößchen hier das Hospital
> Und dies den Pier behütet.

Behüten muß ja dieser Pier
Die invaliden Matrosen.
Doch wer behütet mich denn hier,
Den Schwachen, Heimathlosen?

———

Der neuangekommene Fremdling stand plötzlich, die Stufen zum Tageslicht emporsteigend, auf der Station der unterirdischen Eisenbahn am Euston Square, einem Knotenpunkt des Metropolitan Traphic. Wie er so an dem Thorpfeiler der Station lehnte, die Reisetasche schwerfällig herunterhängend und mit blöden Augen das Gewühl des Marktes anstaunend, machte er in der That eine jämmerliche Figur. Er glich einem Kind, das zum ersten Mal in die Schule gebracht, den Daumen verlegen im Mund, vor dem Herrn Lehrer steht. Oder einem Hülfsvikar, der, in eine fashionable Gesellschaft versetzt, mit unbehülflichen Kratzfüßen die Bäuche der rückwärts Stehenden bedroht. Oder einem Zaghaften der am Schwimmseil zappelt — kurz, er fühlte sich so wenig gemüthlich, daß Vorübereilende ihn angrinsten. Ein freundlicher feinaussehender Herr fragte ihn zwar sehr höflich und zutraulich, wohin er wolle, was ihn fehle, ob er ihm, als einem Fremden behülflich sein solle — aber Rother war doch nicht grün genug, um das deutliche „Hem, Hem!" und Augenwinken eines zufällig in der Nähe befindlichen Herrn und das noch deutlichere „Take care, Sir!" eines Zweiten mißzuverstehen — so machte er sich sehr brüsque von dem liebens=

würdigen Fremdenführer los und steuerte aufs Grabewohl in den Strudel hinein,

Euston Road mit seiner Fortsetzung Marylebone, der Hauptavenue zum Regents Park, bildet eine Zweigader von Tottenham Court Road, dieser Pulsader des Krämerverkehrs oder, derber ausgedrückt, diesem Rinnstein des hauptstädtischen Schmutzes. Die beiden durch ihre üblen Ausdünstungen berüchtigten Stationen Euston= und Gower=street Station verpesten von zwei Seiten her die Atmosphäre, die Tramways und drei Omnibuslinien kreuzen sich und eine schmutzige aufgeregte Menschenmasse wälzt sich von hier nach Pentonville und City Road hinauf. Rechts schleppte ein Fleischerknecht einen über und über mit Blut bespritzten Bengel am Kragen über die Straße, den er beim Diebstahl dingfest gemacht (d. h. halb todtgeschlagen) hatte. Links schrie ein Antiquar nach dem Policeman, weil ein Bücherfreund mit geschicktem Griff einen „Roderick Random" von den ausgelegten Büchern entwendete. Leider war der Policeman eben beschäftigt, einen aufgeregten Japanesen zu beschwichtigen, dem ein frecher „Austernjunge" anzügliche Bemerkungen über seinen Zopf nachgekichert hatte.

Rother passirte Gowerstreet und sah eine Menge Neger in weißen Halsbinden nach University College hinaufeilen und auf der andern Seite mehrere Sieche nach University Hospital hinaufbefördern. Die respektable Stille der großen Boarding House=Straße beruhigte ihn etwas, bis er, von dem unerträglichen Geruch von Bloomsbury Street begrüßt, Oxford Street in seiner vollen Glorie vor sich liegen sah. Er hätte die Straße passiren müssen — aber das gegenüberliegende Labyrinth der ehemaligen Rookery St. Giles erfüllte ihn mit ahnungsvollem Schauder. So trieb er denn willenlos mit dem Strom High Holborn hinunter, aus dem Gebiet der Modeläden in das Revier der großen „Ausverkäufer". Auf Holborn Viadukt angelangt, hatte er schon zwanzig Püffe davongetragen, weil er sich nicht daran gewöhnen konnte, im Zuge auf der rechten Seite zu marschiren. Das nachdrückliche „On the right hand, Sir!" war einmal von einem so grimmigen „God damn your eyes!" begleitet, daß Rother nur zu wohl bemerkte, er befinde sich keineswegs in einer altenglischen Puritanerstadt, wo Schwören als Gipfel der Sünde gilt.

Schwindelnd lehnte er sich an das Brückengeländer und starrte von oben in den belebten Farrington Road hinab, der rechts unten in Blakfriars Bridge mündet. Dort die Themse mit hundert Booten und Dampfern, das Menschengewimmel auf Brücken und Straßen — und über alle Dächer hin hier oben der ungeheure nie endende Marsch nach der City! London, bekanntlich ganz auf Hügeln gebaut, senkt sich hier plötzlich hinab, weswegen das Wunderwerk des Riesenviadukts mitten über die Straße weg gelegt wurde, so daß hier in der That zwei Städte über einander stehen.

So schreitet hier Eins über das Andre fort, so wirbelt Alles durcheinander mit nie stockender Schnelligkeit, ein Rad der Maschine greift in das andre, und ein verschrumpelter abgebrauchter verbogener Stift wie ein gewisser Weltverbesserer Eduard Rother — was nützt er hier? Er wird zur Seite geworfen. Dort ist die Themse — das ist der Abort für verbrauchtes Material.

Starre nicht so gründlich nach der Themse hinüber, mein Lieber. Studire auch nicht die Straßen da unten. Wer zu lange in Wasserfälle starrt, fällt oft kopfüber hinein. Neulich besah sich ein Bürger vom London Monument aus den Höllenstrudel unter sich und London Bridge schien ihm so einladend, daß er vor lauter Verwirrung und Schwindel gemüthlich von der Säulenspitze herunterfiel und in kleinen Atomen unten anlangte — unstreitig die einfachste Manier, um den Daseinsschwindel los zu werden, ein großartiges Verständniß und Bekenntniß der oben erläuterten Stift=Theorie.

Da drüben ragen durch den Nebel die Mastspitzen über und hinter den Häuserreihen schwankt das Takelwerk der in den Docks gebetteten Kauffartheischiffe. Das ist die Welt, die große Welt, der Ocean, von dem der Londoner Menschenocean ein Spiegelbild. Alles regt und rührt sich, der Sturm braust und die Wellen branden, zerschlagen die Lebensschiffe und ertränken die Schwimmer — wozu wären sie sonst Wellen? Die wenigen Leuchtthürme und Riffe halten's noch aus — aber die schwachen Kähne kentert der erste Windstoß.

Rother schauderte. Er eilte die düstere Newgate=street hinauf; eine Glocke läutete. Schon in Euston Road hatte ihn eine Glocke gerührt; es war die Glocke des Magdalenenstifts in Marylebone. Hier aber hatte die

Glocke einen düstern wehvollen Klang: es war die Todten=
glocke in St. Sepulchre's Church, denn in Newgate Prison
wurde ein Mörder hingerichtet. Aber gleichgültig, kalt
und ruhig wälzten sich die Massen vorüber, kaum daß
Einer horchend das Haupt erhob — wen interessirt das
Schicksal des Einzelmenschen? Weiter, weiter!

Auch Rother horchte nicht mehr, sondern schritt
stumpf und taub vorwärts. Und, was er erlauscht hatte,
war Mißklang: Die menschliche Sünde, das menschliche
Weh, und die lieblose Härte der Welt. Hätte er besser
zu lauschen verstanden, so wären ihm diese zwei Glocken
wie Engelstimmen erklungen, wie zwei Genien der Menschen=
seele, aufsteigend über dem Qualm und Schmutz der
Gesellschaft: Barmherzigkeit und Gerechtigkeit.

Er war an Peels Standbild angelangt; da ward's
ihm zu viel.

London scheint mit einer so lächerlichen Geschmack=
losigkeit und cynischen Verachtung des Aeußern gebaut,
daß diese Unförmlichkeit abstoßend wirken müßte, wäre
sie nicht so imposant. Die Dinge sind hier durcheinander=
gewürfelt und aufeinandergethürmt. Die Stadt gleicht
jenen riesenhaften Ruinen der Vorzeit, Ninive, Babylon,
Luxor, bei denen man jetzt eine thurmhohe Sphinx, einen
Fels in Portraitform, hängende Gärten und Riesen=
mauern langweilig und zusammenhangslos durcheinander=
geschüttelt und =gepurzelt sieht.

Newgatestreet endet in einem Winkelmarkt und plötzlich
öffnet sich gradaus die großartigste Handelsstraße der Welt,
Cheapside, diese ewige Beresinabrücke. Und rechter Hand

an ein paar elenden kleinen Häusern ist eine Art Durch=
bruch gelegt. Dort stehn drei knallgrüne Bäume; über sie
und die Dächer weg hängt schläfrig die Riesenkuppel von
St. Pauls — so daß man unwillkürlich fürchtet: Wenn
dieser Dom mal über Cheapside zusammenschlüge! Als
wäre die Peterskirche vor eine halb abgetragene Lehm=
mauer placirt, an der ein paar Maurer herumfaullenzen.
Aber was kümmert das London, ob der Fremde
den Dom in guter Aussicht sehen möchte! Für das
Schöne hat man hier keine Zeit.
Rother spielte nicht mehr mit. Er wagte die
schüchterne Frage an einen Policeman (da man ihm
wie gewöhnlich die Lüge eingeprägt hatte, daß jeder auf
eine Anfrage antwortende Londoner ein Spitzbube sei),
wo Tavistock Tavern liege. Lächelnd berichtigte ihn der
Mann, da sei er hübsch vom Wege abgekommen, miethete
ihm ein Cab — und fortrasselte der erschöpfte Wandrer.
Wie geistesabwesend starrte er in das sich stauende
Wagengewühl, welches London Bridge nach dem Westend
zurückwarf. Ein eigenthümliches Grauen befiel ihn.

Er wollte sich gleich mit eins an die englische Küche
gewöhnen. So aß er denn nach der Mok Turtle Suppe
zu viel Beef und dann zu viel Fisch und stürzte zwei
Krüge des bittern Ale herunter. Das konnte sein ver=
grämter Magen nicht vertragen, und als er die Treppe
zu seiner Stube emporstieg, mußte er ein Rührstück von

Kotzebue aufführen. Nun war für heute sein Entschluß, Krastinik aufzusuchen zerstört. Man redet viel von Willenskraft, doch die hängt ab vom Magensaft. Es giebt Augenblicke, wo die widerlichen kleinen Fatalitäten des täglichen Lebens für den Geist unerträglich werden. Rother erwachte mit einem Gefühl wahnsinnigen Hasses — gegen wen und warum? Er wußte es kaum. Er empfand ein Gefühl des Erstickens, als ob sich kalte Hände um seinen Hals krampften, und zugleich quoll ihm eine irrsinnige Wuth bis zum Munde; als wolle er bersten vor verzweifelter Wuth. Könnte man doch das ewig Unsichtbare, den unsichtbaren Würger, mit beiden Fäusten packen und es schütteln und würgen und ihm ins grausame Gesicht schreien: Warum würgst Du mich langsam und pressest mir den Athem aus?

Er ermannte sich jedoch wirklich und fuhr nach Scotland Yard, der Central-Polizeistation, wo man ihm nach endlosem Radebrechen und Nachforschen richtig die Adresse Krastiniks angab. Allein für heute wagte er noch nicht, die Angelegenheit zu unternehmen.

Er irrte den Tag über in der Stadt umher, lunchte im South Kensington Museum, wo ein biedrer Schweizer sein gutes Deutsch benutzte, um ihm beim „joint of beaf" den doppelten Preis unter einer geschmackvollen Ausrede abzufordern, und nahm in der City sein abendliches Dinner ein. Das Salmon-Steak und die Cotellets frisch vom Roste her hoben seine Lebensgeister endlich wieder und so schwamm er denn durch die hellerleuchteten Straßen langsam weiter, indem er sich behaglich von den

Wogen des Menschenmeeres umherschleudern ließ. Unkundig des Weges, verirrte er sich in Gegenden, wo er keinen Policeman traf. Alles öde, öde. Ein freundlicher Mann brachte ihn auf den Weg, fing aber unterwegs an, von seiner versetzten Uhr zu reden, die nebenan im Pfandhause liege; er selbst müsse sofort nach Victoria Station, weil seine Mutter irgendwo auf den Tod läge. Ob Rother ihm nicht 2 Sovereigns vorschießen wolle. Dieser war eine einfache Natur, aber keineswegs thöricht. So erwiderte er denn: „My dear, that's the regular old trick!" und schritt eilig auf einen an der Straßenecke auftauchenden Policeman zu, dessen Nähe den Uhr-Verpfänder zu panischem Rückzug bewog.

Nachdem er am Themse-Durchbruch der Strand-Straße dem LyceumTheater gegenüber auf die Stromseite hinausgelangt, bummelte er wieder nordwärts nach Holborn hinauf. Es war naßkalt, Bier- und Fischgeruch duftete aus den abgelegenen Tavernen. Als Rother in einem Austernladen eine ganze Flasche Port (fast 8 Gläser) hinuntergespült, sah er Alles in Portwein-rosigem Lichte. Durfte es ihn daher Wunder nehmen, daß er am Morgen beim Aufstehen das Portemonnaie in seiner Hose vermißte, nebst einem Theil seiner Baarschaft! Träumte ihm oder hatte eine Priesterin der Venus Vulgivaga sich nicht lebhaft nach seinen „Träumen" erkundigt und unter zärtlichem „Darling! Chérie!" ihn eine halbe Stunde lang begleitet bis vor seine Hausthür?

Er glaubte die Börse vielleicht in einem Omnibus verloren zu haben und suchte daher einige Omnibus-Endpunkte auf, um nach dem „ehrlichen Finder" zu forschen. Die würdigen Kondukteure und Kutscher rauchten jedoch dem Hülflosen nur seine Cigarren auf, um welche sie ihn zartfühlend anbettelten, weil „die Gentlemen aus Hamburg so guten Tabak hätten" und lachten ihn hinterher aus. Als Einer sich sogar zu „practical jokes" verstieg und ihm auf den Rücken klopfte, daß ihm alle Gebeine schlotterten, empfahl sich Rother unwirsch und hörte hinter sich das lachende Urtheil: „Ganz grün. Kennt nicht die Welt."

Doch am nächsten Tage überwand er all seine Schwäche und machte sich nun wirklich gen Pimlico, South Belgravia, auf, wo Krastinik wohnen sollte.

Ein gelbgrauer branstiger Nebel lastete über den zahllosen rothen Schornsteinen, die wie zackige Drachen= kämme aus dem Meere Londons auftauchen. Rother fragte einen Arbeiter nach dem Weg, der an dem Eisen= gitter eines Hauses lehnend seine Thonpfeife schmauchte. „Ah, ein Foreigner?" machte dieser mit geringschätzigem Schmunzeln und setzte ihm in herablassendem Ton aus= einander, wohin er sich zu richten habe.

Er fand das Haus, die Nummer.

II.

Krastinik hatte sich fast ganz von der Welt zurück= gezogen. Zu Weihnachten verbrachte er ein paar Wochen bei einem Verwandten Dorringtons auf dem Lande, um den üblichen Plumpuding und Puter in altenglischer

Weise zu genießen. Aber selbst die Jagd behagte ihm nicht mehr. Alles Weltliche langweilte ihn. Eine ungeheure Revolution durchtobte alle Fibern seines Innern, gestaltete ihn um, stellte seine ganze frühere Weltanschauung auf den Kopf. Jener namenlose Ekel vor allem Aeußerlichen ergriff ihn, der so oft den Idealisten wie eine Art Mieselsucht befällt. Eine verzehrende Sehnsucht, dem Idealen nachzustreben, im Reich des Geistes sich heimisch zu machen, durchfieberte sein ganzes Denken. „Ich bin ein Dichter!" dies Hochgefühl wurde ihm an sich noch keineswegs zum Hochgenuß, weil er seine bisherige Bedeutungslosigkeit sich ehrlich gestand. Sollte er auf Pump bei der Unsterblichkeit leben, wie mancher windige Geselle? Nein, einlösen wollte er den Wechsel, den er auf sich selbst gezogen.

Nachholen galt es, was er versäumt, da er seine ganze Jugend vergeudet, den schönsten Theil seines Lebens verpraßt und verschwendet, ohne seinen wahren Lebensberuf auch nur zu ahnen. Nun er denselben erkannte und erkor (konnte die Phrenologie denn lügen?), wollte er Herz und Nieren nur diesem einem Ziele weihen.

Er stand spät gegen Mittag auf, von Schlaflosigkeit und Träumen dichterischen Schaffens gepeinigt. Morgens im Bette wälzte er tausend Pläne; selbst das Aufstehen und sich Ankleiden als etwas Physisches störte ihn. Er schlang sein Frühstück hinunter, und ohne der Wirthin Zeit zu lassen, seine Stube aufzuräumen, machte er sich an die Arbeit, las und schrieb. Gegen Abend wanderte er weit hinaus in die City, um sein Dinner irgendwo aufzustöbern, da im Westend nur wenige Restaurationen liegen. Auch brauchte er einen langen Spaziergang, um die Säfte der stockenden Maschine zurechtzurütteln.

Oft langte er zu spät an, da nach 8 Uhr dort nichts Warmes mehr zu bekommen, und mußte sich mit Ueberbleibseln begnügen. Oder er wanderte wieder ins Westend zurück, um in einer Conditorei (wie man dies nur in England kennt) ein französisches Ragout oder die üblichen Hammelrippchen zu bestellen. Seine unnatürliche Lebensweise verschlimmerte sich derartig, obschon er nur selten vom Theater oder aus Gesellschaften heimkehrte, daß er manchmal erst gegen 11 Uhr Nachts, ja noch später, sein „Mittagsbrot" einnahm. Er magerte sichtlich ab und Dorrington, der sich wiederholt bemühte, ihn seinem Einsiedlerleben zu entreißen, erschrak jedesmal, wenn er ihn wiedersah.

Jede Nacht genoß der Graf beim Heimkehren das Vergnügen, am Belgrave Road durch eine Kette von Nachtwandlerinnen, welche die ganze Breite des Weges sperrten, der Freiheit eine Gasse zu brechen. Auch mußte er einzelne handgreifliche Verehrerinnen abweisen, die mit ihrer gewöhnlichen Angriffstaktik den krummen Griff ihres Regenschirms in seiner Achselhöhle festhalten. Er aber schritt, unangefochten von fleischlichen Regungen, in einsamer Majestät durch all den Schmutz hindurch, halb erhaben halb lächerlich, ein Ritter von der traurigen Gestalt.

Bis um Mitternacht geschlossen wurde, irrte er im Hyde Park oder St. James' Park hin und her. Der

Regen sickerte durch Moos, Farnkräuter und tropische
Gewächse. Das silberne Boot des Mondes durchfurchte
die Wolken, die sich burgähnlich in zackigen Umrissen am
trüben Horizonte ballten. Die Giebel von Bukingham
Palace umwob der nächtige Trauerflor. Im melancho=
lischen Wasser spiegelten sich spukhaft die Sterne. Auf
den sammetweichen Wiesen, deren Smaragdgrün der
funkelnde Morgenthau des Frühlings wie mit Demanten
besät, wo Hammelheerden behaglich wiederkäuend geweidet,
wo ihm oft das sonnenstaubdurchrieselte Laub der Eichen
ein rosiges Antlitz mit goldigem Haar als englisches
Ideal seiner Träume heraufgezaubert hatte — dort
lagerten jetzt über geschmolzenem Schnee schwarz und
schwer immer tiefere Schatten.

Bleierne Müdigkeit lastete auf dem Einsamen. Manch=
mal fuhren seine Finger über sein bleiches vornehmes
Gesicht in seltsam mechanischem Takt — dann war ihm,
als ob er träume, als ob er sein vergangenes nutzloses
Leben nur geträumt. War er Kavalier, Dandy, Offizier
gewesen? War er nicht stets ein einsamer Grübler wie
jetzt, ein verkappter Dichterdenker incognito? Immer ver=
haßter wurde ihm sein bisheriges Leben — sollte er in
dasselbe zurückkehren, wenn sein Urlaub abgelaufen?
Konnte er das noch, selbst wenn er wollte? Aber was
dann! Vermögen hatte er ja nicht, ein jüngerer Sohn.
Wovon leben! Er hatte sich von seiner Appanage soviel
zusammengespart, um diese Reise machen zu können.
Davon konnte er vielleicht noch bis Herbst hier leben.
Sein Urlaub, den er auf unbestimmte Zeit „gesundheits=

halber" genommen, um dessen Verlängerung er erfolgreich eingekommen war, gestattete ihm das. Aber was dann! Er schien sich der Beklagenswertheste der Menschen. Als ihn einmal eine Nachtwandlerin, die am Park-Lane entlang pirschte, manierlich und ohne Zudringlichkeit fragte, was die Uhr sei — vielleicht, um einen Austausch schöner Seelen anzuknüpfen, vielleicht auch nicht — herrschte er sie, aus seinen Gedanken aufgestört, an: „Was geht Sie die Uhr an bei Ihrem Handwerk? Geh und arbeite!" Die Frau wich zaghaft zurück und murmelte: „Bitt' um Verzeihung!" Dann seufzte sie, kaum hörbar, indem sie sich abwandte: „Arbeite! Gebt mir Arbeit!" Krastinik, der arme Edelmann, dessen übermäßig hohe Trinkgelder allen Kellnern den „Grafen" verrathen sollten, stutzte. Der Kavalier fühlte sich getroffen. Dann eilte er der „infortunate lady" (wie die Engländer es taktvoll nennen) nach und drückte ihr, ohne zu sprechen, eine halbe Krone in die Hand. Jaja, wie oft sprachen ihn nicht Greisinnen, welche Zündholzschachteln in den Bar-Rooms verkauften, auf sein nobles Gesicht hin an und murmelten dazu mit der eigenthümlichen ruhigen Anständigkeit, welche man in England so oft beim niedersten Volke bewundert, ihr Busineß-Sprüchlein: Sie hätten zwei Tage nichts gegessen. — Doch der vornehme Herr fühlte sich unglücklicher als sie Alle! „Gebt mir Arbeit!" hallte es in ihm wieder. Arbeit, die keine standesgemäße Sclaverei, Arbeit für meinen erwachten Geist. „Geh und arbeite!" Sich selbst mußte er das zurufen. Sollte er länger verschmachten in thatlosem Träumen?

Seine Gespräche mit dem alten Freund und Mentor Lord Dorrington (Lady Dorrington's weltlicher Sinn paßte dem Neffen längst nicht mehr) konnten nicht dazu dienen, ihn aufzumuntern. Der alte Herr litt an einem Unterleibsleiden, das er zwar standhaft ertrug, sich aber dafür an seinem widerspenstigen Corpus durch grämliche Sentenzen rächte.

„Ach, liebes Kind, wenn erst die Verdauung gestört ist, dann ist Alles zum Teufel. Das menschliche Leben hat drei Stadien: Erst denkt man nur an die Liebe, dann nur ans Essen, dann nur an die Verdauung. Da hab' ich mal auf meinen Streifereien im steirischen Hochland einen Spruch gefunden — er stand an einem gewissen Ort — der gefiel mir so, daß ich mir ihn notirt hab."

Und der alte Herr citirte mit schadenfrohem Schmunzeln:

„Die Pfaffen, die sich Götter nennen,
Sie müssen all' in dieses Haus.
Doch wenn sie nicht verdauen können,
Dann ist es mit der Gottheit aus."

Krastinik lachte hellauf: „Das ist wirklich druck=fähig!"

Sehr oft kam das Gespräch auf militärische Dinge. Der Lord hatte in jüngeren Jahren (noch nicht zur Lord=schaft avancirt, sondern als „sehr ehrenwerther Mr. Dorrington") bei der Garde=Artillerie gedient. Seinen äußerst liberalen radikal aufgeklärten Gesinnungen schien jedoch das gesammte Soldatenspielen nur ein noth=wendiges Uebel. Mit der Ironie eines erfahrenen Skep=

tikers beobachtete er die Weltlage auf dem Continent, welcher sich mehr und mehr zu einem einzigen Heerlager zu verwandeln schien.

„Ja, lieber Xaver, Militarismus und Socialismus — das sind die beiden großen Sachen. Scylla und Charibdis. Alles Andere wird dazwischen zermalmt."

Krastinik schwieg eine Weile. „Sie haben den Krim=Krieg mitgemacht. Warum erzählen Sie so ungern aus Ihrer militärischen Carrière?"

Dorrington zuckte die Achseln. „Ja, Du hast eben noch keinen Krieg mitgemacht, mein Lieber."

„Waren Sie nie ehrgeizig?"

„Ach Gott!" Dorrington lachte leicht auf; dann nickte er vor sich hin, wie in Erinnerungen verloren. „Haha, da war's z. B. in der Schlacht bei Inkerman. Da fährt die Batterie eines Rivalen vor mir über eine Schlucht an den Feind heran. ‚Sehn Sie, Herr Major!' riefen meine Offiziere. ‚Wir haben hier den ganzen Angriff abgeschlagen und nun nimmt der uns die Ehre vorweg!' Es kochte in mir, aber ich bezwang mich und gebot dem Stabstrompeter das Signal zu blasen: ‚Halt an, halt an!' Da kommt mein Oberst vorüber und brüllt aus voller Kehle: ‚Um Gotteswillen, Herr Major, sind Sie toll? Der will grade auffahren und Sie lassen ‚Halt an' blasen?' Kaum hat er's gesprochen, da kommt auch schon jene Batterie zurück, gräulich zerschossen; hatte gleich Kehrt machen müssen. Aber bei dem Wahnwitz war die Hälfte der Bemannung vom Schützenfeuer des Feindes gefallen, ehe sie nur zum Abprotzen kam. Haha," Dorring=

ton lächelte bitter, „nachher, als der Befehl kam: ‚Das Ganze avanciren‘, ging ich grad bis zu jener Stelle vor. Wir konnten nicht weiter; so dicht standen die Truppen aneinander und so voll lag's von Todten und Verwundeten in der Schlucht. Ich ließ Halt machen und Kartätschen einsetzen. Ja, da lagen die Artilleristen von jener Batterie noch umher, die so nutzlos vom Ehrgeiz ihres Chefs geopfert. Ich kann Dir sagen, lieber Junge, aus den Augen der Sterbenden leuchtete ein wahrer Haß. — So sieht der militärische Ehrgeiz aus, so!"

Krastinik wiegte nachdenklich sein Denkerhaupt. „So! Sie haßten also Ihr Metier?"

„Wie man's nimmt. Ein Kamerad toastete mal auf mich bei 'ner Offiziersmesse: ‚Ein seltsamer Kerl, der Dorrington. In der Schlacht an der Alma hört' ich ihn commandiren: ‚Drittes Geschütz, Feuer! Ach, die armen Menschen! Fünftes Geschütz, Shrapnell laden! Gott, dies Elend!'"

Krastinik schwieg nachdenklich; allerlei Gedanken wirbelten ihm im Kopf herum. Der Plan, seinen Abschied zu nehmen, trat ihm nah und näher.

Zersetzend wirkten auf ihn auch Discussionen über erotische Dinge, die er mit seinem Mentor pflog, der wie alle früheren Lebemänner nicht gut auf die „Liebe" zu sprechen war.

Seine geschwätzige Wirthin hatte dem Grafen eine seltsame Mär erzählt, als sie ihm seine Flasche Porter zum Lunch um vier Uhr brachte. In der nächsten Porter-Filiale hatte ein junger Mann eine Banknote wechseln lassen. Der Chef der Handlung warf zufällig einen näheren Blick darauf und entdeckte zu seiner Ueberraschung ein Zeichen, das er auf Banknoten, die durch seine Hände liefen, zu machen pflegte — ein üblicher Usus der Londoner Geschäftsleute bei dem Umsichgreifen gefälschten Papiergeldes. Die Nummerzahl der Banknote aber belehrte ihn, daß dieselbe am selben Tag von ihm beim Wechseln einer größeren Summe an eine ältere Dame übergeben war, die in derselben Straße wohnte. Das erregte seinen Verdacht. Er zog einen Detective ins Vertrauen und ließ den jungen Mann beobachten, da dieser sich wiederholt in der Gegend blicken ließ. Und was ergab sich als Resultat? Daß die Banknote freilich nicht entwendet, sondern von der Dame (verheirathet und über erotisches Alter längst hinaus) nebst manchem anderen Sümmchen dem Jüngling gespendet worden war — für gewisse Dienste.

Krastinik, eine ursprünglich romantische Natur, fand mehr und mehr Gefallen an der naturwissenschaftlich-chnischen Auffassung seines Freundes. Eine glühende Schönheitstrunkenheit hatte auch Dorrington's Gemüth in der Jugend beherrscht. Er verstand die duftige Wonneberauschung, welche Krastinik's Sinne gefangen hielt, indem er den Liebreiz des Weibes und die Holdseligkeit der Natur wie ein sich innerlich Bedingendes zugleich empfand. In den Tiefen süßester Geheimnisse schwelgte einst auch er. Doch mit sanftelegischen Herbstgefühlen ward sich der Alternde bewußt, daß der rosige Mai und der goldene Sommer für immer ihm entschwunden seien. Diese blut=

volle Erinnerungssehnsucht schied so schwer vom Genusse und wollte kaum entsagungsstille werden, wenn auch mildere Klänge ehelichen Friedens in ihm nachtönten, wie abendliche Glocken.

„Jaja," belehrte er grämlich seinen jungen Freund. „Um das weibliche ewig Leibliche dreht sich Alles. Erst mußt Du Deine Papierseiten mit erotischem Oel beschmieren: dann wird sich das Leben schon von selbst darauf abmalen lassen. Aber nie ohne diese Untermalung mit erotischem Sekkativ." (Er kannte letzteren Kunstausdruck als Amateur, der gern in den Studios umherbummelte, um als gefürchteter „Kenner" bei jeder Ausstellung der Royal Academy of Arts zu kritteln.) „Beiläufig, die O'Donnogan beklagt sich, Du besuchtest sie gar nicht mehr. Nun und Egremonts?" Er werde nächstens mal wieder dort vorsprechen, sagte der Graf. „Ja ja, die holde Alice! Wie ein Lämmlein steht sie da in weißem Gewande und — scheert Gimpel. Eine Meisterin der vielverheißenden Herumschmachterei, the little flirt. Na, nichts für ungut," begütigte er, als Krastinik, auf dessen Arm er sich lehnte, unwillig aufzuckte. „Wir alten Leute sind derb!"

„Wie befindet sich denn Mr. Egremont?"

„Ach, der ist völlig verrückt vor Pomposität. Jetzt hat er den culinarischen Größenwahn. Will aus dem Saft von Kibitzeiern, Spargel, Hummer und Austern eine Pasteten=Sauce construiren, die seinen Namen verewigen soll. Er will sie ‚Jubiläumspastete' taufen, zu Ehren der Königin Victoria. Gastronomische Streberei! Daß Gott erbarm!"

Krastinik stattete dem zur Ruhe gesetzten Beherrscher des geistigen Lebens der „Britischen Aristokratie" einige Tage darauf einen Besuch ab und schnitt Miß Alice, die wieder tiefsinnig=gemüthvoll in ihre kluge Ruhe gewickelt dasaß, gewaltig die Cour. Man wurde sehr warm.

„Sie müssen nicht so liebenswürdig sein! Das wird mir gefährlich," flötete das sanfte Amphibienweibchen mit ihrer molluskenhaften Anschmiegsamkeit. Die Heuchelei mancher Frauennaturen grenzt an Genialität. Denn sie scheint naiv=unbewußt.

Da wurde Mowbray gemeldet und ein eigenthüm= liches Lächeln flog über Alice's zarte Züge, indem sie in ihren weichen Fauteuil und ihre Musselinrobe gleichsam versank. Krastinik empfahl sich sofort. Dieser Geck war ihm unerträglich.

Er begann, über seine Gefühle ernstlich mit sich zu Rathe zu gehen.

Wenn er Maud und Alice sah, waren sie ihm gleich= gültig; so wie sie ihm aus dem Gesichtskreis entschwanden, ergriff ihn heftige Neigung für sie. Auch der umgekehrte Fall trat ein, daß er in ihrem Beisein von Verliebtheit strotzte und später kühl vergaß.

Alles nur Scheinliebe. Der, Modelle und Anregungen suchende, Egoismus des Künstlers herrschte bereits so mächtig in ihm, daß er, sobald ihm ein anziehendes weibliches Wesen in den Weg kam, sich gleichsam Rechnung von deren Vorzügen und seiner etwaigen Liebesbegierde für sie ablegte.

Die O'Donnogan war ihm gänzlich zuwider geworden.

Lebemänner, die einige Haare verloren haben, werden selten von koketten Wittwen und älteren Salondamen gereizt. Seine Liebesbedürfnisse wuchsen ins Krankhafte. Zwei Ideale schwebten ihm vor. Entweder eine durch Erotik bis zur Schwindsucht Verlebte, die sich Frieden suchend an ihn schmiegte. Oder ein zartes keusches Wesen. Ja, er liebte Alice, dies reine vornehme Geschöpf — wie er sie sich ausmalte. Jeder unreine Gedanke mußte sich in ihrer Nähe zu edelster Ritterlichkeit läutern. Man mag Leidenschaft für eine Kokette empfinden, aber wahre Liebe wird stets nur Ergebniß von Achtung und Vertrauen.

Er haßte diesen Laffen, den Mowbray. Der war gewiß ein Roué und die sind nie zu bekehren. Erst mögen ihn Keuschheit und Herzensgüte reizen, später aber wird er stets das Experiment als höchste Wollust versuchen, die Reinheit mit seiner eignen Gemeinheit zu beflecken.

Dabei stieg seine innere Unruhe. Eine nervöse Psychose bemächtigte sich seiner.

Krastinik war einer von denen, die in jeder Lage zum Extremen neigen und schwerfällig auf demselben Punkte beharren. Er konnte stundenlang im Bette faulenzen, gleich jenem spleenigen Engländer, der sich die Kehle abschnitt, um sich nicht jeden Morgen ankleiden zu müssen. Und ebenso konnte er unmäßig arbeiten, sobald ihn der Trieb dazu ergriff. Nur daß diese fieberhafte Ausschweifung des Geistes nie nachhaltig blieb. Denn er dachte nie an wahre Kunst, sondern nur an Befriedigung seiner Eitelkeit. Er litt noch stark an Weltlust, ohne es zu wissen, und sprach von seinem Idealismus, wie der Beamte von staatlicher Ordnung predigt, weil er an seinen Gehalt denkt. Der Kunst aber muß man sich ganz allein hingeben. Sie will keine andern Götter neben sich. Zu dieser Höhe gelangt man erst nach strenger Selbstschulung. Krastinik fing fortwährend Neues an, statt Eines auszufeilen. Skizzenhaft Unausgeführtes häufte sich. Er wälzte Plan auf Plan im Kopf und wiederholte sich die Entwürfe unablässig hintereinander — ohne daß er die Kraft fand, einen zu beginnen. Damit hing es logisch zusammen, daß er in seiner ausschweifenden Phantasie wähnte, sich in Besitz aller Genüsse setzen zu können, und hinterher eine pomphafte Uebersättigung empfand, als habe er schon allen Ruhm, den er heißhungrig in weiter Ferne ersehnte, vollauf genossen. Er hätte in seinen Träumen einen Heirathsantrag der Königin Victoria als ganz natürlich hingenommen. Wie heilsam, daß das Leben diese Voraus=Blasirtheit durch sein langsames Tempo züchtigt. — Die dichterische Zukunftsmusik wälzte sich in seinem Gehirn hin und her und jedes Motiv hinderte das andere. Alles blieb Fragment, da Krastinik noch nicht die Fähigkeit gelernt hatte, sich auf etwas Bestimmtes zu concentriren in Genuß und Arbeit. — Unter seinen Stoffen, die sich durcheinanderschoben, schien ihm keiner der rechte. Zaudre eine Sekunde, so wird eine Stunde daraus. Wer zupft und trödelt oder (wie ein Autor von einem Druckfehler, der ihm drohend entgegengrinst) sich von jeder Kleinigkeit hypnotisirt fühlt, — der verlasse nur die thätige Laufbahn. Man muß sich auch

in den kleinen Gewohnheiten des Lebens eine forsche
Genialität aneignen. Wer ewig am Ufer zaudert, eh er
ins Flußbad springt, holt sich nur einen Schnupfen.

Sein Spleen wurde immer widerlicher. Er ärgerte
sich über jeden Penny, den er zu viel gab; über jede
zerkaute Cigarrenspitze, deren Nikotin er unachtsam seinem
Speichel zugeführt; über jedes zähe oder zu ausgebratene
Beafsteak. Mangelte ihm der Appetit oder war die Ver=
dauung gestört, so forschte er als echter Krankheitshypo=
chonder nach den Gründen dieses schweren Unglücks.
Selbst in der Vergangenheit stocherte er herum, wie ein
Lumpensammler in müssigem Kehricht. Er erinnerte sich,
daß er als Knabe viel in eisigen Kellereien des Heimath=
schlosses mit den Söhnen des Kastellans Versteck gespielt,
noch heiß vom gegenseitigen Haschen — das hatte sicher
seiner Lunge tuberculose Keime eingeimpft! Warum hatte
er einst dies und das gethan, dies und das unterlassen!
Er grollte noch nachträglich Personen, die ihn im Com=
fort gestört.

So wurde er ein regelrechter Genuß= und Gesund=
heitsjäger, wie alle Leute, die ihre Begierden weder ganz
zähmen noch ganz sättigen; halbgesättigt, brechen diese
stets unvermuthet neu hervor und schwächen den Willen.
Statt mit unfruchtbarem Genörgel die Zeit zu ver=
schwenden, hätte er aus Prinzip lüderlich werden sollen.
Denn so wie man den physischen Schmerz vergißt, sobald
man sich zwingt, nicht daran zu denken — genau so den
moralischen.

Aber Krastinik hielt Lüderlichkeit für unter seiner

Würde; und je mehr er körperlichen Sport trieb (Boxen, Schwimmen, Marschiren), um sich aufzumuntern, desto sublimer und ernster wurde er. Ach, für ihn wäre etwas stupide Lebenslust der gesundeste Sport geworden. Für den Nebel der Sentimentalität giebt's nur ein probates Mittel: Den Rausch der Ausschweifung. Der Strom der Pein und der Strom der Lust quellen im Gefühlsleben nebeneinander. Dämmt man den einen, bricht der andere hervor.

Am Ende nahm seine widerliche Hypochondrie so bedrohlich zu, daß sie eine Art Verlustwahn nährte. Er bildete sich manchmal geradezu ein, daß ihm dieser Omnibus-Conducteur beim Wechseln Sixpence, jener Kellner eine halbe Krone zu wenig zurückgegeben habe. Dann glaubte er steif und fest, daß er in Inverneß zwei Guineas vergessen habe, die er vorm Schlafengehn unter den Spiegel gelegt haben wollte.

Seine Seele verkleinerte sich gleichsam in grämlichem Egoismus. Er verglich seine physische Natur mit derjenigen eines Laffen wie Mowbray und glaubte, daß höchste brutale Kraft auch höchstes Glück bedinge. Er beneidete die Engländer also um ihr Klima und ihre Erziehung, welche ihnen eine so überlegene physische Elasticität verliehen, und hielt sich selbst in demselben Maße vom physischen Glück entfernt. Und wie ein solcher unwirscher Neid seine leibliche Maschine nicht verbessern, sondern nur die Säfte stocken machen konnte — so peinigte er sich noch mehr, indem der Neid auf die so weit überlegenen Glücksgüter seiner englischen Umgebung ihn zu verkniffener Geldgier führte. Da er nun diese durch Erwerb nicht befriedigen konnte, so keimte in ihm „the good old gentlemanly vice", der Geiz. Er fing an, innerlich den Mammon anzubeten. Hätte ihm ein Erie-Prinz ein Douceur angeboten, seinen Namen unter einen faulen Actienschwindel zu setzen — er hätte sich in gewissen Augenblicken wirklich dem Teufel verschrieben, er, von Natur so vornehm und ehrenhaft! Etwas der Sache wegen thun, schien ihm jetzt höchste Thorheit. Sein litterarisches Talent, an das er fest glaubte, sollte ihm einfach dienen, goldne Eier zu legen. Er wollte Sensationsromane schreiben, wie Gregor Samarow, Lustspiele wie G. v. Moser, dessen „Krieg und Frieden" er in noch ärgerer Adaptirung auf einer Londoner Bühne kennen lernte. Jedes höhere Streben schien in ihm erloschen.

Mit einem gehörigen inneren Ruck machte er sich also wirklich an die Arbeit. Er arbeitete an jener Novelle „Nachhülfe wird gesucht", deren seltsame Exposition er einst dem Damen-Areopag bei Dorrington verlesen hatte. Dabei fiel es ihm jedoch schwer auf die Seele, daß ihm dies kein deutsches Familienjournal drucken werde; und er beschloß daher, äußerst abzudämpfen — möglichst salonfrivol und beileibe nicht cynisch zu werden, auf daß die schöne Leserin schamhaft hinter dem Fächer kichern könne, ohne sich äußerlich verletzt zu fühlen.

Die Arbeit schritt rüstig vor. Allein die Gestalt des Idealisten Goodenough machte ihm bei seinem jetzigen Gemüthszustand und materialistischen Prinzip viele Schwierigkeiten. Er wollte diese Figur ja nicht der Lächerlichkeit, sondern dem Mitleid empfehlen, und dies wollte nicht recht gelingen. Hätte er nur irgend ein Modell gefunden!

Während dieser Arbeit stachelte ihn ein Wahngebilde, das er für Wahrheit hielt. Die so stark aufmunternden Worte, die Alice bei ihrem letzten Beisammensein geflötet, schienen ihm die Gewährung süßen Lohnes zu versprechen. Enthielten sie nicht ein halbes Geständniß tieferer Neigung? Der Unerfahrene ahnte gar nicht, daß in England sogar wirkliche engagements, ehe sie offiziell geworden, noch nichts Bindendes zu bedeuten haben. So setzte sich denn bei ihm eine Art Reflex=Liebe fest, indem er sich steif und fest einredete, ihr Schmachten entspringe einer unbefriedigten Liebessehnsucht. Aber ob für ihn? Wohl fiel ihm ein, daß vielleicht Mowbray — doch nein, nein, diesen Gedanken verwarf er. Wie konnte ein so ernstes kluges Wesen an solch einem nichtssagenden „schönen Mann" Gefallen finden!

Allein, diese Eifersucht bohrte ihm den Stachel der eingebildeten Reflexliebe noch stärker ein. Ja, wenn er unwillkürlich argwöhnte, sie habe ihn am Ende zum Narren, dann erst recht. Haß der Liebe, aus dem Zorn gekränkter Eitelkeit hervorgegangen, verstärkt gerade darum die Gefühle, weil die Selbstsucht mit tangirt wird. Haben doch Haß und Liebe, die so nahe beieinander schlummern, denselben Ursprung.

Er war also allen Ernstes verliebt. Die Leidenschaften sind ja völlig unbewußt und stehen nicht in unserem Belieben, sondern bilden sich gleichsam mechanisch.

Um seinen Traum nicht zu zerstören und weil er einmal gelesen hatte, Abwesenheit und scheinbare Kälte vermehre die Liebe (eine jener Regeln, die lauter Ausnahmen zuläßt), mied er Egremonts drei Wochen lang. Auch um seine Arbeit zu fördern, wie er denn fast gar nicht ausging. Nun trieb es ihn wieder dorthin.

Aber zu seinem Befremden empfand er alsbald, daß ihm, obschon sehr höflich aufgenommen, eine auffallende Kälte entgegenwehte. Miß Maud warf ein paar mal spitze Bemerkungen hin, als er von seiner Schriftstellerei plauderte: Ja, heute schreibe Jedermann. Alice schien sehr gelangweilt und gleichgültig. Als er gereizt den Schmollenden spielte, verstand sie ihn gar nicht.

Er war außer sich. Dazu hatte er jetzt seit vielen Tagen sein Herz mit schönen Gefühlen kasteit, dazu — —

Nichts ist belehrender und charakter-festigender, nichts aber auch verwundender für die Eigenliebe, als die seltsame Ueberraschung, sich in einem befreundeten Hause überflüssig zu finden. Die Abstufungen von plötzlicher Kälte zu allmählicher Kühle sind weniger verletzend, als die Erkenntniß, daß unsre Abwesenheit keineswegs bemerkt oder gar schmerzlich empfunden wurde.

Der Bankerotteur glaubt, Jeder werde ihn zur Thüre hinauswerfen — im Gegentheil! Man ist gespannt, zu erfahren, was ein solcher Herr eigentlich von uns will. Du hast Deine Frau geprügelt wie stadtkundig? Das glaubst Du in jedem Antlitz zu lesen? Eingebildeter Narr! Wir haben Alle ganz Anderes zu bedenken.

Aber wähne doch auch nicht, man habe, weil Du

vier Wochen abwesend warest, sich gefragt: Mein Gott, was fehlt ihm, warum kommt er nicht? — Dein leerer Platz ist alsbald wieder gefüllt und im nächsten Caféhaus hat man sich einen neuen Freund geholt. Hervorragende Naturen sind nicht eitler, wie mittelmäßige. Sie sind meist zu hochmüthig oder im besten Falle zu stolz dazu. Dennoch leiden sie meist, weil die Einbildungskraft und zugleich die Rücksichtnahme auf das liebe Ich vorherrscht, an dem Größenwahn, sich für besonders gehaßt oder geliebt zu halten. Nichts kann daher eine solche Seele stürmischer erregen und einen tiefern Abgrund in ihr aufreißen, als die entwürdigende Gleichgültigkeit, mit der man sie auf dasselbe Niveau mit ihrer Umgebung herabzieht. Eine Ahnung von der Unmöglichkeit der wahren Liebe und von der Schwierigkeit, verständnißvolle Theilnahme für die volle eigne Bedeutung zu finden, geht ihnen auf.

Zu Hause fand er die Karte eines Herrn vor, der in einer Stunde wieder vorsprechen wollte. „Eduard Rother, Maler? Hm, den Namen las ich schon öfter. Aus Berlin? Was will der von mir? — Meinethalben, ich bin zu Hause."

III.

„Ei, das ist ja eine ganz vertrakte romantische Geschichte!" Krastinik hatte aufmerksam zugehört, nur hier und da den Erzählenden durch neugierige oder verwunderte Ausrufe unterbrochen. Er betrachtete forschend

Rothers etwas dürftige Figur und krankhaftes Künstler=
gesicht. Weiß der Teufel! schoß es ihm durch den Kopf,
das ist ja das prächtigste Modell zu meinem Goodenough!
„Nein, die Kathi! Ich hatte sie ja längst vergessen.
Wer nimmt so 'was ernst! Long, long ago! Ich war
halt Offizier. In jeder Garnison haben die Meisten
irgendso was. Wer hätte das gedacht! — Ja, mit dem
Allen hat es seine Richtigkeit, lieber Herr. Aber nun
sagen Sie mir, was ich eigentlich dazu thun soll?"

„Nun, das liegt doch klar auf der Hand," sagte
Rother zuversichtlich. „Ihr Zeugniß . . ."

„Mein Zeugniß!" Krastinik lachte hellauf. „Aber,
mein Gott, sie wird sich doch wohl nicht für eine keusche
Jungfrau ausgeben?"

„Ja freilich thut sie das."

„Hm, hm. Und da soll ich . . . Offengestanden,
das ist doch eine abenteuerliche Geschichte. Und Sie
setzen sich wirklich aufs Schiff und suchen mich auf?
Donnerwetter, muß Ihnen aber die Affaire am Herzen
liegen. Uebrigens, wissen's, Herr Kamerad, — wir sind ja
Kameraden von Kathis Gnaden, haha —, an eine öffent=
liche Erledigung der Sache glaub' ich nicht. Wer droht,
thut nichts — das weiß man ja."

„Man sagt so. Aber da giebt's auch Ausnahmen.
Wenn dieser Kohlrausch wirklich mit Kathi in Berlin
großartig auftreten will, so muß er nach dem vielen ver=
gangenen Standal irgendetwas Mohrenwäsche verüben,
sich mit ihr, der verleumdeten Jungfrau, in die Brust
werfen . . . Sie verstehn."

„Ja, ich verstehe. Nun begreif' ich allerdings. Ganz so abenteuerlich-verrückt, wie es auf den ersten Blick scheint — verzeihn Sie, Herr Kamerad — ist Ihre Reise hierher nicht. Auch versteh ich wohl, Sie wollten dem ersten Rabau (so nennt ihr's Berliner, gelt?) aus dem Wege gehn, sich erholen, Ihren Geist ablenken. So weit wär' das in Ordnung. Aber was ich dazu thun soll . . . was Sie wollten, haben's erfahren. Die Sache stimmt."

„Nun, so bezeugen Sie mir das. Sie sehen ein, welchen Werth Ihr Zeugniß für mich hat."

„Nein, die Umstände sind doch sonderbar. Ich soll gegen ein Mädel zeugen, das ich . . . verführt habe — das garstige Wort muß heraus. Nein, dös geht uns goar nix an, singen die Wiener. Lassen's mich aus! Es wär' unritterlich, uncavaliermäßig . . ."

„So? Aber mich als schuldlosen Idealisten in solcher Patsche stecken lassen, wär' ritterlich?" fuhr Rother auf. „Ueberhaupt, galant und ritterlich — das sind so zwei Begriffe, auf die das Weib immer mit Glück spekulirt. Ist ein schwacher Mann nicht schwächer als ein starkes Weib? Verdient ein guter Mann nicht mehr Schonung als ein schlechtes Weib? Das Weib ist nicht schwach, weder physisch noch geistig noch moralisch, und kann hundertmal brutaler und gemüthsroher sein, als der Mann. ‚Ritterlich' — da lassen's m i ch aus." Er stand in der Erregung auf und schritt hastig in der Stube umher.

Krastinik betrachtete ihn. Der reine Goodenough,

dachte er, der getäuschte Idealist, der nachher Pessimist wird. Außerdem machten Rothers Worte auf ihn einen bedeutenden Eindruck. Er fand viel Wahres darin: Welcher Mann oder welche Frau stimmte nicht bei, wenn einer vom gleichen Geschlecht über das andere Geschlecht schimpft! Auch dachte Krastinik unwillkürlich an Alice; dunkle Befürchtungen ergriffen ihn. Er konnte sich in Rothers Lage versetzen und sah dessen nervöse Zerrüttung in einem ganz anderen Lichte. Man belächelt solange die Thorheiten des lieben Nächsten, bis man sich selbst davon getroffen fühlt.

So bat denn Krastinik seinen neuen Bekannten, für heut die Sache ruhen zu lassen. Morgen sei auch noch ein Tag und das Weitere werde sich finden. Rother möge mit ihm speisen; er wolle sein Wegweiser für den Abend sein und ihm London zeigen. Jener dankte tief= gerührt und der Oesterreicher versicherte, es sei ihm hoch= interessant, einen Berliner kennen zu lernen. Zudem habe er so lange keine Deutschen mehr gesehen, daß er sich entsinne, wie er einst im Thal von Braemar, auf einem Felsen zur Seite der Chaussee sitzend, ein vorübergehendes Paar habe unvermuthet Deutsch reden hören und blitz= schnell gedacht habe: „Look here, those are Germans!" keineswegs: „Ah, deutsche Landsleute!" So völlig habe er verlernt, deutsch zu denken, trotzdem er für sich so viel Deutsch schreibe. Wie entzückt sei er also, mit einem deutschen Gentleman zu plaudern!

Den Trieb der Stammeszusammengehörigkeit em= pfindet man erst im Auslande ganz oder lernt ihn, falls man Kosmopolit war. Nur Lumpe und Abenteurer verlernen ihn dort nach dem Grundsatz: Ubi bene, ibi patria. Vaterland! Undenkbares Geheimniß, unverständliche Liebe! Ist die Welt umsonst unendlich? Ist jeder Flug ins Ausland eine Verbannung? Sind wir nur für einen Flecken geboren und jedem andern Lebensklima fremd?

IV.

Krastinik und Rother wurden binnen wenigen Tagen die besten Freunde. Letzterer hatte bald bemerkt, daß er es mit einem Original zu thun habe, und Ersterer studirte heimlich seinen neuen Bekannten als Modell seiner Novelle. Die reine Wahlverwandtschaft. Beiden war, als hätten sie sich lange gekannt: Sie schienen auf dem besten Weg, „Inseparables" zu werden — wie Krastinik es ausdrückte, der als Aristokrat immer noch in gräulichen Fremdwörtern sprach und das gute deutsche Wort „Unzertrennliche" für phrasenhaft und formlos gehalten haben würde.

Von der sonderbaren Affaire, die sie zusammengeführt, sprachen sie nur wenig. Rother meinte freilich, er müsse nun abreisen, und bitte den Grafen, sich zu entschließen. Allein dieser wich noch immer aus: Kommt Zeit, kommt Rath.

Also er solle ein schriftliches Zeugniß in Form eines Privatbriefes an Rother ablegen, das ihm als Waffe gegen die weibliche Tückebolbin biene?

Besser wäre also wohl ein mündliches Zeugniß? Ja, darauf wagte Rother nicht zu hoffen. — Nun, man könne ja nicht wissen, was noch geschehe. Warum solle Krastinik nicht selbst einen Abstecher nach Berlin machen?

„Eigentlich erinnert mich die ganze Geschichte an den berühmten Prozeß Gräf. Na, jene Bertha scheint denn doch ein viel schlimmeres Kaliber als unsre Kathi. Herrgott, hat Die eine Reklame aus ihrem Prozeß herausgeschlagen! Nun, Theuerster, wenn nicht Kathi, so will ihr Herr Prinzipal jedenfalls diesem Beispiel folgen. Freilich, was liegt denn da weiter vor! Gar nichts. Sie sind ja ein junger lediger Mann — ob Sie a bissel lächerlich werden, das schab't nix. Und wenn ich erst für die Wahrheit Ihrer Angaben zeuge — — nein, nein, wie komisch ist das Alles! Haben Sie auch Gedichte an Ihre Flamme gemacht à la Gräf?"

Rother erröthete. Er konnte ja nicht leugnen, daß Gräf's lyrisches Tagebuch über seine ideale Bertha auch ihn angesteckt hatte. Es schien ihm gleichsam mit dazu zu gehören. Als Krastinik, seine Verlegenheit bemerkend, in ihn drang, zog Rother sein Notizbuch und vertraute ihm drei Lieder an, die sich auf der Ueberfahrt nach London als Stoßseufzer ihm entpreßt hatten.

Nie entweicht aus meinem Auge
Deine herrliche Gestalt.
Und auch Du kannst nie entrinnen
Meiner Augen Allgewalt.

3*

Ewig flammt in mir Dein Auge,
Und in ewigem Zauberbann
Folgt durchs Leben Dir mein Auge,
Nur das Grab Dich retten kann.

―――

Weißt Du, was süßer als die Liebe ist,
Und süßer als des Ruhmes eitle Mache?
Es ist der Haß, der sich am Bösen mißt:
  Gerechte Rache!
Du, die auf mich geschnellt der Tücke Pfeil,
Du bist verdammt und ich, Dein Teufel, lache.
Ich war Dein Engel und Dein Seelenheil.
  Gerechte Rache!

―――

Starb der Stolz tiefinnen Dir,
Mag ihn Eitelkeit ersetzen.
Starb die Liebe, Sinnengier
Mag Dir das Gefühl ergetzen.

Immer höher steige ich
Sonnempor auf Aetherschwingen.
Nur das Haupt hier neige ich,
Dir den letzten Gruß zu bringen.

Krastinik hatte aufmerksam zugehört. „Ei den Kukuk, Sie Hallodri! Sie scheinen mir ein begnadeter Lyriker. Das ist selbsterlebt, selbsterlebt, aus dem Innern gequollen!"

„Ach bitte, nicht so!" wehrte Rother bescheiden ab. „Es ist ja nicht mein Metier. Ich fühle nur ab und zu das Bedürfniß, auszusprechen, was mich quält."

„Hm, hm!" Der Graf blies nachdenklich blaue Ringel aus seiner Trabuco. „Sagen Sie mir doch . . . verkehren Sie viel in Berlin in sogenannten litterarischen Kreisen?"
„O ja. Ich kenne Manchen."
„Ei, da könnten Sie sich bei mir revanchiren."
„Wie das?"
„Sie würden mir einen großen Dienst erweisen, falls Sie . . ." Der Graf stockte, setzte mehrmals an, dann ging er entschlossen in medias res, indem er Rother ausführlich seine merkwürdige Lage und seine litterarischen Pläne anvertraute. Dieser staunte.

Endlich fühlte der gräfliche Autor sogar das dringende Bedürfniß, dem Maler etwas von seinen Produktionen zu verlesen. Er lege (natürlich) den bekannten „hohen Werth" auf das Urtheil eines so hochgebildeten Mannes. Da habe er sich z. B. in die mystische Ehescheidungsgeschichte Lord Byrons vertieft und sei zu seltsamen Schlüssen gelangt. Ob Rother ihn ermuntere, folgenden Anfang eines projektirten Romans fortzusetzen. Auf Rothers Bitte, die wirkliches Interesse verrieth, las er nun folgende Schnitzel ab. Eins seiner gewöhnlichen Fragmente, die nie ein fertiges Ganze werden wollten.

„Ist Mrs. Leigh zu Haus?" fragte ein langer gentlemanlike dreinschauender Herr, welcher hastig in den Portiko getreten war, den Haushofmeister mit vor Aufregung vibrirender Stimme.

„Ja wohl, Sir. Jedoch weiß ich nicht, ob sie so früh empfängt oder überhaupt heut' empfangen kann. Die traurige Nachricht, Sie wissen ... Alles geht drunter und drüber." In der That zeigte der Haushalt deutliche Spuren von Unordnung, wie irgend ein untoward accident sie zu bewirken pflegt.

„Natürlich," nickte der Besucher, indem eine heftige Bewegung seine männlichen Züge überflog. „Ganz London ist in Allarm. Man hält sich auf der Straße an. Freilich, solch ein sensationeller Abschluß — das liebe Publikum! Aber wir, die wir so viel tiefer —" Er brach hastig ab und drängte den Portier bei Seite. „Bitte, lassen Sie mich sofort ein. Es ist von höchster Wichtigkeit für Mrs. Leigh."

„Mr. Hobhouse, wenn ich nicht irre?" fragte der zögernde Diener mit einer respektvollen Verbeugung.

„Gewiß. Melden Sie, es handle sich um den Verstorbenen — für Mrs. Leigh ist das wohl genug."

Es schien in der That so. Athemlos eilte der Mann zurück und öffnete hastig die Thür des Parlours, wo schon an der Schwelle eine Dame mittleren Alters dem Besucher entgegenkam. Sie trug Trauerkleidung, ihre Augen schienen von anhaltendem Weinen trüb. Wortlos drückten sich Beide die Hand. — — — — —

„Und so erkläre ich auf meine Ehre" Mr. Hobhouse erhob sich feierlich, sowohl zur Bekräftigung als zum Zeichen seines Aufbruches „daß es närrische alberne Dokumente sind und daß sie vernichtet werden müssen. Wir haben Beide die Pflicht — Sie als nächste Verwandte des Verewigten und als das ihm theuerste Wesen, ich als sein ältester und bester Freund — das Aeußerste zu diesem Behuf zu versuchen. Ich eile unverzüglich zu Mr. Moore, um das Ding herauszulootsen. Leben Sie wohl!"

„Und - und diese Autobiographie -- mein Bruder hat sie mir niemals erwähnt —"

„Das glaub ich wohl!" murmelte Hobhouse bitter in Parenthese.

„Was enthielt sie denn?! In Betreff der — der Scheidung nämlich? Oder —" Ein eigenthümlicher Ausdruck der Spannung, halb lauernd, halb ängstlich, straffte hier die müden Züge Mrs. Leigh's.

„Hm, hm —" Mr. Hobhouse dehnte seine Worte auffallend. „Erinnere mich nicht so genau. Viel Unsinn. Adieu."

Was bedeutete der seltsame Blick, den Beide an der Thüre wechselten? Argwohn? Mißtrauten sie einander?

In dem Drawing Room Mr. Murray's, des großen Verlegerfürsten, in Albemarlestreet, befand sich eine Gesellschaft von sechs Personen in heftigem Disput. Den Salon schmückte eine Reihe von Bildern, Porträts berühmter Schriftsteller, deren Werke bei Murray erschienen waren. Standen doch drunten im Portiko zwei bemerkenswerthe Büsten, auf welche weisend der Verleger mit gerechtem Stolz zu äußern pflegte: „Die Werke dieser beiden großen Männer sind hier veröffentlicht." Der Eine war „the Duke", der Herzog, der eiserne Herzog Wellington, dessen Depeschen (dispatches) vom spanischen Krieg bei Murray erschienen. Der Andere ein weit erlauchterer Geist, dessen Ruhm die Welt bedeckte und der soeben, die Lyra des Dichters mit dem Schwert des Freiheitskämpen vertauschend, den Heldentod für eine glorreiche Sache gestorben war. Aber die Skulptur schien diesem wunderbaren Antlitz nicht gerecht zu werden. Das merkte man so recht, wenn man das Meisterwerk von Philipps, ein Porträt im Rembrand'schen Stil, über dem Kamin des Salons auf die Streitenden herniederschauen sah. Unwillkürlich fuhr Jeder zurück, von einem seltsamen Schauer ergriffen, wenn er auf die dämonische und übermenschliche Schönheit jener Formen blickte, die im Leben einen Genius des Jahrhunderts beherbergt und jetzt von diesen übernatürlichen Kräften verlassen. Wie der Gott des nimmer fehlenden Bogens, der Gott des Lichtes und der Poesie, die Sonne in Menschengestalt, Phöbus Apollo, blickt er wie aus überirdischen Fernen nieder. Als dieses Antlitz im Theater della Scala in Mailand vor dem vornehmkühlsten Kritiker Frankreichs (Stendhal) an einer Logenbrüstung auftauchte, vergaß er, dem Schwanengesang Desdemonas zu lauschen, und blickte auf dies Wunderbild bis zuletzt. „Ja," gesteht er, „ich war einen Augenblick enthusiasmirt. Nie hab' ich Aehnliches geträumt. Stets wenn man das Wort ‚Genie' nennt, taucht dieser sublime Kopf in meiner Erinnerung empor. Es war das göttliche Bewußtsein der Kraft." Und dennoch — so lieblich dies Lächeln, das in so joviales Gelächter wie das eines fröhlichen Schulknaben umschlagen konnte, so offen und frei der stolze Blick — auf der Majestät dieser hohen Stirn thront unsterbliche Trauer. Man gedenkt an den Lucifer, den Lichtbringer der Erkenntniß, vor dem Byrons „Kain" erstarrte: „Wer naht dort? Die Gestalt gleicht der der Engel, doch wehmuthsvoller, düsterer ist der Anblick dieser Erscheinung vergeistigtester Geisteskraft. Was schaudre ich? Was fürchte ich ihn mehr als andre Geister? Doch scheint er ja viel mächtiger als sie alle, und schöner, aber doch nicht halb so schön, als er einst war und als er werden könnte.".... Unter den sechs Versammelten standen sich zwei Parteien gegenüber. Die bemerkenswertheste Persönlichkeit, ein kleiner Mann von sympathischem Aeußern, war kein Geringerer als Thomas Moore, der Nationaldichter Irlands. An seiner Seite stand Mr. Murray, der Chef des großen Verlagsetablissements, und sein Sohn und Thronerbe. Ihnen gegenüber Jon Cam Hobhouse, Baronet (später Lord Broughton), als Testamentsvollstrecker und intimster ältester Freund des Todten. Neben ihm zwei Weltmänner, Colonel Doyle als Vertreter der separirten Wittwe und Mr. Wilmot Horton als Vertreter der Schwester. Der Streit nahte seinem Ende. Die Hartnäckigkeit des hochangesehenen Mannes, welcher einzig und allein die Interessen seines verewigten Freundes verfocht, unterstützt vom — ihm selbst sehr gleichgültigen — Interesse der Wittwe, trug den Sieg davon. Folgendes war das Resumé, welches Mr. Hobhouse mit scharfer Bestimmtheit und Klarheit vom Stapel ließ: „Die Sache steht demnach so. Der Verstorbene hat in Venedig an Mr. Moore seine ‚Autobiographie' geschenkt und später aus Italien noch Vervollständigungen gesendet Dies Dokument wurde, auf besonderen Wunsch des Dichters, von seinem Verleger Mr. Murray aus Moore's Händen für 2000 Pfd. Sterl. gekauft, mit dem Recht der Veröffentlichung. In seinem letzten Lebensjahr vor seiner Abreise nach Missolunghi ward aber mein Freund von wiederholten Zweifeln heimgesucht, ob die Publikation seinem Rufe zuträglich sein würde. Ich versichere auf mein Ehrenwort und gestützt auf vorgelegte Briefe, daß mein Freund die Absicht hatte, die Dokumente zurückzukaufen. Ich protestire also mit aller Energie als Testamentsvollstrecker des Verewigten gegen eine Publikation, die seinem Ruhme höchst nachtheilig sein kann. Ich halte das betreffende Manuscript für eine seiner ganz unwürdige Leistung und Handlung. Die nächste Verwandte, die Schwester meines Freundes, die ehrenwerthe Augusta Leigh, ist festiglich derselben Ansicht. Die Wittwe vertritt aus guten Gründen denselben Standpunkt. — Zu diesem Zweck hat der nun durch uns zur Erkenntniß der Sachlage gekommene Mr. Moore die betreffenden 2000 Pfd. Sterl. hiermit zur Rückzahlung angetragen. Sie aber, Mr. Murray, sind durch Ehre und Rücksicht auf das Andenken des illüstren Todten, unseres gemeinsamen verblichenen Freundes, gezwungen, die Dokumente hier in unserer Gegenwart vor Zeugen zu verbrennen. Daran ist kein Zweifel mehr." — —

Eine Viertelstunde später brannte der letzte Papierstreifen zu Asche. Mit einem Schauer düsterer Befriedigung glaubte der sensitive Moore auf den Zügen des Porträts ein triumphirendes Lächeln zu bemerken. — —

Beim Hinabsteigen in den Flur aber flüsterte er leichthin in Hobhouse's Ohr: „Unleugbar war die Schilderung der Scheidungsgründe in jenen Dokumenten eine partheiische und voreingenommene. Aber — obwohl augenscheinlich mit bestem Wissen des Autors geschrieben — glauben Sie, daß diese Dokumente wirklich die volle Wahrheit enthielten?"

„Das weiß ich nicht," war die kalte Antwort.

„Ich meine, halten Sie so gewöhnliche und simple Ursachen wie Charakterunterschied u. s. w. für die Hauptgründe dieser berühmten Scheidung?"

Mit gefaßter Kälte blickte der lange Britte auf den kleinen Poeten herab, als er unerschütterlich ruhig antwortete: „Ich weiß nicht — vielleicht."

Aber Moore ließ noch nicht nach. „Sie wissen, daß ich gegen sie wahrlich keine freundlichen Gefühle hege und meinem edeln Freund stets die Heirath abrieth. Aber, Mr. Hobhouse, Ihre eigene Animosität gegen diese Frau — ist sie nicht durch Kenntniß irgend eines Faktums vermindert?"

Hobhouse zuckte die Achseln und machte eine abwehrende Bewegung: „Ich wüßte nicht."

„Hier schließt die Einleitung, die zugleich den Epilog bildet," schaltete Krastinik ein. „Jetzt beginnt die eigentliche Erzählung der Ehescheidungsgeschichte, welche nun Schritt für Schritt in Byrons Vergangenheit zurückleitet."

„Meine theure Lady Byron!

Der Apotheker und Arzt Lord Byron's nahm sich die Freiheit, den Instruktionen Ew. Ladyschaft folgend, denselben zu besuchen, mit der Intention, ihm Luftwechsel und Landaufenthalt anzurathen, jedoch den heimlichen Zweck im Auge haltend, den geistigen Gesundheitszustand des distinguirten Patienten festzustellen. Dr. Le Manu hat nun wohl selbst Ew. Ladyschaft die Mittheilung gemacht, daß er nicht den geringsten Anhalt zu der Annahme gestörter Gehirnfunktionen gefunden hat. — Nichtsdestoweniger ersuchte mich Lady Noël, in Gemeinschaft mit Dr. Baillie, dem berühmten Mediciner, Sr. Lordschaft eine Visite zu demselben Zwecke zu widmen. Zu unserer peinlichen Ueberraschung schien der edle Lord gar bald mit einer seines Genius würdigen Einsicht

und Beobachtung die Absicht zu erkennen und, nachdem er uns in gemessener Weise kundgegeben, daß unsere Fragen ihm sonderbar frivol und zudringlich erschienen, bot er den sichersten Beweis seiner gesunden Geistesverfassung: Er befahl nämlich — um es deutlich zu sagen — dem Lakaien, diesen ungeladenen Besuchern über die etwas steile Treppe hinabzuleuchten. Völlig überzeugt von der Abwesenheit jeder Geistesstörung bei dem edlen Lord, erlaube ich mir die Betonung der Thatsache damit zu verbinden, daß die durchaus unentschuldbaren Rauheiten im Benehmen desselben Ew. Ladyschaft gegenüber doch durchaus nicht diejenige Grenze erreichen, wo eine Scheidung nothwendig scheint So hoffe ich mich mit Sir Samuel Romilly, dem Sachwalter des edlen Lords, in Verbindung setzen zu dürfen, da es sich hier einfach um einen Versöhnungs-Fall handelt und wir leicht ein gütliches Uebereinkommen treffen werden. — Ew. Ladyschaft direkten Befehlen entgegensehend, bleibe ich
Ihr ganz ergebenster Diener
Dr. Lushington.

In diesem geheimnißvollen Stil eines Wilkie Collins ging die Sache nun weiter, bis die Advokatencorrespondenz mit einem mystischen Abendbesuch Lady Byrons bei ihrem Anwalt Lushington abbrach, worauf derselbe erklärte: nach einer neuen Mittheilung, die ihm erst jetzt offenbart sei, bestehe er auf sofortiger Scheidung.

„Und der Grund?" fragte Rother hastig.

„Ja, sehen Sie!" Krastinik blinzelte pfiffig, als wäre er schon ein alterprobter Schlauberger und Sensationswütherich, der zur Abwechselung mal die Geheimnisse Miß Braddons in zwanzig Bänden sammelt. „Da steckt eben der Haken!"

Rother, dessen litterarischer Geschmack über den eines „gebildeten" Lesers in Deutschland nicht hinausging, fand diesen Anfang unendlich vielversprechend. „Wie spannend! Nein, wie spannend!" rief er einmal über das andere.

„Ich bin überzeugt, Herr Graf, jeder Redakteur würde Ihnen nach einem so spannenden Anfang das Werk aufs Geradewohl bestellen."

„Meinen Sie?" fragte Krastinik halb geschmeichelt halb zweifelnd.

„Bestimmt. Unsre Romane werden immer langweiliger, man schläft bald ein. Eugen Sue mag ja kein Ideal sein, aber man liest so etwas doch hundertmal lieber, als unsre deutschen Sachen ohne Handlung und Spannung."

„Jaja, die Handlung ist dem Verleger die Hauptsache und dem Publikum auch," gab Krastinik zu, „das weiß ich wohl. Was kauf' ich mir für die lange Psychologie, nicht?"

„Natürlich. Sie sind zum Romancier geboren. Sie Glücklicher! Da können Sie bald ein reicher berühmter Mann werden. Und dazu Ihr Name, Herr Graf! Wir haben schon verschiedene Grafen und Gräfinnen, die schreiben. Wenden Sie sich gleich an die große Firma Hallberger in Stuttgart. Ich kann Ihnen vielleicht eine Empfehlung geben, da ich mit ‚Ueber Land und Meer' in geschäftlicher Verbindung stehe als Illustrator."

„Meinen Sie also wirklich?" Der edle Xaver fiel mit Heißhunger über den ehrlich gemeinten Köder her. „Nun, da wär' es wohl das Beste, wenn ich mal selbst in Berlin Umschau hielte und mich mit Blättern und Bücherfirmen in Verbindung setzte?"

Ja, das kam Rother grade gelegen. Mit glühenden Farben malte er seinem neuen Freunde die Aussichten, die ihm winkten. Auch entwarf er ein lockendes Gemälde von Berlin.

Ganz entscheiden wollte sich Krastinik noch nicht, doch neigte er sich dem Entschluß der Abreise zu, — um so mehr es ja in seiner Natur begründet lag, hastige plötzliche Entschlüsse zu treffen.

Doch bat ihn Rother, als er ihn an jenem Tage verließ, nun definitiv sich zu entscheiden, da er bestimmt übermorgen nach Berlin zurückreise. — —

Da half dem Grafen ein Wink des Schicksals aus seinem Dilemma. Denn, eben im Begriff sich für einen erneuten Besuch bei Egremonts zurechtzuputzen, erhielt er, auf elegantem Velinpapier mit Goldschrift gedruckt, die freudige Nachricht von dem geistigen Schutzpatron der „Britischen Aristokratie", daß seine Tochter Alice sich mit Sir Thomas de Mowbray verlobt habe.

Einen Augenblick fühlte sich Krastinik wie niedergeschmettert. Das Blatt entfiel seiner Hand, er sank auf einen Stuhl und starrte lange vor sich hin. Dann erhob er sich und stürmte ins Freie.

Wie lange er so umhergewandert, planlos, irr, durch Parks und Straßen, — er wußte es nicht. Es war nach Mitternacht, als er, wie aus einem Traum erwachend, an dem Eingang einer Underground=Station stillhielt. Mechanisch löste er ein Billet, stieg die Stufen hinab, wo an jeder Seite lange Holztreppen in die ungeheure Halle hinabführten, und wartete auf seinen Zug.

In dieser Nacht war er ein Andrer geworden. Der Stahl der Härte verschmolz sich dem ideellen Silber und dem materiellen Kupfer seiner Seele. Ueber die Falschheit der Welt kann man nur lachen. Ihr zürnen und sich über sie grämen, heißt ihr allzuviel Ehre erweisen.

Der letzte Nachtzug brauste mit rothfunkelndem Laternenauge heran. Die hölzernen Wände und Treppen der Underground=Station blickten so dürr trübselig drein. Droben auf der Oberwelt heulte ein eisiger Wind. Matt blinzelten die Ampeln. Nur wenige Passagiere trotteten vorüber.

Krastinik dachte an eine Nacht auf dem großen Bahnhof zu Perth. Nebel über den fernen Bergen, er ganz allein auf einer Bank. Vor ihm auf und ab spazierend nur ein amerikanischer Tourist mit Frau und Schwester, über der Schulter den buntgewürfelten Tartanplaid, der hier als Touristenmode gilt. Er hatte den Mann recht von Herzen beneidet, den Glücklichen mit zwei weiblichen Wesen an der Seite — er so ganz allein, fern der Heimath, einsam wie eine Distel auf Lammermoors Haide, auf die der Hochlandregen niederträuft.

Und dann kam ihm wieder die Erinnerung an eine Nacht in der ungarischen Pußta hinter Großwardein, wo der Eisenbahnzug plötzlich hielt. Man hatte sich verfrüht oder verspätet und ein entgegenkommender Zug wurde signalisirt. So hielt man bange zehn Minuten an derselben Stelle. Die Schaffner liefen mit Laternen draußen auf und ab, unabsehbar dehnte sich zu beiden Seiten die Wüstenei und aus den Sümpfen kreischten unheimlich Wildgänse und Reiher im dunkeln Röhricht.

Am andern Tage theilte Krastinik seinem „Kameraden" mit, daß er sofort morgen Abend mit ihm nach Berlin abreisen werde und bereits gepackt und die „Bill" bei seiner Wirthin erledigt habe. Zugleich machte er sich auf, um Dorringtons diese Mittheilung zu machen. Er ließ natürlich den Grund von Rothers Kommen im Dunkeln, that, als sei dies ein alter Bekannter aus Wien her, und entwickelte die litterarischen Gründe, die ihn nach Berlin trieben.

Sogar Lady Dorrington billigte, was sie eine „zeitweilige und geschickte Entfernung" nannte. Sie äußerte sich sehr erbost über Miß Alice's schmachtende Falschheit, wie Frauen stets dasselbe Benehmen ihrer Schwestern shoking finden, das sie selber doch unter Umständen als echte Frauen in gleicher Weise betreiben würden. Weltklug rieth sie ihrem Neffen, erst aus Berlin seinen Glückwunsch darzubringen: da er schon verreist gewesen sei, ohne zu seinem Bedauern sich Egremonts empfehlen zu können, von plötzlichen wichtigen Affairen abberufen.

„Man muß seinen Rückzug decken und seine Niederlage bemänteln, mein armer Xaver." Dieser biß sich auf die Lippen.

. . . Krastinik schlug Rother gegenüber jetzt einen forcirt jovialen Ton an. Er glaube, es werde sich diesem Alles zum Guten wenden. Uebrigens möge er nicht alle Hoffnung auf Kathi aufgeben. Der kleine Fleck in der Vergangenheit — was schade das! Das bliebe ja unter ihnen drei — in der Familie. Sie sei ja sonst offenbar ein ganz famoses Weib. Rother liebe sie doch nun mal. Also nicht nachlassen!

„I was schadet's denn! Ich beneide Sie darum. Enden Sie als Gatte einer dicken Gastwirthin, einfach lebend mit einem ruhigen Weib, die sich bescheiden von Ihnen bilden läßt. Solch ein derbes dummpfiffiges Küchenmensch paßt grade für Sie — Sie idealen Schwachmatikus, verzeihn Sie. Damit werden Sie eine gute Brut erzeugen — Darwinische Zuchtwahl.

Hören Sie in mir den kundigen Thebaner! Sie meinen, die Leute werden sich über Sie moquiren? Pah, was geht Sie die Gesellschaft an! Sie Glücklicher, Sie haben ja keine Rücksichten zu nehmen wie ich. Lägen dann die Neidhammel, die sich über Sie mokiren, nur in Ihrem Ehebett!

Ja, nur los, ich gebe Ihnen meinen Segen! Nur hüten Sie sich, daß Sie nicht wie als Freier auch als Mann den blöden Corydon spielen — solcher Sentimentalität sind die Weiber und nun gar solche Weiber bald überdrüssig."

Aber Rother wollte jetzt von solchen Predigten nichts hören. Stumpf und begierdelos, schien er in nörgelnde Apathie versunken. Hatte er zu viel von dem ungewohnten London Fogg, dem dicken Nebel geschluckt?

„Ich will ewig reisen, und wenn ich auf Reisen bin, ärgere ich mich über die tausend Plackereien, die damit verbunden," warf er mürrisch hin.

„Pah, Sie sind jetzt eben in krankhaft grämlichem

Zustand. Glück und Unglück wechseln, ebenso die Stimmungen der Seele in ewigem Ebben und Fluthen. Diese ewige Unzufriedenheit ...."

"Nein, nein, es scheint noch etwas Anderes: ich leide an einer Nervenschwäche, die sich als unbestimmte Angst äußert. Ich fürchte alles Mögliche: Schmerz, Arbeit, Ueberarbeitung. Ja, ich bin überarbeitet: ich glaube, ich muß in eine Kaltwasserheilanstalt. Ewig bohre ich mich in unliebsame Erinnerungen ein, fürchte mich — ich weiß selbst nicht wovor."

"Ja, das scheint ernstliche Psychose," unterbrach ihn Krastinik wohlmeinend. "Sie müssen 'was für sich thun. Spleen ist schlimmer als alle Ueberarbeitung. Die fürchtet nicht der wahre Künstler." Seine Stimme nahm unwillkürlich einen salbungsvollen Klang an, als ob er sich bereits mit dem "wahren Künstler" identificire. "Ja, jede Minute benutzen, das ist das einzig Wahre, und ganz allein auf sich und den lieben Gott stehn. Lassen Sie doch die Quängeleien!"

Wer von Beiden war wohl der Dümmere? Der Eine litt an unbefriedigter Ruhmsucht, der Andre an unbefriedigter Liebe. Krastinik kam sich aber gar schneidig und bedeutend vor, weil ihm Alice's sogenannte Falschheit nicht das Herz brach und ihm der Kopf von Ehrgeizplänen brummte. Er erklärte jetzt, das wahre Glück in der Selbstbefriedigung vollbrachter Pflicht und Arbeit entdeckt zu haben, und citirte als Wahlspruch ein Impromptu:

Gebt mir Donner, gebt Orkane.
Nur nicht diese Windesstille
Auf dem Lebensoceane.
Denn zu kämpfen liebt der Wille.

„Jaja, es ist wunderbar wie eine erfüllte Pflicht beglückt. Willenskraft, Energie — darin liegt Alles," hob Krastinik wieder an. „Aber wie schwer ist's, sich zu erheben! Die Indianer in Mexico bleiben in ihrem eigenen Kothe liegen, wie mir ein Reisender jüngst erzählte. Man prüft ja Aehnliches jeden Morgen im warmen Bett. Und in den alten Adam nicht zurückzufallen, wie unmöglich! Da ist nun die Gesellschaft mit ihren tausend albernen Kleinlichkeiten! Haben Sie eine ungeschickte Verbeugung gemacht, so ärgern Sie sich — nicht? Und wenn Sie alle Weisheit der Vorsehung im Leibe hätten! Statt aber schiefes Betragen zu bessern, erzielt man bei sich nur unfruchtbaren Aerger. So doktert man an Allem herum und spintisirt sich sogar vergangene Uebel schlimmer aus, als sie waren."

Rothers Mißmuth stieg nur durch diese Vernünftelei. Wenn man Andern seine Noth klagt, beweisen sie sogleich, dies sei nur eigene Schuld gewesen.

„Eine Hölle auf Erden! Tausend Nadelstiche! Und Willenskraft — als ob's einen Willen gebe! Wir werden unsre Thorheiten nicht los — die sind uns vererbt und angeboren. Wie wir einmal hereinfielen, werden wir's stets. Wen einmal ein Weib dupirte, der wird stets aufs neue dupirt. Ich merke das, ich fühle das."

„Wohl wahr. Aber aus allem Mißglückten kommt

doch irgendwas Geglücktes. Aus der Jagd nach dem Glück hat sich wohl Mancher schon Philosophie geholt."

So schwatzten sie immer weiter fort in die Nacht hinein. Je mehr man abführt, desto besser die Verdauung, meinen manche Leute. Je mehr man schwatzt, desto reger die geistige Verdauung. Aber sie führt gar leicht zu geistigem — Durchfall.

Die Empfindsamkeit über die Weltmisère übte auf Rother eine vergiftende Wirkung: Sie bekehrte ihn zum Materialismus. Die elenden Erbärmlichkeiten einer unidealistischen Weltanschauung wuchteten ihn völlig nieder, wie denn wahrer Idealismus erst durch innere Ueberwindung des Materialismus errungen werden muß. Die Verzweiflung des Idealismus führt zum Leben, der materialistische Pessimismus zum Tod.

Krastinik ermahnte ihn eindringlich beim Mittagessen, wo Beide wenig Appetit entwickelten, doch der Welt und ihren dummen Spottgrimassen dreist ins Auge zu sehn. Außerdem sei zehn gegen eins zu wetten, daß kein Mensch von Rother's Kathi-Tollheit etwas ahne.

„Ach, die Welt weiß Alles, selbst unsre Lügen," seufzte Rother.

„Meinen Sie? Meinethalben. Jeder muß eben sehn, wie er's treibe. Nie ist ein Mensch durch Disput mit Gegnern überzeugt, nie durch Andrer Warnung und Geschick bekehrt. Lebensklugheit s u c h e n ist umsonst — sie ist wie das Glück, wie das Gefühl des Behagens, einfach da."

Beide versanken in ein düstres Sinnen.

„Wie konnte ich nur —!" fuhr es Rother heraus. „Ich muß mich schämen. Unerwiderte Leidenschaft für ein üppiges Weib ist doch lächerlich."

„Das finde ich nicht. Ob nun physisch oder psychisch, Hingebung ist immer schön. Nur egoistische Sinnlichkeit ist sündig. Ja, Du lieber Gott, die Liebe wird wie jedes Laster eine Krankheit, der man fröhnen muß."

„Ja, es ist gleichsam ein Faulheitszustand, aus dem man sich nicht aufraffen kann. Und die Strafe der Faulheit bleibt ja nie aus, in tausend albernen Formen, als Abhängigkeit von allen Außendingen. Nur das Innere, wenn man sich dorthin zurückzieht, ist fehlerlos während die Außenwelt unaufhörlich Fehler bringt."

„Sehr wahr. Ach, Fleiß ist die höchste Weisheit, Arzenei, Rettung, Genuß zugleich. Ja, wenn man sich einreihen könnte in die Schaar jener Künstler und Denker, die vor uns gestrebt und gewirkt!"

„Und statt dessen bohre ich mich ein auf einen Fleck in ewigem Brüten über Nichtigem! Der gesunde Mensch sollte lieber jeden Tag als eine freie Gabe betrachten, für die er danken muß. Ja, was sind wir alle für thörichte elende Zeitvergeuder!"

Wie die Feuerpfeile, welche die Hindoohs durch die Luft schießen, um den Pfad ihrer Barken zu lenken, so beleuchtet manchmal eine jäh aufzuckende Augenblickserkenntnis die Nacht unklarer Empfindung.

Am Spätnachmittag (sein Zug ging abends, Route über Vließingen) verabschiedete sich Xaver von seinem väterlichen Mentor. Dieser begleitete ihn eine Strecke weit nach Haus zurück.

„Also Du reisest mit Deinem neuen Freund! Gut, gut, auf Wiedersehen hier im Herbst." Dorrington klopfte seinem jungen Freund auf die Schulter und sah ihn mit jenem herzlichen Wohlwollen an, das den Grundzug seiner edeln Natur bildete. „Ich verliere Dich ungern lange. In meinem Alter! Wer weiß, ob man sich wiedersieht! Ich für meinen Theil gehe jetzt bald aufs Land. Ein Buchenwald mit seinen weißen Stämmen macht einen ruhigen Eindruck. Was soll mir all der Kultur-Kaleidoskop!"

„Ich schreibe Ihnen jede Woche zweimal, mein theurer väterlicher Freund. Nie werde ich Ihre Güte vergessen."

„Ach, tutut! Larifari! Ich hab' Dich gern und will Dir wohl und Dich zu fördern macht mir Vergnügen. Das ist der reine Egoismus!"

„Sie und Egoismus!" lächelte Krastinik.

„Pah, Egoismus ist die Triebfeder all unsrer Handlungen. Man schwatzt von Philanthropie — was soll das! Das Wohlthun erregt dem Einen ein eben solches Lustgefühl, wie dem Andern die Befriedigung seiner Bosheit."

„Ja, wenn Sie's so nehmen! Aber was bleibt denn da übrig! Wo finge dann die Tugend an! Verfeinerter Egoismus steckt natürlich in Allem. Der Märtyrer am Brandpfahl pflegt den verfeinerten Egoismus, sich über die Welt erhaben zu fühlen. Auch das ist ein Lustgefühl."

„Sehr gut." Dorrington wiegte beistimmend sein ehrwürdiges Haupt. „Du fängst an, zur Erkenntniß zu gelangen. Fahre so fort!"

„Aber nein doch! Sie als Prediger der Selbstsucht — das widerspricht ja Ihren eignen Theoricen. Und überhaupt, mir scheint diese kalte Vernünftelei doch anfechtbar. Ist der Mensch nicht von Natur gut, selbstvergessend? Sobald man Jemand ertrinken sieht, heißt uns der Instinkt nachspringen, also etwas Unselbstisches. Erst die Berechnung und Ueberlegung läßt uns stillestehn. Wie kommt das? Des normalen Menschen Gewissen ist also von Natur edel und gut."

„Gewissen? Was ist das? Die Philosophie hat längst festgestellt, die Psychologie längst deducirt, daß dies Gewissen uns anerzogen wird."

„Das glaub ich nimmermehr. Das Gewissen ist der große Unbekannte, der unbekannte Gott, etwas Transcendentales. Dies ethische Prinzip ist jedem Menschen eingeboren."

„Dann ist's also doch nicht transcendental. Was wird dann damit, wenn der Mensch stirbt?"

„Das können wir nicht wissen — wenigstens, sobald wir die Unsterblichkeit leugnen."

„Das Gewissen soll also jedem Menschen eigen sein. Dann trüge es ein individuelles Gepräge. Und doch soll's ein allgemeines Prinzip sein?"

„Es ist kein individuelles Prinzip. Sondern das Gewissen, das Unbekannte, Unbewußte, ist das Prinzip der Existenz selbst. Es lebt in jedem Lebewesen als ein

Theil des großen ethischen Gesammtprinzips. So erkläre ich mir das."

"Und doch tritt ja das Gewissen bei jedem Lebewesen verschieden auf, je nach Erziehung und Abstammung. Der Eine hat ein zartes, der Andre ein hartes Gewissen. Und seine Gebote — ändern sie sich nicht nach Zeit und Ort? Was bei uns als Verbrechen gilt, mag im Orient oft Sitte gewesen sein."

"Möglich. Ich erinnere mich, daß ich als Kind weinend zu meiner Mutter kam, weil ich mit Steinen werfend unversehens einen Vorübergehenden getroffen hatte. Es war nicht Furcht vor Strafe, sondern die Reue, einen Menschen verletzt zu haben."

"Gute Race!" erklärte Dorrington kaltblütig. "Die Knaben des Pöbels, welchen Thierquälerei einen Hochgenuß bereitet, würden in solchem Fall über Deine Dummheit lachen. Es ist alles Abstammung.

Freilich, gute Race — hm, hm! Wer weiß, ob unser Idealismus — ich war mein Lebtag ein eben solches Kind und bedaure in Dir meine eigne Schwäche — nicht eine physisch schlechte Race andeutet! Unsre Eltern haben an einer Art Psychose gelitten, an allzu zarter Feinheit des Nervensystems, waren nicht normal gesund d. h. brutal-egoistisch, als wir gezeugt und geboren wurden. Der Idealismus ist eine Krankheit; davon laß' ich mich nicht abbringen."

"Meinethalben!" Krastinik seufzte tief auf. "Aber was hilft's, das zu wissen! Damit kommen wir keinen Schritt weiter. Wir müssen ja doch das Leben ertragen, wie's einmal ist, und unsre idealen Forderungen verkneifen."

„Ja, bis der Tod uns kneift." Der Alte gähnte leicht und schüttelte sich, wie in einem Gefühl des Unbehagens. „Und um's erträglicher zu machen, hat man sich die Mär von der Unsterblichkeit erfunden. Das ist auch so eine Art Größenwahn des Menschen. Endlich sollte die Naturwissenschaft ihn doch belehrt haben, was für ein Wurm er ist. Wahrhaftig, man sollte denken, daß Dein „eingeborenes Prinzip" beim Menschen nichts andres als der Größenwahn ist!! Erst dachte er sich Sonne, Mond und Sterne um seine winzige Erde hertanzen und schneiderte sich einen Gott zurecht, der nur für ihn und seine Bedürfnisse da war! Jetzt muß er wohl oder übel einsehn, daß sein Erdklumpen nur einen Punkt im Universum vorstellt. Darwin hat ihm endlich zu Gemüthe geführt, daß er nur ein höher entwickeltes Thier sei. Und trotz alledem hält sich der veredelte Menschenaffe immer noch für einen hochwohlgeborenen Grandseigneur, an dem Sonne, Mond und Sterne ein ganz besonderes ehrfürchtiges Wohlgefallen haben!"

„Sie übertreiben." Der Graf lächelte etwas ironisch. „Wäre dem so, so würde der veredelte Menschenaffe wohl etwas mehr in seiner persönlichen Aufführung danach streben, vor Sonne, Mond und Sternen mit Ehren Parade zu stehn! Uebrigens — über diese Descendenztheorie läßt sich noch streiten. Längst hat mich einfache Logik gelehrt, daß der Uraffe, von dem wir abstammen äußerst verschieden gewesen sein muß von dem Urahnen des eigentlichen Affengeschlechts. Warum hat nur der „Menschenaffe" solche Fortentwickelungsfähigkeit gehabt und warum ist der Affe, wie wir's am Gorilla und Schimpanse heut sehn, nach Aeonen immer derselbe geblieben? Der Menschenaffe war eben ein Genie. Denn Genie scheint mir keine concrete Fähigkeit, sondern eine Art Baccillus, der im Gehirn bei der Geburt steckt und sich langsam je nach den Umständen fortbildet oder auch nicht. Der Eine wird ein großer Mann, der Andre ein Verbrecher. Wie mancher Handlungscommis könnte ein Clive, wie mancher Midshipman ein Nelson werden, wenn die Umstände ihn begünstigen! Cäsar Borgia wurde kein Cäsar: er hatte kein Glück. „Sulla der Glückliche!" „Cäsar und sein Glück!" O die Römer waren kluge Leute. Der Menschenaffe hatte Glück und hatte Genie. Der Ur=Gorilla aber hatte ein Durchschnitts= gehirn und weder Glück noch Initiative. — Nein, nein, unsere Verwandtschaft mit dem Affengeschlecht scheint mir nur äußerlich und kann nur dem Oberflächlichen imponiren."

„Sieh, sieh!" spottete Dorrington. „Da haben wir den menschlichen Größenwahn in optima forma. Uebrigens," brach er ab, indem er nachdenklich vor sich hin blickte, „vielleicht verdanken wir unserm Größenwahn auch unser bißchen Größe. Man muß an sich glauben. Goethe sagte sogar, daß noch kein rechter Kerl an seiner Unsterblichkeit gezweifelt habe.

Ja, mit dem Größenwahn ist das ein eigen Ding. So müssen z. B. Mohamed, Christus, Buddah sich für Übermenschen ausgeben, weil die Menschen nur die Person, nie die Sache sehn und daher ohne dies das Große in ihnen nicht siegen könnte. Solch ein Größenwahn scheint also nothwendig, wird sogar zur Tugend!"

Krastinik schwieg betroffen. Diese Auffassung kam ihm sehr gelegen und leuchtete ihm ein. Doch warf er hin:

"Größenwahn scheint fast immer gepaart mit hochmüthiger Verkleinerung der Andern."

"Nun ja, das ist eben der natürliche Egoismus, aus dem ja auch der Größenwahn hervorgeht."

"Sei also der Größenwahn der Großen berechtigt — wie aber entschuldigt man die Einbildung der Kleinen?"

"Ach, denken wir auch hier menschlich! Nur die Lumpe sind bescheiden. Was wären wir ohne Hoffnung! Ein solcher Größenwahn ist oft Selbsterhaltungstrieb. Dagegen ist nichts zu sagen. Ein solcher Glaube tröstet einen armen Teufel im Kampf ums Dasein; der Glaube an seine innere Bedeutendheit hält ihn aufrecht."

Beide blieben an einer Wegebiegung stehn, um sich zu trennen. Sie hatten sich schon die Hände geschüttelt und hielten sich noch immer bei der Hand.

"Schon gut, aber man macht sich doch lächerlich —"

"Weil die Eitelkeit der Andern sich über unsre Eitelkeit ärgert? Nun ja, man muß es nicht herauskommen lassen. Das ist ungeschickt. Die Hochmüthigsten sind die, welche ihren Hochmuth nicht mit Worten zeigen. — Na, es soll mich wundern, wie Du in der Hauptstadt des deutschen Geistes mit all den großen Geistern auskommen wirst. Meinen Segen hast Du dazu! Lebwohl — mein Junge, lebwohl!"

Sechstes Buch

I.

Bei seiner Rückkehr hatte Rother folgenden Brief gefunden:

„Geehrter Herr,

Verzeihen Sie, daß ich es wage, dieße Zeilen an Sie zu schreiben, es ist ja nur betreffs meines Bildes, um dessen Rückgabe ich Sie einst bat. Ich weiß, daß Sie mir zürnen. Denn wenn Sie Charakter haben, müssen Sie das thun, denn Ursache haben Sie vollauf, und eben weil ich das annahm, glaubte ich damals nicht eine wunde Saite bei Ihnen zu berühren, Erinnerungen bei Ihnen wachzurufen — — wenn ich Sie um Rückgabe meines Bildes bat, weil ich Selbes für Sie längst wertlos wähnte und außerdem sind Sie in ganz Deutschland der einzige Besitzer eines Bildes in dieß Genre, da ich seiner Zeit bloß drei machen ließ und die zwei andern in Händen meiner Familie sind.

Da ich nun aber aus Ihren Zeilen ersehe daß Ihnen noch ein klein wenig an dem Bilde liegt behalten Sie es als Erinnerung an eine traurige Zeit für Sie und mich und wenn es Ihnen manchmal aus versehen in die Hände kommt, urtheilen Sie nicht zu strenge über das Original, welches auch ein schlagendes Herz in der Brust hat und auch recht deutlich fühlt was wohl und wehe thut... Mit dem Kohlrausch bin ich fertig für ewige Zeiten mein Ohr wird beleidigt wenn ich von ihm höre. Fragen Sie mich nicht wie es gekommen, sondern ziehen Sie den Charakter dieses K. in Betracht. Dann können Sie sich selbst Antwort geben. Nun sende ich Ihnen meinen letzten Gruß und wünsche Ihnen all das gute was man Jemand wünscht, für den man die größte Achtung im Herzen hegt."

Rother stützte sein Haupt in beide Hände. Große Thränen quollen aus seinen Augen und jede Thräne brannte.

Dann stürzte er sich auf sein Schreibzeug und entwarf in einem Zuge folgenden Brief:

"Verzeihen Sie, wenn Ihr Brief mich drängt, auf einige Punkte desselben noch einmal zu antworten.

Hätte ein Mann diesen Brief mit seiner ruhigen Vornehmheit der Gesinnung, in ehrlichem Eingestehen eigener Verschuldung und doch Bewahrung der eigenen Würde, geschrieben, so würde ich nicht anstehen zu urtheilen: Diesen Brief hat ein Gentleman geschrieben.

Sie täuschen sich aber in zweierlei Dingen.

Sie meinen, ich müsse auf Sie "böse sein", wenn ich Charakter hätte. "Charakter" zeigt sich aber nicht in kleinlichem Nachtragen, sondern in großmüthigem Verzeihen und vor allem in Beherzigung des französischen

Sprüchworts: „Alles verstehen heißt alles verzeihen." — Ich bin eigentlich nie „böse" gegen Sie gestimmt gewesen, sondern habe nur Mitleid und Bedauern empfunden. Daß ich wie gewöhnlich auf den ersten Blick den Charakter jenes K. durchschaute, ist ja natürlich; daß Sie meine Warnung so sehr berechtigt finden mußten, freut mich wahrlich nicht, sondern betrübt mich tief. Es ist aber ein altes Vorrecht der Frauen, oft den erbärmlichsten Wicht dem Besten vorzuziehen. „Schwachheit, dein Name ist Weib."

Wenn Sie aber wähnen, daß ich jedes Interesse für Sie verloren hätte, so irren Sie sich leider sehr über die Tiefe der Empfindung, welche Sie mir eingeflößt haben. Stolze Naturen wie die meine, welche innerlich stets einsam sind, pflegen Liebe und Haß nicht täglich wie ein Hemd zu wechseln. Die landläufige Verliebtheit ist, bei Männern wenigstens, eine Sache, die mit Essen und Trinken auf einer Stufe steht. Solche „Liebe" ist Eitelkeit und Sinnlichkeit, wenn sie nicht Wahnsinn ist. Bei meiner großen Geringschätzung der weiblichen Natur habe ich das stets nur als Spiel und Sport betrachtet und behandelt. Bei Ihnen aber liegt die Sache anders. Ich glaube kaum, daß ich je wieder fähig bin, ähnlich selbstlose Gefühle für irgend ein weibliches Wesen zu hegen. Die Liebe hat ein sehr sicheres Warum, sie ist ein Naturtrieb. Ich zweifle daher nicht, daß Sie eine naturnothwendige Ergänzung meiner Natur geworden wären.

Doch das Leben ist rauh und erbarmungslos, und die Verhältnisse meist unüberwindlich, — wenn sie es auch im äußersten Nothfall für Menschen von meiner Energie niemals sind. Doch — geschehn ist geschehn und vorüber ist vorüber.

Doch werden Sie begreifen, daß nach solchen Erlebnissen ein völliges Vergessen unmöglich ist und daß ich, wann und wo ich Sie auch je im späteren Leben wiedersehen mag, Sie niemals ganz gleichgültig für mich sein werden, ebenso wie Sie nie meinen Namen lesen werden, ohne daß ein seltsames Erinnerungsgefühl Sie beschleicht.

Jedenfalls aber danke ich Ihnen herzlich für Ihren Brief, und danke Ihnen, daß Sie mir „größte Achtung im Herzen" bewahrt haben. Ich erwiedere diese Achtung und bleibe Ihr schweigender Freund, der Ihnen für alle Zukunft aufrichtige Theilnahme ohne alles Nebeninteresse heimlich bewahrt und Ihnen mehr Glück und Seelenfrieden wünscht, als Ihr Schicksal es bisher Ihnen bescheert hat."

Schon wollte Rother diesen Brief absenden — natürlich an die alte Adresse in der Gerichtsstraße —, als sein Blick zufällig auf das Couvert fiel, das er natürlich nach Erkennung der Handschrift sofort erbrochen hatte, ohne den Poststempel zu beachten. Jetzt fiel ihm dieser ins Auge: — Hamburg! Was bedeutete das? Sie hatte sich dieses Kohlrauschs entledigt und ging nun dennoch nach Hamburg zurück?!

Ohne zu zögern, eilte er sofort zu Frau Lämmers.

Diese empfing ihn mit größter Verlegenheit.

Sie habe Herrn Rother aufgesucht, um ihm Mittheilung zu machen — obschon sie ihn ja kaum kenne, sei dies doch ihre Pflicht gewesen. Und nun grade mußte sie erfahren, daß er verreist sei! Worum es sich handele? O ganz einfach. Erstlich wollte Kathi durchaus nicht dulden, daß Rother in Ungelegenheiten gebracht werde, und erklärte, dabei werde sie nie gegen ihn zeugen. Und dann, sobald sie unter den dringenden Umständen mit Kohlrausch wirklich Ernst machen wollte, habe sich dieser unter allerlei Vorwänden "glatt wie 'n Aal" zurückgezogen. Endlich sei es klar geworden, daß er im Grunde auch nur darauf spekulirt hatte, das schöne Mädchen herumzukriegen. Endlich in einer heftigen Scene, als sie ihm Vorwürfe machte, erklärte er brutal grabheraus, daß es ihm nicht einfallen werde, ein Mädel ohne einen Pfennig in der Tasche zu heirathen. In einer Aufwallung wahnsinniger Wuth hatte sie ihn darauf geohrfeigt, ihm die Thür gewiesen und einen heiligen Eid geschworen, sie wolle ihn niemals wiedersehn. — Stundenlang, erzählte Frau Lämmers, habe sie sich auf dem Sopha in Weinkrämpfen gewälzt und immer wieder gerufen: "Das ist die Strafe! O Rother, Rother!"

Daraufhin sei sie, die Wirthin, heimlich zu Rother gegangen. Als sie dann Kathi mittheilte, was sie gethan — worüber diese aufgefahren sei: "Ich sterbe vor Scham!" — habe diese, sobald sie erfuhr, Rother sei nach England gereist (also jedenfalls für lange), sich würdig gefaßt. Das freue sie. Er sei nun wenigstens erlöst und gerettet. Nie werde sie ihm mehr unter die Augen treten können.

Was aber nun! Wovon leben! Wieder die alte Geschichte, wie im vorigen Sommer! Einen ihrer alten Verehrer beglücken — ja, dazu war noch immer Zeit. Aber ehe sie das that, eher sterben!

Da führte ihr in einem Café der Zufall einen jungen eleganten Herrn in den Weg, mit dem sie in ein Gespräch kam. „Ja und was wollen Sie! In den hat sie sich verliebt! Und nun ist's obendrein ein sehr reicher junger Herr. Kurzum —"

„Kurzum! — Aha!" Es war Rother, als ob eine andre Stimme so dumpf aus ihm antworte. „Und da sind sie nun sozusagen auf der Hochzeitsreise?"

„Ja natürlich! Hier hätt' ich das Verhältniß nie geduldet und Kathi selbst wollte nicht — hier wäre sie ja doch leicht ausgespürt worden. Wohin sie sind, weiß ich nicht recht. Doch glaube ich —" Sie zögerte.

„Nur heraus mit der Sprache!"

„Ich hörte mal, wie er viel von Norwegen erzählte, wo er hin wollte. Das sei jetzt bei den Herrn Touristen so beliebt. Und sie ließ sich viel von ihm erzählen darüber."

„Stimmt. Poststempel Hamburg. Und ... und — wie heißt ihr neuer Amoroso?"

Frau Lämmers zögerte. „Ja, ich weiß nicht ... Sie müssen mir versprechen, mich nie zu verrathen ..."

„Mein Ehrenwort."

„Also gut. Er heißt Eugen Wolffert."

„Eugen Wolffert! Der Sohn des Kommerzienrath

Wolffert — des Waffenfabrikanten, des fortschrittlichen Reichstagsabgeordneten?"

"Derselbe."

Rother stand einen Augenblick regungslos. Es durchschauerte ihn jählings der Gedanke, daß es wohl gar keinen Zufall gebe, sondern alle Dinge innerlich aus Nothwendigkeit in einem abgezirkelten Kreise zusammenlaufen. Berg und Thal kommen nicht zusammen, aber wohl die Menschen in Berlin.

Er faßte sich jedoch rasch und that möglichst unbefangen. Daß die Sache nun also endlich aus und zu Ende sei, befriedige ihn. So sei Kathi denn besorgt und aufgehoben. Somit empfehle er sich Frau Lämmers und danke ihr für die vielen Unannehmlichkeiten, deren sie dieser Geschichte halber sich unterzogen.

Zu Hause steckte er sich eine Cigarre an und überließ sich Träumereien, die an seine Vergangenheit anknüpften.

Eugen Wolffert! Ja, den hatte er gekannt. Er dachte an eine Episode seines Jugendlebens zurück, an den Tag seiner Abiturientenprüfung.

Der würdige Pädagoge hatte gesprochen, ordnete seine weiße Kravatte, schob seine Brille zurecht und erglänzte von dem milden Lächeln väterlichen Wohlwollens. Die Mütter, völlig überwältigt von den klassischen Citaten und Rührung, weinten bitterlich. Die Schwestern starrten — nicht nach dem speziellen Bruder, sondern seinen speciellen Collegen. Die Väter versuchten ergriffen auszusehen. Kurz, alles ging so zu, wie es seit grauer Vorzeit bei Abiturientenentlassung herkömmlich ist. Leider schienen die „nicht ganz gewöhnlichen Charaktere," wie Director Sprengler es so schön ausgedrückt hatte, „der drei Aspiranten des öffentlichen Lebens" am wenigsten sanfteren Gefühlen zugänglich. Der Eine lehnte mit verschränkten Armen (eine Stellung, die er zur äußersten Entrüstung des Pedells und der jüngeren Schulamtscandidaten während der letzten fünf Minuten kaltblütig behauptet hatte) an einem Pfeiler in der Haltung stolzer Gleichgültigkeit. Der Andere blickte dem Lehrer seiner unerfahrenen Jugend, die Augen halb geschlossen, in die vom Feuer der Beredsamkeit strahlenden Brillen, — mit einem kühlen und mitleidigen Lächeln, das sich bei näherer Besichtigung wie verächtlicher Hohn ausnahm.

Der Autokrat der Aula schien übrigens an diese ver=
rätherischen Anzeichen eines schlechten Gemüths durch
langjährige Erfahrung gewöhnt.

O, er fühlte es, der absolute Dynast, mit gerechtem
Groll: dies war nicht mehr das Lächeln des Trotzes,
sondern das triumphirende Lächeln des Befreiten vor
seinem früheren Kerkermeister.

"Dieser Jüngling nimmt ein schlechtes Ende!" murrte
der wohlwollende Seher einem grauhäuptigen Oberlehrer
der Anstalt zu — dem wohlbekannten Dr. Müssich, welchem
jene von der gelehrten Welt mit solchem Beifall auf=
genommene Abhandlung über den Bart des Sokrates
gelang. "Recte!" versetzte dieser graue Trojaner. "Die
Jugend wird immer verderbter!"

"Und welch schlechte Manieren!" wisperte der schöne
Dr. Lucä, welcher einen Essay — beileibe nicht Disser-
tatio, heute wird die Wissenschaft modern und elegant,
Schlafrock wird unschicklich selbst für Metaphysiker, und
die schlafmützigste Gründlichkeit wirft sich in Frack und
Glacee — über die Superiorität des französischen Geistes
verbrochen hat: ein Thema, das ihm bei einem gerechten
deutschen Publikum große Sympathien gewann. Lucä
war auch mal in Paris gewesen und litt am Größenwahn
der Gallomanie.

Der dritte Jüngling entfaltete indessen die Talente
eines Satelliten. Erst versuchte er die stolze Nonchalance
von Nr. 1, dann die sardonische Grimasse von Nr. 2
nachzuäffen. Schwankend zwischen der Verehrung zwei
so illüstrer Vorbilder, gähnte und grinste er in schönem

Wechsel, bis er endlich, ermüdet von seinen erfolglosen Anstrengungen, das Kennzeichen seiner wahren Natur entwickelte, nämlich den träumerischen Blick phantastischer Duselei.

Der großartige Ritus der Entlassung war nun zu beendigen durch den ehrenvollen Akt des Händeschüttelns mit dem einstigen Despoten. Der Gleichgültige schüttelte mit jovialer Herablassung, der Träumerische wie ein verlegenes Kind, und der Höhnische mit einer beleidigenden kalten Höflichkeit.

Dann wandte sich der wohlerzogene junge Mann mit einem halb natürlichen, halb affektirten Gähnen zu seinen zwei Freunden, welche mittlerweile ihren Familien eine zarte Eröffnung über einen zu haltenden „Soff" bereitet hatten, den die drei Abiturienten für den Abend verabredet hatten. Für ihn selbst schien keine Familie anwesend. — Sie standen allein in der Vorhalle der Aula. „Eh bien!" rief der Gleichgültige, offenbar die Hauptperson dieses Kleeblatts, „all right? Gürten wir denn unsre Lenden und wandeln in das gelobte Land, wo Bairisch und Kutscher in Strömen fließet! — So leb' denn wohl, Du altes Haus! Herr Pedell, unsre Ueberzieher! Und hier, lieber Herr, ein kleines Souvenir für so viele Mühe!"

„Danke, danke, Herr Wolffert!" kratzfußte der gerührte Herr Baum, drei Thaler bis ins Herz hinein fühlend, „danke Sie vielmals! War mich immer eine große Ehre, einem so feinen jungen Herrn gefällig zu sein! Ich hatte, darf ich woll sagen, stets een Auge auf

Ihnen! Viele Mühe — hehe! Des dürfen Sie woll sagen! Schon — alleine —"

„Die Carcer!" lachte der junge Mann fröhlich „O muß ich denn auch Dich verlassen, Wiege meiner Jugend? Wann war's denn das letzte Mal, lieber Herr Pedell?"

„Na, wissen Sie, mir däucht, als Sie Herrn Schulamtskandidaten Specht so frech — däs will sagen, ich meine — so kavaljeremang traktirten! Die Geschichte mit das Fenster!"

„Ich kann mich wirklich nicht erinnern!" behauptete der Schwerenöther. Er wollte es gern noch einmal hören.

„Nä, däs muß man sagen? Nich erinnern? Vier Stunden Brummen? Däs heißt — ich erinnere mir, gebrummt haben Sie nicht, aber jejrölt haben Sie janz laut ,Steh ich auf finstre Mitternacht' und andere jefühlvolle und patriotische Jesänge und — juter Jott! — jejessen haben Sie! Ich erinnere mir, der Carcer glich Sie einer Eßwaarenhandlung!"

„Bravo! Kapitales Gedächtniß! — He, Leonhart!" Der Höhnische hörte auf diesen Namen. „Willst Du nicht über die Functionen der Erinnerung in den Gehirnen der Masse philosophiren? Hier Herr Baum hat ein tief entwickeltes Stullengedächtniß!"

„Und ein Trinkgeldgedächtniß dazu! Ich habe nie daran gezweifelt: Seine ,Freuden der Erinnerung'!"

„Na, was däs anbelangt, Herr Leonhart, so gaben Sie mich mindestens nich ville Jelegenheit, dies Jedächtniß zu exerciren!"

Der erboſte Pedell war offenbar ſchon lange von der Inſolenz dieſes Leonhart gereizt. Er risfirte lieber ſein Trinkgeld zu verlieren; vielleicht wußte er, daß er doch keins bekam.

„Unſinn, lieber Herr Baum!" lachte Wolffert. „Er meint's nicht ſo! Er inſultirt Leute manchmal nur, weil es ſo ſeine Gewohnheit iſt. Keine böſe Abſicht!" Er verſuchte augenſcheinlich den Protektor zu ſpielen. „Und nun, um auf den beſagten Hammel zurückzukommen" — „Sie meenen den Specht? Nu, ſehn Sie, die Sache war Sie die: Die Klaſſenfenſter ſtehen offen. Und Monſieur Specht" — nach drei Thaler Trinkgeld darf man ſchon was risfiren! — „kommt in die Prima, wo er ja niſcht zu ſuchen hat, und kreiſcht: ‚Fenſter zu! Sie da!' Und damit meint er Ihnen, Herr Wolffert, inſofern als Sie zunächſt das Fenſter ſtanden, ſehn Sie — ‚Sie da,‘ ſagt er ‚machen Sie mal die Klappe zu!' Däs traf Ihnen. Und Sie ſagen, ſehen Sie: „Herr, den ich nicht zu kennen die Ehre habe‘ — däs war frech, entſchuldigen Sie mir, aber däs w a r frech!" (‚Frech‘ bedeutet: tapfer und brav, im Schuljargon) „Sie ſollen Ihre Lehrer kennen. Sehn Sie! — Alſo: ‚Ehre habe!‘ ſagen Sie ‚machen Sie lieber ſelbſt Ihre Klappe zu!!'"

„Das war rieſig frech!" jubelte der Träumeriſche und warf einen Blick tiefen Reſpekts auf ſeinen vom Bewußtſein edler „Frechheit" ſtrahlenden Freund.

„Oder bitten Sie mir erſt!" ſagen Sie. ‚Man bittet in anſtändige Jeſellſchaft!' — Na, das Jeſicht von Spechten können Sie ſich man ſelber imaſchuiren!"

(Baums klassische Studien bereichern seinen Wortschatz mit Gebilden einer seltsamen Sprache, welche von Gelehrten der Tertia für Chaldäisch erklärt wird, mit Anklängen an das Etruskische.) „Roth, wie ein Puter schreit er: ‚Sie impertinenter Flegel!‘ sagt er, ‚Ihren Namen!‘ — Hehe, impertinenter Flegel! sagt er — entschuldigen Sie mir, aber das war stark! ‚Impertinent‘ ist stark!"

„Wurde noch nie einem Primaner geboten!" bemerkte der Höhnische, mit schmunzelnder Befriedigung, daß man selbst diesem Heros so was bieten konnte!

„Lachen Sie nicht!" rief Wolffert jedoch mit herrischer Stimme, roth vor Zorn. „Ich werde diesen vulgären Burschen später zurecht setzen! Bei Philippi sehen wir uns wieder!"

„Na gut, ‚Impertinenter Flegel!‘ sagt er also —"

„Sie brauchen es nicht wiederholen!"

„No, nee! Entschuldigen Sie mir — hm! hm! Imper — das war stark! ‚Ihren Namen!‘ sagt er. Sagen Sie: ‚Mein Name ist Wolffert! Ich bin sonst ein sehr höflicher Mensch! Aber, wenn ich mit Grobianen —‘ hehehe! Das war frech. ‚Das wird sich finden!‘ schreit er. Und es fand sich, daß Sie sich im Carcer fanden! Na, frech war es doch!"

„Danke für diese Erinnerungen einer schönen Seele und besonders Ihre erläuternden Bemerkungen! Adieu, lieber Herr! Muß i denn, muß i denn zum Städtle hinaus und Du mein Schatz bleibst hier? Hat mich sehr gefreut, Ihre langjährige Bekanntschaft gemacht zu haben!"

„Jleichfalls! Jleichfalls, Herr Wolffert! Erhalten

Sie mich Ihr schätzbares Wohlwollen! — Ihr Diener, meine Herrn!"

„Empfangen Sie die Segenswünsche eines kindlichen Herzens!" Leonhart klopfte ihm gravitätisch auf die Schultern. „Lieber Baum, wachsen und blühen Sie und mögen wir — wer von uns beiden wünscht's am innigsten — uns nimmer wiedersehn!" Er verschwand ohne Trinkgeld.

„Impfpudtanz!" (Sollte heißen: Impudenz), murmelte der verletzte Kastellan. „Redensarten hat er immer, die man nicht braucht, aber nie einen Dreier!" Der Träumerische gab eine Mark und sagte simpel Adieu. Der Pedell, welcher den Wert jedes Menschen richtig taxirte, dankte ihm kaum. Nur Unverschämtheit flößt den niederen Ständen Achtung ein.

Die Drei schritten rasch, um sich warm zu laufen, Arm in Arm vorwärts.

„Die langweilige Geschichte wäre also endlich vorüber!" hob Leonhart an. „Nun steht noch der Einjährige wie ein Gespenst vor meinem ahnenden Geist. Der Schuljunge ist todt, todt, todt!" Das „todt" tirilirte er mit einem Juchzer in die Luft hinaus.

„Pah, was sind Unteroffiziere und drei Millionen Donnerwetter, multiplizirt mit einer Erbswurst," fiel der gewaltige Wolffert mit seiner üblichen gezierten Genie=Pupperei ein, „im Vergleich zu den Impertinenzen dieser Schulmeister! — Juchhe, ich bin so hungrig, als wäre heut nicht der feierlichste Moment meines Erdenwallens. Erst gezüchtet und auf die Lebensweide ge=

schickt, wie Hämmel mit Zeugniß=Strichen auf dem Rücken! Dann auf die Thierschau geschickt und hartgeritten beim Militär und wieder mit Zeugnissen aus dem Militärdienst entlassen! Dann mit Zeugnissen vor den Altar getrieben und dann selig verstorben und beerdigt — mit Zeugnissen!"

„Sehr gut." Leonhart lachte laut und bitter auf. „Wieviel Papiergepäck ein Mann auf die Reise über'n Styx mit sich bringt! Wieviel ‚Zeugnisse' man braucht, um ehrlich sterben zu können!"

Rother schwieg und lauschte nur entzückt auf die krankhaft sprühende Lustigkeit dieser phosphorescirenden Nichtse. Mit der gleichen widerlichen Affektation, an die er heut nur mit verächtlichem Lächeln zurückdenken konnte, feierten sie dann ihr Abschieds=Convivium, wobei natürlich Wolffert wieder als Präses und Matador strahlte. Sie hatten sich dann mit dem Versprechen getrennt, auch im späteren Leben (jeder von ihnen ging vorerst verschiedene Pfade: Wolffert als forscher Corpsstudent nach Heidelberg, Rother auf die Malerakademie nach Düsseldorf, Leonhart nach seiner Heimat in Quedlinburg am Harz) zusammenzuhalten Wie es gewöhnlich bei solchen Versprechen geht, hielt es keiner. Anfangs hatte man noch ab und zu von einander hören lassen. Bald erlosch jedoch jede Verbindung. — Leonhart und Rother hatten sich erst spät in Berlin wiedergetroffen, beide mittlerweile bekannte Namen in ihrem Fach geworden. Wolffert war für sie ganz verschollen.

Sohn eines sehr reichen Mannes, des Kommerzien=

rats Wolffert, (Waffenfabrikant und fortschrittlicher Reichstagsabgeordneter), benutzte der bezaubernde Eugen natürlich diese natürlichen Vorteile, um vorerst das Leben zu genießen. Er lebte in Paris, London, Rom und tobte sich aus, ging dann nach Amerika. Nachher warf er sich auf naturwissenschaftliche Studien mit demselben Eifer, wie er früher Rudern, Schwimmen, Fechten, Reiten und ähnlichen Sport cultivirt hatte, und glaubte in der Chemie den Schlüssel zum Welträtsel entdeckt zu haben. Allein, er brachte es auch hierin zu nichts und der himmelstürmende Titane in Glacés, der auf der Schule sich als neuer Mirabeau von den Commilitonen anstaunen ließ, entpuppte sich, wie so viele „Genies" der Flegeljahre, als ein höchst gewöhnlicher Dilettant und Weltbummler. Wer hätte damals prophezeit, daß der blasse süffisante Leonhart ein berühmter Dichter und der träumerisch schüchterne Rother ein sehr bekannter naturalistischer Künstler werden könne! Aber auf den schneidigen eleganten Wolffert — ja, auf den hätte Jeder geschworen, daß etwas Außerordentliches in ihm stecke! Und nun nichts, gar nichts — ein reicher junger Mann, der den Namen seines Vaters führte — der Sohn seines Vaters!

Ach, Rother erinnerte sich mit wehmüthiger Ironie an verschiedene Wunderkinder, in welchen die Herrn Schulmeister neue Säulen der Wissenschaft geahnt hatten, — besonders einen gewissen neuen Mommsen. Ach, dem jungen „Doctor" war er kürzlich begegnet. Wie hatte nicht er selbst den früher bewundert! Und nun mit seinen welt= und leidgeschärften Augen sah er einen kümmerlichen philiströsen Durchschnittsmenschen in dieser jungen Leuchte der Wissenschaft — ein Menschlein, grade gut genug, um in alten Pergamenten zu büffeln und Inschriften mit seiner blöden Brille zu entziffern.

Eugen Wolffert! Eine unaussprechliche Verachtung ergriff ihn bei diesem Namen. Dann keimte allmählich ein düsterer Haß in ihm empor. Ein solcher Halb-Mensch, der nie wahrhaft gelitten, nie wahrhaft gelebt, nie wahrhaft gestrebt, geschweige denn gewirkt — ein solcher Eunuch geschwätziger Pseudo-Bildung kreuzte seinen Weg und nahm ihm, was sein durch das Recht der Liebe und des Leibs. Wie er auf der Schule durch seine imponirende Aeußerlichkeit den unscheinbaren bescheidenen Rother niedergedrückt, so sollte er auch jetzt den Sieg davontragen?

II.

Kraftinik hatte sich sofort nach seiner Ankunft in Berlin durch Rother verschiedenen Litteraten vorstellen lassen. Einigermaßen über die Verhältnisse aufgeklärt, mit Empfehlungen versehen, machte er sich nun sofort daran, seine Feder-Versuche auszubeuten. Seine Lyrika lagen wohlgeordnet in einer Mappe und er gedachte sich einen Verleger zu sichern, indem er vorerst einige Proben in einem Journal placirte. Er ahnte zwar sehr wohl, daß der deutsche Biedermann grundsätzlich keine Gedichte liest; allein er meinte mit Recht, daß es zum Debut eines ordentlichen Autors gehöre, ein Bändchen Gedichte, wo= möglich in Maroquin mit Goldschnitt, herauszugeben. Rother hatte ihm einen eben etablirten jungen Mann bezeichnet, der sein väterliches Erbteil auf diesem nicht mehr ungewöhnlichen Wege zu verputzen dachte und am Laster des Bücherdruckens „mit geschmackvollen und stil= vollen Einbänden" (nebst Inhalt als Beilage) litt. Um denselben zu kapern, beschloß also der leiblich schlaue Graf, die Redaktion des „Bunten Allerlei" aufzusuchen, deren Chef an der fixen Idee litt, Talente zu entdecken

— falls ihm dies nichts kostete und der Autor sich seine Protektion gefallen ließ.

Doctor Gotthold Ephraim Wurmb empfing den Grafen mit verbindlicher Höflichkeit, gemäßigt durch eine gewisse steife Zurückhaltung. Er war ein ziemlich behäbig aussehender Herr von untersetzter Statur und duftete stark nach Moschus. Seine geblähten Nasenflügel zeugten für Aufgeblasenheit und versteckte Brutalität. Seine breiten lüsternen Lippen umspielte eine überlegene Ironie, die auf den tieferen Beobachter als recht gezwungen wirkte. Seine blonden Haare sträubten sich über einer breiten Denkerstirn und sein schmaler blonder Ziegenbart versteckte nur halb ein wohlgenährtes Pfaffenkinn. Unter seiner Brille funkelten ein paar mausgraue Aeuglein listig in die Welt hinein, die unter Umständen tückisch genug schillern konnten.

Unendlich durchdrungen von der Wichtigkeit seiner Stellung und dem Gewicht seiner Autorität, empfand er doch mit der echten Unterwürfigkeit des Parvenu=Plebejers einen angenehmen Kitzel, einen Grafen von so berühmtem altem Adel bei sich antichambriren zu sehen.

Die Gedichte eines Grafen Krastinik zu veröffentlichen, konnte dem „Bunten Allerlei" in jedem Fall nur als Folie dienen.

„Ja," sagte er, „geschätzter Graf, Ihre Verse haben mir wohlgefallen, gewiß. Ich erkenne in denselben jene wohlthätige Mischung von Idealismus und Realismus, welche ich vertrete. Lesen Sie darüber die trefflichen, vornehm gehaltenden Artikel eines Heinrich Edelmann und

Rafael Haubitz, welche ich öfters bringe." Der Graf erinnerte sich, etwas davon gelesen zu haben. Es ward ihm von alledem so dumm, als ging ihm ein Mühlrad im Kopfe herum. Es kam ihm vor, als ob hier lauter offene Thüren eingerannt und truisms, wie die Engländer selbstverständliche Trivialitäten nennen, mit hochtrabendem Wortschwall vorgekäut würden. Doch lag dies ja vielleicht an seiner laienhaften schwachen Einsicht. Doctor Wurmb fuhr fort: „Die sogenannten Realisten sind meist bloße Rhetoriker. Hüten Sie sich vor diese, vor allem vor Friedrich Leonhart, den ich früher zum Schaden des Blattes protegirte! Den kennen Sie nicht? Nun, Sie werden ihn noch kennen lernen in seiner ganzen Größe. Der Schrecklichste der Schrecken ist Leonhart in seinem Größenwahn, — Apropos, kennen Sie meine ‚Ausgewählten Gedichte?'" Krastinik mußte verneinen. „Ah! Nun, ich gehöre nicht zu denen, die ihre Werke hausiren tragen. In vornehmer Absonderung von dem großen Haufen der Journalisten verschmähe ich jegliches persönliches Hervordrängen. Doch, ich darf es sagen, Herr Graf, meine Gedichte müssen Sie kennen lernen. Hier liegt grade zufällig ein Prospekt, der in 100 000 Exemplaren vom Verleger versandt wird! Hier, lesen Sie ihn! Sie finden darin Urteile jeder Schattirung.. sogar Leonhart hat darüber geschrieben." Er drückte dem Fremdling ein gelbes Plakat in die Hand. Die horrende Rechnung von achthundert Mark, die der Verleger ihm grade heute über den Prospekt gesandt, zeigte er freilich nicht.

„Eigentlich mißbillige ich auch diese vornehme Art der

Reklame, Todfeind jedes Humbugs wie ich bin. Doch, mein Gott, wenn der Verleger durchaus will!"

Krastinik bekräftigte, daß dies gar keine Selbstreklame sei. Im Vergleich dazu erzählte Wurmb einige Schauder=
geschichten von dem dreisten Selbstlob eines Leonhart und Consorten.

. „Ich sage nochmals, hüten Sie sich vor dem, Herr Graf! Beim dritten Mal, wo Sie mit ihm zusammen sind, gerathen Sie in Zank mit ihm — passen Sie auf! Also Ihre Gedichte drucke ich alsbald. Es ist zwar eigentlich bei mir Grundsatz, die Autoren, ehe Sie Auf=
nahme im ‚Bunten Allerlei' finden, etwas zappeln zu lassen," das Letzte begleitete er mit humoristisch sein=
sollendem Lachen, „damit dieselben energisch dem Ziel ent=
gegenstreben, des ‚Bunten Allerlei' und seines erlesenen Mitarbeiter=Kreises würdig zu werden. Es mag Ihnen arrogant scheinen, bester Herr Graf, aber ich versichere Sie, die Leute kommen zu mir mit einer Beharrlichkeit, die mich tief rührt. Keine Ablehnung schreckt sie ab. Man hat eben Vertrauen zu mir, wie denn zwischen mir und meinen Mitarbeitern und dem Publikum ein herzliches Verhältniß besteht. Ich hoffe, mein lieber Herr Graf," er hatte sich im Verlauf seiner Ansprache ordentlich in einen gnädigen Ton hineingeredet, „daß ich Ihnen die Spalten des ‚Bunten Allerlei' offen halten werde. Sie sind nun glücklich Mitarbeiter geworden und es wird nur an Ihnen liegen, ein intimes Verhältniß anzubahnen. Wie gesagt, Ihre Gedichte drucke ich ausnahmsweise sofort."

Daß er dies ausnahmsweise nur deshalb that, weil der

Name „Graf Krastinik" ihm imponirte, verschwieg er freilich. Man muß die Leute nicht übermüthig machen. Auch als der Graf sich empfahl, verabschiedeten ihn die hochtönenden Worte: „Es mag Ihnen arrogant erscheinen, aber in meiner Schule hat sich schon mancher ungeschliffene Diamant polirt. Unter mir haben sich Kritiker und Dichter, wie Heinrich Edelmann, Rafael Haubitz und so weiter, entwickelt. Selbst Leonhart schlug unter mir einen besonnenen Ton an. Eine unpartheiliche Central=Leitung schwebt gleichsam über den Ereignissen der Kunst und Litteratur in der Redaction des ‚Bunten Allerlei'. Dies schien ein bringendes Bedürfniß in unserer Zeit des Selbstlobs, der Reklame, des eiteln Größenwahns. Ja, es mag Ihnen arrogant erscheinen, mein bester Herr Graf, allein ich bin der geborene Redacteur!! Mit bescheidenem Stolze darf ich mir dies selbst gestehn. Also Abieu, auf Wiedersehn!"

Noch auf der Treppe summte es in Krastiniks Kopf von „Buntem Allerlei" und „geborenem Redacteur" und ähnlichen Chosen. Er hatte es nie in seiner Einfalt für möglich gehalten, daß man sich der Redacteurschaft in einer Weise rühmen könne, als sei dies eigentlich etwas viel Höheres als Dichter= und Künstlerthum. Er wußte noch nicht, daß bei dem Worte „Schriftsteller" den deutschen Biedermann der Menschheit ganzer Jammer anpackt, eine Art horror vacui. Hingegen „Redacteur" — wie anders wirkt dies Zeichen auf ihn ein! Das erinnert so an „feste Anstellung" und andere ersprieß=liche Dinge. Wie sollten die Redacteure daher in ihres

Werthes durchbohrendem Gefühle nicht tief auf die Schreiber herabschauen, deren Manuscripte sie zum Druck befördern!

Also eine neue Spezies — der Redacteur=Größen=wahn! dachte Krastinik.

III.

Mitten in seiner Ungewißheit, ob er sich bezwingen oder noch weiter sich um Kathi kümmern solle, erhielt Rother einen langen Brief seines Münchener Freundes, des genialen Genremalers Knorrer. Der Brief lautete:

„Lieber Kamerad!

Ich sitze hier in der Nähe von Meran, in Ulten. — Bis zum Gardasee war ich in den Früh=Frühling Südtirols hineingebummelt. Hei, Früh=Frühling, sanfte Himmelstochter! Wie überall ein neues Wesen aus Allem weht und flüstert! Die Stelle am Bache, wo das Vergißmeinnicht deutungsvoll uns mahnen soll, wird erst geahnt. Froh erstaunt schleicht man hin durchs Brautgeheimniß der Natur.

Verzeih diesen lyrischen Schwulst! Aber hier wird man, hol mich' der Teufel, par ordre de Mufti ein poetischer Duselfritze. 's ist doch hier alles wie sonstwo auch. Das Weibervolk („aha, da kommt's!" hör' ich Dich lachen), das Weibervolk, meine spezielle ägyptische Plage, ist doch hier dasselbe wie überall.

Ein großes Mutterschaf ohne andre Bestimmung, als — —, das dabei von ätherischen Gefühlen blökt! Meine

Wirthin geilt mich an. Ihr Mann sei u. s. w. Die Natur ist eine infame Kupplerin. Man gruselt sich heimlich vor der ganzen Schmutzerei. O ich fühle es: Keuschheit allein macht stark. Und diese stumpfsinnige Selbstverständlichkeit, womit diese Cochonnerien sich in Scene setzen! Meine Aufwärterin hier, ein äußerlich anständiges Mädchen, nahm einen Zehn-Gulden-Schein verständnißinnig entgegen und besucht mich Nachts. Nachher gestand sie mir, sie nahe dem Kap der guten Hoffnung, und da komme es auf Einen mehr oder weniger nicht an. Jaja, das sind so unsre kleinen Ehebrüche!

Pfui, pfui darüber! Und neben uns klebrigen Erdwürmern diese leblose Natur in ihrer vornehmen Ruhe, so keusch, so ernst, so stolz!

Von Mori fuhr ich nach Riva an den Gardasee — wie wurde mir da!

Diese grauen Kalkfelsen, die senkrecht in die wunderbare Bläue des Seespiegels hineinstürzen! Diese Schneefäden, sich von den Bergen, die noch wie spitze Zuckerhüte herübernicken, in die Rebenterrassen hineinschlängelnd! Rings das feine Silbergrau der zierlichen Olivenblätter, das helle Grün der Maulbeerbäume, das frische Weinlaub, der saftig derbe Ton des Citronenbaumes. Und auch unser heißgeliebtes Feigenblatt hängt überall in seiner fünfzackigen Helle, wie ein Panier der Unnatur, eine Selbstironie der Natur. Das Alles von einem durchsichtigen silbrigen Schleier umsponnen, der sich über See, Bergkette, Maisfelder, Villen und Bastionen schlingt. Riva's kleine Festungswerke bilden die letzte Grenzmark Oesterreichs, der Dampfer auf dem See bedeutet schon italienischen Boden.

Ach, man schwelgt in malerischen Motiven. Mein Skizzenbuch füllte sich, ich male jetzt hier in Ulten nach meiner dortigen Studie den Ponale=Fall am Gardasee. Weiße Gartenmauern. Feurig glühende Rosen. Moosbewachsene Mühlen. Dunkeläugige Bübchen und Mädel in entzückend schmutzigen Röckchen, die uns eine Bastonada auf die Fußsohlen versprechen, falls wir ihnen nicht einen Soldo verabreichen. Mächtige Stier=Fuhrwerke, Schiffe im Hafen, alte bröckelnde Thürme und Thore. All das hart an die Felsen angeklext, deren großartige Linien der Schöpfungsmeister so „klassisch" componirte. Hier und da in die Landschaft ein paar spitze Cypressen mit ihren dunkeln pyramidenförmigen Laubkegeln oder ein Häuschen mit rothem Dach oder ein zerfallenes Gemäuer als ornamentale Sprengsel hineingesetzt. Wirkt wahrhaftig, als habe die Natur hier mal im größten Stil der Renaissance (denk' an den landschaftlichen Hintergrund aus Cadore's Gebirgen in Tizian's Gemälden!) ein monumentales Landschaftsbild kunstvoll angelegt. Welcher pastose Farbenvortrag, wie markig auf die Aether=Leinwand des Horizonts aufgetragen, und dann wieder wie fein mit dünnem Pinselvortrag abgetönt! Aber so gar nicht Impressionalistisch, weiß der Teufel! Dicke Massen Bleiweiß mit dem Spachtel nebeneinander kleben und dann unter einer falsch gewertheten Per=

spektive der Lichtreflexe mit Finger und Pinsel dran
herumschmieren — das verschmäht diese italienische Natur.
Sie hat doch einen ganz besonderen antiken Charakter,
diese sonnendurchgohrene Italia, einen gewissen altrömischen
Faltenwurf ihrer Toga, den ihr Germania mit ihren
Tannenzöpfen nicht nachmacht. Man merkt hier überall den
Michelangelesken Formensinn, die klare Würde Rafael'scher
Composition, die markig satte Farbentiefe der Venetianer.
Sogar die Weiber — — („ah, da sind sie wieder!"
lacht mein Freund Eduard, nicht?) — Da sah ich in
Trient, eskortirt von einem schlangenäugigen Abbate
(o wieviel Grandezza und Weltgeschichtlichkeit steckt in
jedem italienischen Pfaffen!) eine fette Wildsau mit lüstern
schmatzenden Lippen, aber doch einem großen Zug im
Profil. Aber die Tochter — ah, diese ungesuchte Vor=
nehmheit einer alten Race, einer uralten Cultur, im
italienischen Typus! Diese versteckte schläfrige Glut, diese
schwärmerische Inbrunst, diese göttliche Faulheit und
glückliche Beschränktheit in den süßen Augen! — —
Die Tyrolerinnen sind rohe Töpferwaare dagegen.
Da hast ein Liebl zum Fibibus=Anstecken!

Das „goldne Dachl".

Keusche Margaretha Maultasch,
Landesmutter und Regent,
Deines Innern Lücken stopfte
Nur ein ganzes Regiment.
Neidisch schaut Dein goldnes Dachl
Jede Jungfrau in Tyrol —
Liebevolles Gretchen Maultasch,
Warst vielleicht nur ein Symbol!

Weißt, man kommt wahrhaftig hier in die Stimmung zur Dichteritis hinein — hier, wo die alten Minnesänger geweilt, wo immer noch ein Geigenstrich, stahlscharf wie von Volker's Fiedelbogen, über die Thäler hinzutönen scheint; hier wo Walter von der Vogelweide geboren, dem seine Heimathstadt Bozen endlich ein Denkmal gesetzt. Ich liebe Bozen. Ich liebe diesen Fruchtmarkt, diesen dunklen Wein in Kryſtallflaſchen (die öl=verpichten Stroh=Amphoras in Wälſchland ſind freilich einem Künstlerauge anheimelnder), dieſe Miſchung von echtem Riſotto und Mehlknödelei — ſoll heißen: von Italieniſchem und Tyroliſch=Bajuvariſchem. Ich liebe die bogigen ſchattenkühlen Arkaden der heißen Thalkeſſel=Stadt. Ich liebe den ſpitzen Thurm auf dem großen Platz, der ſich in den Aether bohrt mit all den Spitzbogen und Schildereien mittelalterlichen Meißels, wenn der Mond an ihm vorbeiſchifft mit dem Wolkenſegel. Wie reiſt er ſo ſchnell! Eben ſtand er noch links, nun ſteht er rechts vom Thurm. Wie, Närrchen? Nicht der Mond, wir ſelber reiſen ja. Die Erde kreiſte und uns alle riß er fort, der Sturm des tauben Weltgeſetzes, während wir ſicher zu ruhen wähnen beim Schöppchen Wein! Holla, Kamerad, es iſt doch zum — zum metaphyſiſch werden. So ſpielt er mit uns Kegel, wahrhaftig, der große Unbekannte, der Welt=Regiſſeur, der die Couliſſen verſchiebt und die Aktſchlüſſe arrangirt und die Stichworte ſoufflirt!

Die Stichworte! Ja, da komm' ich nun auf eine tolle Geſchichte. Den großen Männern gelten ſolche Rollen=Stichworte zum Auf= und Abtreten doch zumeiſt. Und da ist nun hier, wo ich heut grad sitze, in Ulten, ein solches Stichwort gefallen. 's ist eine seltsame Geschichte und ich will sie Dir erzählen. Weiß der Henker, die Sache klingt mir so plausibel und der Stoff ist so patent, daß ich in einer Frühlingslaune mal den Pinsel wegwarf und sie Dir ganz schriftstehlerig demonstriren werde. Vielleicht bringst den Krempel irgendwo an in eurem geschäftsmäßigen Berlin, wo man goldne Eier legt und gackert und bei jedem winzigen Ei ein Wesens macht, als müsse ein Phönix herauskriechen. Da hast meine Stümperei — lies sie halt als Kamerad und College als ein ulkiges G'spaß Deines handfesten Knorrer.

Man könnte mein Geschreibsel etwa überschreiben:

Der Jugendtraum eines großen Mannes.

Es war Mai in Ulten, diesem entlegenen Seitenthale Merans, wo der thauige Hauch der grünen Schluchten an die Nordalpen erinnert. Im „Mitterbad" zogen die Gäste ein, um die Glieder in dem vitriolischen Eisenwasser der berühmten Quelle zu erfrischen.

Der Mai und Südtirol — die zwei Dinge gehören zusammen. Die ersten rothen Pfirsichblüten flackern unter den duftwarmen Bogengängen der Gärten auf, die Wiesen gleißen in blendendem Smaragd, und die Schatzkammern König Laurins, den die Sage hier sucht, thun sich in den Nebengewölben auf.

Von allen Höhen donnerten Böllerschüsse, die sich im schläfrigen Echo der Thäler melodisch fortsetzten, aber die Holzhäuser erzittern machten. Glockenklänge durchschwammen die stille, heißbrütende Morgenluft. Von der Kirche her mahnten Orgel und Posaunen, das heute das große Freudenfest der katholischen Kirche, Frohnleichnam, sei. Rings auf den sanft ansteigenden Bergpfaden wand sich die Prozession entlang, mit bunten Fahnen und quirlendem Weihrauch.

An der Hecke des Gartens am Wirthshaus des Badedorfes, wo

die Rosen in dichtem Flore einander grüßten und Gluthnelken, Schwert=
lilien und Windrosen farbig im leisen Morgenwinde wogten, schritt ein
einsamer Wanderer entlang, abseit dem Festlärm der Prozession.
Die Wolken standen in glänzenden Lichtballen über den Bergen,
wo spätgefallener Schnee unzerschmolzen glitzerte. Sie glichen einer
Lawine, welche vom türkisblauen Aether sich auf die winzigen Joch
herabsenkt. Der Silberdunst, welcher wie Weihrauchdampf in Becken
und Schalen zwischen den Abhängen sich gestaut hatte, löste sich. Und
über dem bunten Mummenschanz da unten flammte die Hostie der
Schöpfung, flammte die Sonne empor.

Die ganze Landschaft funkelte in der verschwenderischen Gluth des
Maimorgens wie eine Goldmine. Ein ungeheures Netz von goldigem
Dunste und zartem Sonnenstaub, dessen Millionen Maschen millionen=
fach wie ein Meer von Leuchtkäfern und Glühwürmchen auf= und
niederzitterten, spann sich in verwirrendem Strahlentanz über die
Matten. Es schien ein wunderfamer Feenschleier, den die Natur sich
in dieser blumigen Einsamkeit gewoben — als harre sie, in züchtige
Bräutlichkeit vermummt, auf ihren Liebsten, den alles belebenden
Sonnengott.

Aber von alledem sah der Wanderer nichts. Hastig, wie von
innerer Unruhe gepeinigt, schritt er dahin, weit ausholend mit den
mächtigen Gliedern, daß die Eidechsen, die hier in Rudeln listig äugelnd
ihre zierlichen Schuppen sonnten, nicht rasch genug in die Steinab=
hänge senkrecht hinuntergleiten und sich im rankenden Epheu verstecken
konnten. Nur eine alte Eidechse trotzte selbst dem Stöckchen, das der
Wanderer mechanisch schwang, so daß der Kies umherstäubte. Auf
einem Felsblock hockend, stierte sie den großen Menschen mit boshafter
Ironie an. Errieth er den bemitleidenswerthen Geisteszustand des groß=
mächtigen Thierbruders? Machte sie als erfahrenes, vielgereistes, kühles
Schuppenwesen sich über die thörichte Krankheit des menschlichen Säuge=
thiers lustig und verglich damit die stille Seligkeit amphibienhafter
Kälte? Ach ja, Eidechsen sind nicht verliebt, sie lieben nichts als den
Sonnenschein und nahrhafte Insekten. Eidechsen sind gar glücklich.

Der junge Mann in städtischer Kleidung gehörte sicher nicht zum
Ort, er war Curgast. Kein Tiroler, wohl nicht einmal ein Süd=

deutscher. Seine eckigen und doch strammen Bewegungen ließen auf einen Sprößling unsres Nordens schließen. Seine Gestalt erschien hünenhaft. „Der Held war wohlgewachsen, von Schultern breit und Brüsten, von Beinen war er lang," gleich dem grimmen Hagen. Und war auch sein blondes Haar keineswegs „gemischt mit einer greisen Farbe," so konnte man die schöne Bezeichnung „und schrecklich von Gesichte" in gewissem Sinne wohl auf seine Züge deuten. Denn ein seltsam überraschender Ausdruck hartnäckiger Entschlußkraft und unbeugsamer Energie ballte diesen Mund so ehern, blähte die Nüstern der kurzen etwas aufgeworfenen Nase, prägte sich in dem massiven Kinn aus. Aber noch etwas mehr, wie diese Eigenschaften rücksichtsloser Activität, blitzte in dem hellblauen durchdringenden Auge unter buschigen Wimpern hervor. Dieser Blick hatte etwas Fascinirendes, wie überhaupt die ganze Erscheinung des Menschen. Trotz der markigen Festigkeit des Ausdrucks ließ sich jedoch keineswegs ein damit gepaarter träumerisch-weicher Zug verkennen, der auf reich entwickeltes Gemüthsleben und Empfindungsvermögen schließen ließ. Jeder Einsichtige mußte sofort erkennen, daß eine ungewöhnliche Originalnatur in diesem etwa vierundzwanzigjährigen Jüngling schon durch die Erscheinung sich anzeige Etwas eminent Männliches sprach aus diesem Auge, das selbst, wenn ungebundener Humor in den Mundwinkeln zuckte, von einer eigenthümlichen meertiefen Schwermuth umdunkelt schien — jener bekannten Melancholie bedeutender Menschen in früher Jugend.

Indem er rastlos die Hecke umkreiste, lugte er fortwährend nach einem Fenster des Wirthshauses hinauf. Umsonst, es blieb verschlossen.

Der Morgen wandelte höher am Himmel empor. Die Mehrzahl der Prozessionswaller kehrte heim durch die Dorfgasse, welche die Mädchen des Zuges mit Blumen bestreut hatten. Ein schwerer Tritt ließ sich vor dem Wirthshaus hören, die Thür ward aufgerissen, zugleich hörte der Horchende einen scharfen Wortwechsel, nachher ein Geräusch, als ob ein Protestierender unsanft hinausgeworfen würde. Dann wurde die Thür zugeschlagen. — Aber es blieb nicht still, sondern eine jammernde Stimme ließ sich in einem halblauten Selbstgespräch vernehmen, indem sie näher und näher zu des Lauschenden Standpunkt vorüberkam. Wie, was? War das nicht der „Badhiesl" aus St. Pankraz, der immer als Botenläufer von Obermais (Meran) der eifrige Vermittler der Liebeskorrespondenz gewesen, welche der junge Norddeutsche mit der schönen Bewohnerin dieses Ultener Wirthshauses, Josefa Holzner, der Wirthstochter, unterhielt? Hören wir!

„'s is a Sünd und a Schand!" jammerte der Hinausgeworfene vor sich hin. „Solch 'an Staatskerl und solch a fein's Diadli! Himmel= herrgottsakerment, das reut enk (euch) noch. — Ach und gar so gut 'zahlt hat er mich!"

„Badhiesl!" rief der junge Mann hastig. „Was hast?" Dieser aber fuhr erschrocken auf, starrte seinen Auftraggeber einen Augenblick trostlos an und stieß dann krampfhaft hervor:

„Rausg'schmissen hat mi der Alte. Auffi is, auffi!" Und damit macht er als weichmüthiger Naturbursche sich plötzlich auf die Hacken und lief davon.

Tief aufathmend blieb der Norddeutsche vor der Schwelle des Wirthshauses stehen. Er hatte so etwas geahnt. Wäre es möglich, daß der alte Holzner die grenzenlose Ehre, deren man ihn würdigen wollte, verschmähte? Schwiegervater eines preußischen Junkers zu werden — giebt es eine süßere Aussicht?!

Wie lange hatte der junge Junker mit sich selbst gerungen, ehe er zu dem Entschluß kam:

Josefa Holzner, das schönste Mädchen in Ulten, die Perle von Tirol — sie muß sein eigen werden, koste es was es wolle. Vor zwei Jahren hierher verschlagen, hat ihn der goldne Pfeil Amors aus ihren Augen durchbohrt. Und er ist regelmäßig wiedergekommen, Jahr für Jahr — und jetzt weiß er's: Sie oder keine!

„Sie liebt mich wieder, so sollt ich doch denken. Ja, sie thut es. Und ob uns stärkere Schranken trennen, als die Mainlinie leider Süd= und Norddeutsche spaltet — diese Schranken will ich wenigstens brechen, wenn ich auch die Deutschen nicht eins machen kann. Die Kerls alle, meine Nebenbuhler, diese schmachtlappigen Zierbengel von Kurgästen, die um sie herumschwänzeln — ich hab sie alle einge= schüchtert und 'rausjejrault. Holla, ich bin ein Mann! So will ich denn jetzt das letzte und äußerste thun. Meine Geliebte wird Josefa

nicht, denn ich liebe sie. Meine Frau soll sie werden, und ob all'
meine hochadligen Sippen und Magen sich vor Schreck die Hälse aus=
recken! Qu'est que cela, la noblesse?! Was ist's mit dem ‚Adel'.
Meine Mutter ist eine Bürgerliche, gar keine ‚Geborene'. Sie nennen
mich junkerhaft — weil ich stolz bin, nicht auf meine Junkerei, sondern
auf meine Mannheit. Ja, ich bin preußischer Junker, ich ehre den
Adel, dessen Glied ich bin — aber der wahre Adel, der steckt im
Menschen selbst. Im Volke steckt die wahre Kraft. ‚Bildung' — ich
pfeife was drauf! Ob Josefa französisch parliren und das Klavier
stümpern kann, das ist mir gleichgültig. Sie ist schön, sie ist klug,
sie ist gut und ich liebe sie. Das ist genug . . . Ja, Kampf wird's
kosten. Aber ich will ihn schon durchfechten, ich! Ich hab' Schneid'
genug, mir allein durchs Leben zu helfen. Habt's a Schneid'! sagen
wir hier, wir Tyroler. — Nun so laßt doch seh'n, was der Alte will."

Er hatte am vorigen Abend an den Alten per Badhiesl ge=
schrieben, als dieser ihm gedroht, man werde nun Josefa einsperren
und ihr jeden Umgang mit ihm untersagen, er wolle in allen Ehren
um ihre Hand werben. Er bitte hiermit ihm Josefa zur Frau zu
geben, und werde dankbar dafür sein! Nach der Frohnleichnamprocession
werde er sich die Antwort holen.

Was mußte ihn, einen obskuren märkischen Adligen ohne Vermögen
und Konnexionen, aufgewachsen in altererbten nichtigen Vorurtheilen des
sogenannten „Standesgefühls" und Kastenunfugs, dieser Entschluß
gekostet haben, der vielleicht seine ganze Zukunft zerriß! War er
sentimental" oder „poetisch"? Gott bewahre! Eine eminent praktische
Natur. Aber er trug jene elementare Leidenschaft in sich, welche be=
deutende Menschen besonders in der „Liebe" zu Thorheiten verleitet,
die mittelmäßigen Durchschnittsnaturen stets erspart bleiben. Ob
„praktisch" oder „poetisch", ob Dichterling oder Staatshämorrhoidarius
bleibt sich gleich — auf die Bedeutendheit kommt es an. „Sentimental"!
Das Genie ist nie sentimental, aber es scheint für kleinlich rechnende
Gemüther darum oft etwas Kindlich=Jugendliches und darum Läcker=
liches auszustrahlen, weil es den Maßstab einer eigenen Wahrheit und
Wahrhaftigkeit in sich beschlossen fühlt und daher die Anschauungen
der Welt verachtet. Das Genie ist nie lächerlich, denn es ist sein

eignes Gesetz. Es stellt einen geistigen Vollblutmenschen andrer Ordnung
dar, der das ewig Menschliche in höherer Form und energischer zum
Ausdruck bringt, als die andern.

Mit schnellem, entschlossenem Schritt betrat er Schwelle, drückte
auf die Klinke der Gaststubenthür und — stand dem alten Holzner
gegenüber. Im selben Augenblick verschwand eine weibliche Gestalt auf
ein barsches „Geh' 'naus!" durch eine Nebenpforte. Nur eine Sekunde
lang traf das glühende Auge des jungen Mannes den in Thränen
schwimmenden Blick des Mädchens. Ihre Züge waren klassisch ge=
schnitten — die zartliniirte gebogene Nase, der kleine Mund, die
wunderschön geformten Schläfen und Augen. Obwohl die Inns=
bruderinnen im ganzen als die schönsten in Tirol gelten, findet man
doch die vornehmsten und feinsten Profile in Südtirol. Es ist die
alte gothische Rasse. — Aber dies schöne Bild entschwand wie eine
Vision, und die rauhe Stimme des alten Wirths, einer sechs Schuh
langen Hünengestalt, über gewöhnliches Leibesmaß wie er selber, weckte
ihn aus dem minutenlangen süßen Delirium seiner Leidenschaft. Als
die beiden sich so gegenüberstanden und wie Kämpen vor dem Zwei=
kampf maßen, schienen sie selbst zwei auferstandene Gothen, Dietrich von
Bern und der alte Hildebrand!

Abgewiesen! Schmählich; für immer!

Einen langen Blick warf er nach den verschlossenen Fenstern im
Oberstock empor: dort in der Ecke lag ihr Kämmerlein. Aber nichts
regte sich, nichts. Vielleicht schluchzte sie dort auf den Knieen, vielleicht
starrte sie verstohlen hinaus, um die geliebte Gestalt, bis sie entschwand,
zu verfolgen. Aber sie zeigte sich nicht mehr. War wohl auch besser
so. Es konnte ja doch nichts werden! Bauern sind praktisch und
Bäuerinnen erst recht. „Gelten's?" Der Vater hat es wohl lange
gesagt und erst der Herr Pater — nur gleich und gleich gesellt sich
gut . . .

In stummem, kochendem Grimm schritt er fürbaß, immer drauf
los. Er wollte zur nächsten Stellwagen=Station; seine Sachen waren
gepackt, er konnte sie sich nachschicken lassen. Nur fort, fort!

„Einem Ketzer, der vielleicht nicht mal ein Christ sei und an

Gott glaube — leichtfertig genug rede er ja dazu — seine Tochter
geben?" Das sollte dem alten Holzner einfallen! Nein, nein und drei=
mal nein! Versuche der Ketzer nicht, sich noch mal Josefa zu nähern
— sein feierlicher Fluch solle sie treffen. Er habe mit dem hoch=
würdigsten Pater Eusebius gesprochen. Na! der sei ganz außer sich
gewesen. Eher sterben und verderben solle die Josefa, als in die
Krallen des Satans fallen! Und somit Gott befohlen! — Und sie?
Nun, sie fügte sich!

Verwünschung auf Verwünschung knirschte der abgewiesene Freier
zwischen den fest aufeinander gepreßten Zähnen hervor, als er seinen
einsamen Weg fortsetzte, und sein Stöckchen tobte sich an Bäumen,
Sträuchern und Blumen in schneidigen Hieben aus. Wer ihn jetzt
beobachtet hätte, den würde das Löwenhaft=Wilde, fast Brutale seines
Wesens frappirt haben.

Schmetterlinge und schillernde Käfer schwirrten durch die Obst=
bäume und Farnkräuter, durchs roth=weiß=gelbe Gewimmel der Wiesen
und das unabsehbare Wirrsal des allüberfluthenden Grüns.

Citronenfalter flatterten über neu entfalteten Knospen. Ueber
dem Vergißmeinnichtblau der Berge zuckten goldige Glorien auf, während
jene in rhythmischen Linien wie eine weihevolle Farben=Symphonie zu
verschwimmen schienen. Das Wasser sickerte melodisch in seinen
launenhaften Windungen. Aus sonnverbranntem Gestrüpp der Halde
klingelten die Ziegenglöckchen. Der betäubende Geruch blühender gelb=
blumiger Berberizen quoll durch die grünen Ackergassen. Dünne
Säulen milchigen Rauches, aus der Thalmulde aufqualmend, zeigten
an, wo in breitem Bogen Wasserfälle geschmeidig über rothe Porphyr=
hänge rollen, sich in der Luft überschlagend und mit metallischem Auf=
dröhnen millionenfach wie in Elfenbeinspäne zersplitternd. Der endlose
schwellende Bühel hohen Grases schien die unermeßliche Maikraft, den
Keimmonat, zu versinnbildlichen. Es war, als ob Wesen und Dinge
in stiller Seligkeit verschmölzen.

Aber ein nahendes Gewitter tummelte seine kupferrothen Wolken
um die jähen Spitzen, welche ihren Kegelschatten tiefer senkten. Ueber
den weinbestandenen Terassen des schrägen Gebirges, über dem Kirch=
lein, zu dem sich einzeln Hütte an Hütte hinanzog — an die Berg=

wand angeklext und vom Wetterschein jetzt geisterhaft bemalt — thürmte sich, starr und blaß wie der Tod, die eisbekrustete zerrissene Dolomitenkette empor. So starrt die Leidenschaft, eine Medusa, in den Frieden der Gotteswelt hinein.

Da ließ sich der Ruf eines Kuckucks auf dem lautlosen Nadelgehölz vernehmen, die lautlosen Einsiedler=Monologe der ruhenden Natur unterbrechend und störend.

"Verfluchter Kuckuck!" rief der finstre Wanderer, indem er seine verschmähte Freierschaft mit der symbolischen Bedeutung des Vogelrufes unwillkürlich in Verbindung setzte.

Aber der Kuckuck ließ sich nicht das Wort verbieten; er schlug fort. Da huschte auf einmal, wie ein plötzlicher Sonnenstrahl, ein schalkhaftes Zucken frisch erwachenden Humors um den ehernen Mund, und während er sich reckend mit dem Arm eine Bewegung machte, als streife er etwas Lästiges ab, kam es plötzlich über seine Lippen: "Hol's der Kuckuck, ich bleibe doch der Otto Bismarck!" Basta.

So geschehen anno domini eintausendachthundertneunundreißig. Josefa heirathete einen biedern, katholischen Schreiber, Alois Schmid, in Salzburg. Dort liegt sie begraben.

Na, was sagst dazu? Wär's nicht hübsch, wenn's so gewesen wär'?

Als ich die Anecdote niederschrieb, stützte ich mich auf völlig genügende Berechtigung dazu. Denn nicht nur ist die Affaire in dieser Form in ganz Tirol bekannt, nicht nur wird sie in Meran jedem Fremden erzählt, sondern sie ist in alle möglichen Bücher über Meran und Tirol übergegangen. Eine Autorität wie Noë erzählt sie in seinem "Frühling in Meran" als absolut feststehend. Baillie Grohmann, der zuverlässige Kenner Tirols und Autor von "Tyrol and the Tyrolese" hat in seinen "Gaddings with a primitive people" (1879) die Sache mit äußerster Breite behandelt, sogar in einer Extraanmerkung versichert, er habe alle Details persönlich untersucht und könne sich dafür verbürgen. Es sei nicht die geringste romantische Zuthat dabei. Ich war also vollauf berechtigt, diese Geschichte, deren „Entdecker" ich ja keineswegs bin, in dieser Form niederzuschreiben, und begehe damit nicht die geringste Indiscretion.

Nun muß ich aber zur Steuer der Wahrheit erklären, daß von Eingeborenen, die genau unterrichtet sind, mir seither feierlich versichert wurde, es sei ein andrer Herr von Bismarck gewesen. Obwohl mir dies psychologisch nicht plausibel scheint, indem ich annehme, nur eine geniale Natur sei solcher liebenswürdigen Jugendtollheit fähig, so will ich also hiermit einfach die Frage offen halten.

Aber wahrhaftig, es ist doch immer die alte Geschichte: Wo ist die Katz, wo steckt die Frau! Kennst Du das famose Tagebuch des Nürnberger Scharfrichters aus dem 14. Jahrhundert? Darin wird erzählt, wie ein Freudenmädchen als ewig rückfällig durch Erregung öffentlichen Aergernisses endlich zum Tode verurtheilt wurde, sintemal sie sich in unanständiger Stellung auf der Straße entblößet und dazu geschrieen habe: „Hui, . . ., friß den Mann!!" Friß den Mann! welche Welt liegt in diesem erotischen Lakonismus. Ja, hui! Siehst Du sie nicht ordentlich schleckern, dem Mann das Mark aus den Knochen saugen, he? Ja, an der Schürze hängt, zur Schürze drängt doch alles, o wir Armen! wie Papa Altmeister so schön irgendwo singt.

Na lebwohl! Das ist der längste Brief, den ich je=

mals schrieb, sacré nom de dieu! Ich fühle halt das freundschaftliche Bedürfniß, hier aus meiner olympischen Einsamkeit von den Inseln der Seligen her, als glücklicher Lotosesser Deiner Berliner Nervensaft=Vergeudung ein Maulvoll frischer Bergluft zu schicken. A rivederci! Dein
Knorrer der Keusche."

Dies Schreiben wirkte auf Rother giftig aufregend, wie grünlich schäumender Absynth. Das Grünen und Schäumen einer hoffnungsüppigen Lebenslust schmeckte darin zugleich nach bitterer pessimistischer Hefe. Man mußte den Schreiber des Briefes kennen, um den Inhalt zu würdigen.

Knorrer war eine prächtige Repräsentativfigur altbaju=varischen Kraftabelthums. Seine naturalistisch derben Kneipscenen hatten durch den virtuosen flotten Strich der Vortragsmanier Schule gemacht. Er hatte in Paris unter Courbet und Couture studirt und aus deren Ateliers die markige Frische seiner Palette mitgenommen. Weniger sein eigentliches Kunstvermögen — denn dies verkümmerte ein wenig neben dem agitatorischen Eifer seiner schule=machenden Reformbestrebungen —, als die ganze gesunde Verve seiner künstlerischen Persönlichkeit, gab ihm eine führende Stellung in der naturalistischen Strömung der neudeutschen Malerei, zu der auch Rother sich zählte. Wie es bei den meisten Originalmenschen der Fall zu sein pflegt, wohnten zwei Seelen in seiner Brust. Die eine gehörte einem Denker und Agitator, der mit wahrem sittlichem Eifer dem echten Ideal der Wahrheit

anhing und wider conventionelle Verlogenheit einen
tapferen Kreuzzug führte. Die andre hingegen gehörte
einem Genüßling, dem seine Laune und Leidenschaft stets
als oberstes Gesetz gegolten. Hier nun kam ein Umstand
hinzu, der ihn erst recht in Zwiespalt mit seinem besseren
Selbst brachte. Er galt nämlich mit Recht als einer der
schönsten Männer Deutschlands. Und zwar nicht von
jener charakterlosen verwaschenen Schönheit des Dandys
konnte die Rede sein, die so wohlfeil wie Brombeeren.
Sondern sein mächtiger Kopf mit den krausen trotzigen
Locken, der breitgewölbten Stirn, dem kühnen Knebelbart
zeigte große wuchtige Formen. Allerdings entsprach seinem
Stiernacken ein düstrer Stierblick und rücksichtslose Sinn=
lichkeit lag in seinem kräftigen Ausdruck. Auch seine
Gladiator=Gestalt wie sein Gesicht verloren mit den Jahren
(er stand im besten Mannesalter) durch constante Ver=
fettung an Ebenmaß, wenn er auch immer noch in seiner
burschikosen Jovialität eine imponirende Erscheinung blieb.
Diesen Vorzug hatte er stets an sich gekannt und geschätzt.

Allmählich bildete sich bei ihm der Wahn aus, weil
so viele sinnliche Weiber seinem Mannesthum nicht wider=
stehen konnten, daß überhaupt beim Weibe nichts als die
physische Begier der sogenannten Liebe mitspiele. Seine
gänzliche Verachtung des schönen Geschlechts verrieth zwar
einerseits den Größenwahn des „schönen Mannes"
(diese bekannte Spezialität), andrerseits aber seinen ver=
kappten Idealismus. Stolz auf seinen Geist und seine
psychische Genialität, auch gleich stark zum geistigen Kampf
wie zur Sinnlichkeit hingezogen, verachtete er seine eigene

Unwiderstehlichkeit dem Weibe gegenüber, das in ihm nur eine Wollustmaschine suchte, das seine Schenkel und keineswegs sein Gehirn anbetete. Seine Eitelkeit wie sein berechtigter Mannesstolz, der dies durchschaute, fühlten sich tief davon verletzt. In ihm brannte dabei eine seltsame Scham, als ob auch die Jungfräulichkeit seines Innern durch diese Erotik plump in den Koth gezerrt sei. So litt er an einem ewigen seelischen Katzenjammer, den er nicht Wort haben wollte und den Niemand erkannte. Der gefallene Engel, der idealistische Heldenmensch rumorte in ihm, den der Sinnendienst so lange unterjocht hatte, bis ihm zum letzten Aufraffen fast keine Zeit mehr blieb. So erregte er denn ironisches Gelächter, wenn er in trotzigen Kampfreden vor allem die K e u s c h h e i t als Grundbedingung des echten Künstlerthums empfahl — ohne daß man erwog, wie e r, der von einer Liebelei in die andern taumelte, ja am besten den Werth eines vermißten Gutes ermessen konnte.

Allein, auf der andern Seite wollte er wieder sein tiefes seelisches Unglück, seinen bitteren Sündenfall b. h. die Abtrünnigkeit von idealeren Zielen, zu denen er bestimmt schien, nicht Wort haben. Dann strich er geflissentlich die körperliche Tüchtigkeit heraus, verstieg sich zu Albernheiten, wie: Ihm seien Macher wie Meissonier und Sardou ein Ekel, schon weil diese persönlich kleine mickrige schwächliche Menschen sein, während ein Kerl wie Zola ihm schon durch seine Metzger-Figur imponire. Und dergleichen Dinge mehr, die eine feine sensitive Natur wie Rother mit staunender Verwunderung anhörte, ohne sich in seiner schwächlichen Anschmiegsamkeit zur Geringschätzung solcher Unreife erheben zu können. Auf ihn übte aber alles das einen verderblichen Einfluß aus. Wenn man einem Menschen unaufhörlich die Sinnlichkeit der Erotik als Höchstes preist und selbst, indem man darüber schimpft, diese Episode des Manneslebens als das eigentliche Epos und das einzig Lebenswerthe feiert, so muß das endlich auch dessen eigene Weltanschauung beeinflussen.

War es daher zu verwundern, daß Rother, nachdem er das saftige geistfunkelnde Schreiben Knorrers gründlich verdaut hatte, einen Anfall von Liebessehnsucht erhielt, der einen totalen Rückfall des Reconvalescenten in seine alte Krankheit bedeutete? Die Erzählung von der angeblichen Bismarck'schen Liebesaventüre umnebelte vollends seine geblendeten Augen. Ah, also selbst die großen Männer der That beugten sich der allmächtigen Venus. Um wieviel mehr also die Künstlernaturen. Rother's Größenwahn erwachte wieder: Sein besonderes Liebessiechthum schien ihm gleichsam ein besonderes Zeichen seines Ingeniums. Die aufreizenden erotischen Phrasen Knorrers fielen so auf fruchtbaren Boden und bald wucherte das Unkraut empor, daß es Rother über den Kopf stieg. Grade Kathi's anständiger Brief und die Andeutungen, die ihm Frau Lämmers gemacht, entfachten aufs neue in ihm die alte Liebe. Sollte er das herrliche Geschöpf nun also wirklich den Klauen eines solchen verlebten Hohlkopfs überlassen? So sollte das enden? Der alte Irrwahn betäubte ihn aufs neue. Trotz seiner bitteren Erfahrungen damit, construirte er sich Kathi wiederum als eine eble ungewöhnliche Natur zurecht. War es nicht grabezu seine Ritterpflicht, das arme unglückliche Wesen zu retten?

Zudem, war er selbst nicht mitschuldig an allem? Hätte er damals nicht nach Hamburg so unzarte Beleidigungsbriefe geschrieben, so wäre gewiß der ganze Krach und Skandal mit all seinen Consequenzen verhütet worden.

Als sich Nother bis zu diesem Punkt hineingeredet hatte, hielt es ihn nicht länger und er suchte unverzüglich nach seinem Koffer. Was hatte er denn eigentlich auch zu versäumen und was interessirte ihn sonst auf der Welt? Er war ja als Künstler frei und ungebunden genug, um nicht an die Scholle gefesselt zu bleiben. Direkten Geldmangel kannte er nicht. Sein angefangenes Bild konnte er ruhig auf der Staffelei trocknen lassen. Eine Studienreise nach dem Norden (falls die Vermuthung von Frau Lämmers richtig) konnte ihm nur gut thun. So mochte er das Nützliche mit dem Angenehmen verbinden. Die Hauptsache war vorerst, in Hamburg das entflohene Wild aufzuspüren.

Mit der trotzigen Afterstärke weichlicher Naturen setzte er mit aller Hast seinen Vorsatz ins Werk. Für Krastinik hatte er gethan, was in seinen Kräften stand. Dieser fand also richtig in dem jungen Verleger, der sein väterliches Erbtheil standesgemäß zu verputzen wünschte, den bekannten Dummen, der ihn druckte, zumal die Gedichtproben Krastiniks im „Bunten Allerlei" von dem großen Wurmb mit feierlicher Leutseligkeit in einer Rand-

glosse angepriesen waren. Wurmb that sich nicht wenig
darauf zu Gute, „dieses vielversprechende Talent in seiner
Schule heranzuziehn und ihm stets die Spalten des
‚Bunten Allerlei' offen zu halten."
Als nun gar Graf Krastinik mit dem jungen Gentleman=Verleger mehrmals Skat spielte und einmal mit
demselben spazieren ritt, auch die sehr kostspielige Maitresse desselben mit Kennerblicken lobte — verschwor sich
der junge Mann, seinen gräflichen Freund zu „machen".
Demgemäß druckte er dessen sämmtliche Gedichte und drei
Dramen=Fragmente dazu in unmäßig opulenter Ausstattung mit Schwabacher Lettern auf Velinpapier mit
gothischen Initialen und ließ ganz besondere Einbanddecken zeichnen. Sodann inserirte er in allen Berliner
Blättern diese herrlichen Einbände, im Reklame=Stil der
„Goldnen hundertzehn". Das Inserat fing an:

„**Ein neuer großer Dichter**
erstand
unstreitig
in Xaver Graf Krastinik."

Man empfahl darin diese Dichtungen dem Busen
sämmtlicher deutschen Jungfrauen. Das zündete. Dreizehn Familienblätter (— zuerst von allen die „Gartenlaube", durch den Tod unsrer unvergeßlichen Marlitt noch
in herbe Wittwentrauer versunken —) meldeten sich dem
„hochgeborenen Herrn Grafen". Dieser aber setzte sich
hin und begründete in einem langen Schreiben an die
Commandantur seiner Kavalleriedivision, sowie in einem
Brief an den ihm befreundeten Chef seines Regiments, sein

Gesuch: fürs erste auf ein bis zwei Jahre zur Disposition gestellt zu werden. Er müsse sich seiner angegriffenen Gesundheit und gewissen litterarischen Arbeiten widmen. Das Gesuch konnte ihm nicht abgeschlagen werden. Uebrigens empfing er die Erfüllung seines Wunsches schon mehrere Wochen hernach.

Rother hatte also jetzt keinerlei Verpflichtung mehr gegen den Freund, den er auf so seltsame Weise erworben und dem er mit auf die Füße geholfen. Dieser war auf dem besten Wege, ein gemachter Mann zu werden, insofern es sich um Befriedigung seines litterarischen Ehrgeizes handelte. Rother hinterließ daher nur einen kurzen Brief an Krastinik, worin er um Verzeihung bat, daß eine Geschäftssache ihn zu plötzlicher Abreise zwinge. Er werde bald wieder zurückkehren. Da Krastinik nicht das geringste Interesse an Kathi's Wohl und Wehe bekundete, sondern nur Neugierde, wie sich Rother aus der Affaire wickeln werde, so theilte dieser ihm nur ganz allgemein mit, daß die Sache sich in Wohlgefallen aufgelöst habe. „Aha, ich wußt' es ja! Wer droht, thut nie 'was!" Damit hatte sich der gute Freund beruhigt. Auch war Rother viel zu vorsichtig, ihm etwa nähere Details z. B. die Wohnung der Frau Lämmers mitzutheilen. Derlei heimliche Liebesaffairen bilden einen Hang zum Versteckenspielen und steten Argwohn aus.

— Zum zweiten Mal binnen so kurzer Frist landete Rother's lecker Kahn an der Elbemündung.

Siebentes Buch.

Krastinik dichtete nun frisch drauf los. Als höchstes Ideal schwebte ihm die schöne Form, das virtuose Schön=reden, vor. Hier waltete ein psychologisches Gesetz ob. Denn, obschon durch innere Stürme hin= und hergerüttelt, verleugnete der Graf natürlich nie den früheren Offizier und die hocharistokratische Erbschaft des östreichischen Feudalgeistes. Der Aristokrat pflegt wie im Leben, so auch in der Kunst die Form. Seinen Standesgenossen, den Pseudo=Dichter Graf Platen bewunderte der edle Lord über Alles. So drechselte er denn an seiner markigen und bilderreichen Sprache, die wie Alles bei ihm auf den Effekt berechnet war, meist so lange herum, bis sie schwulstig und gequält wirkte.

Es gehört zum guten Ton eines Mannes der guten Gesellschaft, daß er Jedermann möglichst viel Verbindliches sage. Man muß sich beliebt zu machen wissen. Krastinik bewährte auch hierin den besten Ton. Er machte jedem Litteraten den Hof und sprach über Jeden gut — aus Klugheit, wobei er natürlich Jedem verschwieg, daß er hinter seinen Rücken ebenso intim mit dessen Todfeinden verkehre. Seine angeborenen Gentleman-Manieren fielen unter den Litteratenplebejern wohlthätig auf. Er übervornehmte noch die „vornehmsten" Frack-Geister, den schönen Ernst Kabel und den noch schöneren Emil Buttermann (den Leib-Romanzier der „Berliner Tagesstimme" als Protegé der Frau Dr. Bergmann, Chef-Redactrice dieses Weltblattes). So führte Krastinik ordentlich die bisher dort unbekannte Gattung des Offiziers und Junkers typisch in die Dichtergilde ein, ohne indeß mit systematischem Ernst diese Theil-Aufgabe zu verfolgen, die ihm vielleicht eine feste Stellung in der Litteratur gesichert hätte.

Eine besondere Zuneigung bewies dem hochgeborenen Herrn Grafen kein Geringerer, als Heinrich Edelmann. Diesen Messias der Poesie, welcher alle drei Jahre ein lyrisches Gedichtchen als epochemachende Missethat verübte, verehrte Alldeutschland als Leiter eines umfangreichen Pump-Systems. Auch die Mildthätigkeit edler Freundinnen hinter den Coulissen wirkte in wohlthätigem Halbdunkel. Seine berühmteste Leistung bildete das lyrisch-melodramatisch-symphonische Opus „Paris", worin die Belagerung von Paris und die Kaiserproklamation mit gegenseitig auftretenden Massen-Chören in zwölftausend griechischen Tetrametern besungen wurden.

Sein Aeußeres schien unheilverkündend: Er glich einem verhungerten Aasgeier. Seine Raubvogelnase, seine blutlosen schmalen Lippen, sein mangelndes Kinn, sein lauernder Blick bildeten für den Physiognomiker ein anmuthiges Ensemble, welches durch seine sauber elegante

Kleidung, sowie sein liebenswürdiges und doch reservirtes Wesen, in welchem er den sinnenden Idealisten herauszubeißen strebte, nicht verdeckt werden konnte. Seine Lieblingsstellung, in welcher boshafte Aufpasser wie Schmoller und Leonhart ihn häufig mimisch abkonterfeiten, entpuppte unbewußten Selbst=Verrath. Er saß dann nämlich fromm und vornehm als Jesuitenpater am Tisch, nur hier und da ein salbungsvolles Wörtlein mit seiner stillen sanften Stimme lispelnd, und blickte die Redenden mit verklärtem Schief=Blick an, während sein Denkerhaupt halb zur Seite hing und seine Hand unterm Tisch seinen gold=umränderten Kneifer putzte. Man mußte bei dieser unterm Tisch hantirenden Hand unwillkürlich an „Mogeln" beim Kartenspiel denken.

Eigentlich war er nur ein halber Mann, eine Hälfte, wie ein Siamesischer Zwilling, der mit einem andern Wesen verwachsen. Seine schönere Hälfte stellte nämlich ein Herr Rafael Haubitz vor, mit welchem zusammen er eine Serie kritischer Broschüren plante, unter dem Titel: „Die idealen Waffenbrüder." Darin wurde ein süd= deutscher Graf, der außer mehreren Millionen auch ein bidaktisches Talent besaß, als Genie gepriesen; andere Leute hingegen, deren Hand zu fest am Federhalter klebte, um „offen" zu sein, mit gebührender Verachtung bestraft. Man hätte diese Waffenbrüder sozusagen zu Fechtmeistern promoviren können, wegen unerschöpflichen Reichthums an allerlei Finten.

So „fochten" sie denn rüstig weiter als wackre Handwerksburschen der parnassischen Heerstraße und er=

warben sich den ehrlich verbienten Beinamen: „Die ungeschundenen Raubritter."

Wie gesagt, begrüßte Edelmann einen neuen Priester des Idealismus mit wahrer Inbrunst und bedurfte nach dem Titel „Graf" keines Beweises mehr für die Bedeutendheit desselben. Er sah's ihm gleichsam an der Tasche an.

Da Krastinik den Wunsch aussprach, auch den Musagetes Rafael kennen zu lernen, so wurde verabredet, daß ihn Edelmann in den berühmten Verein „Drauf" führen solle, wo als Vorsitzender und Vice-Vorsitzender die beiden idealen Waffenbrüder fungirten.

So sah denn der Neophyt der litterarischen Mysterien den Messias der Zukunftspoesie dort leibhaftig.

Dieser Gott erkor als sterbliche Hülle die Gestalt eines bleichen Jünglings mit langwallender schwarzer Mähne, Spitzbärtchen und Kneifer. Er litt an permanentem Stockschnupfen und stotterte ein wenig; dabei lag im Tonfall seiner Stimme eine undefinirbare Arroganz. Sein Roman „Die neuen Riesen" in sechs Bänden befand sich seit beiläufig sechs Jahren unter der Presse und tauchte regelmäßig als mystischer Lockvogel auf, wenn ein neuer bedeutsamer Pump der beiden Waffenbrüder inscenirt werden sollte. Sie versandten dann neben den Privatbriefen, welche das Erscheinen dieses Meisterwerks nebst dem Danteskon Epos „Lied der Völkermuse" („Mölkerfusel" hieß dies ungeborene Riesenwerk im Privatjargon der litterarischen Kreise) ankündigten, noch ein Plakat:

„Demnächst erscheint:

Kritische Schneidemühle.

Herausgegeben von Heinrich Edelmann und Rafael Haubitz." Zugleich erbaten sie dabei Einsendung sämmtlicher Werke des Autors „behufs eingehender Würdigung" sowie von Manuscripten aus der „geschätzten Feder" des erkorenen Opfers. Besonders das Manuscript-Anhäufen gehörte in das System der Waffenbrüder als eine Art Strebepfeiler des Ganzen. Sie wußten, daß der Autor um sein Manuscript bangt, wie eine Henne um ihr Küchlein, und gerne ein Darlehn sendet, um wenigstens sein „verlegtes" Manuscript zurückzukaufen.

Rafael empfing den Grafen sehr gnädig und beehrte ihn mit huldvollem Handdruck, als Heinrich ihm mit verschwimmenden Augen, indem er gerührt seinen Kneifer putzte, einen neuen edeln Kämpen des Idealismus vorstellte. „Jaja, bewahren wir uns den J—J—Idealismus!" geruhte er zu stottern „darin liegt Alles. Die Phi-Philister haben den idealen Sinn schmählich verä—loren. Nicht aber wir, die deutsche Ju—Jugend. — Sehen Sie, lieber Krastinik — Sie nennen mich doch einfach Haubitz? ich bitte darum — sehn Sie unsern Verein ‚Drauf'! Kommen Sie häufig her! Aus ihm wird dereinst der große Dichter der Zeit hervorgehn. Wir beginnen damit, unsre Begriffe zu läutern, ehe das Schaffen anhebt."

Das sei sehr löblich, bekräftigte Krastinik trocken.

Mittlerweile sah er sich die Garde du Corps an, die, um die beiden Reform-Messiasse gepaart, daselbst tagte. „Drauf"! Wahrhaftig, das schienen ordentliche Draufgänger, unter Umständen auch Durchgänger. Manche sahen so pfiffig aus, daß man ihnen den geriebensten Pump-Idealismus schon zutrauen mochte. Andre wieder bewahrten noch ein kindliches Wesen und schienen vom Rasirmesser der Erfahrung noch verschont, obschon sie krampfhaft ihr keimendes Bärtchen zupften. Man hatte da auch einen gewissen Victor Hugo, oder Carlyle redivivus, einen Sagus des Nordens mit völlig verwildertem Urwald-Bart und titanischem Haarwuchs. Sein breiter Turner-Hemdkragen war noch unübertüncht von Europens Höflichkeit und schien bei der letzten Sintfluth zum letzten Mal in der Wäsche gewesen. Übrigens trug er bei der größten Kälte einen Turneranzug aus Drillich; darunter freilich Jägersches Woll-Regime, so daß es ihm nichts schaden konnte. Doch brauchte das ja Niemand zu wissen: die wunderbare Abhärtung des Sagus bildete einen Grundpfeiler seines Ansehens bei den Gläubigen „Jungdeutschlands". Diese Litteraturstudenten verehrten diesen würdigen Meergreis, Ambrosius Sagusch (man leitet hieraus einfach „Sagus" ab), wie einen heiligen Vater. Wenn er so mit Pfingstapostelzungen zu säuren anhob, verehrte man ehrfürchtig eine neue Apokalypse, eine Offenbarung Johanni in ihm. „Im Anfang war das Wort und das Wort ward Fleisch" — was Wunder also, daß er während seiner Wortspendung mit würdevollem Bedacht diverse Fleischgerichte zu sich nehmen mußte, deren

Werth) in irdischem Mammon nachher auf gemeinschaft=
liche Kosten seiner Verehrer festgestellt wurde.

Kurz, Ambrosius Sagusch blieb eine naive kindliche
Seele und schnorrte grundsätzlich gleich beim ersten Mal.
Hierin war er Doctor Heinrich Edelmann überlegen und
wich von dessen Spinnen=System beträchtlich ab, welches
langsam, aber sicher seine Fliegen umgarnte. Obschon
daher Jeder von Beiden über den Andern offiziell urtheilt,
derselbe sei „ein vornehmer idealer Geist", herrschte doch
eine verkniffene Animosität zwischen dem Sagus und den
verbrüderten Weihepriestern, welche von kleinlichen Seelen
vielleicht als Geschäftsneid ausgelegt werden konnte. „Ah,
lieber Graf, bist Du da?!" rief Sagusch, indem er den
Grafen zärtlich umarmte, der darüber etwas betroffen
schien. „Ich habe schon viel von Dir gehört. Deutschen
Gruß und Handschlag! Warum sind wir alle so kalt?
Warum fliegst Du nicht in meine Arme?"

„Ich danke Ihnen, werther Herr . . ." stammelte
der Graf erstaunt. Aber da grollte ein gewisser Unmuth
in des Sagus Seherstimme, als er, die Jupiterlocken
schüttelnd, losknurrte: „Nenne mich doch Du!"

Krastinik verbeugte sich verlegen, wurde aber eiligst
von einigen Litteraturstudenten über die ihm zu Theil
gewordene Ehre belehrt. Der Sagus, welcher die Wurzeln
alles Übels zugleich auszurotten wußte, verpönte nämlich
das neumodische „Sie". Dafür sagte er zu Frauen
„Ihr," zu jungen Leuten „Er" und zu auserkorenen
Schlachtopfern „Du". Man fand das riesig originell,
wie es einem Riesengeiste geziemt, dessen Roman=Ungethüm

„Die Strohmer" an die schönsten Dunkelheiten des seligen Mystikers Hamann gemahnte.

Der löbliche Verein „Drauf" schien vollzählig versammelt und die Versammlung konnte nun losgehn. „Wer ist denn das da?" fragte Krastinik plötzlich, „Der da am andern Ende mit dem düstern Blick und der ausgearbeiteten Stirn, der so lebhaft plaudert?"

„Ach, das — ist Leonhart!" machte Edelmann gedehnt. „Wie der sich nur heut herverirrt hat! Er war doch noch niemals hier."

„Ja, er hat einen jungen Frischling mitgebracht, der hier eingeführt sein wollte. Wieder mal Einer von seinen Protegés. Wie lange wird's dauern! Sie müssen wissen, lieber Freund," wandte sich Haubitz an den Grafen, „dieser Leonhart — ein Bramarbas und Aufspieler ohne alle und jede Begabung — hängt in seiner trostlosen Unreife eben stets von den Anregungen ab, die ihm von Andern zugetragen werden. Was er heut feierlich in den Himmel hebt, erklärt er morgen für den ungeheuerlichsten Unsinn. Heut entdeckt er ein Genie, morgen ist's ein dummer Junge."

„Ja, so ist's!" versicherte Edelmann mit einem wohlwollenden Mitleidsseufzer „Der arme Leonhart! Da hat er jüngst ein Drama geschrieben ‚Nemesis' — da hat ihn aber die Nemesis gehörig ereilt. Ein trauriges Opus à la Grabbe. Er ist . ."

„Ah, meine theuren Herrn Waffenbrüder!" unterbrach ihn eine tiefe Stimme von eigenthümlich vibrirendem Wohl=

klang. „Ich erlaube mir einen Collegen als Gast einzuführen, der Ihre Bekanntschaft zu cultiviren wünscht: Herr von Lämmerschreyer."

Leonhart stellte einen jungen Menschen vor, der sich das Air eines Offiziers in Civil gab und recht schneidige Bücklinge dienerte. An seiner Uhrkette baumelten eine Reihe Medaillons und sein hellgrauer Anzug wurde durch einen weißen Hut vortheilhaft gekrönt. Ein glänzender Wirbelscheitel legitimirte ihn als Inhaber eines wandelnden Bürstenladens. Seine griechische Nase und seine niedrige Stirn liefen ineinander über, sein kleiner lüsterner Mund athmete versteckte Geilheit. Dazu eine studirt sanfte Mollstimme voll unnennbarem Weltleid und ein lauernder verschleierter Blick, halb von dem breiten Augenlid bedeckt wie Schweinsaugen. Seine aufgedunsenen Backen und sein ansehnlicher Leibesumfang befähigten ihn zum Hamletschmerz, obschon er grade keinen Vater zu rächen hatte. Doch „fett und kurz von Athem sein" bleibt ja das erste Erforderniß zum melancholischen Dänenprinzen — das Uebrige findet sich.

„Ah, Ihre ‚Oden am Vesuv der Zeit' empfing ich!" Der Vogelsteller Heinrich schüttelte dem neuen Bruder in Apollo die Hand. „Werde ich mich demnächst mit Kraft und Nachdruck darüber äußern!" Sobald der Messias diese Worte der Verheißung erließ, schrieb er keine Zeile unter zwanzig Mark Tribut-Gebühren — nie ohne dieses. Der Dichter, viel zu gut für diese schnöde Welt, muß vor allem profane Brotarbeiten verschmähen, um sich der Muse rein zu nahen.

Edelmann und Haubitz theilten brüderlich ihre Beute miteinander, barbten und phantasirten miteinander von ihrer künftigen Größe, und bewahrten Beide eine unerschütterliche Zuversicht auf ihre Ideale. Hierin lag ein ernstliches Martyrium, das Leonhart's nervöse Skepsis nicht unbefangen genug würdigte.

> „Laß mich hochauftönend im Odenschwung
> Rufen Heil uns Söhnen der Gottheit, Heil!
> Nieder mit Pfaffen, Tyrannen und Prosa! Hoch
> Vertskunst und Tugend!"

citirte Edelmann mit Emphase, aus den ‚Oden am Vesuve der Zeit'.

„Apropos," unterbrach ihn Leonhart, „ich habe Ihnen noch gar nicht gedankt für Ihre schöne Rohrpostkarte, über mein Reformations= und Bauernkrieg=Drama ‚Nemesis'. Kann Ihnen nicht sagen, wie es mich erfreut, daß grade Sie so günstig darüber denken." Hier räusperte sich Ambrosius Sagusch doch etwas bedenklich, Krastinik schien betreten und über Edelmanns bleiche Wange flog ein flüchtiges Roth. „Sehen Sie, das hat mich ergriffen, dieser ungekünstelte collegiale Zuruf: ‚Ihre Gegenüberstellung von Luther und Thomas Münzer packt als genialer Wurf. Es durchglüht Sie eine elementare Dichterkraft.' Aber da klingelt ja unser Präsident zur Tagesordnung." Die ungezogenen Zauberlehrlinge beschwören in Abwesenheit des Meisters den Besen, der sie selber prügelt. Umsonst dreht man sich und windet man sich, um die Distanzen zu verschieben. Nachdem er den parthischen Pfeil abgeschossen, bestellte der Boshafte eine Flasche gefälschten

Rheinweins, da Edelmann in aller Eile auf seinen Vor=
sitzenden=Platz geeilt war, um der unheildrohenden Fest=
nagelung des bosartigen Realisten zu entrinnen. Krastinik
verlor jedoch den seltsamen Menschen nicht aus den Augen,
an den ihn alsbald ein unerklärliches Interesse fesselte.
Nach den Warnungen, die ihm zu Theil geworden, hatte
er vermieden, ihn anzureden, was ihm freilich durch den
kalten Gruß des hochmüthigen Dichters erleichtert wurde.

Es wurde nun ein Vortrag des abwesenden Ehren=
mitglieds Paulus Hartung, genannt „der Knüppelreformer",
verlesen. Derselbe war datirt: „Geschrieben am Jahres=
tag meines letzten Selbstmordversuches" und brach in der
Mitte ab, „da der Autor plötzlich von einer Gemüths=
krankheit ergriffen wurde" — eine traurige Mittheilung,
welche jedoch die Anwesenden mit stoischer Ruhe entgegen
nahmen, da ja Jeder von ihnen aus eigener Erfahrung
den Rummel kannte.

Paulus Hartung war augenscheinlich in Spanien
reichbegütert und stolz will man den Spanier. Daher
entwickelte er als Baumeister von Luftschlössern eine
Sicherheit, als sei er zum Oberhofbaurath der hochlöb=
lichen Vorsehung bestallt. Kommen, hören, sehen und
staunen! Das Theater müsse vorerst durch Niederreißung
sämmtlicher Kunstbuden gereinigt werden. Sodann sei
Abschaffung der Coulissen nöthig und ein Orchester von
Posaunenbläsern habe als Chor im antiken Sinne mit
nägelbeschlagenen Kothurnsocken zu beiden Seiten des
Podiums aufzumarschiren. Ferner verlangte der Knüppel=
reformer ein neues klassisches Repertoir, dessen eisernen

Bestand die Komödien von Lenz und Klinger sowie „Die Kindsmörderin" von Leopold Wagner zu bilden hätten. Nur so, der lästigen Concurrenz fremder Götzen wie des Engländers Shakespeare entledigt, werde das „Jüngste Deutschland" seine hohen Ziele einer Theaterreform im Sinne einer wahren Volksbühne erreichen und vor allem seine eignen Stücke zur Aufführung bringen, wobei er besonders auf das allbekannte herrliche Blutschande=Trauerspiel unseres Rafael Haubitz „Der Würgeengel" hinweise.

Lebhafter Beifall lohnte den gediegenen Vortrag. Nur Leonhart hatte sich wenig taktvoll benommen und stets mit der Hand schmunzelnd über seinen Schnurrbart gestrichen, als verberge er mühsam seine Heiterkeit. Auch Lämmerschreyer profitirte nicht viel — seine ganze Dichterseele wandte sich der homerischen Begierde des Trankes und der Speise zu, während er zwischen dem Kauen einige Anekdoten von einem „feudalen Weib" zum Besten gab, wie es einem solchen Verehrer der Tugend und Todfeind aller Tyrannen angemessen.

„Sie übernehmen den Wein, Herr Leonhart? Ich behalte mir Revanche vor!" meldete der Jüngling hochtrabend.

„Oller Renomierstengel!" brummte jener zwischen den Zähnen.

Ein gewaltiger Kumpen mit Hummersalat fuhr vor, welchen Lämmerschreyer bestellt hatte. „Welch ein Gebirge! Der reine Kau=Kasus!" wortwitzelte der Jüngling.

Leonhart ermunterte ihn ironisch zu kräftigen Einhauen. „So ist's recht, mein Lieber! Den Dicken gehört die Zukunft."

„Dank Ihnen." Der Jüngling brach sich eine weite Gasse in das Gericht uud begleitete diese ritterliche Handlung mit dem prickelnden Witzwort: „Die Stätte, die ein guter Mensch betrat, ist eingeweiht — weeß Knäbbchen — für alle Zeiten."

Hier wurde er aber unliebsam unterbrochen.

Ein Studiosus der Philosophie, der starr und steif wie ein steinerner Gast dagesessen und den Orakeln gelauscht, dafür aber unbändig viel geistige Getränke genossen hatte, fühlte sich von dem Kneifer Lämmerschreyers schon wiederholt beleidigend gestreift. Jetzt brach er plötzlich ganz unmotivirt los: „Mein Herr, wünschen Sie was von mir? Sie haben mich fixirt."

Lämmerschreyer ließ die Gabel fallen und starrte ihn majestätisch an. Das empörte jenen Musensohn aufs höchste, er sprang auf und rief: „Sie! Sie fixiren mich ja immer noch. Wenn Sie Student sind, geben Sie mir Ihre Karte!"

„Die bekommen Sie nicht!" schnaubte Jener mit aufgeworfener Nase. Er war jedoch sehr blaß geworden.

„Was? Erst fixiren und dann nicht Karte geben? Das ist eine erbärmliche Kneiferei!"

Hier legte sich jedoch Leonhart energisch ins Mittel und nach üblichem Hin- und Hergerede erklärten sich Beide für Ehrenmänner. Während dieser lebhaften Vorgänge am andern Ende der Tafel, welche hier und da durch die Klingel des Präsidenten Edelmann beschwichtigt

8*

wurden, hielt ein Individuum am entgegengesetzten Ende der Tafel einen unverdauten und unverdaulichen Vortrag über den „Begriff der Schönheit". Es mummelte und murmelte ununterbrochen so fort, indem es in sein Weinglas stierte, und versicherte unablässig, daß „Schönheit der Einklang von Form und Inhalt" sei. Als dies Murmelthier schwieg, sprang Herr Rafael Haubitz auf und bewies in längerer Rede, die er stotternd hervorsprudelte, daß „die Begeisterung" („Begeiferung?" fragte Leonhart seinen Nebenmann) das eigentliche Prinzip der Poesie sei, wobei er auch wieder die alte Phrase herleierte, bei Chinesen und Negern sei das Schönheitsideal ein ganz anderes als bei uns.

Er suchte sodann darzuthun, daß man den Begriff des Schönen in physiologische und associative Eindrücke zerlegen könne. So z. B. wirken, beim Hinaustreten aus einem Zimmer auf eine thauige Wiese im Morgenlicht, zuerst rein physiologisch das Licht, die Frische, das Grün: als angenehmer Sinneseindruck. Später aber trete das associative Gefühl hinzu: Licht und frische Luft sind gesund für jedes Lebewesen, das Grün aber wirkt schön, weil wir damit in der Erinnerung den Begriff einer blühenden Natur associiren. Warum würde ein grüner Mensch auf uns abschreckend wirken? Weil wir einen solchen noch nie gesehen haben („Oho! Grüner Junge!" murmelte Leonhart) und das Angenehme geselligen Verkehrs in unserer Vorstellung nur mit weißen Menschen associirt sei. Daher auch unsre Abneigung gegen Schwarze, die von diesen erwidert werde.

Hier bemerkte ein zartes feines Stimmchen, einem mimosenhaften Jüngling angehörig, daß die Natur doch dann nicht schön wirken könne, wenn man sie durch eine rothe Glasscheibe betrachte. Sie wirke aber dabei nur befremdlich, keineswegs unschön. Nachdem dann noch ein furchtbar gelehrtes und bemoostes Haupt von 24 Jahren einen Discurs über die Ondulationsschwingungen gehalten und Helmholtz' Theorieen auf den Begriff des Schönen angewandt hatte, trat jetzt ein allgemeines Hin= und Her= gerede ein, das der Präsident umsonst zu stoppen suchte. Jeder disputirte auf eigene Faust und verfocht die tief= sinnigsten Theorieen über die Gesetze der poetischen Production. Da erbat sich Leonhart Gehör, und nach= dem nothdürftige Stille hergestellt, begann er also:

„Wir haben soeben manch geistreiches Wort ver= nommen, sind über Vieles belehrt. Erlauben die Herr= schaften nun, daß auch ich zu jeder einzelnen These meinen Senf gebe. Wir haben die uralte Praxe gehört, Schön= heit entstehe, wenn Form und Inhalt sich decke. Nun, in einem Menzel'schen Bild oder etwa in Laibl's „Drei alten Weibern" decken sich Form und Inhalt wunderbar d. h. sind von gleich origineller Häßlichkeit. Ist also auf diese Weise Schönheit entstanden? Keineswegs. Aber ist darum diese meisterliche Häßlichkeit nicht kunstwerkmäßig ausgeführt? Ja.

Nun gehört aber ohnehin in die Rumpelkammer der alten Ästhetik, die von Aristoteles und Lessing bis auf Vischer und Nordau nur dummes Zeug zusammen= geschwätzt hat, die thörichte Voraussetzung, die Kunst habe die Schönheit zum Zweck. Macbeth als Mörder ist ganz gewiß nicht „schön". Vielmehr wird das Gleichgewicht der Schönheit d. h. der sittlichen Naturharmonie, erst durch die Zoten des betrunkenen Pförtners, also etwas an sich Häßliches, wieder hergestellt. Wenn wir aber die Wahrheit mit den Realisten als Zweck der Kunst bezeichnen, so verlockt uns auch dies in Irrwege. Wahrheit soll sein der einzige Zweck der Wissenschaft, aber soll sein nur ein Mittel der Kunst. Der Fanatismus der Wahrheit führt uns naturgemäß zur Übertreibung und Karrikatur, also zur Unwahrheit, gerade wie etwa Atheismus zum Aberglauben führt. Die spitzfindigen Erzeugnisse von Ibsen sind wahr, aber nicht schön — und darum wirken sie kalt, blutlos, didaktisch, doctrinär. Nicht schön — fehlt da auch noch etwas Anderes: sie wirken zerrissen, fragmentarisch, wie ein höhnisches Fragezeichen. Es fehlt die Abrundung, der vollausgetragene innere Abschluß. Nun, welches Element möchte denn wohl das letztgenannte Kunsterforderniß hinzuleiten? Denken wir an Schillers allgemeingehaltene Phrase vom „Wahren, Guten und Schönen." Das Gute — das soll bedeuten: den philosophischen Tiefblick in das Getriebe der Welt und des Herzens, der mit unentwegter Sittlichkeit immerdar die versöhnende innere Lösung findet, selbst beim zeitlichen Untergang des Guten. Eine gewisse Erhabenheit der Anschauung gehört unbedingt zu einem wahren Dichterdenker und zu einem Kunstwerk höherer Gattung.

Das Wahre und Gute in seiner Vereinigung

bildet das Schöne, oder vielmehr ist bereits das Schöne. So stellt der grausigste aller Romane, „Raskolnikow", vollendete Schönheit dar, weil er vollendet Wahres und Gutes in sich birgt. Die meisten Werke von Zola sind nicht schön und nicht kunstvollendet, weil sie nur theilweise wahr und gut sind; „Germinal" und L'Assomoir" aber nähern sich der idealen Schönheit, weil sie viel Wahres neben einigem Unwahren und manches Gute, von innerer Ergriffenheit und moralischer Erhebung Zeugende, aufweisen.

Ein anderes Gesetz der Schönheit, als das eben aufgestellte, giebt es nicht. Die sonstige „Form" ist etwas Sekundäres.

Wie aber den Künstlergeist in eine Seelenverfassung versetzen, welche das Wahre und Gute d. h. das Schöne erfassen und darstellen kann? Meister Haubitz hat uns allerlei von „Begeisterung" vorbeklamirt — ist ihm diese Dame vorgestellt? Leicht möglich. „L'enthousiasme est de tous les sentiments celui-ci qui donne le plus de bonheur" sagt Frau von Staël.

Dieses Gefühl, welches „das meiste Glück giebt", bezeichnet also den Grad höchster Extase. Glaubt nun ein psychologisch geschulter Kopf, daß dieser Zustand bei Schöpfung eines Kunstwerkes anhalten könne? Doch höchstens bei gewissen Hochmomenten.

Wenn wir nun constatiren, daß durchdringender combinirender Verstand ebensosehr wie reiche Phantasie für echte Dichtung nothwendig erscheinen, wodurch der Begeisterungs=Humbug schon in sich zusammenbricht, so locken wir mit all dem feinen Hund vom Ofen für die Frage: Was ist der geheime Grundkeim des dichterischen Wesens? Nun, meine Herrn, Meister Haubitz hat uns die fable convenue wieder aufgewärmt, die schon in Wielands „Abderiten" der Demokritos zum Besten giebt, daß die Schönheitsbegriffe eines Negers andere seien als die unsern. Allein, was kommt denn für uns bei dieser Prämisse heraus, was gewinnen wir mit dieser Beobachtung? Nichts, denn sie gehört gar nicht hierher. Die äußerlichen und sinnlichen Schönheitsbegriffe sind allerdings verschieden; das können wir, ohne fremde Welttheile zu behelligen, unter uns selbst beobachten. Der eine schwärmt für dicke Frauen, dem andern sind diese ein Horreur. „Was dem Einen sin Uhl is, is dem Andern sin Nachtigall." Aber die Schönheitsbegriffe der Kunst, von denen doch hier allein die Rede ist, die Begriffe der intellectuellen und moralischen Schönheit waren zu allen Zeiten und unter allen Völker die gleichen. Was edel handeln heißt, weiß der Schwarze wie der Weiße, und was schlecht handeln heißt, ebenso. — Auch mit den physiologischen und associativen Eindrücken ist's eine eigene Sache. So erweckt eine rothe Wange uns Lustempfindungen, weil wir diese Röthe als Gesundheit deuten. Andrerseits aber kann eine rothe Wange das Zeichen der Schwindsucht sein. Sie erweckt uns also peinliche Empfindungen. Gleichwohl wirkt eine rothe Wange unter allen Umständen auf uns als angenehm d. h. schön, weil diese lebhaftere Farbe die Eintönigkeit der Züge belebt. Außerdem wirkt sogar die veritable Schwindsucht selbst, welche bekanntlich die Züge verfeinern und gradezu vergeistigen kann, auf uns häufig als schön — allerdings nur auf den Gebildeten, auf den gröberen Sinnenmenschen nie. Der Begriff des Schönen ist also im letzten Grunde genommen ebenso abstrakt wie der des Guten — also von physiologischen und associativen Einflüssen unbestimmbar. Aus diesem Grunde würde z. B. auf den Kunstgebildeteten eine lebendig gewordene Venus von Milo physiologisch als vollendet schön wirken, auch wenn sie stumm und dumm wäre. Hingegen würde sie unter diesen Umständen bei einem normalen Menschen niemals L i e b e erwecken können, d. h. jene Schönheit besitzen, die alle Sinne gefangen nimmt. Das heißt also: die rein physiologisch als schön wirkende Schönheit — ja, wirkte sie auch wie die Venus associativ, all unsern Kunstanschauungen gemäß — wird nie als vollkommene, als absolute Schönheit wirken.

Das Psychische spricht unbedingt das entscheidende Wort — so zwar, daß ein unschönes, weder physiologisch noch associativ reizendes Aeußere sich unendlich verschönert durch innere Vorzüge und eine anmuthig seelenvolle Frau auf die Dauer die Schönste besiegt, sobald der Wettkampf um die Liebe des Mannes hervorgerufen wird. Aus diesem Grunde war es ernst gemeint, wenn Alcibiades den Sokrates als „schönsten der Hellenen" bezeichnete Die Griechen faßten eben den Begriff der Schönheit in ihrem eigentlichen Sinne auf — eine Schönheit, welche man selbst durch lebhaftes Mitfühlen gleichsam ergänzt und mitschafft.

Nun denn, dies ergänzende mitschaffende Gefühl für

das Schöne d. h. das Wahre und Gute halte ich für den eigentlichen Keim einer echten Dichterbegabung. — „Das Herz ganz voll von einer großen Empfindung" „Der Dichter darf nur schildern, was er liebt oder geliebt hat" — diese Worte Goethes seien Richtschnur. Dies Gefühl, das man philosophisch die Sympathie nennt — meine Herrn, ich erhebe mein Glas auf dies Eine, was den Dichter macht, die weltumfassende Liebe."

Als er sein langes Pronunciamento beendet, verbeugte sich Leonhart plötzlich mit leichtem Auflachen: „Mahlzeit, meine Herrschaften! Laßt's euch gut gehn!" und verließ die verblüffte Versammlung, während ihm Lämmerschreyer nach einer eleganten Rundum-Verbeugung mit dem Ruf „Herr Doctor, Ihr Überzieher!" dienstfertig nacheilte.

„Der kommt wohl nicht wieder!" bemerkte Kraftinik trocken zu Edelmann, welcher mit vielsagendem Schweigen und unheilverkündendem Schielen unterm Tisch seinen Kneifer putzte.

„Wie er sein Froschtalent größenwahnsinnig aufbläht!" platzte Rafael mit ungewöhnlicher Heftigkeit los. „Er kann nicht ernst genommen werden. Welche unlöslichen Widersprüche, welche trostlose Unreife und erschreckliche Unwissenheit!"

Der Sagus des Nordens schüttelte majestätisch sein bemoostes Haupt und wirkte vernichtend durch vielsagendes Schweigen. Ein Engel durchschritt lautlos das Zimmer. Es war, als ob ein Mehlthau sich auf die Blüthen dieses litterarischen Reform-Frühlings niedergesenkt hätte. Und doch hatte Leonhart ja gar nichts Verletzendes gesagt. Aber ein erdrückendes Gefühl von uneingestandener Ueberlegenheit dieses „Renommisten" beklemmte den freien Odem der stolzen Stürmer und Dränger. So drängen sich die Schafe ängstlich um den Leithammel zusammen, wenn der Löwe in die Herde fiel und sich ein Lamm von bannen trug.

„Schändlich, schändlich! Sehen Sie, Herr Graf, diese Vermöbelung im sogenannten Witzblatt ‚Rempler'. Das ist Tell's Geschoß, das ist Leonhart's grobe Klaue!"

Mit diesem Aufschrei tiefer sittlicher Entrüstung stürmten Haubitz und Edelmann in Krastiniks Stube.

„Nun, nun, lassen Sie doch sehn!"

„Das dürfen Sie nicht auf sich sitzen lassen, hochverehrter Herr Graf," rief der Edle=Mann mit dem Brustton der Ueberzeugung, indem er ihm ein Zeitungsblatt überreichte. „Doch nein, bewahren Sie ein würdiges Schweigen. Das ist vornehmer. Vornehm sein — darin liegt Alles. Seien wir vornehm!"

Krastinik las.

Kavalier=Poesie.

Es giebt eine gewisse Presse, die dem nicht mehr ungewöhnlichen Sport sich hingiebt, reiche und vornehme Leute, die in ihren Mußestunden der sogenannten Muse opfern, in die thätlich werdende Literatur hineinzuzerren.

Solche bevorzugten Geister — sei es nun, daß sie umfangreiche Banquiergeschäfte betreiben, oder Villen in Italien oder sonstwo besitzen, sei es, daß sie sich des Prinzentitels oder doch wenigstens irgend einer andern hohen Geburt erfreuen — werden dann sorgfältig als

„Dichter" präparirt. Sie bilden den „neuen hoffnungsvollen Nachwuchs", welchen man den alten Berühmtheiten, vor denen man sonst auch unterthänigst katzbuckelt, mit triumphirendem Reklamegeschrei gegenüberstellt. Es wird daher leicht begreiflich scheinen, wenn gemeine Sterbliche, welche ohne den Vorzug des Reichthums und hoher Geburt als „Literaten" auftreten, solchen „neuen Byrons," „deutschen Flauberts," „Berliner Shakespeares" und vor allem jener gräßlichen Wereschagin-Sorte, die „zugleich ein Sänger und ein Held" die Unreife ihrer Produkte durch prahlerische Ich-Reminiscenzen verbrämt, mit grimmigem Mißtrauen begegnen.

Nun, jetzt hat man uns den Dichter Xaver Graf von Krastinik entdeckt.

Schon das Hervorheben seiner „vornehmen Weltabsonderung" — die trotzdem die betreffenden M. S. in die Hände der Recensenten fallen ließ — wirkte bedenklich.

Wir kennen sie, diese großen Seelen, diese vornehmen Naturen, welche ihren Größenwahn in der Einsamkeit verstecken (warum publiziren sie denn, da sie's ja „doch nicht nöthig haben?") und nur mitleidig hier und da ein Wörtchen davon fallen lassen, daß der hochstrebende gedankentiefe Idealismus ihrer heimlichen Dichtersünden natürlich bei solchen Verlegern, Theaterdirektoren u. s. w. keinen Anklang finden könne. Diese „Vornehmheit", wozu sich noch die bekannte Wereschagin'sche „Bescheidenheit" (diese frechste aller Streberlügen) gesellt, verfehlt nicht ihren Zweck. Eine stets zu solcher Handlangerei bereite Corybantenrotte trägt den neuen Götzen in die Arena und steckt mit frenetischem Hosianna natürlich die thörichte Menge an. Jetzt kommt der gewöhnliche Verlauf der Farce. Statt des „Schiller'schen Gedankenfluges" erhalten wir elendige Coulissenrhetorik, mit raffinirtesten Bühnenmätzchen zugestutzt. Statt „byronischem Weltschmerz" die alten Affen des Titanismus. Aber es hält nicht lange. Der neue Schiller und weiß Gott was Alles und der dämonisch-byronische Hinker werden zum alten Eisen geworfen. „Des Kaisers neue Kleider."

Denn in Berlin ist alles nur Modesache. Man muß den Moment ausnützen, länger als zwei Jahre dauert's ja doch nie.

Solche und ähnliche Befürchtungen konnten durch die Proben nicht zerstreut werden, die man uns aus Krastinils Dichtungen bot. Dieselben waren theils ungenießbar, theils platt. Mit Recht hob allerdings ein Referent hervor, daß das Abwischen des Gesäß=Schweißes an seinem Trakehner nach einem Budapester Wettrennen, wie der Herr Graf dies in originell realistischen Versen schildert, von reicher Selbsterlebtheit zeuge. Nun, wir sind der denkbar größte Verehrer der Subjectivität. Aber, offen gestanden, scheint uns eine „Hymne an die Unsterblichkeit", in der Dachkammer gedichtet, genau ebenso selbsterlebt und jedenfalls um 100 Procent gewichtiger.

Man verstehe uns recht. Gegen dies Abwischen in erträglichen Versen haben wir gar nichts. Aber dergleichen uns als besondere Genialität vorzuführen — dagegen haben wir ungemein viel. Denn hieraus resultirt eine Spezies, die man am besten als „Kavalier=Poesie" bezeichnen möchte. Nicht wahr, für das in prosaischen Tagesarbeiten hinschlendernde Publikum muß es ja ungeheuer interessant sein zu hören, wie ein „Graf" hoch zu Roß durchs Leben dahinbraust? Nein, mein werther Xaver Graf von Krastinil, daß Sie ein schöner Offizier und eleganter Sportsmann waren und davon, wie auch von etwaigen hochgeborenen und „gar nicht geborenen" Liebschaften, nicht uneben zu plaudern wissen — das macht Sie noch lange nicht zum Dichter, „zugleich ein Sänger und Held". Aber daß Sie wirkliches und wahres poetisches Empfinden und Darstellungsvermögen besitzen, das erst adelt Sie zum Dichter.

Doch ich erlaube mir den ganz ergebensten Vorschlag, den „Grafen" künftig auf dem Titelblatt wegzulassen. Es erweckt dies immer jenes ungünstige Vorurtheil, unter dem anfangs größere Dichter wie Sie: „Graf Platen", „Graf Strachwitz", und „Graf A. von Württemberg" zu leiden hatten.

Jaja, wenn wir mal 'was produciren sollten, so werden wir auf den Titel das Pseudonym „Arthur Graf Nirgendburg" setzen und unser Schloß verführerisch ausmalen. Wenn der biedere Recensent liest, wie der gnädige Graf auf Jagd gehn und leutselig mit Dero Unterthanen verkehren, so denkt Itzig: „Teufel noch mal! ‚Schloß Nirgendburg in der Grafschaft Nirgendheim' — am Ende ladet er mich auch mal zur Jagd ein!" Und der neue Heinrich von Kleist ist fix und fertig.

Unser Krastinik — wir wollen ihn mal mit **Weglassung** seines Titels beehren — läßt sich nur in der freien Dienstzeit herab, mit der Bürgerjungfrau Poesie ein wenig zu scharmuziren. Ja, Herr von Krastinik — Sie gestatten mir den „Grafen" fallen zu lassen — arbeiten Sie recht fleißig wie andere gemeine Sterbliche und es kann noch was aus Ihnen werden — trotzdem man Sie als „Graf" entdeckt hat.

„Nun, was sagen Sie dazu?" Edelmann putzte wie gewöhnlich unterm Tisch seinen Kneifer, um als Maskirung schielend das Auge darauf zu richten, während er Krastiniks Gesicht beobachtete.

„Gar nichts," erwiderte der Graf kühl, ohne eine Miene zu verziehen. „Ich lege das Blatt ad acta. Er ist ungerecht, aber auch hier zeigt sich etwas — wie soll ich sagen: Die Tatze des Löwen".

Und dabei blieb er, trotzdem Haubitz darin „den Zahn der Schlange" erkennen wollte.

Aristokraten werden von Jugend an auf Lebensklugheit eingedrillt, gerade durch das Pflegen der äußeren Lebensformen und die stete dadurch erzeugte Selbstzucht.

Halb aus Vornehmheit, halb aus Klugheit, beschloß Krastinik daher, seinen Groll zu verbeißen. Es reifte doppelt in ihm der Wunsch, diesen seltsamen Rempeler, der schon die halbe Welt beleidigt hatte, kennen zu lernen.

II.

„Gott, da sitzt der alte feudale Dondershausen!" rief Leonhart entsetzt, dessen krankhafte Abels=Idiosynkrasie die echte Vornehmheit vieler Kreise des deutschen Militairadels nicht kannte und daher sich auch leider nie curiren konnte.

er hat mich gesehn. Ertragen wir die Prüfung. — 'N Abend, Herr Oberst."

Der alte Offizier z. D. grüßte schon aus der Ferne von seinem Marmortischchen im Café Bauer, wo er allabendlich stammgastete, mit der Hand. „Nur immer 'ran ans Biwak, mein guter Leonhart. — Lämmerschreyer? Freut mich sehr. Sind Sie verwandt mit meinem alten Kameraden, General Lämmerschreyer? Nicht? schade."

„Ja, aber dafür ist er der Neffe des berühmten Malerheros Adolf v. Werther."

„O entzückt, das zu hören, mein guter Leonhart. Ah, Herr von Lämmerschreyer, wie gut müssen Sie da in die Berliner Gesellschaft eingeführt sein! Fühlung mit allerhöchsten Kreisen . . ."

Der alte Soldat mit den graugesprenkelten Bartcotelettes sah danach aus, als ob er seinem Burschen die Benutzung des Stiefelknechts als Wurfgeschoß oft genug erläutert habe und seinen Haushalt nach militairischen Disciplinbegriffen regele. Gleichwohl trug er liberale Anschauungen zur Schau, seitdem er trotz seines Wiedereintritts in die Armee nach seiner Verwundung bei Bapaume das bewußte blaue Briefchen empfangen, — wie das öfters der Fall sein soll. Das hinderte ihn natürlich nicht, nach oben hin patriotisch die Augen zu verdrehen. Seine Spezialität bildeten „Hohenzollernlieder" und „Kornblumenweisen", da ihn die bekannte Redseligkeit ausgedienter Militairs bewogen hatte, die Feder zur Hand zu nehmen.

Er war eben ein „Idealist" von echtem Schrot und

Korn, welcher auf Paul Heyse und Geibel schwor, auf die deutsche Frau minniglich toastete und sich für Heinrich von Kleist begeisterte, sintemal derselbe von echtem altem Adel war.

„Ich komme von den Meiningern," hob er an, „aus dem Viktoriatheater. Diese Aufführung der ‚Jungfrau von Orleans' — pompös! Bin einfach überwältigt. Wie herrlich hat Schiller die traurige Geschichte umgearbeitet und in ideale Verklärung gerückt! Ich erinnere mich, wie wir vom I. Corps in Rouen einrückten, beim Feldzug gegen Faidherbe, meine Herrn. Auf dem Platz, wo die Pucelle verbrannt wurde, spielten unsre Musikbanden vor ihrer Bildsäule und unsre siegreichen blauen Jungen defilirten. Ein unvergeßlicher Augenblick, meine Herrn, wo wir Offiziere an das Vaterlandsdrama unseres großen Dichters gedachten, dem Frankreich die würdige Apotheose seiner Nationalheldin überließ, nach der abscheulichen Pucelle von Voltaire."

Er schien jedoch nicht auf eine gleichgestimmte Seele zu stoßen. Wenigstens bewies Leonharts Schweigen und Räuspern, daß keine verwandte Saite bei ihm berührt war. Endlich brach er los: „Na, offengestanden, Herr Oberst, da ist mir die „Pucelle" von Voltaire doch noch lieber!" Dondershausen fuhr ordentlich zurück. „Sehn Sie, Schiller hat sich überhaupt unfähig gezeigt, diese Idealgestalt in ihrer strengen Würde zu begreifen. Bei ihm ist Alles falsch und verzerrt. Die Weiblichkeit der makellosen Jungfrau sucht er in ihrer sinnlichen Verliebtheit. Und dabei läßt er den jungen Montgommery vergebens ihr Erbarmen anflehen, während in Wahrheit Johanna die Verwundeten pflegte und über die todten Feinde Thränen vergoß.

Freilich, der sentimentale Quatsch in Schiller's Melodrama, der auf die Höhere Tochter bedeutende Rücksicht nahm, bezaubert den Mob. Was wäre Johanna für unsre Backfische, wenn sie sich nicht in Lionel verliebte und zwar beim ersten Blick auf Befehl des Herrn Dichters. Die arme Johanna!

Ach, sie war so weich wie heldenhaft, so bescheiden und so stolz — denn die Herrn Prinzen und Connetables wußte sie gehörig anzulassen, wenn sie nicht Ordre parirten."

„Hm, ich denke, sie war so sanft und anspruchslos..."

„Ja wohl, in persönlichen Dingen. Aber daneben betonte sie in ihrer erhabenen Kindlichkeit doch stets ihr Allmachtsbewußtsein als Trägerin einer göttlichen Mission. Bei der Krönung zu Rheims, wo das eingeborene heimische Volksthum im Dauphin gesalbt wurde, stand sie in ihrer Rüstung, die Fahne in der Hand, allein am Altar neben dem König. Das ließ sie sich nicht nehmen, das nahm sie als ihr Recht von Gottes Gnaden in Anspruch."

„Ja," meinte Dondershausen, um irgend etwas zu sagen; er war so betroffen. „Da wurde der legitime König direkt von Gottes Gnaden gesalbt."

Leonhart brach in ein lautes Gelächter aus. „Mit heiligem Oel, nicht wahr? Dieser Kotmensch in seiner allerhöchsten Erbärmlichkeit! Und für den mußte die

Himmelsgesandtin, vom Gottesgnadenthum ihres Genius umstrahlt, sich opfern!"

„Erlauben Sie, Herr Leonhart," fiel der Oberst etwas erregt ein. „In Schillers Darstellung . . ."

„Na natürlich!" Leonhart schlug mit der Faust den Tisch. „Edler König, der ‚auf der Menschheit Höhen mit dem Sänger gehet!' Edle Agnes Sorel, ‚Krone der Frauen!' Edler Herzog von Burgund, Stifter des goldenen Vließes, Blume der Ritterschaft!"

„Nun ja, ‚Philipp der Gute' hieß er doch?" fragte Jener erstaunt.

„Versteht sich. Der unritterliche Bube, der die bürgerliche Heldin den Engländern verschacherte, im selben Augenblick, wo er seinen Hohen Orden vom Goldenen Vließ zu stiften geruht! An Lüderlichkeit kam er dem guten König Karl beinahe gleich, und wieviel dies sagen will, mögen die ermessen, die von dem ‚Hirschpark' dieses Vorläufers von Louis XV. wissen!"

„Wie, und das duldete die edle Agnes Sorel?"

„Ja, die wackre betitelte Metze, diese Vorläuferin der Pompadour, die ihrem königlichen Aushälter diesen ‚Hirschpark' unterhielt!"

„Ich bin starr. Konnte Schiller eine so grobe Geschichtsfälschung —"

„Pah, der arme Schiller! O ihr alle, ihr Lieben, seid charakteristische Schöpfungen des deutschen ‚Idealismus'! Die Wahrheit wäre ja gemein, wäre unschön und außerdem — unklug. O nein, die Wahrheit ist halt erhabener und ‚poetischer', als die Phrasen-Rhetorik schönfärbender Idealisten. Allerdings gehören starke Nerven dazu, um sie zu ertragen. Ich gestehe, die wahre Geschichte des edeln Marschall Rais, Marschall von Frankreich, dieses Teufels in Menschengestalt, der an der Seite der Jungfrau focht, ergötzt mich mehr als der symbolisch=mystische ‚Schwarze Ritter'. Jaja, wir wissen, daß dem nichtsnutzigen König und seinen hochadligen Maitressen eine verderbte Satanskirche und ein Stallbubenadel würdig entsprachen. Sie waren es wie immer, für die das brave Volk sich opferte und welche die Früchte seines Patriotismus einheimsten. Sie waren es, welche das Heldenmädchen, die Heilige Frankreichs, in ihrem genialen Wirken hemmten und endlich der Kreuzigung überlieferten. Es ist die alte Geschichte."

„Für mich eine neue Geschichte," gestand Dondershausen verblüfft. „Sie rauben mir ja all meine Illusionen, Sie böser Mensch."

„So? Das ist gesund. Ja, ich gestehe gern, ich bin ein böser Mensch. Seine Majestät Karl VII., Seine Hoheit den Herrn Herzog von Burgund und andre erlauchte Wesen, an die ein niedriggeborener Plebejer wie ich nur mit Ehrfurcht denken sollte, möchte man noch nachträglich mit der Schärfe des Schwertes in Stücke hauen. Aber wenn man das Leben Jeanne d'Arcs, dieses kleinen Bauernmädels, vor sich aufsteigen läßt, dann vergießt man die bittersten Thränen."

„Sie können auch Thränen vergießen?" fragte der Oberst ironisch.

„Versteht sich. So sentimental sind wir Realisten

— wir, denen es einen Hochgenuß bereitet, dreiste Unfähigkeit, gemästete Dummheit, strebende Schusterei mit unversöhnlichem Hohn und Grimm zu verfolgen, zu brandmarken, zu würgen."

„Na, na! das wird ja gefährlich!" Der Oberst z. D. rückte ordentlich vom Tisch ab. Leonhart aber fuhr begeistert fort:

„Ach, um so leuchtender, verklärt in himmlischer Glorie, hebt sich von diesem höllendunkeln Hintergrund die Lichtgestalt des Engels ab, den der Weltgeist wie den Hirtensohn Isais erweckte zur Befreiung des Vaterlandes! Die ganze Geschichte der Jungfrau liest sich wie das Evangelium Johanni. Sie erscheint als der weibliche Heiland der Menschheit. Grade das wirkt so unbeschreiblich rührend und herzbewegend, daß dies überirdische Geschöpf äußerlich stets das einfache Mädchen aus dem Volke blieb und die Schwäche ihres Geschlechtes nie verleugnete. Es mag Schopenhauerianer zum Nachdenken anregen, daß die reinste Heldengestalt der Geschichte ein echtes Weib gewesen ist. Als sie zum ersten Mal vor Orleans verwundet wird, fängt sie an zu weinen. Aber nur einen Augenblick, denn sie hat ihre ‚Stimme' vernommen. Ihre ‚Stimme'! Die seichte Naseweisheit des naturwissenschaftlichen Materialismus hat sie deswegen eine ‚hysterische Person' genannt. Aber Jeder, wer sich dem Ideale weiht, Held, Heiliger, schöpferischer Künstler, hört diese unsichtbare Stimme, in mehr oder minder vergeistigter Form. Die wunderbare Intuition, der durchdringende Mutterwitz in Beurtheilung praktischer Dinge, der stete Blick für die Realität, den sie stets bewahrte, neben der schwunghaft transcendentalen Begeisterung zeigt in diesem abnormen Wesen unzweifelhaft das, was wir Genialität nennen."

„Sehr schön," sagte Dondershausen nach einer Pause. „Und doch sagten Sie, Voltaire, der sie so schnöde beschimpft, sei Ihnen noch lieber als Schiller's Apotheose?"

„Ja. Es war ein schönes Wort von Gambetta, sein Herz sei groß genug, um Voltaire und die Pucelle zugleich zu beherbergen. In der That, bei all seinen Sünden und Mängeln trug Voltaire selbst viel von jener heiligen Flamme in sich, welche die ritterliche Jungfrau durchzuckte. Das glorreiche, obschon mit Peinlichem gemischte Andenken dieses großen Streiters darf durch kleinliche Benörgelungen nicht getrübt werden. Glauben Sie übrigens nicht, daß ich Schiller herabsetzen will, den ich hoch verehre. Den Geist dieses Sehers beseelte eine ähnliche Lauterkeit, wie den seiner und unserer Madame von Orleans."

„Es liebt die Welt, das Strahlende zu schwärzen
Und das Erhabene in den Staub zu ziehn!
Doch fürchte nicht! Es giebt noch schöne Herzen,
Die für das Hohe, Herrliche entglühn."

Citirte der alte Soldat mit Salbung. „Ich kann mir nicht helfen, mein lieber Leonhart, so 'was darf doch nicht realistisch, sondern mit idealer Verklärung behandelt werden."

„So, Sie finden Schiller's Geschichtsfälschungen ‚ideal verklärt'? Bedaure. Wir bösen Realisten sind andrer Ansicht. Nicht mit dem Phrasen-Schnickschnack ‚Kurz ist der Schmerz und ewig ist die Freude' stirbt eine Bekennerin wie Johanna. Sie war wohl Schillern nicht rhetorisch genug, die schaurige Wahrheit, wie sie aus den Flammen noch mit fester Stimme rief: ‚Meine Stimmen waren von Gott, sie haben mich nicht betrogen.' Als sie auf dem Scheiterhaufen stand, war ihr letzter Gedanke: ‚O Rouen, ich habe große Angst, daß Du um meinen Tod zu leiden haben wirst!' So blieb sie bis zum letzten Moment ein Wunder selbstloser Aufopferung, getreu dem Beispiel des Gekreuzigten, mit dessen Namen auf den Lippen sie verschied.

Ist die ‚Ketzerin' aber erst verbrannt, dann besudelt man noch ihre Gebeine, indem man sie später zur Schutzpatronin des pfäffisch-royalistischen Obscurantismus zurechtschneidert!"

„Hm," machte Dondershausen, „Schani, zahlen!" Es wurde ihm sehr ungemüthlich in der Nähe dieses Revolutionärs. Jener aber docirte unbeirrt fort:

„Nein, die Weltgeschichte ist kein Chaos von Gräuel und Unsinn, wie quintistische Pessimisten, die selbst keinen Finger rühren würden für eine tapfere That, gerne behaupten. Sehen wir nur auf die ‚höheren' Stände, auf das Getriebe der sogenannten ‚Politik', den brutalen Kampf ums Dasein auf der schimmernden Oberfläche der Gesellschaft — denn allerdings scheint das Bild für den Wissenden ein trübes. Aber fort und fort offenbart sich der heilige Geist zur Rettung der verschlammten Welt unter den Unscheinbaren und Geringen. Der Unterdrückten Vorrecht ist das Genie — ihr Vorrecht und ihre Rache."

„Empfehle mich. Auf Wiedersehn." Herr von Don=
bershausen nahm seinen Hut und machte sich aus dem
Staube. Erich von Lämmerschreyer half ihm dienst=
beflissen, wie es seine Art, in den Ueberzieher hinein und
complimentirte den Herrn Oberst ganz gehorsamst mit
vielen Bücklingen bis zur Thür. Er mißbilligte aufs
tiefste die thörichte Weltunklugheit, einer so gewichtigen
Person verstockt zu wiedersprechen. „Haben Sie das
Neuste von Hamerling gelesen," fragte er, um zu einem
neuen Thema abzulenken, „seine Gedichtsammlung ‚Blätter
im Winde'? Großartig, nicht?"

„Recht hübsch," sagte Leonhart trocken. „Du lieber
Gott? Wie kann etwas in Versen heut großartig sein?
‚Großer Dichter' las ich neulich in dem Artikel eines
unreifen Epigonen über den Guten. Wer heut nicht in
Prosa schreibt, zeigt schon an sich, daß er kein großer
Dichter ist."

„Das scheint mir doch etwas einseitig."

„Durchaus nicht. Wie kann man anders als in
Prosa die großen Fragen der Zeit realistisch, wahrheits=
gemäß behandeln? Und wer das nicht kann und will,
ist überhaupt kein Dichter im höheren Sinn, sondern ein
Epigone."

„Aber in Hamerling's Epen, wenn sie auch in ent=
legenen Zeiten spielen, werden doch alle Fragen der Ge=
genwart berührt."

„Sehn Sie, darin liegt grade der Fehler! ‚Es giebt
nichts Neues unter der Sonne' diese Ben Akiba=Phrase
ist eine der elendesten, die je verbrochen. Es giebt jede

Minute Neues. Die Natur macht kein winziges Blätt=
chen in ihrer unerschöpflichen Fülle dem andern ähnlich
— und da sollten Menschen und Dinge sich gleichen?
Ewig gleich sind nur die großen Gesetze der Entwickelung.
Wer das Alterthum ‚realistisch' zu schildern meint, macht
sich für den Geschichtsforscher lächerlich. Wir können
uns absolut nicht in den Gedankengang antiker Menschen
versetzen. Und wer gar moderne Ideen in antikem Ge=
wande aussprechen will, der thut der Geschichte wie der
Dichtung und endlich sich selber, dem modernen Dichter=
menschen, Gewalt an. Dostojewski im ‚Raskolnikow', Zola
im ‚Germinal' — das sind wahre echte Dichter."

Die Beiden verließen das Café Bauer. Es war so
schneidend kalt, daß sie unterwegs im Café Kaiserhof ein=
kehrten, um sich durch einen Grog zum Weiterwandern,
zu stärken. Leonhart gerieth dabei in so gereizte Stimmung,
als er am Nebentisch einige „politische" Journalisten ihr
unreifes Tagesgewäsch über die „Wahlen" verzapfen hörte,
daß er Lämmerschreyer'n laut fragte, warum er nicht
politischer Journalist geworden sei. Wie könne man ein
so schlechtes Metier wie das des Dichters ergreifen, wo
man heutzutage ungeheuer viel Geist nöthig habe, um über=
haupt nur aufzukommen! Zum politischen Journalisten
aber gehöre nur eine gehörige Portion Frechheit neben
Dummheit und Unwissenheit, um Schiedsrichter Europas
zu werden. Er solle mal hören, wie der Größenwahn
der politischen Publicistik auf alles „Belletristische"
herabschaue!

In gleichem Stil schimpfte er auf dem Heimweg

weiter. „In unserer ledernen, steifleinenen Gesellschaft spielt jeder hochnasige Laffe und jede modestinkende Puppe die Hauptrolle. Wer ein ernsthaftes Gespräch führen will, wird geflohen wie ein Aussätziger. Wer umherwandelt als eine heuchelnde Maske, heißt ein vornehmer Charakter. Jaja, wozu die Masken lüften! Alles nur Convention und Tradition. So auch in der Litteratur. Wohl soll man eifersüchtig über den Besitzstand altererbter Formen wachen und sich dieselben nicht schmälern lassen. Aber ‚Alles fließt‘, sagt der griechische Weise. Die Terzinen des schwarzgalligen Höllenwandlers Dante auferstanden vielleicht in Zolas klotziger Prosa."

Lämmerschreyer sah ihn dumm an. Die bitterkalte Nacht wurde durch das bläuliche Licht der elektrischen Laternen auf dem Leipzigerplatz gleichsam noch eisiger angefröstelt.

„Wollen uns mal — he, Droschke! — als schäbiger Geistesproletar ein Nachtfuhrwerk leisten! Adios, Meister!" Der Neophyt empfahl sich. —

„Ja, wollen Sie etwa gleich vierspännig fahren?" Leonhart trollte weiter. Kalt, kalt. Der Purpur des Unfehlbarkeitsdünkels wärmt nicht.

III.

„Lieber Carlos Schmoller! Komm doch heut Abend in die Weinstube von Huth. Dieser kleine Mensch, der Kraftinik, möchte mit uns zusammensein. Er bewundert uns sehr, sagt er. Neulich bei der bewußten Gespen=

sterei lernt' ich ihn kennen. Na, der Fremdthümelei=
Schwindel rast ja nicht übel. O dieser Pipjen mit
seinem Hofrathsgesicht und seinen Ordensketten! Ein
Wirklicher Geheimer Oberregierungs=Demokraterich! Eine
ganz feiste Wildente! Laß die Abrahamsnasen und
Bullboggenschnauzen den Braten riechen!
  Dein Posa Leonhart."
Nichts befördert den Dünkel mehr als die Ein=
seitigkeit. Und doch herrschte nie so stark wie heut der
Specialitäten=Schwindel. Man glaubt groß zu sein,
wenn man nur in einem Fache groß. Und doch kann
man nur durch Vielseitigkeit zur Reife gelangen. So
hält bei der Vergeschäftlichung unserer Litteratur Jeder
seine Branche, sei sie das untergeordnetste Handwerk, für
die einzig Wahre. Wer Hohenstaufendramen knetet,
schaut mit Verachtung auf den „niedern Stil" herab,
und umgekehrt, wer „realistisch" novellisirt, auf alle
Stubendramatiker. So besaß selbst der umfassende
Centralist Leonhart nicht Selbüberwindung genug, eine
Mode=Sache anzuerkennen, weil sie zufällig der Wahr=
heit entsprach.

„Unabhängige Gesinnung? Die ist erloschen. Man
hat ja die Zunftkritik zu einem Sinnbild der Unanständig=
keit erhoben." Leonhart schimpfte in nervös erregten Fistel=
tönen auf Krastinik ein. „Halten Sie doch eine Reihe
von Recensionen, lobende oder tadelnde, über irgend eine
ungewöhnliche Leistung, die sich nicht mit den üblichen
Cliché=Phrasen abspeisen läßt, nebeneinander! Sie werden

schaudern vor dieser abgründigen Unreife. — Sie, Kellner, eine neue Flasche Mosel! Säure vertreibt Säure."

„Ja wohl," schrie Schmoller. „Es giebt keine Kritik mehr! Bestochenes Lob, bestochener Tadel! Wer bei jeder Recension den Grund kennt, mag vor Ekel keine mehr lesen. Mit der Diogeneslaterne muß man suchen, um einen Mann von Ehre unter den Schriftstellern und eine Zeitung von nicht allzugroßer Schmutzigkeit zu entdecken."

„Ganz richtig," fiel Leonhart ein, „vor Allem fehlt überall der weite geschulte Blick, der nicht am Aeußerlichen kleben bleibt, sondern ins Innere der Dinge bringt. Das Kennzeichen jeder alexandrinischen Epoche, der seichte und nüchterne Formalismus, weht uns allerorts erkältend entgegen — selbst aus den kritischen Ergießungen der noch leidlich vornehmen und unbefangenen Geister."

„Aber was wollen Sie denn!" warf Krastinik ein. „Ihre neue Richtung hat ja doch theoretisch auf allen Punkten gesiegt, trotz aller Bajazzosprünge der ‚Alten'! Freilich ein Beweis für die Gewalt der Wahrheit."

„Ah pah!" rief Schmoller. „Werden diese Vers=Erbrechen, diese rhythmischen Diarrhoës nicht immer noch gepriesen und auf der litterarischen Mode=Tafel servirt? Liebt der biedere Deutsche nicht immer noch, dies schleichende Gift sentimentaler Lüsternheit den Backfischen, Höheren Töchtern und Salondämchen auf dem Weihnachtstische zu kredenzen?"

„Und doch täuscht dies nicht über die litterarische Vernichtung der ganzen älteren Generation. Schränkt doch eure Polemik ein! Ignorirt sie doch! De mortius nil nisi bene."

„Hübsch gesagt, Herr Graf." Schmoller lachte auf. „Aber diese siegreiche Armee der ‚Neuen' bildet doch auch nur eine buntscheckige Falstaff=Kompagnie. Was segelt heut nicht Alles unter der Flagge des ‚Realismus' — daß Gott erbarm! Kraftmeierei, Salonsäuselei, Form= drechselei! In wie Wenigen lodert das Elementar= Dämonische, der eigentliche Grundtrieb der Poesie -- von dem unser Freund Leonhart immer redet."

„Wohl," sagte dieser ruhig, „aber an glänzender Begabung für alles Technische, an hochgestimmter Auf= fassung des Schönen, an blendender Stilbehandlung scheint doch kein Mangel. Und was für männliche Charakter= köpfe, die sich klar profilirt in kernhaft wuchtigem Vor= fechterthum für alles Echte und Gute abzeichnen! Dafür tausche ich gern das wohlabgetönte abgerundete Künstler= thum der Alten ein!"

„Ah pah!" warf Schmoller ein. „Mit Deiner warmen Anerkennungs=Manie hast Du so Viele heran= gezüchtet, die gar keine Realisten sind. Z. B. Albert Wohlheim, diesen hermaphroditisch weichlichen Romantiker mit seiner krankhaft zarten Mimosenhaftigkeit der Charakter= skizzirung. Mir ist diese weichliche Schmerzenswollust, diese schwüle nervöse Sinnlichkeit, diese grelle Effekt= hascherei zuwider."

„Hm, da steckt doch aber unter aller Koketterie etwas Wahres. Allerdings mehr bildkünstlerischer Formensinn, als eigentliches Dichterthum. Coloristische Makartereien.

Doch bleibt er trotzdem ein reifes und in sich geschlossenes Talent."

„Aber kein ursprüngliches."

„Offen gestanden, wenn ich mir ein Urtheil erlauben darf," meinte Krastinik, „scheint mir Wohlheim doch in seinen Romanen nur ein Lyriker, freilich oft von magischem Stimmungsreiz. Und in seiner form=unsaubern ein= tönigen Weltschmerz=Lyrik ist er nachahmender Eklektiker. Ueberhaupt ein Epigone. Der gehört noch ganz zu den Alten."

Schmoller begann jetzt furchtbar auf Hans Holbach zu schimpfen, den er einen „vertuschelnden Schönfärber", halb sentimental halb nüchtern, nannte. Demgegenüber betonte Leonhart Dessen gefällig leichtes Erzählertalent, ungezwungene Stilflüssigkeit, goldklare Durchsichtigkeit der Darstellung, gesunde Fülle des Wirklichkeitssinns, Welt= kenntniß („ja, sehr praktische Weltkenntniß" schaltete Schmoller ein), Thatsächlichkeit der Auffassung („ja, kaufmännisch=kluge!"), reifen künstlerischen Geschmack, lyrische Aber, die in seiner Empfindungsmalerei schwelgt.

„Bezüglich des reifen Geschmacks," bemerkte Krastinik, „möchte ich wohl einwenden, daß dieser durch einen orga= nischen Fehler gehemmt wird. Die übersprudelnde Laune seiner realen Weltbetrachtung verlockt ihn, über den Rahmen des Kunstwerks wegzuspringen. Ein neckischer Kobold zupft ihn manchmal am Ohr und der Erzähler überläßt sich seinen Einfällen."

„Darauf beruht grade Holbachs Stärke: auf dem Episodisch=Anekdotenhaften. Welche Frische! Und nirgend wirkt seine weltmännische Gewandtheit parfümirt. So bildet er eine Ergänzung zu Schmoller, einen Uebergang zu dem knorrigen Elementarismus der eigentlichen Realisten; so spielt er eine bedeutsame Vermittlerrolle." — Als Krastinik gegangen war, fing Schmoller an, diesen kräftig durchzuhecheln. „Diese Dramen-Versuche!" „Doch nicht ohne Glück. Sein sprühend lebhaftes Naturell befähigt ihn, lebendige wirkungsvolle Scenen aneinanderzureihen. Allerdings versagt bei ihm grade das, was den wahren Dramatiker macht: Straffe Spannung des Conflikts und zielgerechter Aufbau. „Handlung' macht noch kein Drama. Darüber täuscht er uns nicht weg mit seinen theatralischen Kinkerlitzchen und dem schillernden Kolorit seiner Jamben."

„Und wie vergriff er sich in seinen Stoffen! Nirgends ein schüchterner Griff ins Realistische! Oeder Jamben-Epigone. Von eigentlicher Gestaltungskraft und Vertiefung keine Spur. Die psychologische Entwickelung wird stets als etwas schon Vollzogenes gegeben. Fadenscheinige Dürftigkeit der Fabulirung. Alle Vorgänge sprunghaft und unvermittelt. Und dann die vielen Musterweiber und biedern Menschen! Von denen steckt die Welt ja voll — man merkt's nur nicht! Man kann auch diesen ‚Realisten' unbedenklich jeder Salondame empfehlen, um so mehr der ritterliche Sänger dem deutschen Weibe so feinfühlige Complimente sagt. Na, er muß es wissen."

„Gewiß," gab Leonhart sein abschließendes Urtheil ab. „Seine ideenlose Sinnlichkeit schweift nur ins Theatralische und Bildmäßige aus. Aber er entbehrt nicht einer wirklichen Anschaulichkeit, einer gewissen rauhen Leidenschaftlichkeit. Seine lyrische Formbegabung verleiht auch seiner Prosa einen zarten Schmelz, wo er überall lyrische Momente verschwenderisch ausstreut und einstreut —"

„Ja, um mit solchen Ueberflüssigkeiten die allzu langsam rollenden Räder zu schmieren und die Lücken zu stopfen. Dieses lose Bündel mühsam zusammengeschweißter Genrebilder! Und wird mal ein Ansatz zu aufbauender Composition sichtbar, so erlahmt er immer wieder."

„Mag sein. Doch neben pikanter Junkerlichkeit begegnen wir hier stets einer unverwüstlichen Natürlichkeit des Ausdrucks. Auch strotzt er von scharfer Beobachtung und weltmännischer Erfahrung. Und er s ch r e i b t meisterlich."

„Ja, d a r a u f legt unsre kümmerliche Zeit ja das Hauptgewicht," brummte Schmoller. „Ach, das alles sind nur lobberige liebenswürdige Episoden = Dichter. Sie plaudern mit anmuthig ungezwungenem Weltton — das ist alles."

„Ja, aber er kann sehr viel."

„Möglich, aber er w i l l Null. Das sind Alles nur Kunsthandwerker! Ich sage Dir, Du sollst nicht ewig Leute als Realisten preisen, die keine sind!"

„Ach, nicht davon droht uns Gefahr, sondern ganz wo anders her. Unsere Schulmeister=Aesthetik, die ja stets mit dem Strome schwimmt, fängt an, sich des siegreichen Realismus zu bemächtigen. Nun geht das schematische Einschachteln los, ob dies echter oder das

unechter Realismus sei. Es tauchen schon weise Groß=
väter auf, die aus der Weisheit gülbner Wolke erhabene
Sprüche tönen lassen, um das trockene Studium der
Naturwissenschaften als obligatorisch zu empfehlen. Als
ob man vom Componisten verlangen möchte, er müsse
den Vorlesungen von Helmholtz über die Schallwellen
beiwohnen! Eine neue Abart der Philister=Pedanterie!
Nächstens wird noch ein realistischer Aesthetiker die Höhere
Mathematik für Berechnung der Zufallsmöglichkeiten den
Romanschreibern empfehlen! Daß der Dichter die Bildung
seiner Zeit umfassen solle, bestreite ich nicht. Doch dürfte
Kenntniß der historischen und litterarhistorischen Ent=
wickelung denn doch dem naturwissenschaftlichen Studium
weit vorzuziehen sein. Wer alle Wunder der Physik und
Chemie beherrscht, aber von Weltgeschichte und Welt=
litteratur nur oberflächliche Kunde erhielt, bleibt ewig
ein ungebildeter Mensch — nicht aber umgekehrt."

„Sehr wahr," brummte Schmoller mit vieler Be=
friedigung. „Weiß ich etwa 'was? Wie? Gar nichts,
he?" Leonhart nickte zustimmend, indem er ein Lächeln
unterdrückte. „Und doch bin ich Karl Schmoller. Das
Leben muß man kennen, siehst de woll!"

„Natürlich. Die Wissenschaftlichkeit ist der Tod der
Poesie und lockt keinen Hund vom Ofen. Solche zu=
sammenspintisirten greisenhaften Experimentalromane wie
Goethe's ‚Wahlverwandtschaften' fußen auf wissenschaft=
licher Grundlage — und mißlingen doch. Hingegen, als
Goethe sich die Werther=Krankheit vom Leibe schrieb, da
zeigte er uns den richtigen Weg. Man muß seine Dich=

tung gleichsam mit erleben; dann erst bildet sich etwas Lebenswahres."

„Ja wohl," fiel Schmoller ein. „Darum verweben alle großen Schriftsteller ihre Erlebnisse auf oft kaum merkliche Weise in ihre Erfindungen. So z. B. habe ich ..."

„Allerdings," unterbrach ihn Leonhart, „ist der hohe Lohn der absoluten Lebenswahrheit nur um den Preis einer schonungslos in den eignen Eingeweiden wühlenden Arbeit zu erringen. Aus diesem Grunde sind all die guten Rathschläge und Empfehlungen naturwissenschaftlicher Studien und gelehrter Experimentalmethode in hohem Grade unwissenschaftlich d. h. unwissend über den psychologischen Prozeß der wahren Dichtung, dieses nur dem Dichterdenker erschlossenen Räthsels. — Das echte Poeten=Ingenium beobachtet, fühlt und denkt einfach schärfer, tiefer und schneller, als die Durchschnittsmenschen, seien diese nun wissenschaftlich oder unwissenschaftlich. Es besitzt tausend unentdeckbare Saugfäden, mit denen es gleichsam naiv=unbewußt und instinktiv alle Bildungselemente in sich saugt. Daher die vielen Momentphotographieen naturalistischer Beobachtung in den Werken großer Dichter, die z. B. den alten Homer zum echten Naturalisten stempeln."

„Jaja, Du bocirst heut wieder einen schönen Stiebel zusammen," gähnte Schmoller, der von der ganzen Auseinandersetzung, bei seiner verblüffenden Stumpfheit allem Theoretischen und Abstrakten gegenüber, kein Wort verstanden hatte. „Kurzum, ein wahrer Dichter ist ein großer Realist."

„Aber nicht jeder große Realist ist ein Dichter," wendete Leonhart ein. „Ein wahrer Dichter ist auch ein Realist, weil er ein Dichter ist. Aber Realismus ohne Poesie ist gar keine Poesie. Realismus ist kein Zauberwort, das feuilletonistisch-schriftstellerische Anlagen zu dichterischer Anschauung ummodelt. Man ist entweder ein Dichter oder man ist es nicht. Ob man die Jungfrau von Orleans oder eine Demimondaine schildert, ist dabei gleichgültig. Beides soll man lebenswahr schildern — nicht wie Schiller's Jungfrau oder Dumas' Kameliendame. Aber das „Realistische" kommt doch immer erst in zweiter Linie — die Hauptsache ist, daß etwas be= deutend sei." Er machte sich auf den Heimweg.

Irgend Etwas in diesen Bemerkungen mußte wohl auf Schmoller als unbewußt anzüglich gewirkt haben. Wenigstens äußerte er nachher zu Ambrosius Sagusch, den er gleich darauf im „Café Keck" traf, (wo dieser Sokrates eine Phryne väterlich liebkoste und zur Xanthippe um= wandelte, da er sie hinterher nicht „frei hielt") —:

„Ein ganz begabter kleiner Mensch, dieser Leonhart. Wenigstens als Lyriker ist er ganz bedeutend. Aber ‚sociale Romane' will der schreiben? Lächerlich! Hat der je ein Berlinisches Lokal=Sittenbild geschrieben, wie ich schon mit zwanzig Jahren? Und das ist doch das einzig Wahre!" Als der Andere nicht recht mit der Sprache herauswollte, fuhr er verdrossen fort:

„Dieser Mensch! War der Stammgast je in einer Droschkenkutscher=Destille wie das Kind im Hause? Das ist mein größter Stolz. Noch nicht ins Leben hineingespuckt hat er! Immer die Taschen voll Geld gehabt! Nein, der vermag nicht das Leben zu erfassen. Das ist meine ehrliche Meinung, an der ich erst wankelmüthig werden werde" (er meinte, in grammatisches Deutsch übersetzt: „die erst wankend wird"), „an dem Tage, wo er gehungert haben wird wie ich."

„So, hast Du schon mal gehungert?" fragte Sagusch trocken. „Beiläufig leih mir doch mal fünf Mark bis morgen!" (Unter morgen verstand der zukunftschauende Prophet des Jüngsten Deutschland natürlich das Jüngste Gericht.)

„Bedaure, bin selbst nicht bei Kasse!" lachte Schmoller auf und verzog sich eilig, indem er den Hohngesang anstimmte:

„Nenne mich Du! Nenne mich Du!"

... „Ein großartiger Kerl, der Schmoller," dachte Leonhart. „Und wenn er auch ein Schweinehund sein mag, er hat sicher auch gute Seiten. Allerdings bleibt er ewig in seiner beschränkten Sphäre kleben. Ueber all solchen Detailarbeiten thront aber die kosmische Individualität in ihrer umfassenden Bedeutung, in der wie in einem Brennspiegel alle Strahlen des Realismus sich einen. Hocherhaben über neidisches Gekläff wie über die Blindheit unreifer Philister, schreitet die große Dichtkunst der Zukunft, des idealen Realismus und realen Idealismus, ihre dornige nebelverhüllte Bahn hinauf zum Gipfel des Berges. Haltet den Mund und arbeitet! Das möge sich Jeder zurufen der sich berufen fühlt zum großen Werk der Erneuerung."

Er dachte dies mehr unbewußt. Aber hätte ihn Jemand gefragt, wen er sich unter der kosmischen Individualität vorstelle, so wäre er entweder die Antwort schuldig geblieben oder hätte sein Erhabenheitsgefühl zu der unerschrockenen Offenheit gesteigert: Mich selbst.

Allein, ein dunkles Gefühl seines Größenwahns drängte sich ihm dennoch auf und er erwog mit ruhigem Stolz, ob er an wirklicher Größe oder an Größenwahn kranke, ob er seine unleugbar hohe Bedeutung am Ende nicht doch überschätze. Konnte er nicht bloß der Marlowe eines Shakespeare sein? Wozu theoretisirte er noch so viel? Das sollte das Genie doch nicht thun. Vielleicht weilte der wahre große Dichter der Zeit noch unbekannt in unsrer Mitte, und wandelte schweigend in den Werkstätten umher, auf daß des Dichters Wort erfüllet werde:

„Der König Karl am Steuer saß, der hat kein Wort gesprochen,
Er lenkt das Schiff mit festem Maß, bis sich der Sturm gebrochen."

Allein in solchen Erwägungen tröstete den jungen Dichter immer wieder sein Schicksalsglaube, der durch Geschichtsbetrachtung und eigene Lebensschicksale in ihm eingewurzelt und gereift war. Was sein soll, soll sein; man wird ja sehn. Wer groß ist, wird nicht klein, ob auch alle Welt ihn klein machen möchte. Wer klein ist, wird nicht groß, ob er auch aller Welt seine Größe aufschwätzt. Nicht der Erfolg, sondern das Urtheil der Nachwelt entscheidet. Außerdem — im Grunde wird doch Jedem, was ihm gebührt. Ausnahmen bestätigen die Regel. Man

denkt wohl: Wieviel Cromwells als Landbebauer, wie=
viel Shakespeares als Dorffiedler, wieviel Moltkes als
zur Disposition gestellte Majore, wieviel Rafaels als
Zeichenlehrer enden — aber hat man je dafür einen
strikten Beweis erbracht? Wie ließe sich das beweisen?
— Die Wahrscheinlichkeitsberechnung ergiebt freilich, daß
meist nur das Mittelmäßige und das sehr Gute in der
Welt leicht Erfolg haben kann, das Gute viel schwerer.
Jedoch, auch dagegen ließe sich viel einwenden. — Ist
ein sogenanntes „Genie" liederlich und faul und kommt
daher nicht zur Entwickelung, so ist es auch kein wahres
Genie. Ein faules Genie ist in sich ein Unding. Und
die äußeren Hindernisse? So manche Erfahrung lehrt
(man sah es noch zuletzt an Bismarck und an Richard
Wagner), daß eine höhere Führung, woher auch immer
sie stamme, die Erkorenen aus Drangsal, Noth und
Niedrigkeit siegreich zu den Höhen der Macht und des
Ruhmes emporführt. Es giebt ein Schicksal. Ihm
soll man sich demüthig anvertrauen, es wirds wohl
machen. „Betet und schüttet frisch Pulver auf die Pfanne,"
„dem Tapfern hilft das Glück" — diese Sätze sind nicht
nüchtern und skeptisch aufzufassen. Die „Virtus" (nannten
die Alten doch „Tugend" und „Muth" so richtig mit
dem gleichen Namen) und die „Fortuna" bedingen ein=
ander innerlich. Gott läßt den Braven nicht sinken.
Schlummert unter den Lumpen eines Bettlers, eines
Derwisch, ein geborenes Herrschergenie — so wird Allah
dies zum Padischah machen, auf die ein oder die andere
Art. Jeder erreicht seine volle Bestimmung, ob so oder

so. Wozu also der eitle Größenwahn! Größe ist Größe und bedarf keines anderen Freundes und keiner Ermunterung — denn das Schicksal steht ihm zur Seite.

―――――

„Ich habe so viel von Ihnen gehört und will mich nun an die Lectüre Ihrer Werke machen, damit ich ein ehrliches unabhängiges Urtheil gewinne!" hob Krastinik plötzlich an.

Beide kamen an einem Tingeltangel=Keller vorbei. Aus der Tiefe tönte der Refrain des schönen Blödsinn=Hymnus: „Constantin — Constantin — Constantinopel" und das nicht minder herrliche Lied:

„Mach' mir nur keine Wippchen vor, Wippchen vor —!"

Leonhart lachte leise. Es war ein stoßweises häßliches „Hähä!", in dem man den ganzen Stachel einer verbitterten Seele spürte, die einst unter den Stacheln der Welt geblutet. Oft lag in seinen leichten höflichen Worten ein ätzender Hohn, der gleichsam spielend traf.

„Mach' mir nur keine Wippchen vor!" summte er halblaut vor sich hin.

Krastinik verstand. „Sie mißtrauischer Mensch Sie! Ich wiederhole Ihnen, ich will mir doch selbst ein Urtheil bilden. Welches Ihrer Werke empfehlen Sie mir zur ersten Lectüre?"

„Alle!" erwiderte Jener lakonisch.

„Alle? Das ist etwas viel."

„Bedaure. Meine Werke bilden in sich ein System,

ein zusammenhängendes Gebäude. Lassen Sie eins aus, haben Sie nicht mehr den ganzen Dichter."

Krastinik schwieg einen Augenblick. „Bien, werde Ihren Rath befolgen. — Nun sagen Sie mir aber mal offen: Was halten Sie von der litterarischen Gesellschaft Berlins?"

Leonhart antwortete nicht. „Ah, hier sind wir vor Ihrem Logis, Herr Graf," sagte er ausweichend. „Gute Nacht."

„Oho, so entkommen Sie mir nicht. Was halten Sie z. B. von Dr. Adolf Kratzenthal?"

„Hm!"

„Und von Herrn von Schnapphahnitzkoi und von Doctor Gotthold Ephraim Wurmb?"

„Sie meinen kurzum, von der ganzen Blüthe unsrer Journalistik und Geschäftsfabrikantenlitteratur?" Leonhart drückte dem Grafen die Hand zum Abschied und entfernte sich eilig mit großen Schritten, nachdem er das eine bedeutungsvolle Wörtchen geflüstert: „Dreck!"

„Hochverehrter Meister,

Gestatten Sie, daß ich Sie so anrede! Ich bin noch ganz außer mir! Gestern Abend habe ich die Lectüre Ihrer sämmtlichen Werke geschlossen und bin noch weg und paff davon! Ich wollte Ihnen nicht eher schreiben, bis ich Alles verdaut hatte. Ja, alles! Sofort, am andern Morgen nach unserm Gespräch, machte ich mich zum nächsten Sortimenter auf (nicht zur Leihbibliothek)

und kaufte (— wird man mir als dem letzten bücher=
kaufenden Deutschen nicht eine Bildsäule setzen? —) Ihre
Bücher en bloc. Ueber Schwächen und Mängel im Ein=
zelnen läßt sich ja rechten. Der Gesammteindruck aber
ist der: An Größe der Anschauung, an allgemeiner
Productionskraft stehn Sie ohne Gleichen unter den
Lebenden da. Sollte ich denn wirklich der Erste sein,
der das entdeckt und der das ausspricht? Sollte es
möglich sein, daß alle Welt mit Blindheit geschlagen ist,
das nicht zu sehen, was doch so klar vor Augen liegt?
Wahrlich, ich werde irre an der Welt oder an mir selbst!
Helfen Sie mir, dies Dilemma enträthseln! Bis dahin
aber seien Sie versichert der steten Bewunderung Ihres
(will's Gott) getreuen Schildknappen und Wagenlenkers
Xaver Graf Krastinik.

Mein lieber Graf Krastinik,

Ihr Schreiben hat mich gerührt und bin ich Ihnen
dafür zu Dank verpflichtet. Allein Ihre schmeichelhafte
Verwunderung reizte mich — verzeihen Sie meine Offen=
heit — zu stiller Heiterkeit. Nehmen Sie es als etwas
Ehrendes, wenn ich Ihnen zurufe: Ach, sind Sie
noch grün!

Die sogenannten Schriftsteller, sowohl die ungeheure
Menge der Mittelmäßigen als auch die wenigen Be=
deutenden, zerfallen moralisch in drei Kategorieen (Aus=
nahmen bestätigen nur die Regel): die Schurken, die
Lumpe und die Dummköpfe. Die Schurken verfolgen
mit allen Mitteln lediglich ihre Privat=Interessen, die

Lumpe haben gar keine Meinung und die Dummköpfe eine Meinung, welche meist noch schlimmer ist als gar keine. Glauben Sie etwa, daß die Burschen, welche die „Oeffentliche Meinung" (lucus a non lucendo) vertreten, es auch nur der Mühe werth finden, die Autoren zu lesen, über die sie ein Verdikt abgeben? Hören Sie einen solchen Nullmenschen über mich faseln, so fordern Sie ihm sein Ehrenwort ab, ob er wirklich auch nur eins meiner Hauptwerke gelesen habe! Doch, pah! Das nützt nichts: Wo keine Ehre ist, wirkt auch kein Ehrenwort. — Lassen Sie's gut sein! Eines Tages muß die Wahrheit durchdringen; so groß ist ihre innere Unwiderstehlichkeit.

Noch eins. Sie werden wahrscheinlich gehört haben, ich hätte die Schwäche, Collegen zu „entdecken", großzupreisen und dann ebenso schnell fallen zu lassen. Lassen Sie sich nichts vorreden! Täuschender Schein, leerer Schwindel — nichts weiter! Ganz grundsatzgetreu bleiben bekanntlich nur die Bösewichter und seine Ansicht corrigiren ist kein Fehler. Aber nicht einmal das kann man mir bei genauer Prüfung vorwerfen. Ich habe stets dasselbe über Andere gedacht und geschrieben von anfang bis heute. Zwar muß man abrechnen, daß ich einerseits gutmüthig und besonders dem Mitleid für „Verkannte" zugänglich, andrerseits nervös und verbittert bin — daß also der schändliche Undank, den ich stets von „Collegen" zu genießen das Glück hatte, mich irritirt. Das würde aber jeden Andern vielleicht noch mehr empören und ganz bestimmt dessen Urtheil beeinfluffen, während bei mir die Objectivität stets die gleiche bleibt. Man wird Ihnen sagen — die nicht gelobten Collegen nämlich, die mein Lob über Andere ärgert —, daß ich später scharfe Dinge geäußert hätte über Leute, die ich früher zuerst begrüßte. Spezielle Widersprüche wird man zwar vergebens suchen, da mein Urtheil über das Einzelne stets feststand, einmal für immer.

Aber der Uebergang von wärmster Empfehlung der Begabung bis zu kühler Betonung der Grenzen dieser Begabung war immer der gleiche. Kaum hatte ich durch rücksichtsloses selbstaufopferndes Eintreten für hülflose Anfänger oder Verkannte denselben Bahn gebrochen, als auch die kritiklose Welt diese an meinen Rockschößen baumelnden Anhängsel für Gleichberechtigte neben mir selber hielt und mich mit diesen, von mir über Nacht geschaffenen neuen „Namen" in einen Topf warf. Ich müßte kein Mensch sein, wenn mich das nicht peinlich berühren sollte! Allein, das Peinliche liegt hier keines= wegs in einem egoistischen Grunde: Wären diese Neuen, diese „Dichter von Leonhart's Gnaden", wirklich auch nur entfernt gleichberechtigt, so würde ich der Erste sein, der dies anerkennte, so wie ich vor einem Größeren als ich mich neidlos beugen würde. Daran zu zweifeln, scheint für jeden Psychologen wohl ausgeschlossen. Die Logik spricht dafür; denn wer sich selbstlos bemüht, Andere, die ihm in keiner Weise nützen können, zu fördern und auf seine Stufe zu heben, der würde auch das Höhere mit gleicher Neidlosigkeit und Wärme anerkennen.

Aber das oben berührte Peinliche würde allein mein

Wohlwollen noch nicht erschüttern. Da kommt aber ein andrer Umstand hinzu, welcher freilich in der Niedrigkeit der Menschennatur begründet. Die von mir Aufgepäppelten nämlich fühlen mit Unwillen die Last der Dankbarkeit. Sie fühlen ferner, daß das Vermengen ihres „Entdeckers" mit ihnen selbst, wie es der thörichten Welt beliebt, von diesem selbst nicht gebilligt wird. Den nothwendigen Abstand von ihm, in dem er sie, mehr unbewußt als absichtlich, seinerseits zu halten weiß, empfinden sie wiederum als eine Kränkung. Seiner Superiorität, welche sie früher, als sie sich schmeichelnd an ihn wandten, schon dem äußeren litterarischen Verhältniß nach als selbstverständlich anerkennen mußten, hat er sich durch seine Uneigennützigkeit ja nun selbst entäußert. Und die Welt, die es natürlich buchstäblich nimmt, wenn der Warmblütige irgend einen beliebigen Verkannten mit dem schirmenden Schilde „Mein Freund, der hochbegabte X." deckt, nennt ja selbst „Leonhart, X., Y., Z. und all die Andern" ruhig in einem Athem — die Welt muß es ja am besten beurtheilen können!

Von jetztab beschuldigen sie ihn in den Krämpfen ihres heimlichen Neides, den sie nicht Wort haben möchten, des Größenwahns, weil er nicht dulden will (so sehr er sonst auch für sie ins Zeug geht), daß sie ihn (dem sie litterarisch alles verdanken, ja der oft gleichsam ihr litterarischer Erzeuger gewesen ist) mit frecher Familiarität unter den Arm nehmen. — Nun kommt das Entscheidende! Ihr „Gönner" hat tausend Feinde. Diese sagen sich, daß es das sicherste Mittel sei, ihn zu isoliren, wenn sie plötzlich seine früher überall todtgeschwiegenen oder gar beschimpften Schützlinge zu loben anfangen — auf seine Kosten natürlich. Und siehe, sie haben sich nicht getäuscht. Unter heuchlerischem Hin= und Herwenden, knüpfen die werthen Genossen und Freunde hinter dem Rücken ihres Häuptlings mit dessen Todfeinden intime Beziehungen an. Bald naht die Stunde, wo sie mit manchem Räuspern ihrer verlogenen und undankbaren Gemüther zu verstehen geben, die Genossenschaft ihres Ruhm=Erzeugers, ohne den doch ihre litterarische Existenz für die Welt todtgeboren geblieben wäre, compromittire sie. Was sie von ihm und seiner Macht genießen konnten, haben sie genossen — jetzt können sie ja ihren Meister „dreimal verrathen" und mit fliegenden Fahnen zum Feinde übergehn, wo man sie mit heuchelnder Freund= lichkeit empfängt.

Da erhebt sich denn plötzlich der beleidigte Löwe in seinem Grimm und ohrfeigt sie mit seiner Tatze, indem er ihnen überall den Flitter abreißt und ihre wahren Blößen zeigt. Darob großes Hallo! „Er ist kleinlich, neidisch, kann nicht vertragen, daß auch Andere gelobt werden; er ahnt eifersüchtig, daß sie ihm über den Kopf wachsen möchten!" Ihm freilich schreiben sie das nicht! Da lassen sie vielmehr die Züchtigung demüthig über sich ergehen, reden von ihrem „steten Dank trotzdem" oder gar von ihrer „trotzdem unabänderlichen Verehrung", denn in dieser Maßregelung selbst haben sie gespürt, daß der Löwe doch noch lebt und daß er stärker ist, als alle seine Feinde miteinander. „Königsmacher Warwick" nennt man ihn im Scherz, der, wen er hebt, auch stürzen kann. Doch der Spitzname trifft nicht. Denn zu „Königen" kann er Niemanden machen, weil er selbst der König ist. Wohl aber kann er, statt des falschen Geistesadels, eine echte Aristokratie des Litteratur-Geistes gründen und darum hat er sie zu seinen Pairs ernannt. Ein König hat aber das Recht, seine Pairs ihrer Stellung zu ent=kleiden, wenn sie meutern — ihres wirklichen Adels nicht. Denn wer zum Ritter vom Geist geschlagen, bleibt ebensogut ein Ritter wie der König selbst, und den Adel selbst kann ihm Niemand rauben. Darum läßt man ihnen ihre goldenen Sporen, die ihnen stets gebühren, und sogar den verliehenen Herzogshut, aber nimmt ihnen die Talmi-Krone, die ihnen nicht zukommt. Gerechtes Wohlwollen und gerechter Zorn, in beiden dasselbe Ge=fühl der gütigen oder beleidigten Gerechtigkeit.

Um im Bilde zu bleiben: — Neben mir lebt noch ein andrer König,. ein Nachbarkönig auf engerem und beschränktem Gebiet, dessen Königtum man nicht aner=kennen will und der eigentlich ein König=ohne=Land, ein Herrscher ohne Vasallen, ist. Dessen Thron habe ich stets gestützt und werde ihn vertheidigen bis zum letzten Bluts=tropfen, ob er auch mich verrathen würde wie die Andern und mir nie ein Bundesgenosse — höchstens ins Gesicht mit lügenden Worten — war. Aber was schiert das mich! Zu ihm, dem Könige, halte ich, fest und ritterlich; ihn, meinen Feind oder falschen Freund, grüße ich stets mit dem ihm gebührenden Titel; denn er ist ein König.

Aber die Herzöge und Grafen und Barone des

Litteraturreichs werde ich nie als gleichberechtigte „Herr Bruder" grüßen — und gestände ihnen alle Welt den Zaunkönigs-Titel zu. Das ist mein „Größenwahn", mein königlicher Größenwahn, der da wurzelt in der Gerechtigkeit. Bernadotte, der in ein paar Scharmützeln gesiegt, corrigirte seinen Meister, den Sieger in hundert Schlachten, wie einen Schulbuben — und die andern Marschälle fanden, Er werde alt und könne nicht mehr commandiren. Aber Napoleon blieb darum doch Napoleon. So. Jetzt können Sie an der Hand dieses Briefes mich ins Irrenhaus stecken lassen. Wenn das nicht Größenwahn ist!

Ich danke Ihnen für Ihren freiwilligen Zuruf, Herr Graf, und werde ihn nie vergessen. Aber meinen Umgang suchen Sie nicht! Ich bin ein einsamer Mann und fliehe vor allem die Berührung mit dem Federvieh wie die Pest. Ich muß allein sein, denn ich weiß: Der Starke ist am mächtigsten allein. Leben Sie wohl! Ihr
                Friedrich Leonhart.

Achtes Buch.

I.

Man kappte in der Frühe die Seile. Bald nachdem sie die Anker gelichtet, glitten St. Paulis Mastenwälder hinter ihnen weg und Leuchtthürme tauchten empor.

Die Elbe warf schon bei Kuxhaven Wellen. Das Wasser trug jene schmutziggelbe Färbung, die es nach aufwühlender Erregung wie eine Art maritimer Gelb=sucht zu bewahren pflegt. Verdrießlich und mürrisch starrte die Nordsee die Reisenden an, als sie jenseits der rothen Flaggentonnen, einige Stunden hinter Helgoland, endlich das offene Meer erreichten. Die Feldstühle fielen um, die Maschine stampfte gefährlich, die salzig bittern Seufzer der Meersirenen dunsteten über Bord. Doch die Wasserhölle beruhigte sich zusehends, ein heitrer Abend brach herein.

Immer vorwärts in der blauen Einsamkeit. Auf Schaum gewiegt, von Träumen geschaukelt, spinnt die Seele sich ein, wo es märchenstill wird in dem Einerlei der Meeresruhe.

Selbst die alte Jungfer aus Stavanger zankt nicht
mehr mit ihrem Freund, dem Herrn Kapitän, und dieser
schweigt noch beredter wie gewöhnlich. Der Handelsagent
aus Altona trinkt unmenschlich viel Tobby, um seinem
rührigen Mundwerk eine Ersatzbeschäftigung zu bieten,
denn zu schwatzen wagt er nicht recht. So majestätisch
dröhnt der hörbar lautlose Psalm, der feierlich zum
Himmel emporsteigt. Ein einziges Gebet scheint rings
der Hauch des Alles. Der Weltengeist schwebt über den
Wassern. —

Die bewegte See erschien nach Nord, Süd und
Ost in einförmige Bleifarbe getaucht. Im Westen aber
glitt ein silberiger Lichtstreif über die öden Wasser hin
und brandete mit der durchsägten Woge an den Schiffs=
bord, den er warm bemalte. Es war, als wolle er das
einsame Schiff, dem auch nicht das kleinste Segel am
unermeßlichen Horizonte grüßend winkte, gleichsam ver=
binden mit einer lichteren Welt — wo aus den smaragd=
grünen und azurblauen Durchblicken des dunstfleckigen
Aethers ein sanfter Strahlenregen herabrieselte.

Einen Teppich goldener Fäden breitete die westliche
Sonne vor sich her, die in einem gelben Fluidum langsam
verschwimmend wie ein güldnes Heiligenbild über dem
Wasserspiegel hing — mit einem Nimbus umwoben von
unerträglichem Glanz. Die Strahlen spielten in der
flüssigen Tiefe wie Goldfischchen hin und her — bis auf
einmal der Sonnenball zu einer rothen Scheibe ein=
schrumpfte und endlich wie ein flimmernder Glühwurm
erlosch.

Die erste Nacht auf See in beklemmender Wasser=
wüste ängstigt stets die ungewohnte Brust. Alles sonnige
Grün des Lebens scheint zu versinken, alle Schatten ver=
schollener Leiden quellen aus dem Hades empor und
geben dem Kiel Geleit als nächtige Schatten. Man
fühlt sich sturmverschlagen.

Der kraftstrotzende überfütterte Holsteiner, der aus=
sah, als sei die Seele von tausend verspeisten Ochsen und
Hämmeln in ihn gefahren, mochte gut versichern, daß er
jährlich zehnmal hin und herfahre auf der berüchtigten
Seeroute Hamburg=Christiania. Schon bei der Mittags=
tafel hatte er durch seinen urwüchsigen Appetit nicht mehr
zur Nacheiferung anspornen dürfen. Jetzt lag er wie ein
Erschlagener in seiner Koje. Auch der gelehrte Bremenser,
der prahlte, daß er als echter Sohn des Meeres wider
alle Neptunische Tücke gefeit sei, brachte schon lang dem
Poseidon beträchtliche Opfergaben.

Es schaukelte etwas, die See ging hoch. Eugen
aber, am Steuerbord auf ein Pack Taue hingelagert,
plauderte gemüthlich mit seiner Cigarre von alten stür=
mischen Fahrten, wo der Wind rauher pfiff als heut und
seine Seele hochging in dunkeln Wogen, die jetzt gleich=
gültig ermattet. Die scharfe Kühlung drang durch sein
Plaid, durchsiebte seine Haare und wusch ihm die Augen
klar. O welche Frische, welche stählende Reinheit! Wenn
das taktmäßige Aufrauschen der zurückgeschleuderten Wogen,
die der Kiel durchschneidet, durch die Nacht ertönt, dann
brauste eine ungeahnte Kraft in seinem Innern empor. —

Kathis musterhafter Magen hatte die erste Anfänger=

Beklommenheit, leichtes Unwohlsein mit Kopfschmerz, überwunden und marschirte stramm an Deck hin und her. Ein Schiff stellt bekanntlich eine Welt im Kleinen dar, jede Schiffahrt scheint ein Abbild des Lebens. Die Freuden gering und zweifelhaft als da sind: gute Luft, Essen, Trinken und Nichtsthun — die Schmerzen dafür um so unzweifelhafter, und dem Rest der Glücklichen, die von der Seekrankheit verschont bleiben, wird als Ersatz eine unersättliche Langeweile zu Theil. Auch die Glocken erinnern an die Abschnitte des Erdenwallens, an Tauf-, Hochzeits- und Sterbeglocken — hier Frühstücks-, Mittags- und Vesperglocken genannt. Dazwischen noch „Schiff in Sicht", allerlei Commandorufe und die eintönigen Schläge, welche die Zahl der Schiffsstunden verkünden. Ach, nur der Haifisch versteht die Qualen eines seefesten hungrigen Magens an Bord zu würdigen. Die öde gähnende Wasserfläche scheint ein ähnliches Vacuum im menschlichen Innern zu erzeugen. Der Magen zeigt eine Geräumigkeit sondergleichen — wieviel Ballast man auch in seine elastische Ausdehnung stopfe, er scheint niemals zufrieden und für alles dankbar, Verdauliches und Unverdauliches, Gewohntes und Ungewohntes.

Kathi entwickelte eine feurige Hinneigung zu Hummersalat, weil derselbe durch seinen hartnäckigen Widerstand gegen Verdauung doch wenigstens eine dauernde Füllung bewirkt. Gekochte Steine wären einem jugendlichen Magen „zur See" grade recht.

Der Mond ging auf. Er hatte eine karmoisinrothe Färbung, welche sich allmählich ins Violette, dann ins

Safrangelbe, dann ins Olivenfarbige verlor, bis er auf einmal in gespenstiger Helle weiß und voll auf seinen Wolkenthron emporstieg. Aber eine breite Schattenwand thürmte sich langsam am Horizont entlang. In der Ferne huschte über die gekräuselten Wogen, dort wo sie genau unter der Leuchtwirkung des Gestirns zu ruhen schienen, ein spukhafter Glast dahin und zirkelte einen runden Strahlenkreis, der in rastloser Bewegung sich um sich selber drehte. Es war, als ob die Meerjungfrauen vor ihrem leuchtenden Herrscher mit silbernen Füßen in ver= wirrend hurtigem Reigen tanzten.

Das Meer holte voll und tief Athem und sang in mächtigen Rhythmen.

O allgewaltig harmonisches Brausen, o Wiederhall der ewigrollenden Sphären! Eine frische Brise fährt durch die Seele, und fegt allen Alltagsstaub von hinnen. Sanft schläft sich's in der engen Koje, wie ein Kind in der Wiege geschaukelt von der alten greisen Amme mit dem grauen Wellenhaar. Und sanft erwacht sich's, wie sie einlaufen.in die Bai von Christiansand, die sie endlich empfängt nach so langer Irrfahrt. Das Wappen Nor= wegens weht in Lüften, sie betreten den Boden des alten Norge, der Vikingsheimath. Und dann steuern sie wieder drauf los, erst die Küste entlang, dann ins Skagerak hinein, wo meist kein Flecken Land zu entdecken und die Fluth tückischer stößt, als draußen in der offnen See.

Die Schären reihten sich im Mittagsschein anein= ander. Ihre glatten nackten Wände strahlten wie Brenn= spiegel und die weißen Schwingen der Möven, die dort nisteten oder auf den Kämmen der Brandung sich schaukelten, blitzten in stäubenden Funken. Kieferbewachsene Kuppen krönten die Ufer; sie stiegen terassenförmig auf und nieder, wie eine höhere Fortsetzung der auf= und abrollenden Meereswogen. Ueber dem Allen schwebte ein seliger Friede mit säuselndem rosigem Fittich dahin.

Im Hafen lag Schiff an Schiff. Auch solche, die Havarie gelitten. Aus den alten runzeligen Häusern lugten hübsche Frauenköpfe. In grünangestrichenen Booten fuhren junge Mädchen, allein, kräftig mit den Rudern aushohlend und ihre breiten gelben Strohhüte hebend und senkend. In der Ferne sah es aus, als schwämmen Butterblumen auf dem Wasser.

Aber bald verloren sie die Küsten aus dem Auge und das breite Skagerak versetzt sie wieder ins alte Einerlei grenzenloser Einsamkeit zurück. Die Mannschaft kommt in Bewegung, der Kapitän schneidet ein finstres Gesicht und beantwortet Eugens Frage, ob er denn wirklich heraufziehe, mit einem kalten Blick seiner wasser= blauen Fischaugen und einem süßlichen Zuspitzen seiner schwermüthigen Lippen: „Ja wohl!" Er — das soll nämlich heißen: der Nebel.

Alles veränderte sich. Ein plötzlich auftauchender Dunst, der wie die weiße Kaputze eines Troll über das Skagerak hinflatterte, kroch bäuchlings über die Fluth und verwischte Nähe und Ferne. Das Schiff verlang= samte sein Tempo, wie ein Roß aus scharfem Galopp sich zum Trab mäßigt und endlich sogar in Schritt verfällt. Lange Minuten hindurch, wo der Nebel sie völlig rings umschlossen hielt, stoppte der Dampfer gänzlich und tastete sich Schritt vor Schritt, Kiellänge für Kiellänge, durch den Dunstkreis. Dazu das Schrillen der Kapitänspfeife, das Läuten der Nebelglocke, die Pfiffe der Dampfmaschine, alles um etwaige Schiffe aus ihrer Nähe fortzuwarnen. Doch die Gefahr, welche der Seemann ärger fürchtet als den Orkan, ging vorüber. Der Nebel fiel mehr und mehr, verzog sich und wich hinter ihnen zurück. So jäh und in so unbringlicher Masse tritt er selten auf, außer in diesen norwegischen Gewässern.

Schon legten sie in Arendal an, wo sommerliche Lust die hügeligen Gassen mit traulichem Schimmer übergoß. Der frische Geruch aufgestapelten Holzes mischte sich dem feinen Salzarom des Fjords. Eugen drang in eine Conditorei ein, wo die Ladenjungfer am Klavier saß und eine Sonate spielte — ein rechtes Bild für die beschäftigungslose Behäbigkeit einer Stadt, die keinen Bettler zählt.

Au! Als Eugen seinem Entzücken über das virtuose Spiel der Ladenjungfrau, über sie gebeugt, einen etwas zu innigen Ausdruck verliehen, belehrte man ihn, daß eine Norwegische Confect-Beflissene nicht mit einer Berliner Confectioneuse zu verwechseln sei. —

Ein frostiger Frühmorgen sah sie in Christiania (für den Kundigen abgekürzt: Xania) landen.

II.

Rother's Nachforschungen in Hamburg wurden ungemein vom Glück begünstigt. Da es Wolffert natürlich nicht für nöthig befunden, seinen Namen zu wechseln, wurde das Hotel, wo er gewohnt, bald ausgefunden. „Ja, war hier mit weiblicher Begleitung. Eine Dame — Cousine wahrscheinlich," ein verschmitztes Lächeln begleitete diese Verwandtschafts=Bestimmung des Hotel= portiers. „Sind vor einer Woche nach Christiana mit ‚Kong Biörn' abgesegelt." — Der Dampfer „König Sigurd" stach gerade in dieser Nacht in See. Ohne sich zu besinnen, bestellte Rother einen Kajütenplatz. Bei seiner tiefen Mißstimmung (er hatte zudem keine Paßkarte gelöst und einen alten Paß auf alle Gefahr hin mitgenommen, was ihn in peinliche Unruhe versetzte, falls ein Beamter in Kuxhaven an Bord käme), gerieth er die ganze Nacht hindurch in aphroditische Spelunken zu einer alten Freundin, die einen Wein=Salon hielt und alle Jahre lebensmüder, anständiger und dicker wurde. Sie gab ihm im Morgengrauen das Geleit zum Hafen. Eine heitere Symbolik.

Schon stampfte die Maschine gefährlich — das ist die offene See. Eine scharfe „Kühlung" peitschte die Wogen zu einer schäumenden Wasserhölle auf.

In Rother erwachte der Berufstrieb. Er blieb an Deck. Grün schwamm es ihm vor den Augen, doch gefaßten Muthes studirte er landschaftlich die Wuth der Elemente, indem er sich krampfhaft an den Mast klammerte. Unten im Zwischendeck stand schon alles unter Wasser, kein Passagier wagte sich die schnurgrad steile Eisentreppe an Deck hinauf. Ein regelrechter Sturm brach los. Nur der Kapitän in einem weiten Regenmantel saß oben vor seiner Karte und suchte nach dem Kurs. Sogar der Steward deckte plötzlich winselnd die Bank — selbst sein seefester Magen vermochte dem wundersamen Gast nicht zu widerstehen, der sich erst höflich meldet und die Visitenkarte abgiebt, bis er auf einmal unverschämt poltert und dem Magen=Wirth alle Habe zum Fenster hinausschmeißt.

Rother stand so lange oben, wie es anging. Alles Leben schien sonst im Weltenraum erstorben. Sein Plaid flatterte um ihn her, als wolle es ihn wie der Mantel des Faustus in die Lüfte entführen. Sein Mund erbleichte, sein Auge stierte verglast und das Blut erstarrte ihm in den Adern. Doch als Odysseus lauschte er den Sirenen, die ihn mit salzigen Seufzern besprühten.

Land endlich, Land! Dröbak's Kanönchen grüßen. Die werden einst Deutschlands Flotte in Grund und Boden schießen, falls es den nimmersatten Vettern, sobald sie Jütland verschluckt, belieben sollte, mal das gute Küstenland Norge's wie zur Zeit der Hansa in Besitz zu nehmen. Jaja, der „Tysk" genießt hier ein schlechtes Renommee als ein Alles=Annektirer und Jeden=Chikanirer.

Wenn auch am Stadtthor Bergen's nicht mehr das hanseatische Wappen prunkt, so haben die abscheulichen deutschen Räuber doch dort für immer ihr Blut hinter=

lassen, wie der Unterschied der lebhaften Bergenser zu den übrigen Vikingssöhnen ergiebt.

In Christiana darf man aber nicht an die Vikinger, die alten Nordmänner, denken. Der gleiche Wind weht noch vom Berge, aber der gleiche Himmel sah ein anderes Volk sich hier im Fjord stärkefroh ergehen, hier wo das Nest der Drachenschiffe lag — Seekönigsburg statt Deiner, Oskarshall!

Rother begab sich ins Hotel Victoria, wo Altengland sein touristisches Hauptquartier aufgeschlagen hatte. Hier lungern manche Briten Wochen lang und ihr Reisegeld bleibt hier. Denn im Hochland soll man Hunger leiden und das mißfällt diesen Alpensteigern, denen nur Lawinen von Eierschaum im Alpdruck erscheinen.

Es konnte nicht schwer fallen, nach der Passagier= liste des „König Björn" und den Fremdenbüchern des Hotels das gesuchte Pärchen aufzugabeln. Sie hatten „Hotel Skandinavie" gewohnt, waren vor einigen Tagen auf der Route über Eidsvold nordwärts gegangen. Ob sie via Trondjem fahren wollten oder den Mjösensee entlang durch Gudbrandsdalen nach Romsdal reisen, das blieb ungewiß. Rother besann sich keinen Augenblick. Er rollte sofort auf den Rädern der Nordbahn gen Hamar.

In Norwegen erinnern die Einrichtungen, Verkehrs= mittel, offiziellen Uniformen weit mehr an England=Amerika, als an Deutschland. Auch die Eisenbahn, mit der er dem Mjösensee ins Innere des Landes entgegenflog. In Hamar endet dieses Bahngeleise und zweigt sich von da nach Drontheim ab. Während die Anderen umsteigen, über=

legte er, ob er bis morgen auf Ankunft des Dampfers, an den er Anschluß versäumt hatte, hier warten solle. Einen Tag Zeit verlieren? Nein, er wird den Mjösensee entlang mit Skyds, den zweirädrigen Carriolen, nach Lillehammer fahren. Ein freundlicher Norweger, hülfs= bereit wie sie alle, führt ihn zu einem Wagenbesitzer. Dieser rothhaarige sommersprossige Bauer mit echtnordischem hartlistigem Ausdruck verlangt einen ziemlich hohen Preis, aber es scheint wirklich eine endlose Strecke. Um 5 Uhr Nachmittag starten sie und erst um 2 Uhr Nachts sollen sie in Lillehammer anlangen. Das Pferd sieht kräftig aus und hat gut gefuttert. Sie preschen los.

Hier und da grüßt zu Seiten des Weges eine Hütte, karmoisinroth angestrichen, wie alle Blockhäuser im nordi= schen Hochland. Das Gehölz wird spärlicher. Manchmal reckt sich nur eine hohe Tanne an steiler Felswand aus wildem Geröll, wie ein großer Gedanke, alle Trümmer überlebend, sich in verwüsteter Seele erhebt. Die letzten Strahlen der Sonne spielen durchs hohe Riedgras und, von goldigen Lichtern überzittert, schaukeln sich die Halme im leisen Wind.

Ja, der Fjord begleitet die endlose Fahrt. Unab= lässig sieht man durchs struppige Ufergebüsch sein glänzen= des Auge. Rother hemmte etwas die allzu scharfe Gang= art des Rosses. Es wird immer stiller, immer dunkler. Nur weiße Wölkchen darüber und silberne Sterne.

Um 11 Uhr Nachts hielten sie vor einer Skyds= station, um noch etwas Abendbrot aufzutreiben. Es gab uralten Schinken, der wie steinharter Bärenschinken, also

wie getrocknete Schuhsohle, schmeckte; Eier von zweifel=
hafter Frische, für die man einen verbogenen Kupfer=
löffel mit einer Rinde von vorsündfluthlichem Schmutz
erhielt; vorzügliche Milch und ranzigen Käse von röth=
licher Farbe und süßlichem Geschmack, wie man ihn nur
im Norwegischen Hochland findet. Der Skydsvorsteher
und der Führer unterhielten sich über die Verrücktheit
des Engländers, der mit Skyds das ganze Mjösen=Ufer
abrase. Sie wunderten sich daß, als er in das Stations=
buch seine deutsche Herkunft einschrieb. Aber nur weiter,
weiter! Immer hinein in die ahnungsvoll dämmerige
Nacht!

Tausend Erinnerungen quirlten durch sein Hirn,
während sein Auge das Mähnenflattern des rüstigen
Rosses verfolgte.

Um halb zwei Uhr Nachts — es wurde schubberig
kalt — hielt der Wagenlenker plötzlich die Zügel an und
erklärte, daß sie unmöglich bis zum Morgen nach Lille=
hammer gelangen könnten; das Pferd sei zu erschöpft.
Sie machten also zu Gjövik vor der nächsten Skydsstation
Halt und klopften die Leute aus dem Schlaf. Er erhielt
wirklich ein uraltes Himmelbett und versank in unruhigen
Schlaf. Frühmorgens hockte er wieder auf der Carriole.
Diesmal aber führte das Söhnchen des Wirths als
Skydsbub die Zügel und plauderte unverdrossen in den
lichten Morgen hinein, selbst ein kleiner Morgenelf mit
rosigen Bäckchen und wasserblauen Augen. Sie fuhren
fröhlich hindann.

Um Mitttag langten sie wirklich in Lillehammer an,

mit einem Hunger erster Güte. Dort auf der Plattform des Hotels hoch oben die Thäler des Mjösenfjords überschauend, genoß er die letzten Stunden des Tages mit unsäglichem Wohlgefühl.

Tausend Sonnenpünktchen flimmerten über der spiegelglatten blauen Fläche des Sees. Doch die Schatten stiegen von den Bergen tiefer und tiefer, bis sie den Wasserspiegel berührten. Das schäumende Wehr glitzerte wie flüssiges Silber, Wiesen und Haferfelder in grellem Grün und Gelb. Meilenweit schlangen sich die Höfe, so schmuck und zierlich, als wären sie buntlackirte Papphäuschen aus einer Spielzeugschachtel. Und dann überlief den See plötzlich eine tiefgrüne Färbung, aus der sich nur in lichtem Grunde die abgespiegelten Waldwipfel abhoben. Die Berge in der Ferne tauchten sich in Violett und Dunkelblau. Ununterbrochen brauste das Wehr durch die schweigende Waldesnacht. Der spitze grellschwarze Schieferthurm der alten Kirche, der in der Abendröthe silbergrau schillert, ragte jetzt mit kalter Schärfe in die durchsichtige Dämmerluft, während das stumpfe Ziegelroth des Kirchenrumpfes sich zu blassem Rosa abtönte.

Aber indem Rother sich so dem Genuß des Augenblicks hingab, durchzuckte ihn plötzlich ein eigenthümlicher Schrecken. Er empfand einen heftigen tickenden Schmerz — er griff nach der Brust — was war das?

Der Schmerz ließ sofort nach. Rother saß athemlos mit klopfendem Herzen da — aha, da kam er wieder. Und weiter, ab und zu, in regelmäßigen Zwischenräumen meldete sich der eigenthümliche stechende Tick an der Stelle, wo die Lungelflügel sich dehnen.

Rother versuchte mehrere Proben. Er holte tief Athem, er bückte sich — immer derselbe Schmerz. Dann holte er einen kleinen Handspiegel hervor, den er bei sich trug, und besah in der Nähe seine Hautfarbe. Kein Zweifel — runde gezirkelte Rothflecke zeichneten sich auf den Backen ab, unter den Augen wich das Fleisch wie ausgehölt und zusammengeschrumpft zurück. Kein Zweifel — das war die Schwindsucht.

Er untersuchte seine Brust. Sie schien so mager und eng, daß er unterm Halsknochen mit der ausgespreizten Hand umspannen konnte. Schon als Knabe war er so schmalbrüstig gewesen, daß ein Arzt nach untersuchendem Klopfen bei einem Katarrh ihn angelegentlich fragte, ob er beim Treppensteigen keine Beschwerden empfinde. Beim Militär rangirte man ihn zur Ersatzreserve wegen allgemeiner Schwächlichkeit. Die Anlage lag also schon lange in ihm — die namenlose Aufregung der letzten Ereignisse hatte den Ausbruch nur beschleunigt. Schon früher hatte er den Stich gespürt; in der Nacht vorm Schlafengehen nach erregten Tagen hatte derselbe ihn heimgesucht. Aber er achtete damals nicht darauf. Nun war das Unglück da.

Was sollte er thun! Was suchte er eigentlich hier oben! Ein Grab? Besser, er kehrte gleich zurück, um in Ruhe zu sterben.

Seine Nachforschungen hatten ergeben, daß ein Pärchen wie das gesuchte hier nicht vorübergekommen war. Es fiel leicht das festzustellen, weil verschwindend wenige Touristen um diese Jahreszeit, ehe die Mitternachtssonne beginnt, Norwegen bereisen. Ob sie gleich nach Trondjem durchgefahren? Eine so anstrengende große Tour im Liebesfrühling einer „wilden" Hochzeitsreise? Kaum. Wahrscheinlich waren sie westlich, statt wie Rother nordöstlich, ins Hochland aufgebrochen — mit der vielgerühmten Drammenbahn über Krokleven und Hönevoß zum Randsfjord gereist.

Nun, er wollte wenigstens auch dies noch versuchen. Denn wozu war er sonst planlos, ziellos, in seinem wahnwitzigen erotischen Instinkt, wie der Hund dem Geruch nachschnüffelt, hinter ihrem Unterrock hergeschnobert? Das Lächerliche, Tollwüthige seiner ganzen Reise ging ihm auf. Was wollte er denn eigentlich! Diese romantische Pilgerfahrt einer Minnesiechheit mußte er selbst ironisch belächeln. Und doch! Was hatte er denn zu versäumen gehabt! Freilich, er hätte sich männlich überwinden sollen. Doch — die Vernunft redet und die Leidenschaft handelt. Machens Andre anders?

Was er wollte? Sie noch einmal wiedersehen. In das öde nüchterne Alltagsleben diese tragische Episode einsprengen. Wenn er sie überraschte, welch ein Moment!

Er sprang auf. Brustschmerzen oder nicht — auf zum Randsfjord! Skyds nach Odnäs und von da die Route zurück nach Christiana absuchen!

III.

Die Skydsstation lag auf dem Kamm des Gebirges. Diese Lage hat ihre Reize, aber auch ihre Nachtheile. Das merkte man heute so recht, wo der Regen mit dem Föhn um die Wette über die Wipfel hinpeitschte. Die bläulichen Schieferdächer der Holzstabkirche drunten im Thal, die noch vor kurzem im Sonnenschein geschillert, deckte bleifarbiger Flor. Die höchsten Spitzen schienen ersäuft und selbst die Schneekette, deren eingesenkter Grat sich wie ein doppelreihiges Gebiß hohler Riesenzähne gen Himmel fletscht — auch sie war im Dunstmeer untergegangen. Luftgebilde jagten dahin wie adlerbeschwingte Walküren; wie Flamberge zuckte es droben hin und her.

Wie Trauerflöre hingen die düstern Tannenzweige nieder, gleich braunen Segeln in dieser brauenden Brandung. Selbst die breite Stelle, wo der Bergrutsch wie mit dem Rasirmesser mitten durch Kiefern und Gestrüpp den Abhang glatt geschürft, verdunkelte sich. Alle Conturen verwischt, verquollen, verschommen.

Wie ein sturmzersetzter Regenmantel legte sich ein grauer Nebelschleier um die schwarzbraunen Felsrippen. Bläuliche Dunstwölkchen verfingen sich in den Kronen der Riesenfichten, die aus den Abgründen bis über den Chausseerand sich emporbäumten. Wolken barsten und entluden sich ruckweis mit heftigem Schwall und verschlossen ihre Brunnen ebenso plötzlich. Donner und Blitz kamen jetzt selten zum Durchbruch, nur schüchternes

Wetterleuchten zuckte auf. Aber jeder mäßige Elv (Thal=
fluß) stieg unaufhörlich und die langsamen Wasserfälle
stoben jetzt jählings in die Tiefe, wie der Geier mit ge=
sträubtem Gefieder senkrecht aus schwindelnder Höhe
niederstößt. Selbst der niedliche Voß (Sturzfall) gegen=
über der Skydsstation, der sonst wie ein dünnes Silber=
fädchen herunterpendelte, schien jetzt schon eine stattliche
Quecksilbersäule. Dazu grollte es aus den Klüften, als
wimmerten dort gefesselte Trolls; dem schrillen Tenor
der Gießbäche mischte sich der dumpfe Baß des brandenden
Fjords, und im Nadelholz pfiff und klagte es wie
Aeolsharfen.

In dieser heillosen Sündfluth, wo jedes lebende
Herz verdrossen und mürrisch dem Tod entgegenschlug;
wo selbst die Natur das jüngste Gericht zu ahnen schien,
wenn das All in dem großen gräulichen Urbrei versinken
und nur der Leviathan auf der chaotischen Wasserwüste
den Ararat bezeichnen wird; wo selbst der Berg sich in
Rheumatismus zu schütteln schien, — da winkte die
Skydsstation wahrhaftig als „Arche Noa" und der bleierne
Gockelhahn über ihrer First als eine Oelzweigtaube.

Allmählich zerrieselten die Wasser des Himmels. Wo
vordem breite Regensträhnen von den Bergen hernieder=
hingen, als wären es die wirren Locken der Jötunriesen,
über deren niedergeschmetterte Häupter der Donnerwagen
Tôr's dahinrollt, dessen Speichen die Blitze entstieben;
wo der Donnerer in sein Schlachthorn geschmettert und
sein Nornenlied angestimmt hatte, daß ihm vom Flammen=
bart die brennenden Funken fielen; wo er des Sturmes

knirschende Weichen gespornt und den Miölnir=Hammer durch den ächzenden Himmelsraum geschleudert, — da spannte er jetzt seinen Regenbogen und entsendete Farben=
pfeile durch alle Lüfte. In Balsam sind die Pfeile ge=
tränkt — berauschender Duft stieg überall aus der köst=
lichen Frische der neuverjüngten Erde wie ein Dank=
gebet empor.

Schon hallten die goldenen Hufen des Sleipnirrosses auf der Walhallbrücke Bifröst: Odin kehrte heim vom Sturmritt durch den Aether.

Die durchsichtige Luft zeigte das Phänomen der Mondspiegelung — jenen zweiten Mond, der sich in iris=
farbigem Dunstkreis um das Gestirn bildet und es wie eine Kapsel umschließt. Allmählich veränderte sich der peinliche blaßgelbe Schimmer, ein unbestimmter rother Reflex flog darüber, und der braunrothe Ton der Ginster=
halde mit den carmoisinroth angestrichenen Holzhütten darin nahm eine tiefere Färbung an.

Aus den Schlüften qualmten und quirlten unheim=
liche Spukgestalten hervor. Droben jagte der Fenris=
wolf die zitternde Wolkenheerde vor sich her. Und jenseits der Bergmauer des Fjords schmetterte die Midgardschlange ihren grünlichen Schweif mit zischendem Geiferschaum an die Schären.

Noch lagerten die Wolken breit und massig auf den wuchtig überhängenden Kuppen, noch lagerten sie mitten auf der Bergstraße. Dumpf und undeutlich wie die Töne des Nebelhorns drang das Hott! und Hü! von drunten herauf. Und erst als die Carriolen beinah in den Hof der Station gelangt und der tüchtige Wolfshund mit knurrendem Spektakel ihre Ankunft verkündet hatte, traten die triefenden Köpfe der dampfenden Pferde, die an nasse Nacken anklebenden Mähnen, die gequetschten Deichseln — oder an ihrer Stelle derbe Baumäste, mit Seilen an die Speichen und Achsen des gebrechlichen Gefährts befestigt — aus dem Dunstkreis hervor. Jetzt sprangen auch die allesammt sommersprossigen, rothwangigen, rothhaarigen, rothhändigen Skydsbuben vom Hinterbrette ab, schlenkerten die nasse Peitsche und hauchten in die klamm gewordenen Fäuste.

Endlich trat auch der Leiter der ersten Carriole, wie eine Dachrinne triefend, über die Schwelle des Wirthshauses, indem er einen Ballen Plaids hereinschleppte. Hinten sah man noch eine undeutliche Masse sich schwerfällig heranbewegen, wobei ein vom Sturm umgeklappter Schirm im Umriß erkennbar wurde.

Drinnen in der getäfelten Stube mit den ungekalkten Wänden, wo am groben eichenen Tisch mit Holzschnitzereien, wie das kunstfertige Tälleknid sie in Valders und Hallingdal liefert, und auf den ungeschlachten Querbänken ein paar alte Bauern und Fuhrleute hockten, saß man freilich wohlgeborgen. Der eiserne Ofen pustete und glühte. Was aber noch an Wärme abging, das ersetzte der Aquavit aus Drammen und der Drontheimer Branntwein, sowie das starke Oel (Bier) aus der Carl-Johanns-Gabe in Christiania, wie die Etikette besagte. Dazu gab's süßen rothen Käse und armseliges Flachbrot, auf das man

Fett herabträufeln ließ, indem man Speckscheiben am Spieß übers Herdfeuer drehte.

Ja, wenn der Engelske, der da wohl ankam, sich dachte, hier könne er sich behaglich on the fireside am Caminfeuer wärmen, indeß dort über den Gitterstäben ein Gericht Eggs-and-Bacon, Schinken mit Spiegeleier, und knusprige Toaste schmoren, — da hatte er die Rechnung ohne den Wirth gemacht, der breitbeinig und mit langherabwallendem Weißhaar rauchend am Thürpfosten lehnte.

Dieser hielt auf strenge Zucht den hergelaufenen Fremden gegenüber und verdammte ihre Ueppigkeit. Er gab ihnen daher karge und knappe Fütterung, auch Viehställe und Heuschober mit rührigen springenden Insassen als Obdach.

Zur Entschädigung nahm er aber auch dafür eine ungeheure Zeche und schmetterte jede Aufsäßigkeit mit der naturwüchsigen Logik nieder: „Ihr seid reich, wir sind arm. Wir haben Euch ja nicht gerufen. Wenn Ihr also kommt und uns nöthig habt, so gebt uns einen Theil Eures Reichthums mit."

O, er war ein freier, unabhängiger Mann, ein Verächter aller Standesunterschiede, — weswegen er auch den Verkehr mit andern Dorfmagnaten möglichst vermied. Denn sie waren ihm ja nicht ebenbürtig, der direkt von Harald Schönhaar abstammte, zu dessen Ehren er auch sein Haar nicht schor.

Wie viele Kinder muß doch jener außerordentliche König gehabt haben, sintemal ganz Gudbrandsdalen von beglaubigten Abkömmlingen desselben wimmelt! Aber Ole Erikson's Frau (die soeben beim Durchwaten der Entenpfütze ihre dicken Waden sehen ließ) bewahrte eine Silberschüssel, die der liebebedürftige Harald einer steingrauen Urmuhme höchstselbst zum Andenken verliehen hatte. Also! Mit tiefer Geringschätzung sah der würdige „Republikaner" auf die neugebackene schwedische Königsfamilie herab.

So vermißte man denn auch das Portrait des Dichters Oskar in der Wirthsstube. Statt dessen gab's da zahlreiche Reclame-Annoncen pennsylvanischer Firmen, betreffs neuer Säe- oder Mähe-Maschinen. Auch ein Plakat mit einem einladenden Auswandererschiffe, Linie Stavanger-Boston, war draußen an die Mauer geklebt; es hatte durch die Feuchtigkeit ordentlich ein Leck bekommen.

Nichts rührte sich, als die Schiffbrüchigen da draußen landeten. Die Gäste drinnen stießen mit den Humpen an und brüllten „Skol!", als wollten sie die Windsbraut übertönen.

Der Wirth jedoch schmauchte ruhig fort, ohne Wort und Gruß, indem er sich die triefenden Jammergestalten mit jener gemüthvollen Freude betrachtete, welche ein guter Mensch im Hafen beim Anblick der stürmischen See empfindet, wo vielleicht Viele stranden.

Auch als Eugen Wolffert ihm direkt mit einem „Good evening!" auf den Leib rückte, brummte er nur ein kühles „'Evening, sir!" zurück. Der Treffliche ertheilte nämlich den Gästen häufig zarte Winke, daß man in Norwegen seltsamerweise Norwegisch rede. Und so standen sie beide in der engen Thür, dicht vor sich die Alpen, die das Thälchen zusammenklemmten und bis zum Rand der Chaussee fast senkrecht anstiegen, rings der strömende Regen. Standen und schwiegen sich an, zwei einsame Menschen verschiedener Zunge in der ernsten Felsöde. Der Wirth paffte in die Luft, kühl bis ans Herz hinan. Erst als die undeutliche Masse im Hintergrund sich von einem umwickelnden Plaid losgehülst hatte und zwischen die Beiden trat mit fröhlichem Lachen der blinkenden Zähne und kirschroth feingeschwungenen Lippen und mit schelmischem Leuchten der graugrünlichen Augen, — da klopfte der Bauer bedächtig die Pfeife aus. Das war doch ein gar zu schmuckes Weib!

Jetzt verstand er auch gebrochen Englisch und leuchtete den Herrschaften, die sehr müde waren und unterwegs von Conserven ihr Abendbrot verzehrt hatten, die altväterliche Fremdenstube hinauf. Sie seien doch — ja, hm — Mann und Frau? „Ja freilich!" versicherte Wolffert. Kathi, die den Sinn der Frage vom Gesicht ablas, wurde sehr roth und fragte Wolffert halbkichernd, was Jener denn gefragt habe. Als einzige Antwort gab ihr der Amoroso einen Kuß. — Wann die Herrschaften nach norwegischer Sitte warme Spritzkuchen und Kaffee ans Bett gebracht haben wollten? „O!" meinte Wolffert lachend, „er werde schon selbst rufen, sobald seine . . . seine Frau aufgestanden sei."

Der Wirth hustete schmunzelnd und verständnißvoll, und zog sich diskret zurück. Seinen Segen hatten die Beiden. Eugen schob den Riegel vor.

„Es riecht hier schrecklich nach Farbe." Kathi nestelte an ihrem Mieder.

„Ja, unerträglich. Da lassen wir einfach das Fenster auf."

„Aber ich bitte Dich . ." Kathi wandte sich halb schmollend ab, indem sie den klassisch modellirten rechten Arm in die Hüfte stemmte und mit der linken Hand am Munde herumknabberte.

„J was! Die Sterne freuen sich nur über uns. Sonst hört uns Keiner."

„Horch!" Ein eigenthümlich angstvolles Lauschen spannte Kathis Züge, ihre Augen traten weit hervor.

„Was ist Dir, Liebchen? Der Fjord rauscht draußen. Der hört nicht auf. Der wiegt uns ein als unser Hochzeitlied."

„Jaja," wiederholte sie gedankenlos, indem sie wie abwesend in die Ferne starrte. „Mir war, als hört' ich eine Stimme . . . von Jemand . . . Ah!" Sie schrie leicht auf — Eugen hatte das Licht gelöscht.

Der Norweger lacht ungern und nirgends schweigt man so unheimlich. Der Optimist mag hierin die tiefe Innerlichkeit des Nordländers erkennen. Allein die tiefsinnige Gedankenthätigkeit dreht sich hier doch meist darum, wie man aus einer Krone einen Speziesthaler macht — freilich, wo wäre es anders! Ihre Dichter und Künstler können es nie in ihrer Mitte aushalten, obschon kaum eine Nation der Welt so künstlerisch beanlagt und nur die Dänische reicher an ästhetischen Bildungsphilistern ist.

Die Respektabilität in weißer Halsbinde, die über jede wohlriechende Fäulniß den Mantel christlicher Liebe breitet, herrscht in den Städten; im Hochland Haugianische Mystik.

Die Schrecken der Natur und das Hineinragen ihrer Nachtseiten ins Menschenleben führen oft zu sittlicher Verwilderung. Laster und Leidenschaften treten dort mit verdoppelter Stärke auf, wenn auch die frühere Einfuhr von zahllosen Ankern Branntwein in diese Alpengaue statistisch sehr nachgelassen hat und jetzt manche Thäler als unfreiwillige Temperenzler von Kuhmilch und Milch der Menschenliebe leben. Im Bergensstift fand der norwegische Grimm, Asbjörnson, die Märchen zu schmutzig und grobsinnlich, um sie in seine Sammlung aufzunehmen. Dort war's, wo die Frauen zu jedem gemüthlichen Trinkgelage die „Leichenhemde" ihrer Männer mitnahmen, weil man nicht wissen konnte, was passiren würde. Auch jetzt spielt dort das Seitenmesser (Tälleknio), das auch die Gebildeten manchmal aus Affektation an der Hüfte tragen, eine bedeutende Rolle. Man sitzt stets auf einem Pulverfaß. Der Norweger scheint entweder ein verkniffener Choleriker oder ein sommersprossiger Sanguiniker, der jeden Augenblick in Feuer und Flamme geräth.

Dazu kommt der republikanische Größenwahn, der, ähnlich wie die praktischen Schweizer auf die „Förschtenknechte Deutschlands", auf die Händel Europas im Voll-Bewußtsein eines demokratischen Musterstaats herabsieht.

Dazu noch der Größenwahn der Halbbildung. So

sprach der Wirth Wolffert's vier Sprachen, und übte sein Englisch an Shakespeare und Dickens — urtheilte aber, der Letztere sei natürlich viel größer, weil er verständlicher schreibe!! Dieser schauderhafte **demokratische Größenwahn** des souveränen Pöbels treibt in sogenannten Bauern-Universitäten Nationalökonomie, kaum der A-B-C-Fibel entlaufen. Dieser walbursprüngliche Freiheitsdrang hätte gewiß den seligen Rousseau begeistert. Jeder Düngerhaufen ein ambrosisch duftendes Tropaion des republikanischen Naturstaates!

„Willkommen in Nordland's Thälern!" rief der biedre Wirth und Tobby nebst Pfeifen wurden aufgefahren. Beide politisirten nun radebrechend drauf los und begossen diese Kannegießerei mit manch tüchtigem Schluck, wobei der biedere Ole immer als Leitmotiv ihres Gesprächs gassenhauerte:

„Ja Deutschland ist groß
Und Bismarck famos.
Wir nehmen Alles, was wir können."

Währenddessen zeigte die Wirthin der schönen deutschen Dame ihre Schmucksachen.

„Sind die Ladies alle so hübsch in Deutschland, wie Ihre Frau Gemahlin?" fragte Ole indem er sich räuspernd Eugen leicht in die Seite kniff.

„Hm — wenige," erwiderte dieser, halb verlegen halb geschmeichelt.

„Sie haben einen Treffer gethan, Sie smart fellow!"

Sie wurde ordentlich familiär in seiner Herablassung. „Eine solche Frau zu wählen!"

„So? Meinen Sie?" maulte Jener. Der Blick, mit dem er Kathi streifte, verrieth eine nachdenkliche Betroffenheit.

„Na! Die Brut, die da gezüchtet wird!" Der etwas angetrunkene Bauer schlug Eugen jovial auf die Schulter. „Alle Achtung! Ein Kernweib! Vollblut!"

„Wenn Du wüßtest, was für einen Bewunderer Du hier gewonnen hast!" wandte sich Eugen an Kathi. Diese lächelte vergnügt und nickte nur mit dem Kopf.

„Komm, Schatz! Laß uns mal spazieren gehn!" Da war Kathi gleich dabei. Sie schlugen sich seitwärts in die Gebüsche. Kathi war so zärtlich und Eugen so stolz auf ihre Schönheit.

„Na, good-bye!" Die Wirthin reichte einen Abschiedstrunk hinauf. Das Pärchen wollte weiter, wieder rückwärts nach Südwesten. Kathi vorn auf der ersten Carriole, Eugen auf der zweiten.

Der Skydsbub wurde zurückgelassen, weil er sie störe und sie schon selbst bis zur nächsten Station fahren könnten.

„Also vorwärts!" Die Hengste lümmelten sich auf den Zügeln. „Glatt anreiten!" Wie auf einer Rennbahn starteten die leichten Gefährte los, während der Wirth hutschwenkend ein kräftiges Schnalzen seinen Pferden nachsandte.

IV.

Noch mischte die Dunkelheit Berge und Himmel, so daß die Firnen, die sich langsam rötheten, als rosige Wölkchen erschienen. Noch lag das Schneegebirge wie ein monderhelltes Eiland im Nebelmeer, noch wogten die Wolken wie Banner am Schaft der Riesenföhren hin. Aber nun flirrten Funken nach Funken wie indische Leuchtkäfer von einer Felszinke zur andern und schienen auf allen Gipfeln der Alpenkette ein Freudenfeuer zu entzünden. Die Perlenschnur der Bäche, verwandelte sich im Morgenroth zu funkelnden Rubinen. Die Wipfel schillerten bunt und bunter, von safrangelben und violetten Tinten überhaucht. Blutroth aber reckte sich aus dem ewigen Schnee die höchste Spitze hervor, wie aus weißem Fasttalar die blutige Rechte des Opferpriesters. Purpurteppiche schien das Morgenroth vor dem Silberthron des Hochlandkaisers hinzubreiten, dessen Lehnenknäufe, die Pässe, aus bläulichem Dämmer jetzt wie Karfunkel aufblitzten.

Der Saum seines Strahlengewandes fegt über die Abhänge hin, ein Lichtschweif streift über die Almen, und weiter schreitet Sigurd über den Kamm der Berge. Wo seine Sandale den Boden färbt, da sprießen Alpenrosen. Wo sein flammender Kuß auf auserwählten Stirnen weilt, da flammt er im Herzen fort und gebiert die Gedanken, die Gesänge. Er aber, der Geist des Lichts, wandelt in Majestät dahin über die Scheitel der Irdischen — und währet ewiglich.

So schreitet er westwärts durchs ganze Land, von Dovrefjeld nach Telemarken, zur Küste hin bis ins Bergensstift. Und jetzt schmilzt auch die Gletscherbrünne Brunhildens: der zackige Gürtel von Eisburgen, den Odin um ihren Felsbusen geschlungen hat. Ein Gluthmeer überfluthet das Eismeer. Das Zauberschloß, dessen Thurmvogt der Falke; mit Portalen, aus denen sprudelnde Gießbäche in muthwillig polternden Kaskaden als Springbrunnen ihre zischenden Wassermassen hervorschleudern; dessen Quadern aus Edelsteinblöcken wie Mosaikplatten, halb Saphir halb Smaragd, zusammengefügt erscheinen; dessen spitze Zinnen als Mauerkranz die Wolken tragen, welche, in Farbenschmelz verschwimmend, dort oben wie eine Feeninsel dahingleiten — es strahlt jetzt gespenstisch=grell weithin übers Land. Das ist der Justedalsbrä, der größte Gletscher der Welt, der hier wie ein kolossaler Polyp seine Fangarme ausstreckt — aus schwindelnder Höhe niederstürzend, wie ein gefrorener Katarakt in der Luft.

Und der Golfstrom, metallisch glitzernd, flimmert wie Bernstein auf, als schlummere in seinem Schooß ein versunkener Hort, wo der mystische Maëlstrom sein Nornenlied murmelt.

Ein graues Steinmeer, ein Trümmerchaos, spiegelt sich jetzt in traumhaftem Halblicht die Gebirgswüste von Jötunheim im schwarzen Hexentigel ihrer Fjorde... Ein Steinadler schwang sich nahebei mit triumphirendem Schrei empor. Ein Lur (Alphorn) lud schmetternd die Heerden zur „Säter". Ein Renntierrudel trabte drüben die Schlucht hinab, deren Rachen, mit spitzen Zacken wie mit Raubthierzähnen besetzt, schier wie in höhnischem Grinsen gähnte. Die Wasserfälle, das sausende Webstuhlrad der Jötuninnen, dran Silberfädchen auf und nieder schnurren, wälzten sich qualmend dahin wie eine Wolke von Demanten, mit Perlen untermischt. Aber überall glitt über das steinerne Schwungrad der Abhänge in unaufhörlicher Drehung, wie ein buntes Seidenband, oder wölbte sich zwischen den Strebepfeilern des Felskessels — ein Bild der Versöhnung über dem Strudel der Leidenschaft.

Stolz reckte sich jeder Halm, den Nachtthau von sich schüttelnd. Ist doch jeder Morgen nach dem Grabe der Nacht eine Auferstehung der Welt! Wie frisch und leicht und klar grüßte die Luft von den „hohen Fjelden" herüber! Wie ein Schwan mit sterbefrohem Gesang schwimmt die Seele, mit Vögeln und Winden Grüße tauschend, durch der Alpenlüfte Wellen. Und in freudig hinschmelzendem Schwanenlied verblutet der alte Adam, das Alltagswesen des Menschen, die alte verbitterte Kälte. Ein Sturzfall von Urmelodien scheint die Berge zu durchfluten, der Schöpfung ureigensten Tempel, durchweihraucht vom Tannenarom. Und die Morgenmesse, die seine himmelhohen Hallen durchbraust — vernimmt ihn dein Ohr? Die stürzende Tanne, der hüpfende Elv, sie Alle singen nur das eine, das hohe Lied:

Kraft und Freiheit!

Eins und Alles in unablässig rastloser Bewegung verbunden zu einem Ziel! Ewige Zeugung, ewiges Vor-

wärtsdrängen! Tod der Ruhe und Leben dem frei ent=
fesselten Kampf!

Ja, ihr Jötuns, die im Leid versteinert, Felsriesen,
die ihr ewig seid — stumm seid ihr, kalt und todt. Doch
der Geist, der kühn das All umfaßt, hebt den Menschen
aus der zwerghaften Noth seines körperlichen Daseins
empor: er lebt, er denkt, er handelt, er ist der Gott der
Natur. Möge Jötunheim in Trümmer sinken, des
Menschen innere Welt erschafft sich immer neu und die
Jakobsleiter der Hoffnung senkt sich gerade zu dem her=
nieder, der auf einem Steine schläft.

Durch dies Felsenchaos schwebt der Odem des Welt=
geistes in doppelt belebender Kraft.

O Land der Freiheit, wo das Ich der modernen
Kultur in ihrer freiesten Thätigkeit und der Natur in
ihrer nacktesten Größe gegenübertritt — du Braut des
Meeres, des atlantischen, das auch das Winland deiner
Wickinger, die Neue Welt der freien Arbeit gebar —
du panzerst das Herz mit eisigem Stolz. Nicht mehr
schaudert es vor dem Schwungrad menschlichen Treibens,
freudig mitbewußt des unabläsigen Weltenwirbels im
Kreis der Schöpfung. Und für Liebe, Glaube, Hoffnung,
schenkst du Arbeitslust und Lebensmuth.

Heidi, schon wieder traben, traben in die junge
Sonne hinein! O namenloses Gefühl ungebundener
Freiheit, so hinzutraben thalauf thalab durch Felder und
Forst, in immer tieferer Einsamkeit!

Wie das Rößlein wiehernd die Mähne schüttelt und

wie Kathi jobelt vor eitel Pläsir am Gefühl des Lebens! Abgewaschen, weggepustet aller Staub und Schmutz des Weltgetriebes in dieser Urnatur!

Am Wege schritt ein Mädel im Nationalkostüm vor= über: mit rothem, viereckig ausgeschnittenen Mieder, weißem Unterkleid, geblümtem Hemd, geflochtenen Zöpfen, metalle= nem Brustschmuck und hoher Sammetmütze. In ihren großen blauen Augen liegt eine Welt sehnsüchtiger Fragen.

Eugen blickte sich nach Kathi um. Ihrer Lippen Erdbeerblüthe schien aus dem Kranz der Wälder zu duften, ihrer Augen helle Wunder den Glanz einer Perle zu bergen. Liebe mag der Fischer heißen, dem dieser holde Fund geglückt, der die Perle gehoben.

Ach, wenn man nur Zeit und Geld hätte, hier ewig umherzustreifen! Wie, Zeit und Geld, bedarf es dessen? Könnte man doch Alles, Alles abthun, was fesselt an den Pferch der Gesellschaft, und hier als schlichter Tagelöhner sein Brot verdienen, hinter dem Pfluge herschreiten über die dampfende Wiese! Welch ein elendes Leben führen die Städter, die Culturfexen, die Schneidergesellen der Bildung! Wozu das Alles, statt sich auszusingen in die freie Luft, unbekümmert ob die Welt es höre! Gesund sein und leben, leben und lieben, — das sind die höchsten Güter, wenn man sie zu genießen weiß — Gold, Macht und Ruhm schmälern und verbittern nur das stille Genügen.

———

Diese stählende Hochlandluft, die alles Unreine bei Seite fegte, das frische Erdbeeraroma, das aus allen

Moosgründen und Hecken entgegenduftete, wirkte auf
Eugen Wolffert's Nerven so reinigend und männlichend,
daß in ihm der Wunsch nach einer entschlußreichen That,
etwas Großem und Befreiendem erwachte. Er reckte sich
gleichsam körperlich und geistig; er straffte die Muskeln
seiner Arme und seines verlotterten Hirns, um etwas
Besonderes, ihn Emporreißendes zu versuchen. Angesichts
dieser gigantischen Natur zersprangen alle Schranken des
Conventionellen, als wären sie gemaltes Papier. Denn
diese Schranken hat ja nicht die Natur gesetzt, sondern die
Thorheit der Menschen. Er sah das kernige Weib neben
sich, die gleichsam aufblühte in dieser Urnatur, als wäre
sie hier in den mütterlichen Keimboden verpflanzt —
und je mehr er sie sah, desto klarer wurde ihm ein
Wunsch, ein Entschluß. Ja, das wäre etwas, um zu
zeigen, ob noch Schneid in ihm stecke — das wäre hoch=
herzig und kühn!

Sie plauderten am Uferrand eines Fjords, sie
plauderten über das Leben.

„O die Feigheit oder Unwissenheit dieser Schriftsteller
von Profession! Wie schildern sie das Leben! Du mein
Gott, sie verschweigen Alles! — Ich für mein Theil, ich
habe keinen Knaben und kein Mädchen gewissen Alters
gekannt, die nicht von Grund aus verdorben gewesen
wären."

„Ja, verdorben, nicht wahr?" Kathi gerieth ordentlich
in triumphirenden Eifer. „Bei uns auf'm Land liegen
schon die Kinder zusammen. Ach, i weiß noch, wenn ich
in den Kuhstall ging, um zu melken, was für gemeine

Redensarten unser Großknecht da führte. Die Welt ist heut so schlecht!"

"Ja gewiß. Na, Du mußt Dich gut ausgenommen haben, als Du melktest!" Eugen umfaßte sie funkelnden Auges — die Ganglien seiner genitalischen Phantasie schienen irgendwie durch diese Vorstellung erregt. Ihr Gesicht glänzte von sinnlichem Lächeln, ihre Hüften schienen gleichsam in sanfter Wallung zu beben und sie warf den Kopf hoch in den Nacken.

"Ach ja," hob er wieder an, "die deutsche Keuschheit! Davon ließe sich ein Liedel singen. Man möchte eine Extraruthe vom Himmel erflehen, wenn man von all den norddeutschen Tugenden deklamiren hört. Und bei uns in Berlin diese frühreife ekelhafte erkünstelte Treib=hausunzucht. Die untern Stände sind ja noch lüderlicher, denn im Naturmenschen kommt das Thier doch am stärksten 'raus. Aber wir von der Bourgeoisie, den so=genannten gebildeten Ständen — o wir!"

"Ja, nit wahr?" fragte Kathi eifrig. "Die feinen Damen sind auch nichts besser, als die schlechten Mädchen unter unsereins? Wenn so eine einen dicken Bauch be=kommt, so reist sie ins Bad. Ja, dös is bequem!"

Eugen schüttelte mißlaunig den Kopf. "Nein, nein, das sind so Chimären, die Ihr Euch vormacht. Solche wirklichen Skandäler kommen höchst selten vor. Das Uebel liegt viel tiefer."

"Na, wo denn?"

"Sieh einmal, liebes Kind, die jungen Französinnen werden in Klöstern erzogen und dann gleich nolens volens verheirathet. Man wirft sie ins Bett eines Unbekannten, der sie entehrt. Da sind unsre Mädchen besser daran. Sie kommen von der Schule in Pensionate, wo sie sich untereinander den Kopf erhitzen und — und —" er brach den Satz ab, dachte aber an Belots „Madamoiselle Giraud ma femme."

„Ja, kurzum, an Unschuld glaub ich zwar nicht, wohl aber an Unwissenheit, welche diejenigen bewahren, die fein sauber bürgerlich in der Familie bei Muttern bleiben. Und die Unwissenheit haben bei uns die Kinder schon mit zwölf Jahren nicht mehr. Denen braucht man keine Unschuld mehr zu rauben, sie besorgen sich diese Arbeit schon selber."

„Pfu=i!" Kathi spie aus mit sittlicher Emphase.

„Jaja, das Kap Garda fui!" kindischte Eugen wie ein witziger Tertianer. „Da wird man nun gefüttert mit Fleisch und Bier; und dazu das ewige Sitzen auf der Schulbank, das auf den Unterleib wirkt; und dazu die Lectüre der alten Dichter — Ovids ars amandi wo möglich — ah, dabei soll ein Mensch von vierzehn Jahren nicht erotisch werden! Wahnsinnige Unnatur! Die Mädchen heirathen, wenn überhaupt, schon viel zu spät; die Männer heutzutage eigentlich immer. Was treiben sie vom fünf= zehnten bis dreißigsten Jahr, um mal eine Grenze an= zunehmen, in solchen Dingen? Ach, jeder, der die Welt kennt, kann sich's ja denken. Impotenz, Rückenmarks= schwindsucht oder die Charité — der kann Gott danken, wer zwischen Scylla und Charybdis heil durchschlüpft."

„Ach ja, die Männer!" Kathi nickte mißmuthig, als

fände sie diese Gefahren noch gar nicht so arg, vielmehr beneidenswerther, als das weibliche Loos. „Die können machen, was sie wollen."

„So, können sie das?" blitzte Eugen sie an; so hatte sie ihn noch nie gesehn. „Nun, das wollen wir sehn. Ja, wer ein Mann ist, darf den Kampf aufnehmen gegen eine ganze Welt von Vorurtheilen. Ich will endlich einen Zweck haben, einen Lebensinhalt. Es drängt mich, meinem unnützen vergeudeten vertröbelten Leben den Fehdehand= schuh hinzuwerfen. Ich will kämpfen für das höchste Gut des Mannes: für die Frau, die er liebt.

Kathi, ich liebe Dich, ich liebe Dich. Was können alle Dämchen der Welt mir sein neben Dir! Du hast Dich mir hingegeben aus Liebe, ich will Dir's vergelten."

„Womit?" fragte sie. Es klang schüchtern zaghaft, aber ein Zucken der Lippen und ein schlau gespanntes Aufleuchten der Augen verrieth, daß sie ihn wohl ver= stand.

„Ich will — nun, ich will Dich heirathen. Bei allen Göttern und Teufeln! Ich schwöre es."

V.

Rother langte mit der Eisenbahn vom Randsfjord in Hönevoß an, ohne daß er irgendwo eine Spur ge= funden. Vielleicht waren sie noch westlicher nach Thele= marken eingebogen.

Unterwegs hatte er einen schäbig aussehenden kleinen Mann getroffen, der ihn nicht verstand, ihm aber, als sie zu Hönevoß ankamen, einen stattlichen Herrn vorstellte, der Deutsch und Englisch verstehe.

Dieser Herr von sehr gentlemanliken Formen entpuppte sich als reicher Agent, der so ganz beiläufig erzählte, er habe den nächsten Wald da drüben soeben für 50000 Dollars gekauft. Und zwar von dem kleinen schäbigen Mann mit dem zerzausten Bart, den Rother für einen Schuster hielt und der sich beiläufig als ein Mann herausstellte, dem das ganze Waldterrain (Hönevoß lebt vom Holz, wodurch es früher Unsummen verdiente) und Mühlen und Wirthshaus gehörten. Als Rother den gebildeten Agenten, nachdem man sich umgekleidet, draußen am Wasserfall suchen ging, kam ein Mädchen aus dem Nebenhaus auf ihn zu und lud ihn in wohlgesetzter Rede zum Abendessen ein, woselbst jener Herr bei Vatern sei. Der Millionär lebte wie ein Handwerker — wenig, aber herzlich gegeben: Buttermilch und Butterbrot. Rother beneidete und bewunderte im Stillen diese Leute, so einfach und schlicht im Aeußern, anspruchslos nur einem edlen Zwecke geweiht: möglichst viel Geld zu machen, aber ohne alle Ostentation! Hier wenigstens fehlte aller Größenwahn.

Doch er irrte sich. Denn alsbald ging das Jammern los, wie das Holz, durch dessen Export nach Amerika sich früher das Land bereicherte, immer im Preise sinke und die Entholzung das Land erst recht ruiniren werde. Jaja, die heutige schlechte Zeit! Jeder will gleich mit eins reich werden — daher die viele Schwindelhaftigkeit und der zunehmende Bankerott des Nationalwohlstandes.

Früher blühte auch die Schiffahrt. Da häuften die Rheder und Großhändler manch gewichtigen Batzen. Aber heut — alles Holzschiffe, alles untauglich geworden für den modernen Verkehr, gegen die Concurrenz der Deutschen verloren. Und dabei will Jeder hochhinaus leben, viel besser wie in Deutschland. „Wir Normannen glauben nun mal, weil wir die Freisten in Europa sind, wir müßten auch die Glücklichsten sein!"

Also auch hier nationaler Größenwahn, der sich hinaufschrauben möchte über die natürlichen Verhältnisse weg!

Als Rother am andern Tag nach Drammen dampfen wollte (ihm war endlich die Geschichte langweilig geworden und er verlangte nach Haus), fuhr ihm der Zug vor der Nase weg; weil er auf ein Signal gewartet hatte, als er Limonade auf dem Perron trank, während hier alles lautlos, nur mit Wink und Pfiff, zugeht.

Er langte also wieder in Hönevoß an. Da er erhitzt und müde war, beschloß er zu baden. Man wies ihm eine Natur=Badeanstalt in freier Luft, wo ein Bergquell durch eine hölzerne Rinne herabgeleitet wurde. Um Mittag bade dort Niemand. Er stieg etwa eine Viertelstunde weit auf steilem Pfad dort hinab, fand den Punkt und entkleidete sich. In der Ferne vor ihm ein reizendes Panorama. Ueber den Schindeldächern der reinlichen Bauernhöfe wirbelten bläuliche Rauchringel empor. Rings einförmiges Bewegen, eintönige Stille. Flöße schwammen den Wasserfall hinab, den man hier als eine Art Dampfwalze benutzt. Wagenfuhren, mit Reisig und Holz=

13*

blöcken beschichtet, wälzten sich der nahen Sägemühle zu.
Allüberall das Hämmern der Spechte, der Schlag der
Aexte und das Krachen gefällter Bäume. Unten am Ab=
fluß des Voß flickte ein Fischer in der hier üblichen
phrygischen Rothmütze an einem Netz und sonnte sich,
wie die Florellen, die zu seinen Füßen über den Kieseln
spielten.

Aber diese angenehme seelische Siesta wurde un=
liebsam gestört. Denn grade, als er auf dem schlüpfrigen
Gestein unter den eiskalten Rinnen=Sturz gelangte, glitt
er aus und fiel der Länge nach hin. Rasch von der
Betäubung erholt, fand er, daß der Fall ihn wunderbarer=
weise sonst nirgends verletzt, ihm aber aus dem rechten
Knöchel ein groß Stück Fleisch herausgeschlagen hatte,
ohne den Knochen zu verletzen. Das Blut floß in breiten
Strömen. Dem Ammenglauben, kalt Wasser stille die
Blutung, folgend, hielt er den Fuß ins Wasser und kroch
mittlerweile unter die Rinne, um das Bad wenigstens zu
vollenden. Dann schlich er ans Ufer zurück, trocknete sich
rasch mit dem Laken und wickelte dies dicht um den Fuß. Hierauf
zog er sich an, und humpelte, den wunden Fuß möglichst hoch=
haltend und schonend, den steilen Pfad in glühender Sonnen=
hitze zurück. Droben im Wirthshaus lief man zusammen,
war entsetzt über die tiefe Wunde, brachte ihn zu Bett und
fing an mit Karbolsäure=Umschlägen zu hantiren. Es kam
noch immer Blut. Man meinte, er werde ohnmächtig
werden. Dies trat jedoch nicht ein. Aber wie er mit
der passiven Hartnäckigkeit seines Charakters bei dem un=
erwarteten Unfall keinen Augenblick gejammert und mit

verbissener Besonnenheit das Nöthige ausgeführt hatte, so lag er jetzt düster mit geballten Fäusten da und murrte wider sein Schicksal. Das konnte nur ihm passiren, dem ewigen Pechvogel! Sein Leben schien dazu bestimmt, stets und immer verpfuscht zu werden. Mit dem Fährtensuchen war es jetzt aus. Er mußte wochenlang auf dem Fleck liegen. Seine ganze Reise unnütz und vereitelt! Und als er in steigendem Trübsinn sein stetes Mißgeschick sich immer deutlicher einredete, fühlte er plötzlich wiederum den Stich in der Brust, der vom rechten Schulterknochen her durch die Brust-Weiche seitwärts in die Lunge bohrte.

Er betastete die Stelle langsam und bedächtig; dann holte er tief Athem und empfand denselben leichten Schmerz aufs Neue. Nochmals in Natura seine Brustweite mit der Hand messend, erkannte er sodann, daß er wirklich bedeutend abgenommen hatte und sein Brustkasten ordentlich verschmälert schien: So furchtbar hatten ihn die abzehrenden Aufregungen des letzten Jahres mitgenommen.

Am andern Morgen erschien ein Doctor, den man herbeigeschafft. Derselbe prüfte die Wunde, schnitt ein bedenkliches Gesicht und urtheilte, der Patient habe „schlechtes Fleisch" in Folge mangelnder innerer Bluternährung. Er nähte die Wunde mit vier Nadeln zusammen. Da er als Deutschenfeind die süßsaure Bemerkung machte, der Herr aus Berlin werde gewiß als preußischer Allesbesserkönner auch den Schmerz leichter verwinden, so ließ Nother lautlos die Eisenstäbchen durch die Wunde bohren. „Mein Complimang! Der Herr sein ikke (nicht) furchsam," gestand der Skandinave zu.

In dieser dumpfen stoischen Resignation lag Rother bis zum Abend regungslos da, weil ihm verboten, das Bein zu rühren, nachdem er sich mühsam angekleidet. Das Bett stand am Fenster, er konnte hinaus blicken und sah den Schaum des mächtig rauschenden Hönevoß in die Luft sprühen. Stier und theilnahmlos verfolgten seine Augen das Spiel der Wellen, seine Lippen schienen so starr zusammengekniffen, als wollten sie wie ein bleiernes Siegel ein Geheimniß hüten. Das Sprechen fiel ihm schwer. Ein Trapist des Schmerzes, schien er ein unhörbares „Memento mori" zu murmeln. Alles Andere vergessen. Da plötzlich fuhr er auf. Was war das? Welche Stimme! Er hob mühsam den Kopf und starrte hinaus auf den Weg, der am Fall entlang führt. Ihm war, als erhielte er einen Faustschlag aufs Herz. Ja, da schritten sie Beide engverschlungen am Wasserfall entlang. Es war keine Spiegelung, sondern nüchterne Wahrheit.

Sie, die er suchte — so nahe vor ihm — Beide! Er wollte aufschreien, doch die Zunge klebte ihm am Gaumen. Er konnte nur sehn und hören — ganz Auge und Ohr, stumm, als habe jäher Schreck ihm die Sprache geraubt.

Eine Nachtigall flötete in einem Fliederbusch am Hügel, unverschüchtert durch das rauschende Singen des Wasserfalls.

Hinter den Beiden da unten wandelte ein Wald= Kater mit buschigem Schweif dahin — ein Abkömmling jener Race, die von den Warägern aus dem Morgenlande importirt wurde. Sein sanftes Minnegreinen stimmte zu dem flennenden Geschlechtsschmerz des Nachtigallmännchens, dem ab und zu das Weibchen mit lockendem Tiotö antwortete. Doch schielte der würdige Kater mit einem Schnurrbart wie ein Husarenrittmeister mit falschem Zwinkern und Blinzeln der grünschillernden Aeuglein nach dem Nest des Meistersingers, das dieser mit der üblichen Weltklugheit des Idealisten viel zu niedrig und schief am Dornengeheg gebaut hatte.

O Natur, weise Lehrerin, die nach festen Gesetzen das Sein aller Lebeweisen ordnet! Die Katze schleicht und lauert, die Nachtigall singt in brünstiger Seligkeit und wird gefressen. Nur die Liebe besaitet diese Liederkehle — ist das Pärchen getrennt, so ists aus mit allem Gesang.

———

Unter dem Fenster in der Nähe stand eine Bank. Dort schienen die zwei Glücklichen sich niederzulassen. Nur abgerissene Sätze des Gesprächs drangen zu des Lauschenden Ohren. Es ergab sich daraus, daß sie aus Thelemarken zurückgekehrt, soeben hier angekommen, gleich jetzt am Abend nach Süden weiterfahren wollten. Sie warteten nur auf das Anschirren des Wagens, der sie zur Station bringen sollte. An welchen Zufällen hängt das Leben! Hätte der Zugführer neulich Rother aufmerksam gemacht, daß der Zug sofort losdampfe, so wäre dieser wahrscheinlich nie auf die Gesuchten gestoßen, und der unglückliche Fall mit der Wunde that das Uebrige dazu.

„Also, Kathi, wir reisen sofort über Jütland durch nach Hamburg und lassen uns trauen." Sie saß abseit, halb abgewandt, den Kopf auf den Arm gestützt, ihr Busen hob sich in schweren Wallungen.

„Ach, süßer Eugen, aber .. ist denn das möglich?"

„Wer soll uns hindern! Wir sind majorenn. Civiltrauung gilt heut wie jede andere."

„Ach ich kann's noch kaum ausdenken! Was wird Deine Familie ..."

„Laß sie schnattern, die Muhmen! Ich will Die als mein Weib an meiner Seite sehen, die ich zur Mutter meiner künftigen Kinder erkor. Das giebt eine Race — was, Kathi?"

Man hörte den langen vorschmeckenden Kuß durchs eintönige Rauschen des Falls.

„Und ... und ... ich habe Dir nun alles gebeichtet ... die Geschichte mit dem Rother ... ich würde mich todt schämen ..."

„Dies überlaß Du mir! Der soll Dir nichts anhaben!"

„Ach, das wird er wohl gar nicht wollen. Dazu ist er zu anständig. Ich kann nicht herzlos sein, er thut mir leid. Ich fühle für ihn."

„So? Oho!"

„Ja, freundschaftliche Gefühle."

„Larifari, werden wir schon unter uns Männern arrangiren. Holla, da hör' das Pfeifen des Kutschers. Wir sollen kommen. Adios, Hönevoß!"

———

Ja, Freundschaft, Freundschaft! Ist das genug zwischen Mann und Weib? Liebe ist etwas Anderes, ganz

Anderes, es ist das Ur=Prinzip der Schöpfungskraft. Venus Vulgivaga und Venus Urania, wahre und falsche Liebe, Sinnlichkeit und transcendentaler Idealismus — Alles verflochten in eins.

Verflucht sei dieser Liebe Raserei, die mich zermalmt! — Nach Deiner Freundschaft frag' ich nicht.

Verflucht die Stunde, da ich Dich zuerst gesehn! Ich wußte ja, der Gram sei meine Braut. — Nach Deiner Freundschaft frag' ich nicht.

Umsonst der Kampf und der eitle Wahn. Gegen den Strom ringt nur ein Toller. — Nach Deiner Freundschaft frag ich nicht.

Auch der Schmerz macht sich noch Illusionen. Wer über die Versagung der Herzenssehnsucht verzweifelt, versteckt noch einen kindlichen Optimismus. Welche Ueberschätzung eines Lebensgutes, es der Verzweiflung würdig zu halten! Dies Leben, diese Episode, ist doch kein tragisches Epos, es ist höchstens eine Jobsiade.

Und doch — welch ein grauenhaftes Gefühl des Erstickens, mit einem heimlichen allbeherrschenden Gefühl umherzuwandeln, das doch kein Anderer kennt! Wahre Liebe ist immer einsam, wie die wahre Größe. Nur die sinnliche Leidenschaft zeigt sich offen.

Seine ganze Vergangenheit zog an ihm vorüber, seine ganze Jugend. Und aus jedem Winkel derselben schien ihm entgegenzukichern: Narr! Narr! Verfehltes Leben!

Er war ein einziger Sohn. Sein Vater, ein Musiker von bedeutendem Ruf, ein Idealist. Die schrecklichste aller zehrenden Krankheiten, den Idealismus, erbte er also schon von Geburt an. Die geistige Atmosphäre, in der seine Kindheit aufwuchs, Grundzug und Lebensanschauung seiner Familie: ein ästhetischer Idealismus. Gewohnheit und Umgebung bestimmen den Menschen. Der kleine Eduard fühlte gar bald in sich eine künstlerische Mission. Mit seinen Beinchen in der Luft zappelnd, arbeitete dieser niedliche Genius im Schweiß seines Angesichts auf dem Clavier herum und entlockte den Tasten unaussprechliche Töne.

„Die Lorbeeren seines Vaters lassen ihn nicht schlafen!" schmunzelte ein ironischer Kritiker, im Genuß dieses erfreulichen Anblicks.

„Ja, aber andre Lorbeeren!" dachte das Söhnchen. Denn, daß er mäßige Ohren, aber sehr gute Augen hatte, das merkte er nun schon. Die Musik erschien ihm schaal und nichtig: Man liebt gewöhnlich die Kunst nicht, die einen nicht wieder liebt, man verschmäht mit edlem Stolz, wo man verschmäht wird. Kurz, es war aus mit der Musik. Ein verfehlter Beruf mit sieben Jahren! — Dafür schlenderte er in die Museen und lungerte in Bilderausstellungen herum. Dafür las er Erbauliches über die alten Meister, wie sie so flott nnd nobel lebten, selber in Palästen wohnten und die Fürsten in ihren Palästen sich vor ihnen beugten. Das gefiel ihm noch mehr.

Dann stand er auch wohl in den Ecken der Soireen

— sein Vater machte ein Haus —, horchte auf die klugen Reden der Männer und sagte zu sich: "Wärst Du doch auch so klug oder vielmehr, so berühmt!" Sah er einen Orden, so stellte sich der logische Gedanke ein: "Wenn Du erst solch einen hast!" — Vornehmlich aber starrte er die Frauen an, diese Wesen einer andern Welt. Das ist so gewöhnlich bei Knaben, die keine Schwester haben. Die erste Schönheit, die sie erblicken, betrachten sie wie eine leibhaftige Aphrodite, deren Göttlichkeit aber fernhält, wie einen unheimlichen Engel.

Dieser ersten erotischen Regungen und der üblichen Kinderkrankheiten erinnerte er sich noch mit fabelhafter Deutlichkeit.

Er absolvirte sehr früh die Schule und bezog die Berliner Akademie, um sich zum professionellen Maler auszubilden. Seine Mittel erlaubten ihm das. Da er aristokratische Manieren hatte, so wurde er alsbald von dem knotigen Kunst=Proletariat, das der Staat heran=züchtet, als Muttersöhnchen gehänselt.

Wie unglücklich er war! Er wurde von allerlei Hirn=gespinsten betreffs Bosheit und Verfolgungssucht der Menschen, zugleich aber von Visionen seines künftigen Ruhmes gequält. Hängen doch Größen= und Verfolgungs=wahn innerlich zusammen. Auf der Akademie schimpfte man ihn "das verrückte Genie". Wäre er einfach "ver=rückt" oder wirklich ein "Genie" gewesen — wieviel besser für ihn! Beinah hätte man ihn anfangs als talentlos von der Akademie entlassen, wie dies so oft den Begabteren und Begabtesten, die sich in den Drill nicht einfügen, zu paſſiren pflegt. Das Talent lernt faſt nie etwas auf zwangsweiſem Schüler=Wege; ſelbſt die Technik muß es aus ſich und an ſich ſelbſt ſtudiren. In der Akt=Klaſſe galt Eduard Rother als der ſchlechteſte Schüler. Allein, ſeine merkwürdige Produktivität nöthigte doch eine gewiſſe Achtung ab. Seine Mappen füllten ſich mit Compoſitionen, aus dem Handgelenk hingeſchleudert. Wenn auch ſein würdiger Lehrer — einer jener tiefſinnigen „Grübler" über die Kunſt, die in gelehrtklingenden Schön=geiſt=Brochüren alles Moderne verdammen und den großen Stil der „Alten" preiſen, weil ſie ſelbſt gar keinen Stil beſitzen und ihre nüchterne akademiſche Formfexerei nied=lich weiterputzen — erklärte das freilich für verworrenes ſtilloſes Nicht=Können. Doch die geſtaltende Phantaſie darin mußte wohl oder übel anerkannt werden.

Bald vollendete Rother ſein erſtes Bild, eine be=trächtliche beklexte Leinewand: „Nero an der Leiche ſeiner Mutter", natürlich. Der „Schinken", um im Künſtlerjargon zu reden, wurde in der Malklaſſe ausgeſtellt. Die Ma=karterei der Farbe, deren Effekthaſcherei jenen Meiſter noch zu über=makarten ſtrebte, und die unfertige Zeichnung wurden allſeitig verdammt. Der Compoſition konnte man jedoch nicht eine gewiſſe Größe abſprechen. Die phraſen=hafte Attitüde der todten Agripina und das Grinſen des Nero=Kopfes mochten wohl affektirt erſcheinen, aber eine gewiſſe dämoniſche Kraft der Auffaſſung ſchien nicht zu verkennen.

Als ihm die guten Freunde und Collegen mit augen=ſcheinlichem Hochgenuß die vernichtenden Urtheile der akademischen Herrn Lehrer darüber hinterbrachten, lauschte Rother stumm und regungslos, nur etwas bleicher wie gewöhnlich. Dann stand er plötzlich auf, musterte sein Bild mit einem kalten· „Darin liegt viel Wahres!" und ehe man es verhindern konnte, hatte er die Leinwand mit dem Malmesser durchkratzt, zusammengerollt und in den Ofen geworfen. Vielleicht erwartete er, Jemand werde das Opfer retten. Es rührte sich aber Keiner — er kannte die Menschen noch nicht, wie jugendliche Pessimisten ja stets zu optimistisch denken.

Ohne sich umzusehen, trat er nun ruhig an seine Staffelei und führte einen Studienkopf aus. „Na, laß Dich nur nicht niederschlagen! Es wird ja schon besser werden!" tröstete ihn wohlwollend ein sogenannter „talentvoller Schüler" — einer von jenen, die im späteren Ernst=Kampf des Lebens spurlos verschwinden. Rother drehte sich um und warf ihm einen vernichtenden Blick zu: „Besser zu straucheln wie ich, als zu marschiren wie Du!"

Von der Stunde an galt es als unumstößliche Wahrheit, daß er an unheilbarem Größenwahn leide.

Am selben Abend kneipte er mit einigen Verbummelten bis tief in die Nacht hinein und kam taumelnd nach Hause. Der Mond, der ihn gut kannte, mußte sich über ihn wundern. Sturmnacht, die Eichen des Humboldthains bebten. Er aber schritt immer fürbaß in die Finsterniß und wünschte, daß Einer ihn anfiele. Das wäre ihm gerade recht gewesen.

Früh am Morgen stand er auf und begann sofort ein neues Bild.

Da er gehört hatte, es gehöre zur künstlerischen
Inspiration, daß man sich ernstlich verliebe, so suchte er
nach einem Objekt. Dies fand er in einem hochauf=
geschossenen Mädchen mit lebhaften sinnlichen Zügen, der
Tochter eines Kommerzienrath Eisenbaum, der im Hause
seiner Eltern verkehrte. Sie war eine sogenannte Jugend=
freundin, mit der er sich viel herumgebalgt. Aber die
kluge schnippische Ella, die ihn so herzlich verspottete,
als er ihr einmal auf einer Landparthie eine Wasser=
blume pflücken wollte und dabei ins Wasser plumpste,
mußte er ja jetzt als Dame behandeln mit ihren fünfzehn
Jahren, um so mehr sie weit über ihr Alter entwickelt
schien und schon Brüste ansetzte. Er schnitt ihr also die
Cour, nur zu sehr. Denn er besuchte Eisenbaums unter
allerlei Vorwänden viel zu oft, so daß es auffallen
mußte. Ella absolvirte ihren zweiten Tanz=Cursus, dieses
wichtigste Stadium im Leben der Höheren Töchter. Ihr
Interesse lenkte sich merklich ab. Und einmal, als sie
sich leicht zankten, fragte ihn die junge Schönheit: Er
sei wohl fast nie zu Hause? Er that, als merke er diesen
wuchtigen Hieb mit dem Laternenpfahl nicht; aber er
beschloß sie schrecklich zu strafen — nämlich plötzlich ganz
auszubleiben. Seine harmlose Einbildung spiegelte ihm
vor, daß sie das schwer empfinden und durch seine schein=
bare Gleichgültigkeit ihre Liebe geweckt werde müsse. Er
glaubte an diese zweifelhafte Theorie, die er mal in dem
spanischen Lustspiel „Donna Diana" (Reklam'sche Universal=
bibliothek, andere Bücher über 20 Pfennig las er als
echter Deutscher nicht) gefunden hatte.

Die Eisenbaum'sche Villa, nahe der Eisenbaum'schen Fabrik am Rosenthaler Thor, lag in der Nähe. Auf seinem Weg zur Akademie fensterpromenirte hier der schmachtende Courmacher stets vorüber. Einmal sah er auf der andern Seite Herrn Eisenbaum mit seiner Tochter spazieren gehen. Der Athem stockte ihm und das Blut trat ihm zu Herzen. Doch er richtete den Blick gradaus und ging im Sturm= schritt. Auf der andern Seite der Straße hörte er leises Kichern. Sein Gehör war ungewöhnlich scharf, wie es bei abnorm nervösen Naturen häufig der Fall. Obwohl er sonst kein Wort verstand, vernahm er doch genau, wie Herr Eisen= baum seiner Tochter bemerkte: „Da geht Dein genialer Courmacher!" Ella lachte. — Er that, als sähe und hörte er nichts, beschloß aber feierlich, dies Haus nie wieder zu betreten.

Diese Selbstbestrafung führte er dann auch hart= näckig durch. Wie gewöhnlich in dieser Alterszone, unter dem Wendekreis des forschen Pennälerthums, glaubte er durch doppelte Ungezogenheit zu imponiren. Spazierte er mit seinem glorreichen Intimus Eugen Wolffert stolz die Straße entlang und begegnete zufällig den Eisenbaums, so grüßte er von oben herab. Traf er Eisenbaums bei seinen Eltern, so stellte er sich tief beleidigt, daß Seiner Mag= nificenz nicht mehr Ehre erwiesen werde.

Aber was half ihm das Gefühl seiner jugendlichen Erhabenheit! Der Traum der ersten Liebe ließ sich nicht abschütteln. Als Kind und Knabe wird ein geistreicher Mensch von der unbestimmten Sehnsucht der Pubertät geplagt. Es gilt sich selbst erziehn. Oft deklamirte sich der drollige Kunstjüngling damals das Heine'sche „Madame, ich liebe Sie!" vor, ließ dabei das Buch zur Erde fallen und übte sich auf Kniefälle ein. Dabei dachte er natür= lich nur an seine stolze Ella, welcher er einst mit der= gleichen Kunststücken seine ewige Liebe deklariren wollte. Diese Phantasieen knabenhafter Pubertät wurzelten sich immer mehr zur fixen Idee ein. Zum Glück stirbt man nicht daran.

Um diese Zeit beschäftigte ihn natürlich die sociale Frage. Er wählte zu seinen Skizzen und Compositionen wahre Rochefortstoffe, alles in „rothe" Sauce getaucht. Bekanntlich fraternisiren die Litteraturstudenten des Jüng= sten Deutschland plötzlich mit dem vierten Stande, wenn sie der „Dalles" drückt, und dichten Zorn=Hymnen wider die Bourgeoisie, sobald ihnen ein Pump] mißglückte. Denn man verliert endlich die Geduld. So mußte sich dieser bartlose Jüngling an der Gesellschaft rächen, weil sie ihn nicht als embryonischen Kolossalkünstler erkennen wollte. Um diese Zeit reichte er eine Art Denkschrift über Michel Angelo auf der Akademie ein, in welcher erbaulich entwickelt wurde, daß eigentlich nur Er diesen Meister verstehe und nicht undeutlich durchschimmern ließ, der Geist dieses Giganten sei auf Ihn übergegangen — woran sich eine Lehre über Seelenwanderung nur so bei= läufig anschloß.

Shelley's Studentenstreich „Ueber die Nothwendig= keit des Atheismus" mochte bei den Oxforder Perrücken kaum größere Entrüstung erregen, als dieses Schriftstück Nothers bei dem Lehrer=Collegium der Akademie, dem der Director es mit allerlei kaustischen Bemerkungen, vorlas. Es kam zu heftigen Auseinandersetzungen, in Folge dessen der fromme Jüngling seinen Meistern zu verstehen gab, ihre Meisterateliers für gegenseitiges Händewaschen, deren System er durchschaue, imponirten ihm nicht. Einer etwaigen Relegation zuvorkommend, empfahl er sich zu geneigtem Andenken und zog sich auf sein eigenes Privat= atelier zurück.

Eines Tages holte ihn sein alter Schulfreund Eugen Wolffert ab, um das Sonnabend=Abendconcert im Zoo= logischen Garten zu besuchen. Sie ergingen sich dort in Weltschmerz und Raubthierhäusern, bis sie sich in die „Lästerallee" einschoben. Die mondbeglänzte Zaubernacht, durch bengalische Beleuchtung und unverzeihlich gute Musik verklärt, schwirrte von dem Klatschgeschwätz der üblichen guten Gesellschaft, die tausendköpfig durcheinander wirbelte. Rother fand viele entfernte Bekannte und stolzirte, wie er wähnte, sehr gentlemanlike einher. An einer End= biegung Arm in Arm mit Wolffert herumschwenkend, trat an diesen ein widerlicher Geck heran, den Rother auch von Ansehen kannte, und verabredete mit demselben eine Reitpartie nach Hundekehle. Eugen der Olympier, den alle Dandy's als Altmeister verehrten, drohte leicht mit dem Finger und neckte in seiner herablassenden Schwere= nötherart: „Was treiben Sie hier? Taugenichts!"

Der geschmeichelte Dandy schmunzelte: „Hehe, errathen! Ella!" Damit verschwand er geheimnißvoll und stürzte sich in den Menschenstrudel.

Eduard Rother wußte gleichsam instinktiv im gleichen

Augenblick, welche Ella gemeint sei. Doch er wollte sich Gewißheit verschaffen. Auch nicht eine Bewegung sollte dem großen Weltkenner an seiner Seite verrathen, daß ihn das im Mindesten interessire. „Sieh doch da drüben den rothen Reflex überm Flammingo-Teich! Wie gut das wirkt! Du, da geht Deine heimliche Flamme, Klara Meier vom Schauspielhaus! Ach sieh doch mal dort Frau Hagar Satzler — so was Geziertes!" Sie schwammen immer rüstig fort durchs Gedränge. „Ah, da ist ja unser Freund Marbach wieder!" (Er hatte ihn die ganze Zeit über nicht aus den Augen verloren. So nachlässig beiläufig:) „Diese Ella ist wohl sein Amour?"

„Ja, eine romantische Geschichte! Der Vater ist ein Dickkopf. Haha, er hat uns Beiden mal den Marsch gemacht, als wir seine holde Tochter, die aus der „höheren Schule" kam, etwas schneidig nach Hause begleiteten."

„Lächerbar! Wie heißt er denn? — Sieh doch diese Schleppe!"

„Eisenbaum! — Nun, was ist los?"

Der geckenhafte Jüngling (Sohn eines Millionärs in Colonialwaaren) war plötzlich hinter uns aufgetaucht und legte seine Hand auf Wolffert's Schulter, indem er lispelte: „Drehen Sie sich nachher mal zufällig um!" Er verschwand wieder.

Nach kurzer Pause drehten wir uns „zufällig" um. Hinter uns flanirte Ella mit einer „Freundin" (in Deutschland gleichbedeutend mit „Duenna"), lebhaft kokettirend und schmachtend, der schöne Laffe nebenher. Eduard sah sich sehr rasch wieder um, aber sie erkannte ihn doch und wurde roth. Ein unerklärlich schnippisches Hohnlächeln krümmte ihre Lippe. Er hingegen blieb ganz gemüthlich und lustig, nickte dem Dandy, den er kaum kannte, vertraulich zu und flanirte an Wolfferts Arm vor Jenen ruhig her, da ein Ausweichen in dieser wandelnden Menschenmauer unmöglich schien. „Robespierre," begann er mit lauter Stimme — sie hatten vorhin tiefsinnigen Unsinn über die Französische Revolution ausgetauscht, deren Sphinxgeheimnisse man in den Flegeljahren bekanntlich spielend löst. Aber Wolffert, der sich lange umgedreht und fascinirend geäugelt hatte, brummte gedankenvoll: „Die ist ja aber doch sehr nett!" Offenbar erwachte in ihm der Gedanke, ob er, der Allbesieger, nicht seinen edeln Waffenbruder ausstechen könne. Eduard hätte ihn um die Ohren schlagen mögen, wiederholte aber mit lauter schnarrender Stimme: „Robespierre" —

„Jaja! Das war ein kleiner mickriger Kerl!" machte Eugen herablassend. „Mein Mann ist Danton, der geniale Alkibiades!"

Hinter ihnen plauderte und liebelte man — und Eduard ging ruhig schwatzend neben Wolffert her, während er auf jedes Wort hinter ihm gierig lauschte und seine Hand sich auf- und zukrampfte, als suche er eine Waffe. An der nächsten Biegung mußten sie sich kreuzen. Rother mußte grüßen und that es. Ella dankte kaum und sah grabaus. „Wen grüßtest Du denn da?" fragte Wolffert verwundert.

„Ella," erwiderte Jener lakonisch.

„Kennst Du sie denn?"

„Oberflächlich. — Was Marat betrifft" — — Sie trafen nachher noch einmal den Laffen, diesmal allein, dessen Gesicht von Glück strahlte. Im selben Augenblick kam die „Freundin" und winkte ihm. Er stürzte ihr nach und schlug sich seitwärts in die Gebüsche. „Aha, die Alten sind weg oder haben das Lamm aus den Augen verloren!" gähnte Wolffert. „Der Glückliche! Unbeobachtet von tausend Argusaugen!"

„Hm," machte Rother kalt. „Wird wohl Schwindel sein. Der sieht mir doch gar nicht aus, als ob ein anständiges Mädchen —"

„Das verstehst Du nicht," kanzelte ihn der Olympier mit überlegenem Lächeln ab. „Uebrigens bekannte Geschichte. Ich selber weiß es ja. Habe ihre Briefe an ihn gelesen. Sie hängt sehr an ihm, sehr!"

„So, so!" verlautbarte sich Rother gedehnt. „Also, um auf den besagten Hammel zurückzukommen, Desmoulins" — —

Er ging langsam nach Hause. Der Lärm der Wagen und das Rauschen der Musik verhallten hinter ihm, wie ein Rausch von Lust und Leichtsinn. Aus Versehen schlug er eine falsche Richtung ein und gerieth in das Erlenwäldchen, welches den Kanal entlang nach der heutigen Stadtbahnstation führt. Er war mutterseelenallein, diese Gegend damals noch völlig unbelebt, nach der Richtung des heutigen Kurfürstendamm lauter öde Sandflächen und Sümpfe. Hier konnte Einem der Hals abgeschnitten werden, ehe man einen Laut von sich gab. Er schritt fürbaß mit wildpochendem Herzen. Eine nebelige

Mondnacht. Man konnte Erlkönig und seine Töchter durch die silberborkigen Erlen flattern sehen. Kohlschwarz lagen im Kanal die Torfschiffe und Obstkähne, die einen eigenthümlich fauligen Geruch verbreiteten. In der Finsterniß sahen sie wie Krokodile aus. In der Ferne brausten die Wogen der sogenannten Selbstmörder-Schleuse und ein einsamer Hund bellte den Mond an. Auch der einsame Wanderer sah zum Monde und fühlte einen geheimnißvollen Schmerz, als wolle seine eingesargte Seele den Körper sprengen. Ihm war, als fräße ein Polyp an seinem Herzen, als athme er umsonst nach freier Luft. Er athmete überhaupt schwer und unregelmäßig — schon damals spürte er sein Brustleiden.

Wie der Mond sich wunderte über das thörichte Menschenkind voll Jünglingsbrunst und Mannesernst, dessen Seele zu groß für seinen schmächtigen Körper! Wie er so dastand an der Schleusenbrücke, schien Alles um ihn zu versinken. Alles verloren. Was eigentlich, er wußte es nicht klar. Aber sein Lebensglück, sein Leben für immer verloren, verdorben. Diesen Ekel, diese Verachtung, diese gräßliche Selbsttäuschung überwand er nicht. Einen Augenblick dachte er ernstlich nach, ob er nicht ins Wasser springen solle. Es war damals Mode in Jung-Berlin, sich wegen Durchfall im Examen oder Schuldenmachen rundweg ins Jenseits zu befördern — eine wahre Manie, die sich bis auf die überbürdeten Tertianer der Gymnasien hinab erstreckte.

Aber seine geistige Natur war denn doch zu nervig

auf Selbstgefühl erbaut und sein Größenwahn kam ihm zu Hülfe. Er verzweifeln wegen eines solchen Geschöpfes? Pfui! Lächerlich! — — Er fand sich richtig zur Charlottenburger Pferdebahn quer durchs Wäldchen nach rechts hinüber, die ihn nach Berlin zurückbrachte.

———

Wie lange war das Alles vergessen! wie lange war diese erste Jugendflamme des Narrenherzens, nachher eine glänzende Ballkönigin, die eine ihrer würdige „große Parthie" machte, seiner Erinnerung entschwunden! Seltsam, daß er heut so klar an das Alles dachte, als wäre es gestern gewesen. War es nicht symbolisch gewesen für sein ganzes Leben? Eine mimosenhaft zarte Natur wie die seine konnte nur bestimmt sein, sich ewig zu täuschen und getäuscht zu werden. Das Naturgesetz, das in des Menschen Wesen bei seiner Geburt gelegt, entwickelt sich logisch fort in tausend Varianten.

———

So gleiten die Tage spurlos dahin in Lebenshaß und Todesfurcht, sie häufen sich hinter uns wie welke Blätter, wie schemenhafte Nebel. Wir fühlen das Naturgesetz, daß die Tugend sich selbst belohnt, und fröhnen dennoch dem Laster, um die entnervende Langeweile abzuschütteln. Wille? Selbstwiderspruch ist das einzige Unrecht. Warum hat die Natur uns unglückliche Schufte und schuftige Unglückliche zur Sünde erzeugt, und straft uns hinterher, weil wir dieser Bestimmung folgen? Warum lauert der Vampyr des Ueberdrusses über dem Schlangensumpf der Begierden. Arbeite! Was? Warum? Ja, so erbärmlich ist unser Loos, daß der Fluch Adams unser einziger Segen scheint — eine Art Opium, um den Dämon des Gedankens zu betäuben, der uns umherjagt wie einen Verbannten, der sein Exil und sein Urtheil in sich selber trägt. — —

Es giebt Momente, wo das Gefühl des Schmerzes zu maßloser Ungerechtigkeit in Beurtheilung der Mitmenschen und überspannter Geringschätzung des gesammten Außenlebens, der Sansara, führt. Ein Abgrund scheint sich plötzlich vor dem Auge des Denkenden zu öffnen: die Nichtigkeit menschlichen Strebens, die Eitelkeit menschlicher Genüsse grinst dem menschlichen Geist entgegen, der zurückschaudert wie der Basilisk bei seinem Anblick im Spiegel. Graue Wüsten ohne Palmen der Schönheit und Quellen der Reinheit dehnen sich endlos umher, die Oase der Liebe ist vom Samum der Leidenschaft verschüttet und Bülbul Poesie scheint eine geschwätzige Elster. Das ist der Abgrund des ewigen Weltwehs — der Schemen Nirvana steigt aus ihm empor, um uns mit Spinnenarmen ins Nichts hinabzureißen.

Von Hügel zu Hügel schweifen meine Blicke über die unendliche Fläche hin und eine Stimme bringt vernehmlich an mein Ohr: Nirgends hier erwartet Dich das

Glück. Was hülfe es mir, den Lauf der Sonne zu begleiten — ich begehre nichts, was sie bescheint. Wie eine sturmverschlagene irrende Seele, schleiche ich durch die Welt. Der Wagen der Nacht durchrollt die Aetherwogen. Die Zweige rispeln. Es ist, als höre man die Schatten der Todten dahinschweben. Ein Mondstrahl berührt sanft meine Stirn, als wolle er Licht streuen in meine dunkele Seele und ihr das Geheimniß der Sphären enthüllen, als wolle er die Morgenröthe eines Jenseitstages prophezeien.

Der Wälder niederhängende Wipfel bedecken mich mit Frieden und Schweigen. Die Bäche, unter Laubbrücken verborgen, schlängeln sich durch die Thäler und spiegeln sie ab. Sie mischen ihre murmelnde Fluth und verlieren sich dann spurlos. So ist die Quelle meiner Jugend zerronnen, ohne Rückkehr. Doch jene Fluth ist klar und meine Seele so trüb. Wie ein Kind vom Ammenliede gewiegt, schlummere ich ein zum Gemurmel des Wasserfalls.

Die Berge stehen sich gegenüber wie feindliche Brüder, die dort in ihrem Haß versteinert. Schon tausend Jahre stehen sie so mit gefurchtem runzligem Antlitz, schneeweiß bleichte ihr Haar. Doch Abends, wenn die Sonne sie überglüht, dann brechen die Wunden auf, dann überrieselt Blut ihre Stirn.

—

Ein unbesieglicher unwiderstehlicher Drang nach Selbstvernichtung jauchzte in dem totmüden Menschenwurm empor. Ihm war das All götterlos, ohne Ordner und Lenker. Kein Steuer leitete ihn durch den Ocean des Unendlichen und der feste Stand der Erde widerte ihn an. Aber sein Gedanke kreuzte furchtlos durch den unendlichen Raum, von der Ahnung des Unvergänglichen getragen. Eine sterbeselige Todessehnsucht dehnte und weitete seine kranke Brust. Wenn die trivialen Freuden des Lebens als werthlos versinken, wenn selbst die äußere Schönheit der Natur nicht mehr befriedigt, wenn der kindliche „liebe Gott", die formelle Religion, in Staub zerfiel und der wahre Gott noch nicht an seine Stelle trat — dann erfaßt das Gemüth eine brünstige Leidenschaft für die reinen wandellosen Elemente, deren der Mensch mit seinem geistigen Hochmuth und seiner physischen Niedrigkeit als Zerrbild gegenübersteht. Eine schmerzliche süße Begierde verlangt sich aufzulösen, aufzugehen im Grenzenlosen.

Ja, er mußte sterben. Das war das Beste, das Beste. Wozu die paar Jahre noch hinschleppen eines elenden kümmerlichen Daseins, den verglimmenden Docht noch schüren? Aus, kleines Licht!

Ja, das war das Beste für ihn und für sie. Sie fürchte ihn, hatte sie gesagt. Und was sollte auch daraus werden? Sollte er daheim die Folter weiter dulden, die Folter sie als Gattin dieses reichen Laffen zu sehn, unerreichbar und glücklich, während er verschmachtete? Noch jetzt in seiner Weltabsagung und Selbstvernichtungsgier

bäumte sein Größenwahn sich auf gegen solche Herab=
würdigung seiner qualvollen Liebe.

Da war das Beste, er ging. Ging in das Land,
von wo kein Wanderer wiederkehrt. So ging er Allem
aus dem Weg.

Und wieder die Stiche in der Brust! War er nicht
ohnehin todgeweiht? Ende es denn gleich mit einem
Schlage!

Der Tod stand ihm plötzlich so anheimelnd nahe
vor Augen, so greifbar wie ein Freund, der die Hand
zum Gruße reicht. Ihm war, als habe er eigentlich nie
gelebt ohne Todeswunsch und fange jetzt erst an, sich der
Wahrheit bewußt zu werden.

Aber wie es ausführen? Sich mit dem Messer die
Pulsadern öffnen?' O nein, unmöglich. Offenbarer
Selbstmord — das taugte nichts. Dann würde man
nach den Motiven fragen, Alles ausforschen, sein Ge=
heimniß ihm entlocken. So würde Kathi's Zukunft erst
recht verdunkelt werden. Das zu verhindern floh er ja
gerade ins Grab.

Da fiel sein Auge auf die Flasche mit Karbolsäure,
die der Umschläge halber auf dem Nachttisch vor seinem
Bette stand. Wie ein Blitz durchzuckte ihn der Gedanke,
daß man glauben könne, er habe dies Gift mit der da=
nebenstehenden Wasserkaraffe schlaftrunken verwechselt.
Und leerte er die Flasche bei seinem angegriffenen und
kränklichen Zustand, so genügte das wahrlich, um ihn
alsbald zum Styx zu verschiffen.

Er verschob die Ausführung auf den Abend des folgenden Tages.

Leise Schauer fluthen über die Erde, sie bebt und athmet in beklommener Wonne. Berauschend duften ihre Seufzer, keusche Gefühle quellen empor als Blumen. Und sie entschlummert mit sanftem Erröthen bei dem Abschiedsblick des strahlenden Sonnengatten. Er — er lenkt ihre eigenen Pfade nach festen Gesetzen unwandelbar in rollendem Laufe von oben — aber ewig trennt der kalte feindliche Aether die Gatten nach festen Gesetzen. Einst wird kommen der Tag, wo aufjauchzend in brausendem Sturme in des Geliebten Arm stürzen wird die sehnende Erde. Aber sein Kuß ist Flamme und sein Odem Vernichtung. Und wie die Sonnenblume Apollos, wird sie verwehen. Wär' er schon da, der wirbelnde Tag der Vernichtung! O erschölle die grelle Posaune des Richters, wie ein Schwertstreich mitten durchs Herz des Weltalls, wenn im bacchantischen Reigen den Aether durchrasen mit entfesseltem Flammenhaar die Gestirne, scheiternd, wie Orlogschiffe mit brennenden Masten, im unermeßlichen Raum, dem brandenden Chaos! O dann voll zu empfinden die Größe der Schöpfung in ihrem Sturze, wie die gefällte Palme deutlicher zeigt den Schwung ihres Riesenwuchses! O zerschmettert zu werden zu einem Atome, das nur das Samenkorn eines künftigen Daseins! Losgelöst vom Staub in geistigem Wesen durch die versinkende Welt dahinzufliegen, — zaghaft flatternd zuerst, wie staunend und gaukelnd ein Sommerfalter schwebt um schwarze Ruinen, — aber höher steigend, wie eine Lerche, die des Schöpfers Bewußtsein in Lieder aushaucht, — endlich mächtig entfaltend unendliche Schwingen, wie ein Aar aufsteigend zum Thron der Allmacht! Dann zerreißt der Schleier vom Bild der Gottheit, und wir stürzen, vom Blitz ihrer Größe getroffen, zu ihren Füßen. — Hallelujah, Vernichtung! Wird nicht das Blut den Adern der bleichen Erde schöner entströmen in unversieglichen Wellen, als es träge jetzt sickert, mit Fieberröthe, Gesundheit heuchelnd, tünchend die welken Wangen?

Ach, wenn die Welt-Galeere zerscheitert in tausend Stücke, an die wir Alle geschmiedet mit unlöslichen Fesseln — mitzusterben den großen Welttod, süßer ist's, als mitzuleben das Allsein!

Weltvernichtung, Selbstvernichtung! Tausendmal größer als unsre winzige Erde, strömen Protuberanzen flammenden Dunstes von der Sonne aus, hornförmige Zacken an der Lichtscheibe, die wir bei klarer Strandluft mit bloßem Auge erkennen. Ist der Weltuntergang nah vor der Thür, bricht sie schon heran, die große Darkness, wo die Sonne alle Weltlichter verzehrend auslöscht? Wo wir mit der Erde zu Spreu verbrennen oder vergletschern? Und doch — des Menschen Geist umfaßt das All, steht darum über dem All. Die Alpen sind starr und leblos — wir leben, denken, handeln, wir sind mehr. Geist und Leib mag verderben, aber bleibt ein Prinzip der Existenz nicht in jedem von uns bestehen, das den Weltensturz überdauert? Nun, und mag's denn sein, gehen wir unter! Ob wir uns wie ein Bläschen Schaum der sich ewig neu gebärenden Woge der Materie mischen oder wie ein wesenloser Windhauch im Sturme der Zeit verwehen oder uns als Perle einfügen der Weltkette und gereinigt als krystallisirte Geistespotenz fortwähren — — namenloser Schmerz der Selbstvernichtung, du birgst namenlose Wonne.

Ach, sterben, sterben! Alles Schwankende sinkt ins Grab, gern gehe auch ich von hinnen. In jedem Grashalm fühle ich mich ja auferstehen.

———

Rother hatte Schreibzeug verlangt. Mit tiefer Ueberlegung und stillem Bedacht schrieb er zwei Briefe nach Deutschland in ausstudirt jovialem Ton. Dieselben sollten für später als Beweis dienen, daß er sich keineswegs mit Selbstmordgedanken getragen habe und einem bloßen Unglücksfall erlegen sei. Der erste Brief lautete:

Lieber Knorrer!

Ich befinde mich (eine vorübergehende leichte Verwundung ausgenommen) hier kreuzfidel — lebe, liebe, esse trinke und verdaue ausgezeichnet. Du machst Dir keinen Begriff, wie wohl mir ist, wie ich all meine Schmachtlappigkeiten jetzo belächele. Den Kameelshaar-Ueberzieher aus Salzburg, den Du stets empfiehlst, werde ich mir von hier aus bestellen. — Meine Studienmappe ist voll famoser Motive. Zur Berliner Kunstausstellung werde ich wohl noch 'was fertig kriegen. — Holla, da entschlüpft mir ein Gedichtlein, um das mich Freund Graef und Henry Francis Annesley beneiden möchten!

Eine Walküre.

Minnelieder singt sie laut
An der Wasserhölle Krater.
Liebreich hinter uns miaut
Der Familie treuer Kater.
In den buschigen Schweif ich fasse
Ehrfurchtsvoll, denn hier am Platze
Wächst die ganz besondre Rasse,
Uebergang zur wilden Katze.
Nachtigallen suchen Rosen,
Keine blühen hier am Stocke.
Doch dafür zum Minnekosen
Die lebendige Rose locke!
Ich bin eine Nachtigal hier,
Bin ein Künstler, glaube dieses!
Rose, überleg' den Fall Dir:
Bin ich werth des Paradieses?

He, wie gefällt Dir das, alter Schwerenöther? Habt's a Schneid? Holdrio!

Dein Eduard I. der Tolle.

Gegeben in unserm Hauptquartier zu Hönevoß.

Der andre Brief war an seinen neuerworbenen gräflichen Intimus gerichtet. Ach ja, der erste Amant der schönen Verderberin! Der saß jetzt seelenvergnügt daheim und sonnte sich in seiner neuen Gloriole. Rother lächelte bitter. Welch ein Fant und Esel, ein neuer Werther wie er, der sich noch obendrein schämen muß! Und doch!

Lieber Graf Krastinik!

Mir geht es hier nicht übel. Nur eine Verwundung am Fuße, die ich mir zuzog, zwingt mich, meine Streifereien zu unterbrechen.

Hoffentlich bin ich bald wieder hergestellt. Wie gehts? Rüstig vorwärts streben, lieber Freund, und vor Allem das Leben recht wichtig nehmen! Denn wenn man es belächelt, wie's es verdient, dann verliert man allen Arbeitsmuth. Als ich durch die Alpenwildniß mich ins Leere vorwärts schauderte, da dacht' ich wieder: Was sind wir? Wir sind

Ein Punkt.

Den Berggeist ruft ein Echo wach,
Ein Aufschrei und ein dumpfer Krach.
Purzelt dort eine Tanne nieder,
Die aus dem Abgrund die schlanken Glieder
Aufreckend zu Riesenhöhe sprießt
Und über den Rand des Saumpfads schießt?
Nein, die Naturgewalten vom Boden
Wollen ein edler Gewächs ausroden:
Von dem Bergrutsch fortgeschoben
Wurde ein Holzfäller droben,
Glitt wohl aus im Gneisgerölle,
Taumelt nieder zur Eiseshölle.
Und damit ist der Punkt gestrichen.
Auch Du, der dem I-Punkt stolz geglichen,
I-A! Wirst wie ein andrer Punkt
In die Tinte des Nichts hineingetunkt.

Aber man muß solche Stimmungen überwinden. Gewiß, wir Menschen leiden ja alle an Größenwahn, indem wir uns Ameisen auf diesem planetarischen Kehrichthaufen für wichtig halten. Aber was kommt dabei heraus, über unsere Nichtigkeit zu brüten!

Ueber die hohen Fjällen.

Die Luft ist so klar und so frisch und so leicht
Auf den Fjelden.
Der alte Adam von hinnen weicht,
Ich fühle mich frei und als Helden.

Hinauf zur Alm! Ihr Morgenpsalm
Ich will ihn euch melden.
Der zitternde Halm, der springende Salm
Singt: Frei, wir sind frei auf den Fjelden.

Sonnenaufgang in Gubbrandsdalen.

Was rollen die Wogen des mächtigen Logen
Doppelt so fröhlich daher?
Alphörner klingen, Dammhirsche springen
Durch der Wälder wallendes Meer.
Ihre Lilienstirne, die keusche Firne
Der Bergjungfrauen, sie sprüht
In rosigem Licht. Eisbrünne bricht,
Brunhilds Schneebusen erglüht.
Das ist die Sonne, die so mit Wonne
Die Seele des Weltalls schwellt.
Aus Nacht und Sorgen ist jeder Morgen
Eine Auferstehung der Welt.

Am Falkenhorst.

Heil, Freya, falkenäugiger Schwan!
Dich flieht der Selbstsucht Pfau!
Dich flieht der pfäffische Cormoran.
Bitt für uns, unsre liebe Frau!
Du Falk von echter Isländischer Zucht
Aus der Freiheit Heim im Nord,
Du Göttin reiner Liebe, Dich sucht
Meine Sehnsucht fort und fort.

Mit bestem Gruß Ihr
Rother der Schwachmatikus.

Nachdem die Briefe convertirt und zum Absenden dem Wirth übergeben, wobei er lachte und scherzte, raffte Rother sich zusammen zum letzten Entschluß. — —

Der Erde schläfert leise und die Seele sucht Ruhe, Ruhe. Der müden Sonne fallen die Augen zu.

Was rollt die Erde ohne Ende durch das rollende Aethermeer? Nur den wiegt feste Ruhe, wer unter der Erde ruht.

Es pocht, es pocht ans Fenster. Ist es der Regen, der leise niederraschelt ins Farrenkraut? Wuchtig und langsam schlägt ein schwerer Tropfen aufs Fensterbrett, eintönig wie eine sich langsam reibende Feile. Was pocht, was pocht und hämmert da draußen und hier drinnen im Herzen? Wird da ein Sarg gezimmert, ein Sarg der sterbenden Liebe?

> Was pochst Du, Herz so wild und laut,
> Du nimmermüde Uhr?
> Dein Zeiger weist, Dein Pendel tickt
> Dem Tod entgegen nur.

Einsam, einsam! Sind alle Wege verschneit, schleicht ein froftiges Verderben umher und mäht die märzlichen Keime? Die Flocken fallen, fallen. Durch die Seele geht bleicher Tod, ein schneeiges Bahrtuch deckt die jungen Blüthen.

Ihm war, als wolle seine Seele hindämmern ins dunkle Reich der Schatten, wo träumerischer Friede auf Asphodeloswiesen blüht.

Der Puls der Zeit steht still, steht still. Ein Heim= weh nach dem Nichts säuselt im Abendwind räthselvoll durch alle Wipfel. Zum Sterben müde stehn die alten Bäume. Wie Träume spinnen sich Nebel, vom See aufsteigend, um ihr Haupt. Ueber der Sonne purpurnen Talar gleitet der Hermelin der Nacht. O dürfte so die

Welt mit eins in Nacht versinken und ihn nie mehr leeren, den bittern Sonnenkelch der Lebewesen! Ein tödtliches Gelüsten berauschte ihn mehr und mehr. Der buhlerische Frühlingsstrahl lockte ihn hinab in die Tiefe, wo kein Winter stirbt und kein Frühling erwacht. In übernächtigem Frost erstarrte der Quell der Thränen und die Hoffnung läßt sich nicht mehr narren. Vorbei, vorbei!

Langsam und bedächtig erhob sich Nother auf seinem Lager und langte nach der Flasche mit Karbolsäure. Er öffnete den Stöpsel und roch daran. Der unangenehme Geruch flößte ihm Ekel ein. Er schüttelte sich. Dann roch er wiederholt, um sich daran zu gewöhnen, damit nicht der Geruch ihn beim Trinken zum Vomieren veranlasse. Seiner Willenskraft gelang es. Jetzt setzte er die Flasche an den Mund — — Wie dem Ertrinkenden, gaukelten ihm tausend Bilder vor Augen.

Was ihm je geraubt, was in unerbittlichem Morden sein Leben ihm hingeschlachtet, — es hob sein träumerisches Haupt.

Er wagte kaum zu athmen, in ahnungsvoller Todeswonne. Ein Geist geht um von Baum zu Baum und der Nachtthau schwebt leis hernieder. Ist's Dein Geist, die fern von mir?

Nein, ich kann es nimmermehr vergessen, daß ich Dich geliebt. Ob die Leichensteine belasten mein müdes Haupt und alle Särge springen und ob das All zerbirst wie Glas, — dies Eine werde ich nie vergessen, nicht in Leben und Tod.

Er blickte auf ihr Bild, das er stets auf dem Herzen barg wie ein köstlich Geheimniß. Was ihn einst durchflammt, es zuckte nicht mehr aus der Asche. Das Mondlicht thaut vom Himmel, die Sterne neigen sich nieder — doch nie strahlt die versunkene Welt im Flammengrabe des Herzens.

Hinüber, hinüber! Der Hauch gestorbener Liebe betäubt das traummüde Hirn und zu einer ewigen Liebe jenseits der Erde dichtet es sich hinüber, hinüber.

Er trank.